翁童のコスモロジー

鎌田東二

翁童論IV

新曜社

装画　三嶋典東
装幀　テンネット・ワークス

加賀の潜戸（出雲・島根県，撮影・須田郡司）

海は荒れている。一切が海のなかにある。さらば行くがいい！　わが親しき水夫《かこ》の魂よ！
父の国、祖国などがなんだろう！　われわれの舵のめざすのは、遠いかなただ！　われわれの子どもの国のあるところだ！　そのかなたをめざし、海よりもさらに荒れて、われわれの大いなるあこがれはつき進む！

――ニーチェ『ツァラトゥストラはこう言った』（氷上英廣訳、岩波文庫）

翁童のコスモロジー——目次

序章　老いの図像学

──「若」に向かって逆成長する身体

舞う翁──神に近い翁と童子

『鷺』と題する謡曲がある。

その昔、京の都の神泉苑に天皇家の狩猟場があった。神泉苑といえば、かつて弘法大師空海が雨乞いの祈禱をし、八大龍王を呼び出して雨を降らせたという庭園であった。その神泉苑に白鷺が生息していたが、天皇の命令に従って飛び立ち、五位の位を授かった。

この五位鷺《ごいさぎ》の舞を舞うことができるのは、元服前の少年と還暦を過ぎた老翁であった。もし何かの都合でそれ以外の者が舞うときは、必ず能面をつけるのが慣わしであった。だが、元服前の少年と還暦を過ぎた老翁は直面《ひためん》、すなわち素顔のまま舞うことができたのである。

これはどういうことか。

拙著『翁童論──子供と老人の精神誌』（新曜社）で明らかにしたように、古来、幼童と老翁は神に近い存在、もしくは神霊の憑依しやすい存在と考えられていた。「七歳までは神の内」とか「六十過ぎれば先祖に還る」とかの諺は、神霊との最近接者としての子供と老人の消息を物語るものであった。

『鷺』の主人公（シテ＝鷺）の演者が元服前の少年か、還暦を過ぎた老人であるということは、彼らが神霊を象徴する白鷺の最近接者であり、化身であったことを意味している。

現象的にみれば、元服前の少年の肉体と還暦を過ぎた老人の肉体はまったく違う。つややかな張りのある肉体と、皺が寄り老いさらばえた肉体は、その肉体の物質性から見るかぎり、両極端を示しているといえるであろう。かたや瑞々しい生気に充ちた肉体、かたや枯れ果てて生気に乏しい肉体。

しかし、この二つの両極ともいえる肉体が、その内に秘められた霊的特質において共通するものがあるのだ。幼童身体と老翁身体は、その肉体がもつ遊魂性において共通しているのである。そして、幼童はその本性に霊翁としての影を宿し、老翁はその反対に霊童の面影を宿している。

謡曲『翁』は、こうした翁童関係を端的に示す曲である。『翁』には二人の老人と一人の稚児が登場するが、最初に舞うシテの『翁』と最後に舞う狂言の『三番叟《さんばそう》』は老人であり、中ほどで舞うツレの『千歳《せんざい》』は稚児である。この曲の二人の老人は翁面をかぶっているが、稚児のほうは直面である。

興味深いのは、山折哲雄が『神から翁へ』（青土社）のなかで指摘しているように、この翁舞は古くは三人の翁によって演じられていたという点である。世阿弥の『風姿花伝』神儀篇中には、翁舞は「稲《いな》積《つみ》の翁、代継《よつぎ》の翁、父の助（尉《じょう》）」という三人の老翁によって勤められると記されている。そして三人で舞うから「式三番《しきさんば》」といい、これは如来の三身、すなわち法身、報身、応身の三身をかたどっているものと解釈されている。

問題は、古く三人の老人によって舞われていた『翁』が、いつしか二人の老人と一人の子供（稚児）によって舞う形に変化した点である。山折哲雄はこうした変化の意味を、寺社縁起に現れる翁と童子の相依的、互換的関係から探りだし、そこに身体修行の体験的局面が介在していたことを指摘している。

「修道士や修行僧は、性的人間としての身体性から離陸することができたとき、しだいに無性化した人間の理想型（翁）へと近づき、同時に性的な開花期以前の胎生的始源（童子）へと退行する」と山折は指摘する。神童の化現した姿としての翁や童子は、修行者の身体修行という観点からいえば、「身体の無性化を通して得られた新しい心身的統合の状態」、もしくは「身体の両性具有的水準を示す指標」であるというわけだ。性の範型のなかに取りこまれた身体から、性の軛を脱離して自在な身体への転換点の身体表象としての翁と童子の像が登場してきたともいえるであろうか。

「十牛図」＝舞う身体の完成

山折のいう「身体の無性化を通して得られた新しい心身的統合の状態」とは、霊性と身体性の統合調和による全体的人間性の完成と言い換えることができるが、その事態を如実に表わした図像が、禅の「十牛図《じゅうぎゅうず》」である。

「十牛図」は、禅の悟りの階梯を牛を探して御していくプロセスとして図像的に表現したもので、①尋牛《じゅんぎゅう》、②見跡《けんせき》、③見牛《けんぎゅう》、④得牛《とくぎゅう》、⑤牧牛《ぼくぎゅう》、⑥騎牛帰家《きぎゅうきけ》、⑦忘牛存人《ぼうぎゅうそんにん》、⑧人牛倶忘《じんぎゅうくぼう》、⑨返本還源《へんぽんげんげん》、⑩入《にっ》鄽垂手《てんすいしゅ》と名づけられた十個の図像で表わされる。「牛」とは心＝真我（本来的自己）＝仏性の象徴である。そのみずからの菩提心を探し求めて足跡（法理）を発見し、さらには本物の牛を見つけ（自他不二）、つかまえ（体得）、飼い慣らす（自在）。すると、牛と自己との区別もなくなり、牛を得ることも失うこともなくなる。そこで、牛に乗ってわが家に帰り、深い安らぎ、安心の境地に入る。

そうなると、本然の状態に参入し、牛を忘れ、また牛をも我をも忘れ、悟りの心すらも脱落する。そこには「花は紅、柳は緑」、「目は横に、鼻は縦に」の真空無相でありつつ、そのままの妙有の世界が開けている。この真空妙有の世界に一歩を踏み出し、手をさしのべて菩薩の慈悲・利他の行を実践する。

これが最後の「入鄽垂手」の境地である。

「十牛図」を見ると、第七図「忘牛存人」までの世界とそれ以降の世界がまったく異なっていることがわかる。一人の幼童（自己意識）が無意識界（深層意識界）を象徴する森（山）に押し入って、牛（真我）を探し出し、御して家に乗って帰り、深い安らぎと落ち着き所を得るまでが第七図までの世界である。それに対して、第八図「人牛倶忘」は、そうした安心立命や悟りの心すらも忘却し脱落していって、完全なる空無の世界そのものとなりきっている。図のなかにはいっさいの事物も人物も風景も描かれてはいない。それが第九図「返本還源」になると、岩の上に梅の花らしき風景が描かれることになる。ただし、注意すべきはこの世界にはまだ人間が描かれていないという点だ。嬰児の前に世界が立ち現われるごとく、自他の別のない主客未分のあるがままの世界が、ただあるがままにその姿を開示する。「花は紅、柳は緑」とはよく言ったものだ。

次の第十図「入鄽垂手」では、そうしたあるがままの実相世界のなかで、牛を見つけた幼童（牧童）が牛も連れず、荷物をかけた杖を肩にして、柔らかにうちほほ笑みながら左の手をさしのべ、あたかもそれに応えるかのような姿勢で、右手に頭陀袋《ずだぶくろ》をもち、左手でおそらくは水の入った桶を和やかに笑みながらさし出している、恰幅のいい僧形の老人と出会うのである。小さな幼童と太って大きい老翁との出会い。それは、身体性と霊性（精神性）との深い統合調和を表わしているとも、悟りを求めて修行する自利行と慈悲心をもって衆生済度に奉仕する利他行との融合調和を表わしているともいえるであろう。

とりわけ、この太鼓腹の老翁の立ち姿は、他者を受け入れ、他者に向かい合う自在な自然体を表わしていると考えられる。それは気功でいえば、站椿功《たんとうこう》の姿勢に似ている。おのれを空《から》にして、不動の姿勢でありながらも大自然の生気と交流循環する身体様式がこの形なのである。幼童と老翁との出会いの図。

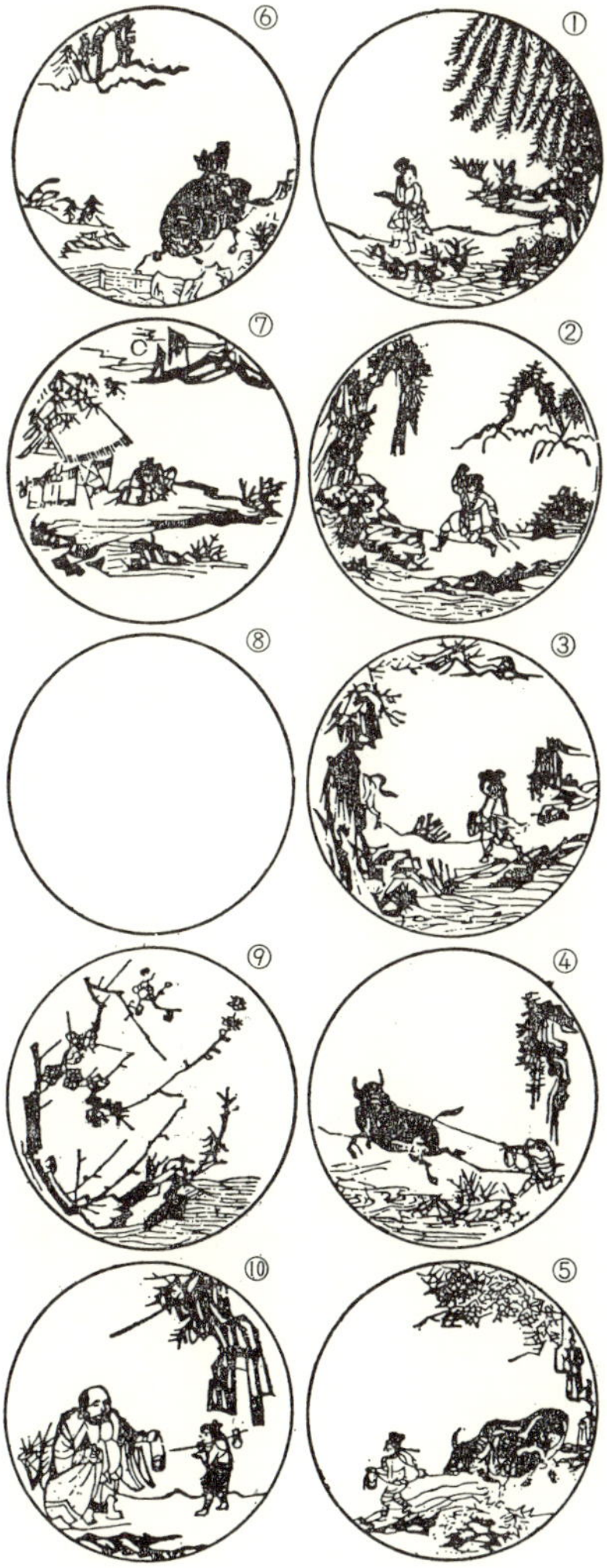

①尋牛
②見跡
③見牛
④得牛
⑤牧牛
⑥騎牛帰家
⑦忘牛存人
⑧人牛倶忘
⑨返本還源
⑩入鄽垂手

十牛図（廓庵和尚作）

これは西洋錬金術の図像における男女の交合・融合による両性具有化とは異なる、もう一つの両性具有化の表現であるといえよう。男女合体による両性具有の道に対して、人性の脱落・超出による自然の本性への還入を通しての無性化した両性具有の道。

ここで強調しておきたいのは、「十牛図」を〝舞う身体〟の完成として捉えることができるという点である。牛を探し求めてついに発見し、飼い慣らしてそれにまたがって家に乗って帰る身体。家を出、山（森）から降りて、他者に向かって完全に開かれている身体。求心力をもった幼童身体と遠心力をもった老翁身体が大円相のなかで出会い、統合される静かな歓喜にあふれた愉悦の境界。自然にこぼれ落ちるほほ笑み。それは生のなかで舞い踊る身体の完成成就の姿である。

三身一得の翁

世阿弥の作になる『高砂』『老松』『養老』などにおいても、老いの舞は神性と生命の長久を寿《ことほ》ぎ表現するものとして、きわめて重要な位置を占めている。こうした舞う翁の神学的意味づけを強調したのが世阿弥の女婿、金春禅竹《こんぱるぜんちく》である。禅竹は『明宿集《めいしゆくしゆう》』の冒頭で次のように述べている。

> 抑《そもそも》、翁ノ妙体、根源ヲ尋タテマツレバ、天地開闢《てんちかいびやく》ノ初ヨリ出現シマシマシテ、人王ノ今ニ至ルマデ、王位ヲ守リ、国土ヲ利シ、人民ヲ助ケ給《たま》フ事、間断ナシ。本地ヲ尋タテマツレバ、両部越過ノ大日、或ハ超世ノ悲願阿弥陀如来、又ハ応身尺加牟尼仏《しやかむにぶつ》、法・報・応ノ三身、一得ニ満足シマシマス。一得ヲ三身ニ分チ給フトコロ、スナワチ翁・式三番ト現ワル。垂跡ヲ知レバ、歴々分明ニマシマス。

禅竹によれば、翁の妙体・根源は天地開闢の初源より出現しており、その本地は、金剛界・胎蔵界両部の大日如来と阿弥陀如来と釈迦牟尼仏のいわゆる法身《ほっしん》・報身《ほうしん》・応身《おうしん》の三身を一体としたものだという。このような、「根源翁」を三身一得の存在と考える思想は、さきに見たように、すでに世阿弥の『風姿花伝』神儀篇中に展開されていた。そこでは翁舞は、稲積の翁、代継の翁、父の助（尉）の三人の老翁によって舞いおさめられ、それぞれ法身・報身・応身という仏の三身を象徴していると述べられていた。そして世阿弥は、「老人の物まね、比道の奥義なり」と記している。世阿弥は老人の物まねほど難しいものはなく、さらにはそれが「比道の奥義なり」と断言するのだが、それは老人の物まねや翁舞が、しないことをする、舞わずに舞う、パラドクシカルな舞であるからであろう。舞わずに舞う身体こそ、「道の奥義」としての舞う翁の身体なのだ。

禅竹は世阿弥の説を敷衍して、法・報・応三身の垂迹《すいじゃく》すなわち化現《けげん》の姿は、また住吉大明神、諏訪明神、塩釜の神（塩土の翁）であると述べ、「深義ニ云、本地垂迹スベテ一体トシテ、不増不減、常住不滅ノ妙神、一体ニテマシマス」と記す。本地の仏も垂迹の神々もみな一体であり、増えもせず減りもせず、常住不滅の妙神もみな一体であるというのである。また、人体の眼耳鼻口の七穴は北斗七星で、これは日吉山王《ひえさんのう》神社の上七社に当たり、本地が薬師如来の山王権現は三輪明神すなわち大物主神と同体であるから「三輪ノ三無漏山《みむろやま》、スナワチ翁・式三番ノ形ト崇ムベシ」とも述べる。のみならず、翁は春日明神とも法華経とも一体であり、さらには柿本人麿、天満天神、諸天諸明王、地蔵菩薩とも一体であると説く。このように禅竹はあらゆる諸仏、諸神を翁と結びつけ、翁マンダラともいうべき翁の密教神学を展開する。

禅竹は翁舞が「猿楽ノ本舞」であることを強調しているが、「翁」の文字について次のような「秘密《ひみつ》灌頂《かんじょう》」があると説いている。

翁ノ字ニツキテ、秘密灌頂、口伝ニアルベシ。大カタ「公《キミ》ノ羽」ト書キタリ。王ヲバ鳥ニタトエタテマツル。四海ヲ恵ム慈悲ノ御心ナクテワ賢王ト申サズ。サレバ、御眺《マナジリ》四方ニ明ラカト書ケリ。王位スナワチ翁ナリ。又「公ノ羽」ト書キタルニツイテ、山王ノ習イアリ。シカレバ、王ワ山王、山王スナワチ翁、一体分身ニテマシマスナリ。

惣ジテ、翁ノ覚体、観念シテ思エバ、虚無ノ妙身、過去遠々ノ昔ナルヲ翁トイウ。父母未生以前、本来ノ面目ナレバ翁ト云フ。生死ヲ見ザレバ翁トイフ。際限ナケレバ翁ト云フ。常ニ立テレバ翁トイフ。慈悲ノ心ヲ翁トイフ。至々テ見レバ、アルカナキカ、心、王ニ向カテコノ翁ヲバ見タテマツレ。モシコノ翁ニ会イタテマツラバ、直ニ本分ノ田地ニ契当スル、ソノ人ナルベシ。

「翁」の字については、秘密灌頂が口伝にあるという。それは山王神道流の三諦即一《さんたいそくいつ》の説に似て、「翁」の字の分解による意味づけである。「翁」の字を「公《きみ》」の「羽《はね》」と分解し、「公」を王位と解したうえで、その「王」は「山王」の王であり、さらには「山王」はすなわち「翁」であると結び、その「一体分身」のさまを強調する。つまり、翁と王と山王神（＝三輪神）との三位一体性を主張するのである。こうして禅竹は、翁の「覚体」をもって「虚無の妙身」とか「父母未生以前、本来の面目」と位置づけ、その変幻自在ぶりを宣揚した。

根源翁の流出と展開

禅竹は本名を金春大夫氏信というが、六十歳ごろから「竹翁・禅竹翁」と自称し、正式の法名は「賢翁禅竹」であった。みずから「翁」であることを自覚・自称した禅竹は、翁神学を展開した『明宿集』ももとは『明翁集』と付題していたほどで、「翁ノ舞、是一大事。猿楽ノ本舞ナレバ、コトニ観念・工夫ヲナシテ舞フベシ」と翁舞の重要性を強調している。この『明宿集』の特徴は、あらゆる神仏、英雄・偉人を翁と一体のものと付会している点で、根源翁としての翁からの流出・展開を主張しているところにある。

このような翁からの流出・展開論は、三十三身に化身して衆生を済度するとあまねく信仰された観音菩薩との一体性を説くところで顕著となる。

観音菩薩ノ利生、三十三身ニ身ヲ分カチ、長者・居士、童男・童女、夜叉・鬼神等ノ面色ヲナシ給フモ、翁ノ妙用、観音菩薩ノ威力、一体ニテマシマス也。……。

三十三身、三十三身ヲ合ワスレバ六十六番ノ猿楽。ソレヲ、要ヲ取リ肝ヲ拾イテ三ニ約ムレバ式三番。上アレバカナラズ中・下アリ。法アレバスナワチ報・応アリ。空・仮・中ノ三諦アリ。正・像・末ノ時節アリ。真・相・行ノ位アリ。ミナコレ、観音菩薩・翁ノ作用、イヅレモ差別ナキ物ナリ。

観音菩薩の「分身」能力と翁の変化の「妙用」が同一であることを指摘し、さらに六十六番の猿楽の曲が、三十三身と三十三身の合数であり、それを縮約すれば翁舞の式三番になるというわけである。しかもその三番は法・報・応の三身であるのみならず、空・仮・中の三諦でもあり、また正法・像法・末法の三時節でもあり、さらには真・相・行の三位でもあると関係づけるのだ。

禅竹によれば、森羅万象はみな根源翁の分身・流出であり、翁舞のヴァリエーションとなる。禅竹はこの『明宿集』の末尾のほうで、「翁是日月星宿《おきなそくにちげつせいしゅく》、人ノ心ニ宿リ給エリ。然バ、人々具足スレドモ、智ルト知ラザルト也」と述べているが、翁は太陽と月と星辰の三光にも人の心にも宿るもので、その翁の「妙用」を知るときにこそ、根源翁の秘儀としての翁舞を理解し完成することができるというのである。

こうして禅竹は、天地万物を一巻の巻物として翁の身体に封印し、そこからの流出変化・分身を舞う翁と見立て、翁マンダラを完成したのだ。

遊ぶ翁——遊愚の境地と習合思想

能楽が老いの至高・至聖を強調したのは、おそらくそこに老いの姿があらゆる人生の経験・年輪を集約し秘匿したものであるという直観があり、その集約・習合性が異質の事物や思想を連関づける神仏習合思想や曼陀羅思想と通底するものであったからであろう。翁のなかに融通無碍《ゆうづうむげ》の存在位相を見てとったのである。

主として、西欧と中国・日本の宗教画に描かれた老体を比較してみると、西欧的老体がおしなべて賢者の相貌をもち、中国・日本的老体が賢愚の溶融した相貌をもっていることが見てとれる。古代ギリシャのゼウス神を表わす彫像においても、父なる神エホバや使徒パウロを描いたキリスト教の図像においても、ルネサンス期のミケランジェロのプラトンとアリストテレスの両哲人を描いた図像においても、また近代のウィリアム・ブレイクが黙示録の長老を描いた図像にしても、そこに描かれた神や偉人はみな賢智と力能にあふれる相貌をもっている。そこでは、老いの至高・至聖は賢智と権威の確立として表現されているのである。まさにそれは聖賢と呼ばれるにふさわしい相貌なのである。

それに対して、中国・日本の老体像は、神々や仙人や僧侶にしても、どこかなし軽妙洒脱な風貌をもち、ユーモアをたたえた愚者の風格をもっている。

たとえば、俵屋宗達が描いた老僧らしき人物画は、中国の挿絵入り刊本『仙仏奇踪《せんぶつきそう》』から画題を得た作品といわれるが、そこからヒントを得て宗達は、蓮の花の上で結跏趺座《けっかふざ》して三昧の境地に遊ぶユーモラスな老体を描くことに成功している。その飄々とした姿は、賢も愚もともに一身に備え、かつその両者を超出した遊境三昧の世界を伝えている。この愚と遊の相を描くことにかけて、中国と日本の図像は傑出したものがあるといえよう。

釈迦と孔子と老子の三聖人を描いた三教図を見てみよう。この図は、仏教・儒教・道教という三教の祖を同一画面に親しく描くことで、この三つの教えが究極において一致するという三教一致思想を前提として成立している。神仏習合思想の世界宗教版とでもいうべきものである。

伝如拙《じょせつ》作の三教図（両足院蔵）では、一番手前に孔子、そのすぐ右隣に老子、一番奥に釈迦が描かれている。その相貌からすると、釈迦は壮年、孔子と老子は老体の姿で描かれている。なんとはなしに見る者の笑いを誘う風貌の孔子が背中を丸めて、いささか情けないような面持ちで斜め前方を見ている。その孔子の背に背負われるような格好で、笑う滑稽な風貌の老子が同一方向を見やっている。その二人の老翁を見守るような位置で、引き締まった神妙な風貌の釈迦が半眼の相で二人を見ている。この三教図は、それぞれの宗教の特質である智（仏教）・遊（道教）・賢（儒教）が一体となった仏・儒・道一致の世界を表出している。なかでも、遊愚の相をもつ老子の相貌が興味深い。賢愚の相の両雄に画龍点睛

● 3

● 4

● 1

● 2

● 1　ウイリアム・ブレイク「ヨハネ黙示録」から「24人の長老」(1805年)

● 2　キリストを通して霊感を受けるパウロ。「ベリー公の詩篇集」(15世紀)より

● 3　俵屋宗達「龍樹図」(東京国立博物館蔵)

● 4　孔子・老子・釈迦の三聖人を描いた伝如拙「三教図」(両足院蔵)

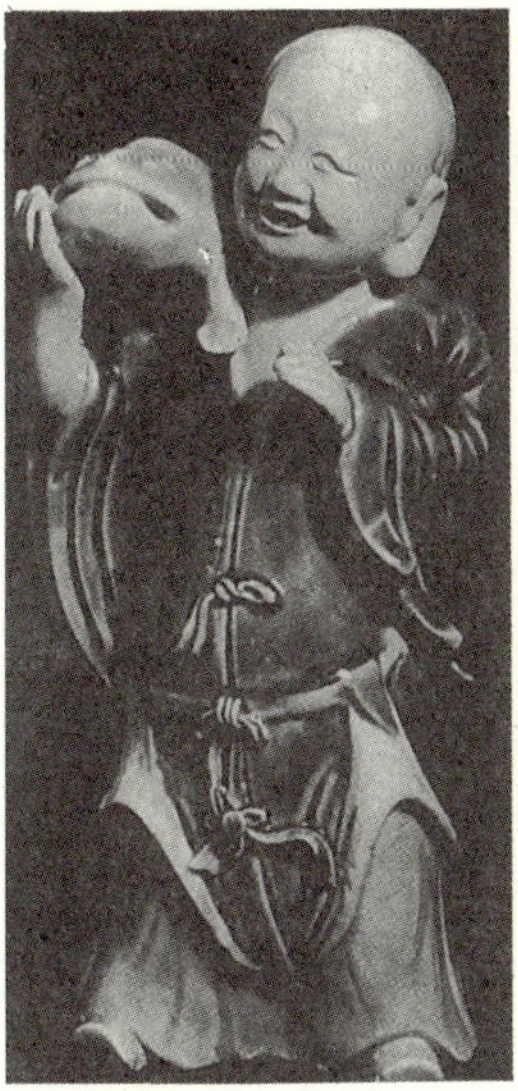

● 6

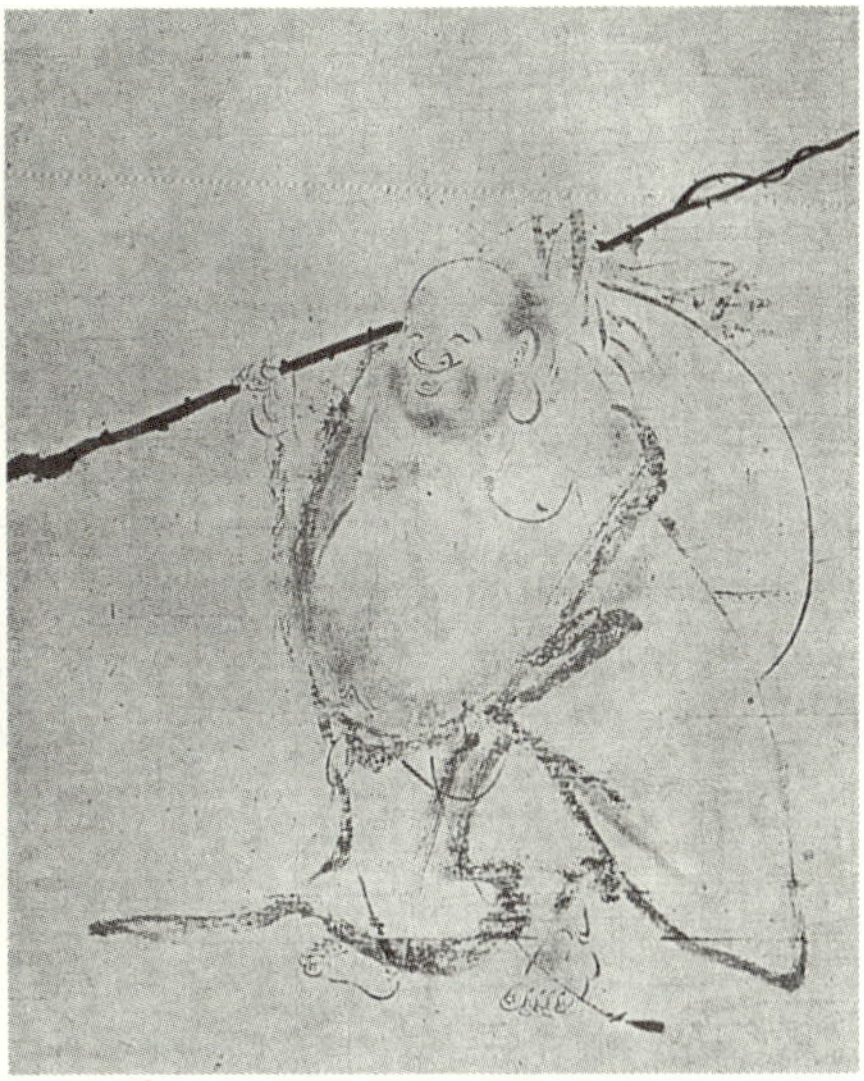

● 5

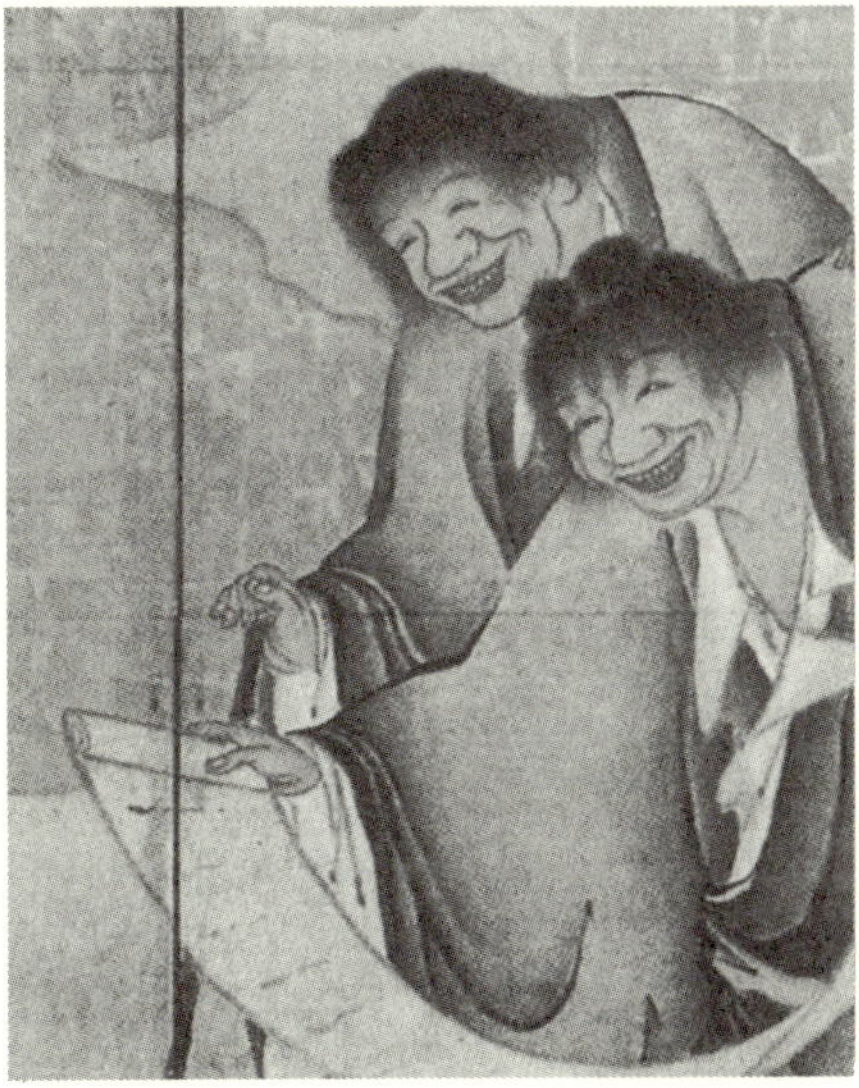

● 7

● 5　黙庵「布袋図」(南北朝時代)

● 6　「三本足の陰の〈蝦蟇《がま》〉をもつ仙人劉海」(清代，18世紀半ば，英グルベキアン美術館蔵)

● 7　海北友松「寒山拾得図」(妙心寺蔵)

をうがつごとく、遊愚三昧の老子が描かれているのである。

この遊愚と融通無碍の境界に思想的根拠をもつ習合思想は、唯一の賢智と真理性を主張する一神教の宗教世界や風貌とは明らかに異質である。その違いは老体の愚と笑いを描くときに顕著となる。黙庵作の布袋《ほてい》図は、十牛図の「入鄽垂手」図の老僧と酷似しているが、大きな腹を突き出して、身のまわりの品々を入れた布袋を杖に通して右肩にかついで、破顔一笑、誰にでも親しみを感じさせる笑みをもって悠然と闊歩する姿は、遊愚の賢相をあますところなく示すものだといえる。

布袋和尚は、本名を契比《かいし》といい、唐の禅僧であったが、その豪胆遊境の境地が愛され、やがて弥勒菩薩の化身とされ、黄檗宗では弥勒再来像として本尊となった。のちには、大黒天、恵比須、毘沙門天、弁財天女、福禄寿、寿老人とならんで、七福神の一神と数えられるにいたった。そもそも七福神は、布袋をはじめ、大黒天、恵比須、福禄寿、寿老人の五神が翁の姿で描かれる。ここには老翁の智と徳と財に対する尊崇の念が見てとれる。

その布袋は福徳円満の相と愛でられるが、禅僧としての実在の布袋は、奇行と神異の行跡で知られ、分身の術をよくしたともいわれる。さきに見た観音菩薩の化身でも知られるように、この分身は遊境三昧の境地とともに、衆生済度の救済力の指標となるものであった。

こうした布袋像は、たとえば、清代の陶器でつくられた「三本足の陰の蝦蟇《がま》をもつ仙人劉海《りゅうかい》」とも酷似する。ふくよかな頰、柔らかな厚みをもった耳、目尻の下がった柔和な眼、ふっくらとした太鼓腹。この仙人劉海は、布袋和尚が布袋を通した杖をもっているのに対して、右肩に三本足のガマを載せている。すでに中国においては、儒仏道習合思想が確立しており、わが国の本地垂迹説同様、仙人と仏菩薩ないし高僧との習合・化体の解釈も行なわれていたのである。

仙人の不老長生術

ところで、仙人になるための指南書とでもいうべき葛洪《かっこう》著『抱朴子《ほうぼくし》』には、仙人に三種類あることが説かれている。それは、天仙・地仙・尸解仙《しかいせん》の三種で、天仙は自在に天空に昇る仙人、地仙は名山に遊ぶ仙人、尸解仙はいったん死ぬが屍体を残さず、もぬけの殻となって遷化する仙人である。

仙人とは、人間でありながら永遠の生命を獲得し不老長生を遂げた者をいう。「不老不死」とか「不老長生」とか「不老長寿」というのは、永遠の生命に達した仙人の生の位相を指す言葉である。もし仙人がこのように「不老長生」の存在であるとするならば、そこでは老いながらにして老いを超越した身体が獲得されていなければならない。

つまり、老いつつもつねに若返る身体が仙人の身体というわけだ。しかしこれは、生老病死の四苦のなかにある人間の身体の様相からすると、荒唐無稽のありえぬ話であり、矛盾した身体位相である。だが仙人が仙人であるゆえんは、その矛盾した身体位相を確立維持している点にある。

葛洪は『抱朴子』のなかで不老長生＝不老不死の技術を詳細に説いているが、まず不老不死であるためには死を克服することができなければならないとして、死の原因に次の六点をあげている。①精力消耗、②老い、③病、④中毒、⑤邪気にあたること、⑥風や冷気にあたること、この六つである。このすべてが生命エネルギーの衰弱を意味している。それゆえに、死の原因となるこれら六つの生命エネルギーの衰弱の原因をことごとく防ぎ、それを逆に、生命エネルギーの維持・強化に転位できれば、不老不死が達成されるということになる。

かくして葛洪は、その防衛・強化の法として、①導引《どういん》（呼吸法）、②房中術《ぼうちゅうじゅつ》（性技）、③飲食の節制、

④薬物、⑤護符、⑥精神統一の六点を掲げる。なかでも肝要なのは、導引、房中術、および薬物のなかの丹薬（金丹）の三法であるといい、なかんずく丹薬は最高の秘法で、これなしには長生の達成は不可能だという。

三法の筆頭にあげられた導引は呼吸法のことであるが、これはまた「気をめぐらす術」ともいわれる。この「気をめぐらす術」を獲得実践すれば、万病を治すこともできれば、疫病が流行っている土地に入りこむこともできるし、また蛇や虎を調伏することも、傷口の血を止めることもできる。水の中でじっとしていることも、水の上を歩くことも、飢えや渇きを止めることも、寿命を延ばすこともできる。導引の術に長じ、気を巧みに用いれば、たとえば、水に息を吹きかけると水は数歩逆流し、火に息を吹きかけると火は消え、虎や狼に吹きかけると身動きも起き上がりもできなくなり、蛇や蝮に吹きかけるととぐろを巻いたまま動けなくなる。また、他人が刃物で負傷した際も、息を吹きかけるだけで血はすぐ止まり、誰かが毒虫に刺されたときも、当人が見えずとも遥か遠方より咒《まじな》いをして自分の手に息を吹きかけると、相手がたとえ百里以上離れていても即座に治る。さらにまた、たちの悪い病気にかかったときでも、三丹田《さんたんでん》・九竅《くきょう》の三九の気をのみこむだけで、すぐに治るといった具合だ（『抱朴子』内篇巻八釈滞）。

胎息で胎児に逆成長する

それでは、この「気をめぐらす術」の大要はといえば、それは「胎息《たいそく》」を行なうことにつきる。胎息とは胎児の呼吸の意である。厳密にいえば、胎児は臍の緒によって胎盤とつながり、母胎より養分を吸収しているので、空気を呼吸しているわけではない。しかし、不老長生の法を探求した道家の人々は、長生の秘訣は胎児の呼吸、すなわち呼吸しないで呼吸する術を身につけることと喝破したのだ。

この胎息の要領を悟ると、鼻や口を使わないで呼吸することができるという。いったい、鼻や口を使わないでどのようにして呼吸できるのか。この矛盾した事態を突破した位相こそ、老いつつ若返る仙人の身体位相なのである。

『抱朴子』はこの呼吸しないで呼吸する術の訓練を次のように指南する。――まず、鼻の中に気を引き入れて閉ざし、心中ひそかに数を数える。百二十まで数えたら、口からかすかに気を吐き出す。その際、吐くのも吸うのも、すべてその音がしないように気をつける。また、つねに入るほうを多く、出るほうを少なくする。その練習には、水鳥の羽毛を鼻と口の上につけ、呼吸の際にその羽毛が動かないように心がける。慣れて習熟してくるにつれて、心中に数える数を増やしていく。そして千まで数えられるようになったら、老人も一日一日と若返るようになる。

心中で千まで数えられるようになったら仙人への第一歩とは洒落のような話だが、これはほとんど呼吸していないように生きるということだ。この調息＝長息の法を通して、大自然の気を身体に摂《と》りこみ、おのれの身体を大自然の気の還流・大循環と一体にするのである。老いることが呼吸が細くなり、短くなるということだとすれば、導引はその反対に、できるかぎり長い呼吸を保つことによって精力の消耗を防ぎ、胎児に向かって逆成長することをめざすのである。

これに関連して、『洞微志《どうちようし》』におもしろい話が載っている。あるとき、皇帝に命じられて不老不死の仙薬を探しに旅に出た者が、ようやくにして仙人の住む郷に到着した。最初に会った人はとても九十歳とは思えないほど若く元気であった。次にその祖父であるという百八十歳の人物に会ってみると、もっと若く元気である。さらにその祖父と会うとさらに若い。最後に九代前の祖先である五百歳になる忌という人物に会った。忌は鳥の巣の中から顔だけ出していたが、見ると嬰児のようであった。使者はこれこそ不老不死の極致と、ただ驚愕するばかりであった。

中国や日本の老いの図像には、こうした最も老いたる者が最も若いというパラドクシカルな存在直観がかいま見える。ここには先に述べたような、翁童論的な人間観があるのだが、中国の場合、それを実際的な身体訓練と丹薬の服用とによって実現しようと試みたのだ。おそらく、そのことごとくは失敗に帰したであろうが、こうした仙境に遊ぶ夢は中国的ユートピアの通奏低音となって鳴り響いている。

精を脳に還す

葛洪は仙道の経典を引いて、

丹を服し、一を守れば、
天と相い畢《おわ》る。
精を還し、
胎息すれば、
寿を延ばすこと極まりなし。

と述べている。心身を変容せしめるために丹砂（水銀）を服用し、道を守り（守一）、天と一体無窮となり、精をもらさずに脳に還し、気と精神を純化・強化し、ごくごく静かな長い胎息をすれば不老長生まちがいないというわけである。ここには、丹薬、房中、導引の要が簡潔明瞭に述べられている。

長寿社会を迎えての最重要課題の一つは老いのエロスをめぐる問題であると思うが、仙道においては、究極の老い＝若返る老体を完成するには、精をもらさずに脳に還すことが必要だとしている。貝原益軒の『養生訓』の「接して漏らさず」という言葉で有名になったが、性交してなお精をもらさないということは、気を摂り入れ保つための方法であるとされてきた。

注意すべきは、葛洪がただ精をもらさぬことだけを強調しているのでも、禁欲を薦めているのでもなく、天地の陰陽がおのずとそのバランスを保つように、男女の陰陽も適度なバランスと循環を保つべきだと主張している点である。葛洪は無理な禁欲と放蕩はともに避けるべきだと述べている。

とすれば、問題の核心は、「精を脳に還す」という一点である。精を脳に還すことによって精神を純化し強化し、心身を調整コントロールする力を身につける。この脳の活性化と若返りは相関関係にある。現在、中国、日本で気功が大流行をみせているが、気功にはタントリズムや密教と同様、エロス的な力を利用して変身・変容を促がそうとする方法論がある。老いのエロスをさらに深化し純化する道こそ、自然と一体化し、老いを若さに反転する力であることを、中国と日本の老いの図像は教えている。子供らと楽しげに遊ぶ良寛も寒山拾得も、エロス的な力を愚と遊の深層智に変現せしめた人物であったといえよう。

老いを死せる身体、死に向かう身体と見なすのではなく、その逆に、「若」に向かう逆成長する身体と見なす遊興的まなざしこそ、東洋的な老いの図像が示す極点なのである。

第一部　翁童のフォークロリスト

南方熊楠と神社合祀反対運動

1　明治四十三年八月二十一日の南方熊楠

南方熊楠《みなかたくまぐす》には、寒山拾得のような翁童的身体の跳躍がある。次のエピソードはその風狂の身振りをよく表わしている。

明治四十三年（一九一〇）八月二十一日、和歌山県田辺市の田辺中学校の講堂で紀伊教育会主催の夏期講習会の閉会式が行なわれた。

この講習会は県下各地より六百名近い参加者を得て、同年八月十五日から二十一日までの一週間開かれた。講師は本多静六林学博士ほか三名で、主催者の紀伊教育会会長は和歌山県内務部長、相良渉であった。会の理事でもあった県吏の田村和夫の進行により、閉会式は十一時十五分から始まった。会長告辞、郡長式辞、講習証授与と式典は順調に進行し、杉本田辺裁判所裁判長が来賓を代表して祝辞を述べようとしたところ、一人の酔っぱらいが会場に乱入した。いうまでもなく、われらが南方熊楠であった。

明治四十三年八月二十四日付の『牟婁《むろ》新報』はこのときの出来事を次のように劇画タッチで報告している。

誰ぞと見れば、世界の大学者として知られたる我南方熊楠先生也。エイッと一声、手にせる信玄袋を場内に投げ付け、椅子に手を懸けんとする所を、藤田技手飛びかかりてこれをささえ、山本助役、朝比奈署長其他七、八名がかりにて控室へ連れ出せしが、此日先生は朝来ビールを二拾本ばかりも傾け由にて非常の大酩酊、高声にて「田村に面会に来たのをナゼとめるか」、「神社を破壊することはケシからぬ」などと叫び、強力無双の双腕を揮つて寄りくる面々を挑ね退け突き飛ばす勢ひに、一同大に持余ませしが、老練なる朝比奈署長はナダめすかしつ、本社の柴庵と共に先生を護送せり(1)。

冒険活劇映画を見ているかのようである。このときの酔っぱらい南方熊楠四十四歳。前年九月二十七日付の『牟婁新報』に田辺町大浜台場公園の売却に反対し、神社合祀に反対する意見を発表して以来、猛然と神社合祀反対運動をくりひろげてきたあげくの一幕であった。閉会式の司会進行役を務めた県吏の田村和夫は神社合祀推進論者であった。

『牟婁新報』の主筆毛利清雅(柴庵)は、この日の朝八時二十分、講習会に出席しようと万年筆にインクを注ぎ入れていたところに南方熊楠の訪問を受けた。すでに熊楠はひどく酩酊しており、巻煙草の煙の間からビール臭い吐息を発散させていた。熊楠は毛利柴庵に、八月十二日に和歌山の実家に帰り、たった今しがた田辺に戻ってきたところだと語り、さらにこうつけ加えた。「ドウモ県庁では大山神社を潰す気と見へる。合祀好きの田村和夫も来て居るといふが、吾輩は今酔ふて居るから午後まで一息寝て、酒の酔ひが醒めてから会ふて見やうと思ふが、君は紹介して呉れるか、一処に往て呉れるか」(『牟婁新報』八月二十四日)と。

毛利柴庵はあとで田村和夫を紹介することを約束し会場におもむいた。ところが熊楠はといえば、家に帰らず、途中で酒屋に立ち寄ったあと閉会式場へと向かい、直接田村との面会を求め、受付係が十四、五分待ってくれと答えたのを、その間に逃げるつもりにちがいないと判断して会場に乱入したのである。そのあとの経緯は『牟婁新報』が報ずるとおりである。

南方熊楠はこの事件で十八日間の拘留・尋問を受け、あげくに証拠不充分で家宅侵入罪免訴の裁判所判定を得て釈放された。そして釈放されてすぐの九月九日に、日高郡の住人で数少ない大山神社合祀反対運動の地元同志の一人であった古田幸吉宛てに次のような手紙を書いている。

新聞にて御覧如く、小生大山神社其他の事に付き、大争動を引起し、前月二十二日拘引未決監に入り、前後の尋問要領を得ず。和歌山弁護士会其他より、当裁判所に対する抗議夥しく、当町、又、大動揺を生じ、裁判官等小生の事件すむ迄、旅行を禁ぜられ（小生は保釈を常楠及び毛利より申込しも、之を拒絶す）、一昨夜、小生を山藤宗一に責付す。小生之を拒みしも監守等小生入監の為め、頗る困難により、切に責付をすゝむる故、不得止、夜中出監致候。これにて、大山神社は泰山の安きに居る様に相成申候。数日中、大毎等にて大山神社を始め、小生の議論を出す積りなるが、米国、英国其他より用事多く申込れ、たまり居るを、一一片付る故、常楠へは未だ状出し得ぬ程なり。兎に角、貴下いよ〳〵固守、小生の議論出るを後れんことを望む。

当地人一同は、小生に同意、漁民等一同申合せ同情を申込る。又、小学校長にして激誠なる同情を獄中に申入しもあり。此回の件は、郡長と知事の名代に来りし県属二人の意趣に出るものなり。数日中に、牟婁新報送るから、一覧を乞ふ。乱暴の初めは県属等六、七人予にかゝり、一県属予の喉を柔術でしめたり。然るに、予の喉強く一向しまらず。予彼輩をなげたおし、又、警察署長を蛙の如くにぶつつける。それより大立まわりと成りし也。[2]

この手紙の最後の方で熊楠は誇らしげに乱入事件の顚末を報告し、乱闘の非は県属の側にあって、柔術の術を使って喉を締めつけてきた県属を投げ倒し、あまつさえ警察署長を蛙のようにぶっつけ、「大立まわり」を演じたと自慢する。

しかしこのあと、九月二十日に同じ古田幸吉に宛てた手紙は激烈で、幸吉が心配してであろう、酒を慎しむよう熊楠の妻松枝に申し送ったことに激怒している。いわく——

客月二十五日出松枝宛貴翰に、小生に酒をつゝしめ云云と有之。小生は親や兄弟が言ふても酒つゝしまず。又、たとひ慎むべしと約束した処が、酒をつゝしむ男に無之候。今回大山神社の事にて、十八日未決に拘禁され、今に方付かず、責付中なるも、弟常楠よりは、少しも酒を慎めと申し来らず候。小生、従来名を挙げ事を成たるは、みな酒の被護にて候。其許等は、人に向て何を慎め、何をやめよなどいふべき人間に非ず。……毎度々女の腐つたやつの如く、ぐにや〳〵したることを腰弱く頼みに来り、扨、其事の為に拘禁されたればとて、忽ち酒を慎しめなどいふは、誠に人情に背けるものに候。以後斯様の不埒なことを親類なればとて、小生は勿論常楠其他へ言ひに来ること勿れ。人の気を悪くし、己れの不徳を表白するの甚きものに候。酒がいやなら自分慎んで可なり。人に勧むるに及ばず。其許は酒を飲まず。故に常に腰弱く、一人にして二魂を見せる如く、当地へ来りし時と帰村の上と、精神全く異なり、遂に、五円といふ金を棄損せしめながら、どこの者とも分らぬ郡長などに遠慮気の毒がり、彼是と下らぬことをいひ来り、其内に当郡中、小生の投書をまち居りし非合祀村にして、合祀されしもの、三、四十社もあるなり。故に、酒を飲まぬものは腰弱く、思ひ切たことが出来ず。自分のみに人に迄大に迷惑を生ぜしむるものと知られ度候。小生酒飲たればとて其許に一文きなか迷惑かけず。以後かゝる無用の言をいひ来る勿れ。それより酒でも飲める様出精して可なり。(3)

酒を慎しむよう戒めたら、その反対に、おまえは酒を飲まないから腰が弱くて思い切ったことができず駄目なのだ、と痛罵され説教し返される始末。よほど腹にすえかねたのであろうが、それにしても激烈である。自分が名をあげ事を成したのはひとえにこれみな「酒の被護にて候」と言い放つところなど、風狂の賢者・南方熊楠の面目躍如たるものがあるが、そもそもこの手紙自体が酒に酔っぱらって書いたもののように思われる。追伸に、「小生は出監後身体宜しからず、臥し勝ちなり。身体や酒の事は其許等の世話にならず」と付記しているが、体調すぐれず気のめいることも多かったのであろう。

明治四十三年八月二十一日、いったいなぜ南方熊楠はこの日田辺中学校に乱入し大立回りを演じたのか。そもそも明治四十三年とはどのような年であったのか。そして、彼の展開した神社合祀反対運動とは何であり、いかなる成果をもたらしたのか。また彼の手紙にしきりに出てくる「大山神社」とはどのような神社だったのか。なぜ南方熊楠はその神社とかかわったのか。

以下、南方熊楠の行動の背景を順を追って考察してみよう。まず最初に、明治四十三年という年がどのような年であったか見ておくことにしよう。

2　明治四十三年の狂気

明治四十三年、すなわち一九一〇年という年はまことに興味深い年である。というのは、この年を基軸として日本の政治と文化は大きく右旋回していったからである。

まず政治的事件から見ていこう。

六月一日、無政府主義者、急進的社会主義者の一斉検挙が始まり、幸徳秋水らが逮捕された。内務省の有松警保局長は「検挙者はわずか七人、騒ぐにあたらず」と語ったが、実際は全国で数百人にのぼる検挙者があった。容疑は刑法第七十三条「皇室ニ危害ヲ加ヘ、又ハ加ヘントシタル者ハ死刑ニ処ス」という条項に該当する大逆罪であり、明治天皇暗殺未遂容疑であった。事実は政府が反体制運動を抑圧するために大陰謀事件にでっち上げたもので、幸徳秋水ら二十六人が大逆罪で起訴され、大審院特別刑事部による十六回の非公開裁判の結果、明治四十四年一月十八日、幸徳秋水ら二十四人に死刑の判決が下った。翌一月十九日、天皇の特赦により十二人が無期懲役に減刑されたが、幸徳秋水ら十一人は一月二十四日絞首刑となる。南方熊楠が指摘しているように、事件の中心者のうち六人が和歌山県新宮の出身者であった。

明治四十三年八月二十二日、ソウルの韓国統監府で寺内正毅陸軍大臣兼統監と李完用首相により韓国併合に関する日韓条約が極秘裏に調印された。八カ条から成る韓国併合条約の前文には、日韓相互の幸福を増進し東洋の平和を永久に確保するとうたい、本文では「韓国一切ノ統治権ヲ日本国天皇陛下ニ譲与ス」とするが、実際は軍事力を背景とした植民地支配にほかならなかった。八月二十九日、併合に関する詔書および韓国王室を皇族の礼をもって遇する詔書が下り、その日に条約公布・施行となり、ここに一三九二年より五百十八年にわたってつづいた李王朝は滅亡し、韓国の国号は朝鮮に変更された。新たに朝鮮総督府が置かれ、寺内正毅陸相が初代総督に就任する。

この東アジア史をゆるがした条約は、南方熊楠が家宅侵入罪で検挙された日に締結され、彼が未決監に収監されている最中に施行されたのである。東洋の平和を掲げて韓国に「家宅侵入」した日本と、神社合祀反対を掲げて田辺中学校講堂に「家宅侵入」した南方熊楠とはまったく対照的な位置に立っている。南方からすれば神社合祀とは、「神池神林」への暴力的な「家宅侵入」だったのである。それを防ごうとして熊楠はいわば逆「家宅侵入」を行なったわけである。

この年に起こった大逆事件や日韓併合は、天皇を中心とした強権的な国民国家をつくりあげようとする政治的志向を背景としている。しかしながら、もう一方の文化面では、西洋近代の物質文明を模範とする富国強兵策から脱西洋的な精神文明へのパラダイム・シフトを模索する動きが相ついだ。その動きは総括して〝霊性の探求〟ということができるだろう。というのも、この年を境として「霊」に言及する出版物が矢継ぎ早に上梓されたからである。

まず第一に、心霊科学やスピリチュアリズムの翻訳・紹介・研究があげられる。たとえば、鈴木大拙の翻訳によるスウェーデンボルグの『天界と地獄』、E・S・スティヴンソンと宇高兵作の共訳による『霊智学解説』および『霊智学運動の歴史の事実』、オリバー・ロッジやメーテルリンクの著作の翻訳、高橋五郎の『心霊万能論』、柳宗悦「新しき科学」等々。また、明治四十二年には平井金三の『心霊の現象』、同四十四年には高橋五郎の『霊怪の研究』、鈴木大拙の『スウェーデンボルグ』、鈴木大拙訳によるスウェーデンボルグの『神智と神愛』が出版されている。この頃、心霊科学やスピリチュアリズムや霊智学（神智学）は、柳宗悦がいうように精神世界を探求する「新しき科学」として期待が寄せられていたのである。ちなみに、南方熊楠はロンドン滞在中の明治三十二年（一八九九）九月から十二月の間にアメリカにいる鈴木大拙と数回にわたり書簡を往復し、交流をもっている。

第二に、それに関連して福来友吉《ふくらいともきち》事件が起こる。この年の九月十四日、東京帝国大学心理学科助教授の福来友吉ら、文科、理科、医科の十四人の博士が立ち会って御船千鶴子の超能力・千里眼（透視術）や念写を実地調査し、御船のＥＳＰ能力を認める福来と他の博士と意見が分かれ、それが原因となって福来友吉は東大助教授の職を辞任した。超能力の実在を認めようとしなかった大学アカデミズムから福来は追放されたのである。のちに福来は高野山大学教授となって超能力や心霊科学など超心理学的研究を進めることになる。

第三に、健康法や霊学・霊術が流行しはじめた。健康法の方は、岡田虎二郎の静座法、二木謙三の呼吸法、藤田霊斎の良心調和法などが話題となる。霊学・霊術の方では、明治四十一年に金明霊学会を大日本修斎会に改称した大本教の出口王仁三郎が、翌四十二年に機関誌『直霊軍《なおびぐん》』を創刊し、そこに出口ナオの筆先を掲載するとともに、鎮魂帰神法を通して霊的世界を直接体験するエクササイズを広め、教勢拡大の基礎を築いてゆく。

第四に、この年、日本民俗学の産声ともいえる柳田國男の『遠野物語』『石神問答』が上梓され、また新渡戸稲造、柳田國男、石黒忠篤、牧口常三郎、小野武夫らによって郷土会が設立され、文明開化の裏面で、郷土研究が進行しはじめた。また、宮内省掌典をつとめた宮地厳夫は「神仙の存在に就て」と題する講演を華族会館で行なっている。

第五に、鎌倉の禅寺・円覚寺管長、釈宗演を会長とし、その弟子鈴木大拙を主幹とする禅道会が設立され、八月五日に機関誌『禅道』が創刊された。それにともない、座禅の流行を見る。

第六に、武者小路実篤や志賀直哉らによる雑誌『白樺』の創刊、永井荷風主宰の『三田文学』の創刊、谷崎潤一郎や和辻哲郎らによる第二次『新思潮』の創刊など、文学雑誌の創刊が相ついで、反自然主義文学が台頭しはじめた。柳宗悦の「新しき科学」はこの『白樺』の第六、七号に連載され、精神感心《テレパシー》、透視力《クレール・ヴォワイヤンス》、予覚《プレモニション》、自動記述《オートマチック・ライティング》、霊媒《ミーディアム》、心霊による物理現象、妖怪現象について論じ、翌四十四年には『科学と人生』と題する一書にまとめられた。この論文の冒頭で柳宗悦は、「生物学に於ける人性の研究と、物理学に於ける電気物質論と変体心理学に於ける心霊現象の攻究」という人生観に多大の影響を及ぼす三つの科学があると述べている(4)。

第七に、明治四十四年一月には、鈴木大拙の親友で京都帝国大学哲学科助教授の西田幾多郎が『善の研究』を出版し、ベストセラーになった。この著作のなかで西田は再三再四、ドイツの神秘哲学者ヤコブ・ベーメを引き合いに出し、「ヤコブ・ベーメのいつた様に翻されたる眼 umgewandtes Auge を以て神を見るのである。神を外界の事実の上に求めたならば、神は到底仮定の神たるを免れない。また宇宙の外に立てる宇宙の創造者とか指導者とかいふ神は真に絶対無限なる神とはいはれない。上古に於ける印度の宗教及欧州の十五六世紀の時代に盛であつた神秘学派は神を内心に於ける直覚に求めて居る、之が最も深き神の知識であると考へる(5)」と記している。「直覚」や「見神の事実」を強調したこの書は、哲学書としては珍しいほど息の長いベストセラーとなり、日本近代哲学の代表作と評されているが、おそらくこのときはじめてわが国で「神秘学」の用語が使われた。

第八に、明治三十年代にいちはやく心霊研究やスピリチュアリズムや西洋神秘主義やオカルティズムを大学の授業で紹介した東京帝国大学宗教学科教授、姉崎正治は、この年『根本仏教』を上梓するとともに、ショーペンハウエルの『意志と現識としての世界』を翻訳している。

第九に、超古代史研究の嚆矢ともいうべき木村鷹太郎の『大日本古代史』が出版されたのもこの年であった。

以上のごとく、明治四十三年前後は精神世界の画期をなす年であった。このとき、〝霊性の探求〟が広範囲に問題とされたのである。いうまでもなく、南方熊楠も明治三十年代には心霊研究やスピリチュアリズムや変態心理の研究に関心を寄せ、那智山中でいくたびも心霊体験をもっている。(6) たとえば、大正十四年一月三十一日付の矢吹義夫宛ての「履歴書」には、「小生那智山にあり、さびしきかぎりの生活をなし、昼は動植物を観察し図記して、夜は心理学を研究す。さびしき限りの処ゆえいろいろの精神変態を自分に生ずるゆえ、自然、変態心理の研究に立ち入れり。幽霊と幻《まぼろし》（うつつ）の区別を識《し》りしごとき、このときのことなり。幽霊が現わるるときは、見るものの身体の位置の如何《いかん》に関せず、地平に垂直にあらわれ申し候。しかるに、うつつは見るものの顔面に並行してあらわれ候(7)」と記し、さまざまな不思議体験があったことを語っている。

もう一つ、この年の出来事で忘れてはならないのはハレー彗星の到来である。一八三五年以来、七十五年ぶりにハレー彗星が地球に接近し、五月十九日に最接近の日を迎えた。このとき、有毒ガスを含んだハレー彗星の尾が地球を包み込んで生物が全滅するとか、大爆発するとかいう地球終末説がまことしやかに流され、欧米では占い師が地球の滅亡や大洪水や大爆発を予言したために、地下室にこもったり、郊外に逃げ出す人が続出した。日本でも、『大阪朝日新聞』には、「尾の内に含まるる水素が地球に存在する酸素と化合すれば、人類は皆窒息して死滅。もし空中の窒素が減ずれば人類は狂気の極に達し、躍ったり跳ねたりして、やはり死滅せねばならぬ(8)」などという記事が掲載されたほどで、息を長く止める練習がはやったり、これを苦にした自殺者まで出た。

おそらく、マスメディアによって増幅されたハレー彗星の到来による地球終末説と霊的な世界への関心の高まりはつながりがあるであろう。重要な点は、この地球終末説には西洋も東洋も関係がなかったという点にある。マスメディアの発達もあずかって、このときはじめて世界同時性が実感されたのではないだろうか。地球に接近してくるハレー彗星の前には西洋も東洋もなかったのだ。むしろこのことは、東西文化を結合させ融合させようとする動きに火を点け、その動向が大正年間の生命主義やシンクレティズムを生み出していったのである。

いずれにせよ、南方熊楠が検挙された明治四十三年は、日本のみならず、世界、いや地球にとって大変な年だった。こののち世界史は大正三年（一九一四）にはじまる第一次世界大戦に向かって突き進んでいくことになる。

3　神社合祀令と神社合祀反対運動

さて、南方熊楠が神社合祀反対運動を開始したのは明治四十二年九月であった。なぜ南方は神社合祀反対に立ち上がり、あまつさえ紀伊教育会講習会の閉会式に「家宅侵入」し検挙されるにいたったのか。

明治三十九年十二月、西園寺内閣の内務大臣に原敬が就任し、東大予備門で南方と同級生であった水野錬太郎が内務省神社局長に着任したとき、一町村一社を標準とすべしとする神社合祀令が発布された。ただし、合併しないでもよい例外社として、(1)『延喜式』や『六国史』などの古文献に記述されている由緒ある神社やそれに準ずる格式のある神社、(2)勅命によって祭る神社、(3)皇室の崇敬を受けた神社、

南方熊楠，熊野の山中にて（明治43年1月28日）

(4)武将や領主や藩主の崇敬していた神社、(5)祭神がその祭地に功績や縁故のある神社、などがあげられている。(9)また、神社には必ず神職を置き、村社は年二百二十円以上、無格社は六十円以上の俸給を出すことが定められた。

この神社合祀令にはおおよそ三つのねらいがあった。第一は、神職もおらず財産も社地ももたない小さな神社では維持が困難でかえって神威をおとすため、これら小社の統廃合をはかる。第二に、民間に流行する迷信や淫祠邪教の温床となっているような小社を良俗を乱すものとして解体除去する。第三に、伝統ある由緒正しく格式ある神社を維持発展せしめる。

明治新政府は神祇官を復興し、古代の律令体制を復古させつつ近代国民国家に接木しようと考えたが、神社および神道行政は二転三転し、神祇官も神祇省、教部省、内務省社寺局と格下げの一途をたどり、神仏分離令以来の神社・神道再興も思うにまかせなかった。

明治四年（一八七一）、戸籍法を施行し、一区あたり一千戸の戸籍ごとに既存神社のなかから一社を郷社に指定、区内の全住民を氏子として郷社に登録した。郷社に指定された神社は区内住民に氏子札を発行し氏子籍（壬申戸籍）を作成することで、幕藩体制下の寺請制度の宗門改めに代わる氏子改めを行ない、各郷社を大教宣布運動の末端に位置づけ、大教院制度下の小教院もしくは説教所とし、国民教化の場としたのである。(10)

しかしながら、この大教宣布運動も郷社氏子制もうまく機能せず、明治十一年、新戸籍法（郡区町村編成法）の整備にともない廃止された。明治二十一年四月二十五日、新たに市制・町村制が公布された。それによって数カ村が併合されて行政府となり、伝統的な自然村は大字《あざ》・小字に格下げされ、行政村の一単位として統合された。明治政府は行政地区の一元的な合理化支配を押し進めるとともに、義務教育を行なう学校区と国民教化・国民道徳の基盤としての神社の氏子区を統一的に関連させようとはかったのである。あえていえば、学校と神社、さらには軍隊と監獄は国民教化の基礎単位であり基幹機関だったのだ。

明治二十二年二月十一日、大日本帝国憲法が発布され、第二十七条には、安寧秩序を妨げず臣民たるの義務に背かない限りで信教の自由を認める条文が規定された。そのため、神道における祭・教・学の分離がはかられ、その結果、祭祀を執行する神社は「宗教ではなく、国家の祭祀道徳である」と位置づけられ、教義は神道十三派と呼ばれた教派神道において説かれることとなり、学問は國學院大學の前身である皇典講究所や神宮皇学館において講究されることになった。

こうして、明治政府は、王政復古（古代化・純日本化）と文明開化（近代化・西洋化）という相反するベクトルからもたらされる葛藤の結果生じた、祭政一致の理念と政教分離の理念の原理的対立をなんとか回避する妥協の道を探ったのである。すなわち、一方では祭＝神社神道と政＝国家行政の結合をはかり、他方では政＝国家行政と教＝宗教（教派神道、仏教、キリスト教）との分離をはかったのである。そのとき、「神社は宗教ではなく、国家の祭祀道徳である」という論理によって神社の国家管理化を押し進めた。[11]それゆえ、神社および神社祭祀は国民道徳および良識風俗の基盤ないし表現として特権的な位置をもつことになった。

明治三十九年から本格的に始まった全国的な神社合祀や神社整理の施行には以上のような背景と経緯があった。全国の神社数の推移からすると、明治初年にその総数は当時の自然村の数とほぼ同数の十八万余社、明治十二年に整備された『神社明細帳』では十七万六千余社、明治三十九年の神社合祀督励直前の調査では十九万三千社、神社合祀令施行後の明治末年には十一万余社となっている。

神社合祀の実施はとくに伊勢神宮のある三重県と熊野三山をもつ和歌山県にいちじるしく、三重県では五五四七社あった神社が明治四十四年六月には九四二社に激減し、和歌山県では三七二一社（官国幣社四、県社一〇、郷社一四、村社六四〇、無格社三〇五三）あったものが明治四十四年十一月には六百社あまりにまで減少している。その間、伊勢四日市の諏訪神社の社司生川《なるかわ》鉄忠のように、神社合祀の動きが激しくなった明治四十一年二月以降『神社協会雑誌』に寄稿して、「神社は整理され、縮小され、破壊され、かかる信仰のうすくなつた神社や神職に地方自治の中核たれと望むことは間違ひもはなはだしく、これ神道全体の衰退である」と神社整理の弊害を説き抗議する神職もいたが、多くの者は社収増加を考えて合併を押し進めるか、手をこまねいて傍観するのみであった。[12]

内務大臣が原敬から平田東助に代わると、合祀令を厳格に実施せしめんとして残すべき神社の選定を府県知事に一任したため、知事は地方自治の成果を中央に評価してもらえるいい機会とばかりに郡長を督励し、また郡長は町村長とはかり、合併促進に突き進んでいった。
この神社合祀の施行に対して、南方熊楠は猛然たる反対の狼煙を上げたのだ。神社合祀反対を説く熊楠の旺盛な執筆活動は次のとおりである。

明治四十二年（一九〇九）
「世界的学者として知られたる南方熊楠君は如何に公園売却事件を見たるか」『牟婁新報』九月二十七日
「楠見郡長に与る書㊤㊦」『牟婁新報』九月三十日、十月三日
「再び神社合祀合併について」『牟婁新報』十月十二日
「緊急広告」『牟婁新報』十月三十日
「博聞強記一世に傑出せる南方熊楠君は本社を通じて何事を諸君に語らんとするか」『牟婁新報』十一月十二日
「緊急広告に酷似の表示」『牟婁新報』十一月十八日
「高山植物の採集禁止について㈠〜㈢」『牟婁新報』十二月十八、二十一、二十四日
明治四十三年（一九一〇）
「喜怒自在㈠〜㈤」『牟婁新報』一月一、六、十二、十五、二十七日
「高山植物の採集禁止について㈣〜㈥」『牟婁新報』一月九、十二、十五日
「神社合祀反対意見⑴〜⒁」『牟婁新報』一月十八、二十一日、二月三、六、二十一、二十四日、三月三、六、九、十二、十五、十八、二十一、二十四日

「南方熊楠氏の来書」『和歌山新報』三月一日
「南方熊楠先生は大山神社の合祀を悲しみ、大要左の如き書簡を一杉日高郡長に贈れり」『牟婁新報』四月三日
明治四十四年（一九一一）
「田辺の神樹濫伐」『和歌山新報』三月二十一日
「神社合祀(1)〜(6)」〈田辺随筆㈢〜㈥〉『和歌山新報』六月二十八、二十九、三十日、七月一、二、三日
「神島の珍植物の滅亡を憂いて本社に寄せられたる南方先生の書」『牟婁新報』八月六日
「神島のバクチの木に関する補遺、および天然記念物保護」『牟婁新報』八月九日
「朝来村礼拝塚の濫伐」『牟婁新報』八月二十七日
「神社合祀反対随筆㈠」『牟婁新報』八月二十九日
「南方熊楠が松村博士に与えたる書簡の一節(1)〜(4)」『牟婁新報』九月三、五、七、九日
「近野村神林濫伐について」『牟婁新報』十月十九日
「祖国山川森林の荒廃」（『南方二書』より転載）『山岳』十一月、明治四十五年五月に分載
明治四十五年・大正元年（一九一二）
「神社合併反対意見(1)〜(4)」『日本及日本人』四月十五日、五月一日、六月一、十五日

この間に、先に引いた古田幸吉や柳田國男や松村任三らに宛てた書簡や内務省神社局長宛ての意見書などを入れると膨大な量にのぼる。大正九年には、神社合祀令は沙汰止みとなっているが、南方がもっ

とも激烈に反対運動を展開したのは明治四十二年から明治四十五年までの四年間であった。

その間に南方はいったいどのような論理と修辞で神社合祀反対運動を展開したのか、次に検討してみることにしよう。

4　神社合祀反対運動の論理と修辞

南方熊楠が最初に神社合祀問題に論及したのは明治四十二年九月末のことであったが、ここでは最初期の神社合祀反対論として『牟婁新報』九月三十日号、十月三日号の二度にわたって掲載された「楠見郡長に与る書㊤㊦」の論理と修辞を見てみよう。

この上下にわたる「書」は大きく三つの部分からなる。新知事来訪を取り上げつつ公園地売却の一件を批判した冒頭部と、学術上貴重な生物を豊富に宿す「宮木」を伐る神社合祀を批判する中間の本論部分と、「これは決して田辺の事でも西牟婁郡の事でもないが」と断りつつ郡長の私利私欲と暴政を暴露して批判する後段の三つである。

冒頭部の書き出しはこうである。

拝呈、益御清適恭賀候。殊に昨今新知事やって来り、鉛山に滞在とか、(記者曰く、二晩泊ってモウ去れり) 小生一向かまはぬ事乍ら、御髯の塵を払ふ御気苦労奉遙察候。官人など申す者は、兎角弱い者を見れば横柄にて、をまけに祝儀など碌にくれぬ故、旅宿を始め、人民一同悦ばぬものにて候上、目下力行倹約の詔書風佩奉り、皆々官人などにかまはず出精可致時節、格別辇丸膨れしとも聞ぬ新知事が鉛山などに滞在とは何事ぞ。何卒小生が左様呟き居ると伝へて、早速和歌山へ帰庁する様御話し被下度候。但し癩病ならば湯の峰が宜しく候はんか。扨又今度当地公園地売却の事に付き、ゴタクサ致し居り、二三の有力家で、誰が見ても貴下などと親交と見受らるべき人々の口より承り候に、右公園を翁昆布の親爺へ売り候媒介人中に、貴下も有りしとの事なれば、定て多少御頭痛の事と奉存候。(13)

このような、皮肉たっぷりの調子で役人根性を諷刺し、台場公園を買った当地出身の栗山善兵衛を「翁昆布の親爺」と戯画化し攻撃する。注目すべきは、ここでも熊楠好みの下ネタ・ジョークがかいま見えている点だ。「格別睾丸膨れしとも聞ぬ新知事が鉛山などに滞在とは何事ぞ」と新知事の下半身をあてこする。「鉛山」とは田辺近郊にある温泉で、現在、白浜温泉郷のなかに含まれている。

南方の下ネタ・ジョーク好きは、たとえば、「菌類学より見たる田辺及台場公園保存論——六日闘雞社に於ける南方熊楠先生の講話」に顕著である。これは大正五年七月八日から十四日にわたり『牟婁新報』に掲載された講演記録で、同年七月六日に妻松枝の父田村宗造が社司を務める闘雞神社で講話されたものである。

この講演中、南方は、「ソレ此絵は子犬のちんぽ見たやうだろ、『狐の絵筆』といふ菌《くさびら》だ、格好だけ見たら変なものぢやが」、「所が此菌は空中の水蒸気を多量に吸込むから菌根から此ちんぽ見たよなやつが飛出す力は非常に猛烈ぢや。研究の結果によると、六貫目のものを二間も弾飛《はねとば》す力を持てるさうぢや。ちんぽの力も豪いものぢや」、「ソレ茲にあるのが今の『狐の絵筆』ぢや。丁度チンボ見たようだろ。こちらのは蝿が止まつて居るだろ、それ陰茎の尖《さ》きに蝿がとまつて居るやうだが、之が学術上大に面白いのだ。此菌の先が大層臭いのぢや、臭いから蝿が集《たか》る。其蝿が此菌を諸方へ運搬する役目をつとめるのぢや。学問上の事は話ても分らんが、例の方なら分るだろ（哄笑）」などと、「ちんぼ」を連発しながら、通常興味をもてない菌類について面白おかしく話をし、笑いを誘っている。

「蟻の或る生態を研究する為めに自身の睾丸《きんたま》に砂糖を塗つて或る年の夏中毎日前庭に踞《しやが》んで睾丸を蟻に嘗《な》めさせて令夫人をして大いに心配させた事件で少《すこ》しく日本人に知られて居る」(14)南方熊楠の面目躍如たる一面である。ちなみにこう評した神道家の友清歓真《ともきよよしざね》は、大正十年に出版した同書『霊学筌蹄《れいがくせんてい》』のなかで、「今日の日本米を喰つて生きてゐる人の中で、余が何等かの意味で敬服してゐる学者が六人ある。その一人は紀州にかくれて居られる仙人、南方熊楠先生である」と絶讃している。

さて、「楠見郡長に与る書」は、つづいていよいよ神社合祀反対論に及ぶ。

閑話休題、定て御承知の通り、小生海外に久く遊学致し、八年前に帰り候処、浦島の玉手箱同然、父母共に死に果て、身代はつぶれ居り、自殺でもせんかと思ひしが在英中栗原金太郎といふ大学者に出逢ひ、人間なる者は、何でも国益に成ることをせねばならぬと説伏せられ、大に感服せし事あるを思ひ出し、多少の知人あるを幸ひ、田辺へ来り、多少残りたる私産を傾け尽して、器械など買入れ、東西牟婁郡の生物を採集研究致し候所、ステキニ好結果を得、世界中に此辺特産のものを見出すこと夥し。吾邦には、東京あたりに博士とか学士とか、ブウブウいふもの多きも、かの孟子が言に、内其妻《うちその》妾に誇り外食を市門に乞ふといへる、学問乞食のみにて、天下晴れて何たる事をなし得る者、暁星の如きに呆れはて、更に身上不似合の金銭を投じて海外諸国、ソレソレの専門大家へ小生の意見と図説を具して聞合すことに致せしは、大学皆々大に賛成しくれ、目今続々小生所獲の新発見物を公示刊行致し居り候。一例を挙んに粘菌《ミセトゾア》と申し、尤も曖昧なる生物の一群にて、動物とも植物とも付ぬものの如きは、従来東京帝国大学にて十七種しか知ざりしもの、小生此八年間に八十六種迄見出し、内五十七種迄此田辺湾辺の産にて糸田の猿神様（記者曰く、糸田の猿神さまも郡の当局の力にて破壊され了んぬ）と本町の石友の庭より新種各一を出し、三色写真にて立派な図譜となり、只今大英博物館にて官板となり居り候。(15)

このように自身の経歴から粘菌研究や植物学の新発見に及び、それが田辺湾や近隣の神社の神林中から見出された新種であること、それゆえに神社の神林神池は「学術上至珍の品も夥」しい生命の宝庫たることを説き明かしてゆく。南方は自己を語ることにおいてきわめて雄弁な一面をもっているが、しかしその語り口や修辞にはある屈折した含羞とユーモアが感じられる。

南方はこの書中に、(1)糸田の猿神様、(2)御子の浜の神楽神社の二神社で粘菌やリゾソレエアの新種を発見したことをあげ、田辺湾や龍神山などをもつこの地は「新種珍品に富だること、土は本州に続きながら、境は已に亜熱帯の精を尽せり」というほどの生命種の多様性に満ちた土地柄であるから、「現状のままに保護」することが必要であると主張する。ところが事態はその正反対で神社合祀はどこの県よりも盛んである。そこで合祀を中止ないし延期させるべく次のように説く。

事体斯の如きに、本月二十七日の牟婁新報に出せる如く、本郡の役人等、無茶苦茶に神社合祀合併の事をせき立て、五村辺は已に宮木一本ものこらず、追ひ追ひ当田辺湾に及んで、昨今急に其事を迫り、宮木を伐る評定所々に絶えず、折角数千万年永続し来りし生物にして、此果して全国に遂行し得るか否か頗る疑はしき訓示の濫用のために一たび跡を絶ば再び見るを得ざるの場合に及べる者の多きは、実に歎きても余りありといふべし。因て予は早速三都の大新聞に寄書して、広く邦人の注意を惹くと同時に、政府、大学、植物学会に意見書を贈り、又止を得ぬ場合には先年フインランド国に似た例あるを以て、各国の学士会院及び有力の碩学に書を呈して、吾政府に向け此事に付き勧告する所有しめんとす。承聞する処に依れば、誰れの指令に出ることか知ぬが、数日前来りし県庁の田村とかいふ役人の言に、当郡の神社合併合祀は、なるべく今冬中に完結せよとの言ありしとか。然らばまだまだ時日の有る事なり。貴下に取ても、あの郡長の時にこんな災難が起たなどと後世迄伝らるるも遺憾なるべく、民人一同の喜ばぬことなるは、二十七日の新報に述たる通りなれば、何卒何分にも合祀合併の催促を、今しばらく御見合せ有んことを懇願奉る也。[16]

ここで南方は「宮木」を伐ることが「数千万年永続し来りし生物」を絶滅させることにつながることを力説し、そうならないために合祀合併の催促をしばらく見合わせてくれるように「懇願」する。そして新聞に投書して世論を喚起するとともに、政府や大学や学会などの関係機関に意見書を送って合祀反対を訴えかけたという。

注意しておくべきは、この当時の南方は神社合祀に対して全面的に反対していたわけではないという点である。南方は最初、むしろ、俗信や迷信からくる淫祠小社を整理し選別するためには有効な方法だと歓迎していたくらいである。それが地域の歴史や伝統や生態を顧みない、ほとんどなんの計画性も見識もない暴挙にしかみえない合併に突進していったために急拠反対運動に立ち上がったのだ。

廃社となった神社の「宮木」は民間に払い下げられて伐採された。そのうえ、伐採された「宮木」を売り払って着服する官吏や神職さえ出てくるに及んでは、地方文化の破壊にしか手をかさないことが明白になってきた。南方の反対運動の第一理由が「宮木」の伐採反対であり「数千万年永続し来りし生物」を守るためであったことは注意されていい。そこには南方個人のマニアックな学術趣味が濃厚に見うけられるが、その根底には、生命連鎖が文化創造や文化伝統と密接につながっていることへの南方の生命誌（史）的直観が息づいている。

龍神山の雲の森への合祀や日吉社、神楽社の藤巌神社への合祀に対して熊楠はこう反論している。

合祀全く終らば山頂の樹木追ひ追ひ濫伐され、神泉水絶て奇藻珍卉も枯れはて、従て流水跡を滅して、山下両村の岸崩れ出し、道路修復に夥しく迷惑することと思はる。磯間の日吉社、御子浜の神楽社は、之に中入するに奇橋巌を以てし、田辺湾中第一の絶景なる上、上出如き珍異の生物少なからず。前日已に二社を藤巌神社に合して、宮木を伐んと申出しと聞く。風景に替るに荒寥を以てせんこと誠に悲しむべし。右は楠見郡長への用事、予一己の私事に非ず。要は田辺将来の為を思ふての言なり。

樹木の濫伐が地下水系に影響を与え、その結果、「神泉」の水が枯れ「奇藻珍卉」も死滅する。そればかりか、「流水跡」を消滅させ、そのために豪雨のたびに崖崩れを頻発させ、ついには道路の修復に手間暇と金をかけずにはすまなくなる。「珍異の生物」が死滅するということが、自然の系と文化の系にどのような歪みをもたらし生活文化の荒廃を生み出すか、その自然の摂理を諄々と説く。そしてこのさまざまな破壊をもたらす神社合祀を止めることがいかに田辺の町の「将来の為」となるか、大義名分を説くのである。

神社合祀反対についての南方の論旨と戦略はきわめて明晰である。たとえば、もっとも明確かつ詳細に反対論を展開したのが、明治四十五年二月九日付けの白井光太郎宛ての長文の書簡においてである。当時、東京帝国大学農学部教授の職にあった白井光太郎は柳田國男とも親交があり、植物病理学の先駆者として、また本草学の権威として知られ、『植物妖異考』『植物渡考』『日本博物学年表』などの著作をもつ。この書簡で南方は次の八項をあげて、微に入り細を穿って例証する。

第一、神社合祀で敬神思想を高めたりとは、政府当局が地方官公吏の書上に瞞《だま》されおるの至りなり。(中略)

第二、神社合祀は民の和融を妨ぐ。(中略)

第三、合祀は地方を衰微せしむ。(中略)

第四に、神社合祀は国民の慰安を奪い、人情を薄うし、風俗を害することおびただし。(中略)

第五に、神社合祀は愛国心を損ずることおびただし。(中略)

第六に、神社合祀は土地の治安と利益に大害あり。(中略)

第七に、神社合祀は史蹟と古伝を滅却す。(中略)

第八、合祀は天然風景と天然紀念物を亡滅す。(中略)

かくのごとく神社合祀は、第一に敬神思想を薄うし、第二、民の和融を妨げ、第三、地方の凋落を来たし、第四、人情風俗を害し、第五、愛郷心と愛国心を減じ、第六、治安、民利を損じ、第七、史蹟、古伝を亡ぼし、第八、学術上貴重の天然紀念物を滅却す。

当局はかくまで百方に大害ある合祀を奨励して、一方には愛国心、敬神思想を鼓吹し、鋭意国家の日進を謀ると称す。何ぞ下痢を停めんとて氷を喫《くら》うに異ならん。かく神社を乱合し、神職を増置増給して神道を張り国民を感化せんとの言なれど、神職多くはその人にあらず。おおむね我利我慾の徒たるは、上にしばしばいえるがごとし。国民の教化に何の効あるべき。（中略）わが国の神社、神林、池泉は、人民の心を清澄にし、国恩のありがたきと、日本人は終始日本人として楽しんで世界に立つべき由来あるを、いかなる無学無筆の輩にまでも円悟徹底せしむる結構至極の秘密儀軌たるにあらずや。加之《しかのみならず》、人民を融和せしめ、社交を助け、勝景を保存し、史蹟を重んぜしめ、天然紀念物を保護する等、無類無数の大功あり(17)。

非常に説得力のある論理である。しかしこれは南方にとって神社合祀反対の〝公的論理〟である。ここで南方は論理を大上段にふりかぶり大義名分を掲げて有無をいわせず合祀反対を突きつける。とりわけ、第一項に「神社合祀は敬神思想を薄う」すると喝破し詳しく例証をあげて論破したことは、合祀推進論者や政府関係者にカウンターパンチを浴びせるものであった。

明治新政府は、宗教政策として明治元年三月十三日に神祇官を再興して祭政一致の制とし、同年三月十五日に改めて「切支丹邪宗門」禁止、同二十八日には神仏分離令を出し、国民思想の統一をはかった。明治五年三月十四日には神祇省を廃止して教部省を設置するが、このとき教導職十四級を置いて、それまでの宣教使に代わって国民教化の任に当て、全国的な国民教化運動を開始し、神官はもとより、僧侶、官吏、講釈師や俳優にいたるまで、多少なりと国学の素養をもって布教活動に従事できるものを総動員したのである。その際、教導職に一定の教則を与えるために、「第一条　敬神愛国ノ旨ヲ体スヘキコト　第二条　天理人道ヲ明ニスヘキコト　第三条　皇上ヲ奉戴シ朝旨ヲ遵守セシムヘキコト」の「三条教憲」（三条教則、教則三条ともいう）を定めた。

ここで注意しておきたいのは、「三条教憲」の第一条に「敬神愛国」条項が掲げられているように、それは明治新政府における国民教化の最重要イデオロギーであった。南方熊楠はこうした国民教化のイデオロギーをうまく逆手にとって、神社合祀が、(1)敬神思想を薄くする、(2)国民の融和を妨げる、(3)地方文化の凋落をもたらす、(4)人情・風俗を害する、(5)愛郷心や愛国心を減ずる、(6)治安・民利を損ずる、(7)史蹟・古伝を滅す、(8)学術上貴重な天然記念物を消滅させる、という八項目をあげて神社合祀反対論を展開したのだ。しかも、それぞれの条項にきわめて具体的な例証を示し、これについての反批判を未然に予防する周到な議論である。

たとえば、第一項の「神社合祀は敬神思想を薄う」するという主張の例証はこうである。

電車鉄道の便利なく、人力車すら多く通ぜざる紀州鄙地の山岳重畳、平沙渺范たる処にありては、到底遠路の神社に詣づること成らず。故に古来最寄りの地点に神明を勧請し、社を建て、氏神、産土神として朝夕参り、朔望には、必ず村中ことごとく参り、もって神恩を謝し、聖徳を仰ぐ。『菅原伝授鑑』という戯曲三段目に、白太夫なる百姓老爺が七十の賀に、三人の媳《よめ》が集い来て料理を調うる間に、七十二銅と嫁に貰える三本の扇を持ち、末広の子供の生い先、氏神へ頼んだり見せたりせんとて、いまだその社を知らざる一人の媳を伴い参詣するところあり。田舎には合祀前どの地にも、かかる質樸にして和気靄々たる良風俗あり。(中略)只今のごとく産土神が往復山道一里乃至五里はなはだしきは十里も歩まねば詣で得ずとあっては、老少婦女や貧人は、神を拝し、敬神の実を挙げ得ず。(中略)『智度論』に、恭敬は礼拝に起こると言えり。今すでに礼拝すべき神社なし、その民いかにして恭敬の何物たるを解せんや。すでに恭敬を知らぬ民を作り、しかして後日長上に従順ならんことを望むるは、矛盾のはなはだしきにあらずや。かく敬神したきも、敬神すべき宛所《あてどころ》が亡われおわりては、ないよりは優れりという心から、いろいろの淫祀を祭り、蛇、狐、天狗、生霊《いきりょう》などを拝し、また心ならずも天理教、金光教など祖先と異なる教に入りて、先祖の霊牌を川へ流し、田畑を売りて大和、備前の本山へ納め、流浪して市街へ出で、米搗きなどして聊生《りょうせい》する者多く、病を治するとて大食して死する者あり、腐水を呑んで失心するもあり。改宗はその人々の勝手次第なるも、かかる改宗を余儀なくせしめたる官公吏の罪冥々裡にはなはだ重し。合祀はかくのごとく敬神の念を減殺す。(18)

かくのごとく、『菅原伝授鑑』や新井白石の『藩翰譜』や龍樹《ナーガルジュナ》の『大智度論』など和漢の書籍を縦横に引用し、また近野村や三川豊原村の事例を示しながら、いかに神社合祀が廃社となった地域の人々の「敬神の念を減殺す」る所業であるかを縷々述べ、明治維新以来の「大義」を神社合祀が実際上裏切り破壊している事態を暴露するのである。

この白井光太郎宛て書簡とほぼ同じ内容をもつ「神社合祀反対意見」は、明治四十五年四、五、六月の『日本及日本人』に連載された。全体に白井光太郎宛て書簡をさらに簡明にし、余剰を削除した筆運びで、ますます論旨明快となっている。反対論のはじめの七要諦は同じながらも少しく表現を異にし、第一項を欠いている。

第一、合祀により敬神思想を高めたりとは、地方官公吏の報告書に誑《たぶら》かさるるのはなはだしきものなり。(中略、以下同)

第二に、合祀は人民の融和を妨げ、自治機関の運用を阻害す。

第三、合祀は地方を衰微せしむ。
第四に、合祀は庶民の慰安を奪い、人情を薄くし、風俗を乱す。
第五に、合祀は愛郷心を損ず。
第六に、合祀は土地の治安と利益に大害あり。
第七、合祀は勝景史蹟と古伝を湮滅《いんめつ》す。(19)

いったいなぜ、南方は二月九日に出した白井光太郎宛て書簡で提示した第八条項を『日本及日本人』の同年四月号に掲載した「神社合併反対意見」で削除したのであろうか。「第八、合祀は天然風景と天然紀念物を亡滅す」、「第八、学術上貴重の天然紀念物を滅却す」という条項をなにゆえに削ったのだろうか。

思うに、この第八項すなわち「学術上貴重の天然紀念物を滅却す」という一項こそ南方がもっとも気にかけ主張したかった要点ではなかったか。第一項の「敬神思想を薄う」するから第七項へ順につづく〝公的論理〟に対して、第八項こそ南方の〝私的論理〟の拠点であり、直接に彼のパトスを激発せしめる問題点ではなかったか。とすれば、南方の〝私的論理〟は〝公的論理〟とは逆に第八項から始まり、順次切迫緊急度を減じて第一項に終わるものであったのであろう。

この南方の公私逆転の論理構成は意外に用意周到な戦略的思考のなせる術《わざ》だったと思われる。一般雑誌では私心を極力排除して〝公的論理〟を全開し大義名分を語り、私信や地方新聞紙上では過剰なまでに自己をさらけ出しパトスに訴える。その使い分けは見事であり巧妙ですらある。

明治四十三年三月十九日付の古田幸吉宛て書簡にはこうある。

序《ついで》に申す。貴下等は、小生牟婁新報に埒もなきおどけや耶蘇教攻撃などするを見て、これは神社合祀反対に何の功力のなしなど思ふか知れず、世間に賢こい人ばかりならば左様なり。世間は以ての外阿房又は何事をも深く考えぬものの多いもので、外交談判なども、実は、其許《そこもと》思ふ様な談判などするに非ず。使臣寄合て、今日も明日も御馳走をすることとなり。それで談判が付くなり。埒もなきおどけでも、小生の書くものを人が面白がりて多く読み、小生の人受けがよくなれば乃《すなは》ち小生の意見は何たるを知らずに其人人が通すなり。商売するに算盤ばかりはじいて見せるものは商売成らず。阿房話しする内に話しがつくこと多き道理に候。兎に角、小生の反対意見（牟婁紙にのるもの和歌山新報にも連載す）は、和歌山でも目下大評判であるなり。これが何を書てあらうがよし、大評判なれば、それ丈け丸呑《まるのみ》に小生の意見が弘まる通り也。(20)

南方の書くものをおもしろがってたくさんの人が読み、それによって「人受け」がよくなると、「意見」の何たるかは知らなくてもそれが通るようになる。したがって、「埒もなきおどけ」や「阿房話《あほばな》し」は、「意見」を通すための戦略的修辞《レトリック》なのである。とはいえこの修辞や文体は彼の思考の体質から来るものであろう。「おどけ」や「阿房話し」を修辞とすれば、「意見」や「算盤」は論理である。その論理をうまく「通す」ためには修辞が必要であるというわけだ。とすれば、明治四十三年八月二十一日の田辺中学校「家宅侵入」事件も案外南方の戦略的修辞の一環であり行動だったのかもしれない。

和歌山県選出の衆議院議員中村啓次郎が、明治四十三年三月二十二日に、南方熊楠の提示した資料をもとに衆議院で神社合祀について質問と演説をした翌々日の古田幸吉宛て書簡の末尾にはこうある。

和歌山表にても、小生の議論（和歌山新報に連日転載）のひちくどく（凡てひちくどき文は人が飽くものなれど、小生のは、オメコ、チンボの事などまぜ、中々面白いから、新聞大はやり、よくうれる也）悪口えらきに辟易し、日前宮司も礼状と称し、私信にて、和睦如きものを申し込み来り、又、耶蘇坊主は耶蘇教の急所を突かれ、なんでもなきことを口に出して、大味噌つけ、誰も彼も、小生に敵し得ず、口をつぐみ、呆れ居り候。因て、いよく〳〵これから日本の大場所で闊歩して立論することに御座候。乃ち、大毎と次に時事新報へ出し候。一人にてする仕事故、骨は折れ、又、時日もかゝり申候。要は、紀州で全く功なくとも、全国で此事の厲行を全く止めたきに候。そんなこと故、万一、大山神社合祀するとも、あとは又、復《かへ》り得る様、なるべく樹をきり潰《つぶ》さぬ様望み申候。(21)

こうした書簡を読むと、かりにそれが南方の思考の体質から来るものとはいえ、「オメコ、チンボの事など」の「下がかつた話」（柳田國男）に彼がいかに自覚的かつ戦略・修辞的であったかがよくわかる。そうした「埒もないおどけ」は彼のトリッキーな戦略的文体にとって不可欠の潤滑油だったのである。

「楠見郡長に与る書」においても、南方の「おどけ」は存分に発揮されている。すなわち――

一体此神社を合集して、神道を興隆せんとの大意は誠に結構なことにて、此趣意に付て熊楠政府に対し一点の非難を加るものに非ずと雖ども、今日の実際に就て、合祀合併を励行する如きは土地の人気の上にも、史学科学の上にも、殊に崇古敬神の上に取ても、誠に寒心すべき悪結果を生ぜんことを惧る。斯く申す熊楠は、幼時頗る不謹慎のものにて、民政局内に在りし小祠を、人におだてられて扉を打破り神号を取出し、唾をはきかけ、又小便ひりかけ、其時は何とも思はざりしに、その夕よりにはかに熱さし、甚《いた》く悩み、医を招き纔かに命を取留し後、御恥かしきことながら岩出の森の言で止むこともなからぬから申すが、親にも見せぬ処、暴《には》かに大きく膨れ出し、起る時は便ち虹梁の雲間に横はれるが如く、ために常に頭痛眩暈《めまい》し、誠とに困り切た悴を持たものと、人々に笑はれ、苦むこと数十年、又神に唾《つばき》はきし罰にや、何時にても牛の如くへどを吐く習慣となり、何とも外聞悪く、弱り果て、不断神明を崇敬すること大方ならず。自分にさしかまひのなき以上は成るべく正直に致し、朝夕祈念せししるしにや、三四年前より、例の物普通の大さに復し、大に満足だが、へどは今に止まず。右一物は郡長の聟たる多屋勝氏も嘗て湯崎で拝観して気絶に瀕せしほどなれば、本人より御聞取下さるべく、又へどは今も少しも衰へぬから御望みならばいつにても貴邸の入り口へ実施申さん。要するにかかるきたなきことを申上るも、小生の自懺自恣にて、吾身つめつて人の迷惑さを思ひやる上の事なれば、郡長貴下も、何卒部下の輩を戒飭《しょく》して、合祀合併の事には十分手心を用ひ、他日万一、老後の一物湯屋へ行けぬほど膨大し、又役所の中でへどを吐く等のことなき様にとの老婆心に御座候　下宣

「楠見郡長に与る書」の「㊤」は以上で締めくくられている。まったく、何といおうか。南方熊楠の面目躍如たる文章ではないか。神社合祀による神道興隆の「大意・趣意」には「一点の非難」もないとしゃあしゃあと前口上を述べたあとで、民政局内にあった「小祠」の神扉を打ち破り「神号」を取り出してそれに唾を吐きかけ、あまつさえ小便をひりかけた結果、一物が大いに膨れあがり、人々に笑われ、

自身は苦しみぬいたことを誰もが法螺話と思う滑稽・大仰さでしゃれのめし、郡長の「老後の一物」への要注意を呼びかけ、笑いのなかで脅しをかけるのである。この笑いによる価値低下と風刺、主張の反転と諧謔という修辞法《レトリック》の駆使にかけては、おそらく当代随一のものがあったであろう。ここには江戸時代の滑稽本など戯作文学の影響と、その表現法の借用・活用がみられる。この点については、同時代人であった出口王仁三郎と思考の体質と修辞において共通するものがある。(22)両者とも大衆的なユーモア文学の才覚にかけては天性の素質をもっていたといえるであろう。

このように、論理と修辞を駆使しつつ神社合祀反対論を展開していくのであるが、その質量ともに驚くべきものがある。南方の合祀反対論を支えたもっとも根深いパトスは、偏愛する「至珍の生物」が絶滅に瀕することへの怒りと絶望にあったのである。

5　南方熊楠における大山神社と神島――むすびにかえて

先に引いた白井光太郎宛て書簡中に、「定家卿なりしか俊成卿なりしか忘れたり、和歌はわが国の曼《まん》陀《だ》羅《ら》なりと言いしとか。小生思うに、わが国特有の天然風景はわが国の曼陀羅ならん(23)」という文章がみえる。中世には心敬や正徹などによってさかんに和歌即陀羅尼《ダラニ》説が唱えられたが、南方はそれを勘ちがいしてか、和歌即曼陀羅という説を示し、さらに敷衍していわば自然即曼陀羅説を唱えるのである。

古く、明治三十七年三月二十四日のロンドン滞在時の真言僧土宜法竜宛て書簡には「森羅万象すなわち曼陀羅なり(24)」と主張した一節があった。南方の自然哲学ともいうべきこの思想は、仏教、それもとりわけ真言密教に拠っている。南方は土宜法竜に半ばふざけつつ自分のことを「今弘法様(25)」と吹聴しているが、半分はそうした自覚とも自信ともつかぬ思いが独自の「複心[26]」説を唱えた南方にはあったと思われる。

南方の自然哲学はしかしたんに密教教学に根ざした観念論ではない。それは粘菌や珍種の生物の生態に即したきわめて即物的な自然学である。熊楠という動物と植物を合体させた名前をもつ南方は、生物に対してはきわめて微細な識別力と特殊なシンパシーをもっていた。とりわけ、楠《くすのき》をはじめとする樹木には特別の思い入れと感覚をもっていた。

昭和十四年三月十日付の真言僧水原堯栄宛て書簡に、「小生は藤白王子の老樟木の神の申し子なり[27]」と述懐している。このとき熊楠七十三歳、亡くなる二年前のことであった。ここにいう「藤白王子」とは、現在は海南市にある藤白神社で、熊野への入口といわれる場所である。熊楠はこの神社の末社の楠神から「楠」の名を授かり「熊楠」と命名されたのである。「脳疾」を患った十九歳の頃にもこの藤白神社を訪れている。おそらく、熊楠にとって藤白神社の楠の大木はみずからの生命の根源であったにちがいない。もしかすると、熊楠は、自分はその老楠から生まれ出た粘菌人間と思っていたかもしれない。いずれにせよ、「小生は藤白王子の老樟木の神の申し子なり」という思いは熊楠の身心の深層に根づいていたものであったろう。

昭和四十四年六月二十六日付の柳田國男宛て書簡には、「熊野はその植物帯半熱帯地のことゆえ、古来神社に樟あり、これを神体とし来たりたるに候て、これを伐るは何となく神の威厳を損じ候[28]」と述べている。そしてさらに、熊野地方の神社合祀反対に助力をたのむ南方と柳田の関係を次のような和歌に託して歌い、手紙を締めくくっている。

音にきく熊野《くまの》樟日《くすひ》の大神も⁽²⁹⁾
　　柳の蔭を頼むばかりぞ

熊野と楠に対する深い自己同定《アイデンティファイ》には尋常ならざるものがある。熊楠はつねづね「小生畢生の事業の中心基礎点たる神林⁽³⁰⁾」と言っていたが、『日本書紀』によれば、素戔嗚尊《すさのをのみこと》や五十猛命《いたけるのみこと》が樹種《こだね》を播いたのが「木《き》の国《くに》」であり、「紀伊国・熊野」であった。熊楠にとってはたかが木一本という判断は人間のもつ鼻もちならない慢心倨傲に映ったであろう。ましてそれが自身の父祖伝来の「神林」であればなおさらのことであった。明治四十四年五月二十五日付の柳田國男宛て書簡に熊楠はこう記している。

小生の祖先が四百年来奉仕し来たれる大山神社（中略）も、今にその材木を利とし合祀を逼《せま》られおり、村民いずれも愚にして目前の利慾に目がくれ、小生の従弟等わずかに五戸を除くのほかは、合祀合祀と賛動し、小生一族は僅々の人数にてこれに抵抗し、今日まで無難に保留したれども、今秋までに是非つぶし見んなどと、日高郡吏等いきまきおる由。かかる郡吏を放縦ならしむるは、祖先崇拝を主張する政府の真意にあらざること万々にて、あまりに大勢大勢いうて何が大勢やら、ただただ衆愚の目前の利慾をのみ標準とし往くも、国家独立の精神を養う所以にあらざるべしと思う。（目前の私慾に目がくれ、祖先以来崇敬し来たれる古社を潰して快とするようなものは、外寇に通款し内情を洩らすほどのことを何とも思わぬこと当然なり。⁽³¹⁾）

柳田に宛てて南方が「小生の祖先が四百年来奉仕し来たれる大山神社」という大山権現社は、熊楠の父弥兵衛の生まれた和歌山県日高郡矢田村（現・川辺町）大字入野に鎮座していたが、折からの神社合祀促進のあおりをうけ、同村土生《はぶ》の八幡社に併合されることとなり、従弟古田幸吉の連絡を受け、猛然と反対運動をくりひろげたのである。ちなみに、幸吉の父善兵衛は熊楠の父弥兵衛の弟にあたり、熊楠と幸吉は従兄弟の関係になる。

明治四十二年十二月七日付の古田幸吉宛て書簡には、「大山神社を再興せし宮所氏は我等御同前の祖母の出たる家の由、尊父善兵衛氏より承り居り候。此事は多分貴村の寺に就て過去帳を調べ候はゞ分る事と被存候(32)」と記し、大山神社の再興者が祖母の出た宮所氏であったことを幸吉の父の善兵衛から聞いたと述べている。なお、同書簡には「追白」として、「『牟婁新報は小生何の関係なく、小生は、たゞ神社合祀されて、自分発見の植物新種全絶せんことを憂るより、其反対意見を公示せん為同新聞え時々出すばかりに候(33)」とあり、神社合祀反対の最初期の南方の心情が率直に吐露されている。これからみると、古田幸吉は『牟婁新報』所載の南方の神社合祀反対論を読んで、南方に助けを乞うたことがうかがえる。

翌明治四十三年四月三日付の『牟婁新報』掲載の「一杉日高郡長宛書簡」には、「大山神社は、小生外祖母（亡父の母、但し小生亡父は向畑氏に生れながら、和歌山の南方の家に養嗣となり、小生共を生み候故、ここには外祖母と申し候）の生家宮所氏が、文亀年間再興致してより四百余年に相成り、古へに社人十二家有之、浅野氏、徳川氏藩主たる間、篤く崇敬され、殊に徳川吉宗公幼年の時、痘瘡の祈願の験著しかりし故を以て、公、征夷大将軍と成るに及び、年々神饌料として米十二石を寄せられ候ひき(34)」と記している。南方自身の調査によると、大山神社は延喜式外ではあるものの、『木国神名帳』には日高郡に十二社あるうち「官知神」が三社で、大山神社は「従二位大山神」（のちに従四位上と直す）としてそのなかに数えられているという。しかるに、「本県近時、一村一社の制を励行し、（従四位上の官知神――引用者注）早蘇神社は已に合祀され、今又大山神社も四月三日を以て合祀され畢らんとする由、小生等祖先来四百余年の縁故有る者、情に於て懐惜に堪へず[35]」と慨嘆し、合併延期を「右神社に尤も縁故深き者の一人として歎願[36]」しているのである。

大山神社は大山祇命《おおやまづみのみこと》を主祭神として祀る。社殿はお椀をふせたような形の小高い円錐形の山、大山の中腹にあった。その山容は、奈良県桜井市の三輪山によく似て完全なる神奈備形を保ち、古くから神体山として信仰をあつめていただろうことがうかがい知れる。いうまでもなく、「大山《おおやま》」とか「神山《かみやま》」とか「宮山《みややま》」、「御嶽《みたけ》」とかの山名は神体山として信仰される神奈備山につけられている。南方はアメリカに渡る前、二十歳の頃に何度か父祖の地を訪ねている。しかし、四十歳を過ぎたこのとき改めて父祖の地を訪ね、ふたたび神奈備山《かんなびやま》を拝し、そこに生えている樹を見、生息する生物を観察していたならば、大山神社合祀反対運動ももう少し形を変えたものになっていたかもしれない。それほどその山容は美しいが、しかしながら今はなき神社跡地に植わっている蜜柑を見ると南方熊楠や古田幸吉の嘆きが聞こえてくるようで痛ましさを禁じえない。

とはいえ、南方らの積極的な合祀反対運動の甲斐あって、大山神社は明治四十三年四月から九月まで合祀が延期されることになった。だがこの間の八月二十一日に南方が田辺中学校に「家宅侵入」したことは先に詳しく見たとおりであった。

少数ながら南方らの猛反対にあって合祀はさらに延引されていったが、ついに大山神社は大正二年十月に土生八幡神社に合祀された。合祀の前夜、古田幸吉は本家の向畑庄太郎とともに大山神社の御神体を運び出し、宮所家に運び込んだ。御神体は木の枝にとまっている鷹の図柄の絵だったという[37]。この御神体運び出し事件は、明治四十三年五月二十四日付古田幸吉宛て書簡で熊楠が「いよ〳〵合祀とならば、

合祀以前の大山神社

日高川に面した現在の大山神社跡

神体をよい加減にすりかえ、村中え保存しおくべし。然るときは、又、復帰見込もあるなり。趾さえつぶさずに置ば、いつでも戻り得[38]」と指示したのに従ったものかという。しかし、大山神社はついに復社されることはなかった。

大正二年十二月十日付古田幸吉宛て書簡で南方熊楠は次のような激しい言葉を書きつけている。

然るに、小生は、大山神社如き不埒千万の氏子のみなる神社のことに、此上関係するを好まず。

（中略）

小生は、神社のことにかまはず、たゞ〳〵廃社せしめたる人々に向ひ、ゆる〳〵復讐するなり。又、入野の人々とは以後絶交なり[39]。

激情を抑えかねて「復讐」と「絶交」を宣言する熊楠の心中はいかばかりだったか。

ところで、挫折をみた大山神社合祀反対運動とは異なり、神島《かしま》保護運動はついに日の目を見、昭和十一年一月に国の史蹟名勝天然記念物に指定された。その日の熊楠を回想して、長女南方文枝は、「父は長い年月の宿願が叶った安堵からか、一と晩二た晩高いびきで眠りつづけました。そしてよほどうれしかったとみえまして、書斎に行きましてありったけの自分の知っている小唄や独々逸をうたってはしゃいでいました。それから後、あの鋭かった眼光は消え、まことに柔和なまなざしとなりました。あの顔はいまに忘れることはできません[40]」と述懐している。

南方は明治三十五年六月一日に、多屋寿平次の子・勝四郎とともに神島に渡って以来、いくたびもこの田辺湾中に浮かぶ小島で珍種の生物を採集した。明治四十四年八月六日付の柳田國男宛て書簡には

「ecology」の語を用いて神島について次のように述べている。

当国第一の珍植物多き神島《かしま》（西牟婁郡新庄村大字鳥巣《とりのす》の沿海の小島、周囲五町ばかり）は、昨年九月濫伐せんとせしを、小生どもおよび鳥巣および田辺湾辺の諸漁民一同、魚つきを失うを憂え、県知事へ具申し伐木を止めしに、また客月下旬より下草をとると称し伐木しおり、（中略）この島には、本邦にこの島ばかりと称する彎珠《わんじゅ》あり。（中略）このほか実に世界に奇特希有のもの多く、昨今各国競うて研究発表する植物棲態学ecologyを、熊野で見るべき非常の好模範島なるに、わずかに三百円ぐらいでこの島の下草（実は下木）を除き去り、おいおい例の枯損木を生ずること、上野公園の老杉木のごとく、終《つい》にこの千古斧を入れざりし樹林が滅絶して、十年、二十年後に全く禿山となりおわらんこと、かなしむにあまりあり。(41)

南方は神島を「ecology」の「好模範島」と宣揚する。エコロジーの語は、他に、明治四十四年十一月十九日付の和歌山県知事・川村竹治宛て書簡にも次のようにみえている。「御承知ごとく、殖産用に栽培せる森林と異り、千百年来斧斤《ふきん》を入れざりし神林は、諸草木相互の関係はなはだ密接錯雑致し、近ごろはエコロギーと申し、この相互の関係を研究する特種専門の学問さえ出で来たりおることに御座候(42)」。

南方にとって神島はエコロジーの「好模範島」であるが、それは一度も人の手によって森林伐採をされることがなかったために「神林」の草木の相互関係が「密接錯雑」しているからであるという。とすれば、南方はこのエコロジーの島・神島に曼陀羅の相を見ていたといえるであろう。

神島の山上には神島（鹿島）明神が祀られていたが、明治四十二年、村社の神島明神は大潟神社に合祀され、神島の「神林」は在の新庄小学校の改築費用にあてるために売却された。これを知った南方は、毛利清雅（柴庵）とともに、風致維持、古蹟保存、珍奇植物である彎珠の保護や、さらには漁業への悪影響を訴え、新庄村長に伐採中止を要請した。要請を受け入れた新庄村長は村議会にはかってこれを買い戻した。南方はその後、神島保護運動を推し進め、明治四十五年には魚付保安林の指定を受け、昭和五年五月には和歌山県史蹟名勝天然記念物の指定を受けた。それは南方が昭和天皇に進講した翌年のことであった。しかし、著名になった神島への無許可上陸者が跡をたたず、島が荒れてゆくのを見てさらに保護運動を進め、ついに昭和十一年一月に国の史蹟名勝天然記念物に指定されたのである。このとき熊楠七十歳であった。

昭和九年十二月二十一日付の「和歌山県田辺湾内神島を史蹟名勝天然記念物保護区域に指定申請書」にはこう記されている。

古来紀州の沿海八十里と称せられし、其多くの島嶼中樹木密生して波打ち際に接せる事、よく此の島に及ぶ者有ず。東部の島頂に古来健御雷之男命と武夷鳥命を祀り、海上鎮護の霊祇として本村は勿論近隣町村民の尊崇甚だ厚く、除夜に其神龍身を現じて海を渡る様信じたり。

明治四十二年、本村村社と合祀して既に廿五年を経る今日と雖も素朴の漁民賽拝を絶たず。供品腐るに及ぶも掠め去らず。この輩島内の一本一石だも犯さず専ら畏敬して近日に及べり。上述の如く此島名勝を以て古く聞えたるが上に、又特にその絶好の彎珠を産するを以て著る。（中略）古伝に神島に毒蟲あるも人を害せず是れ島神の誓願による。

（中略）

又、上述の如く神島の神は近年迄諸人に畏敬されたるを以て、神林が人為の改変を受けし事殆ど絶無なれば、林中の生物思う儘に発育を遂げ得、又近地に全滅してここにのみ残存する物多く、往々今迄此島にのみ見出されて全く他所に見えざるものあり。（中略）

昭和四年六月一日

至尊登臨之聖蹟

一枝もこころして吹け沖つ風

わが天皇のめでましし森ぞ

南方熊楠謹詠并書(43)

（以下略）

昭和四年の進講は神島で行なわれた。このとき南方はキャラメルの大箱に粘菌の標本を入れて昭和天皇に献上したという。有名なエピソードである。

このように、神島は南方熊楠がかちとった、神社合祀反対運動と自然保護運動のシンボルの島である。そこは、南方にとっては、エコロジー（生態学）とエスノロジー（民族学）とコスモロジー（宇宙論）が三位一体となるような稀有の島だったのであろう。しかしこのあと、時代は日本帝国の東南アジアへの「家宅侵入」へとつづいていき、新たな形での神社合祀、より正確には海外での神社建立が進んでいった。

明治四十二年秋から南方が一心不乱の全精力を注いだ神社合祀合併反対運動は、いったい九十年後の

自宅2階の部屋で来客と対座する晩年の熊楠

ジャクソンヴィル（アメリカ）の写真館にて（明治24年7月30日）

今現在のこの日本列島にどのような痕跡を残しているのだろうか。

　ここ十数年、私は日本列島に点在する「神島」を訪ね歩いている。一九九〇年十一月には、田辺市教育委員会の許可を得て、地元在住の生物学者、後藤伸氏の案内で、朝まだき、南方熊楠生家の菩提寺・真言宗延命院住職の環栄賢氏とともに神島に渡った。

　島のほぼ中央には枯れたタブの大木があり、その根元には磐座のような巨石が横たわっていた。島の外海側には倒れた鳥居がそのまま放置されていた。鳥巣から射し昇る朝日を拝したあと、島の東頂にある神島明神を参拝し、神島の植生を観察した。熊楠在世当時は十数本あったタブが今では一本もない。タブの木は、民俗学者折口信夫が「神の依り憑く木」と特に神聖視した樹木である。半世紀余の歳月は、田辺湾の神島からタブ林を一掃してしまったのだ。

もはや神島を天然記念物として守るだけでは、自然の荒廃を押しとどめることはできない。現代産業文明の「家宅侵入」は都市部のみならず、最奥の聖地にまで及んできている。たとえば、奈良県の由緒ある古社（式内社）である丹生《にゅう》川上神社上社は、ダム建設によって完全に水没した。そのために神社移転を余儀なくされた。

この今、私たちの文明は新しいエコ・コスモスとしての「神島」を必要としているのではないだろうか。晩秋の神島を巡りながら、神島を天然記念物に指定できたときの南方熊楠翁の歓びを追体験しようとしても無理だった。その反対に、老翁の嘆きと憤りが聞こえてくるように思えた。私たちはこれから先、いのちの島「神島」をいかにして再生させることができるのだろうか。この地球という珍種の生命の宝庫たる「神島」を、いったいどのようにして。翁の警告と知恵と情熱を私たちはしかと受けとめなければならない。

註

（1）中瀬喜陽編『南方熊楠書簡』（日本エディタースクール出版部、一九八八年）五頁。
（2）谷川健一ほか編『父南方熊楠を語る　付神社合祀反対運動未公刊史料』（日本エディタースクール出版部、一九八一年）二一二頁。
（3）同右、二一二―二一三頁。
（4）この点について詳しくは、鎌田東二『神界のフィールドワーク』（青弓社、一九八五年）、『柳宗悦全集』第一巻（筑摩書房、一九八一年）を参照されたい。
（5）『西田幾多郎全集』第一巻（岩波書店、一九六五年）九九頁。

(6) この点について詳しくは、鎌田東二『翁童論』（新曜社、一九八八年）、佐々木宏幹・鎌田東二『憑霊の人間学』（青弓社、一九九一年）を参照されたい。
(7)『南方熊楠全集』第七巻（平凡社、一九七一年）三一頁。
(8) 小松左京ほか『20世紀全記録』（講談社、一九八七年）一四八頁。
(9) 笠井清『南方熊楠』（吉川弘文館、一九六七年）二〇二頁。
(10) 薗田稔「氏神と家郷社会」（『日本宗教事典』弘文堂、一九八五年）八四頁。
(11) 前掲『神界のフィールドワーク』三三二―三三三頁。
(12) 前掲『南方熊楠』二〇五頁。
(13) 前掲『父南方熊楠を語る』一三〇頁。
(14)『友清歓真全集』第一巻（参玄社、一九七二年）一九五頁、前掲『翁童論』三五九―三六〇頁。
(15) 前掲『父南方熊楠を語る』一三一頁。
(16) 同右、一三二頁。
(17)『南方熊楠全集』第七巻（平凡社、一九七一年）五四一―五六二頁。
(18) 同右、五四一―五四二頁。
(19) 同右、五七三―五八一頁。
(20) 前掲『父南方熊楠を語る』一九四頁。
(21) 同右、一九七頁。
(22) 前掲『神界のフィールドワーク』参照。
(23) 前掲『南方熊楠全集』第七巻、五五九頁。
(24) 同右、四六五頁。
(25) 同右、四六七頁。
(26) 同右、四六六頁。前掲『翁童論』参照。

(27)『南方熊楠全集』第九巻（平凡社、一九七三年）四一一頁、前掲『翁童論』三四七頁。
(28)『南方熊楠全集』第八巻（平凡社、一九七二年）五六頁。
(29)同右、五六頁。
(30)前掲『南方熊楠書簡』三頁。
(31)前掲『南方熊楠全集』第八巻、三四―三五頁。
(32)前掲『父南方熊楠を語る』一八一頁。
(33)同右、一八三頁。
(34)同右、一四一頁。
(35)同右、一四一―一四二頁。
(36)同右、一四二頁。
(37)同右、一七六頁。
(38)同右、二一〇頁。
(39)同右、二七七頁。
(40)前掲『南方熊楠書簡』二〇九頁。
(41)前掲『南方熊楠全集』第八巻、五八―五九頁。
(42)前掲『南方熊楠全集』第七巻、五二六頁。
(43)前掲『南方熊楠書簡』二七四―二七六頁。

霊魂と霊性の民俗学
——柳田國男・折口信夫・鈴木大拙

1　民俗学と新しい国学

日本民俗学とは何か。それを郷土研究の学と言い、民間伝承の学と言ったのは、南方熊楠に匹敵する賢翁・柳田國男であるが、同時に彼は日本民俗学を日本人の自己認識の学とも定位した。日本人の、日本人による、日本人のための自己認識の学こそが日本民俗学の真姿であると柳田は主張したのだ。そしてそのことが同時に、日本人の経世済民の道具となるのだと。

昭和十年（一九三五）八月に出版した『郷土生活の研究法』のなかで、柳田は日本が「フォクロアの宝島」であることを指摘し、その宝島でのフォークロアの採集を「郷土人自身の自己内部の省察」であると述べている。そしてこの「我々の学問は結局世のため人のためでなくてはならない」と主張する。「人間生活の未来を幸福に導くための現在の知識であり、現代の不思議を疑つてみて、それを解決させるために過去の知識を必要とするのである」から、そのときにわが日本民俗学は役に立たなければならないとその実用性・有用性をぶちあげるのだ。

こうした「自己内部の省察」が「世のため人のため」になり、国民生活に寄与するものにならねばばならないという思考の脈絡は国学に由来する。国学は、あらゆる学問の初期形態がそうであったように、そしてそれは日本民俗学の初期形態と同じく好事家的な性格を持っていたが、次第にその道義・道統を重んずるようになる。柳田は最初、みずからの推進する「郷土研究」(民俗学)が国学の伝統と関連づけられることを忌避していたが、昭和十年前頃にははっきりとみずからの学問の根本性格を「第二の新国学」と言いだすまでになっていた。

我々の三大人《うし》(荷田春満、本居宣長、平田篤胤——引用者注)が出でて道を説かれたまでは、誰一人日本に国学といふ学問が新たに唱えらるる余地あることを信ずる者がなかつた。その国学のひとへに盛んになつた時世には、次に第二の新国学の改めて必要を生ずべきことを認める者のなかつたのも是非がない。しかし学問が世を救ふべきものであるならば、今はまたこの方式のお国学びが入用になつてきてゐるのである。つまりは学問に対する世間の注文が新しい時代に入つてまた一つ加わつたのである。それは何かと言へば「人が自ら知らんとする願ひ」である。我々にはぜひともこれに答へなければならぬ。

『郷土生活の研究法』に収められた右の文章は、昭和六年八月、伊勢の神宮皇学館で講義した記録『郷土史研究の方法』を補訂したものである。この講義録の最終章は「新たなる国学」と題されているが、その最後の一節「学問救世」の項が右の部分である。ここに述べられているような、「学問が世を救うべきものである」という主張を今日の民俗学者といわれる人々も一般読者もどのように聴くだろうか。それを国家に奉仕する保守反動の御用学問と断じるか、前時代的かつ大時代的な御託宣にすぎないと切って捨てるか、それともその学問的な志に学者の理想と良心と誠心を読みとってよしとするか。いずれにせよ、ほとんどすべての現代の日本人はこのような発言には困惑を隠せないのではあるまいか。故司馬遼太郎や一部の知識人・宗教家を除いては。

大真面目に「学問救世」を掲げる柳田の信念は、確かに国学的な道念の延長線上にあるといってよい。しかしそれは今日ほとんど顧みられることのない志である。私はこうしたある志操の上に立脚する学問を「方法としての学問」と区別して、「道としての学問」と呼んできた（この点について詳しくは、拙著『宗教と霊性』角川選書、一九九五年、を参照されたい）。

問題はこうした道念や志操がある偏ったイデオロギー的閉域を形成し、思考ののびやかで自由な発露を妨げることがあるかどうかである。「道としての学問」が立脚する道念や志操が強権的イデオロギーと結託するとき、そこには学問に名をかりた言論の封殺と魔女狩りや異端審問にも似た状況が現出する。近年、柳田國男の学問が日本国家の侵略主義イデオロギーと裏腹の構造にあることが村井紀らによって批判されているが、山人研究を排除した常民論や祖霊神学や稲作日本人論は、「自己内部の省察」を歪め、「救世」学問にイデオロギー的に奉仕する恰好になっている。

にもかかわらず、柳田のいう「お国学び」の学問への希求の価値と可能性について再度問いかけずにはいられない。

柳田は二つのことを述べている。一つは、日本民俗学が日本人の「自己内部の省察」、つまり自己認識の性質を持ち、「人が自ら知らんとする願ひ」に即応して出てきたものであるという認識。今一つは、世を救うべき新しい「お国学び」としての日本民俗学（郷土研究）の位置づけ。柳田においては、時に反目することのあるこの二つが相互に補完しあっているのだ。

柳田が「新たなる国学」を主張する前に、いちはやく折口信夫は昭和五年に出版した『古代研究』民俗学篇第二冊の「追ひ書き」で、柳田國男の仕事に言及しつつ「新しい国学」の必要を強調している。

> 其は、新しい国学を興す事である。合理化・近世化せられた古代信仰の、元の姿を見る事である。(中略)新しい国学は、古代信仰から派生した、社会人事の研究から、出直さねばならなかつた事を悟つた。此民間伝承を研究する学問が、我が国にもないではなかつたが、江戸末の享楽者流、銷閑学者の、不徹底な好事、随筆式な蒐集に止つてゐた。だから、民俗は研究せられても、古代生活を対象とする国学の補助とはならなかつた。むしろ、上ッ代ぶり・後《オト》ッ代ぶりの二つの区別を、益明らかに感じさせる一方であつた。私は、柳田先生の追随者として、ひたぶるに、国学の新しい建て直しに努めた。爾来十五年、稍、組織らしいものも立つて来た。今度の「古代研究」一部三冊は、新しい国学の筋立てを模索した痕である。

折口は新しい「お国学び」として、日本民俗学の上に立った「新しい国学」を構想した。「実感と事象との融合に立脚する新実証学風」の学問として「新しい国学」の樹立を目ざした。それが彼の主著ともなった『古代研究』全三巻だというのだ。そしてこの三部作のなかで、「神道に現れた民族論理」や「大嘗祭の本義」などの神道論を展開した。

この折口のいう「新しい国学」の中心をなすのは日本人の霊魂観ないし神観である。魂の構造と神の特質、これをとらえずしては「古代信仰の、元の姿を見る事」はできないからだ。柳田にとっても折口にとっても、これらは日本人の「自己内部の省察」の根幹を占める課題であった。それなればこそ、敗戦に直面して折口は「神　敗れたまふ」と詩に書き、柳田は『先祖の話』を上梓して日本人の霊魂観を問題とせずにはいられなかったのだ。

折口は、昭和二十一年（一九四六）八月二十一日に関東地区神職講習会において講演した「神道宗教化の意義」のなかで次のように述べている。

戦争中の我々の信仰を省みると神に対して悔いずには居られない。我々は様々祈願をしたけれど、我々の動機には、利己的なことが多かつた。さうして神々の敗北といふことを考へなかつた。我々は神々が何故敗けなければならなかつたか、と言ふ理論を考へなければ、これからの日本国民生活は、めちやくくになる。（中略）神々が敗れたといふことは、我々が宗教的な生活をせず、我々の行為が神に対する情熱を無視し、神を汚したから神の威力が発揮出来なかつた、と言ふことになる。つまり、神々に対する感謝と懺悔とが、足らなかつたといふことであると思ふ。其神の敗北を考へて見ねば、神道の神々の本当の力を説明することは出来ないと思ふ。少くとも神をこのどん底に落したのは、我々神に仕へる者が責任をとるべきだ。其責任を感じなければ、宗教的な神主とは言へない。

実に激しい言問いである。いったい、当時、神がなぜ敗北したかという理論を考えなければこれからの国民生活がめちゃくちゃになるなどと考える人がどれだけいただろうか。それはつまるところ、神々に対する宗教的信仰が足らなかったからだと折口は結論づける。この不信仰を懺悔し反省し責任を取らなければならない「神主」や「我々神に仕える者」に猛省を迫る。この講演の論の展開には鬼気迫るものがある。

折口は右の講演や「神道の新しい方向」のなかで、ほとんど国民すべての常識になっていた神道多神教観を否定し、神道一神教の局面を強調する。そして、「われ〳〵は、日本の神々を、宗教の上に復活させて、千年以来の神の軛《クビキ》から解放してさし上げなければならぬのです。（中略）宗教には何よりもまづ、自覚者が出現せねばなりません。神をば感じる人が出なければ、千部万部の経典や、それに相当する神学が組織せられてゐても、意味がありません。（中略）われ〳〵が本道に比世の中の秩序を回復し、世の中をよい世の態にし、礼譲のある美しい世の中にするのには、まう一遍埋没した神々に、復活を乞はなければなりません。まう一遍神を信ずる心を、とり返さねばなりません。さうしない限り、この日本の秩序ある美しい社会生活といふものは、実現せられないだらうと思います」とまるで絶叫するかのようにたたみ込む。

折口の提唱した「新しい国学」は敗戦を契機にドラスティックに旋回する。折口からすれば、宗教としての日本民俗についての真の「自覚者」によらなければ、民俗も「日本の秩序ある美しい社会生活」も早晩荒廃したものになってしまう。つまり、魂ぬき・神ぬきの国民になってしまうと危機感をつのらせたのだ。去勢せられたタマヌキ国民になってしまうと。この危機感は柳田も同じであった。

2　戦後の柳田國男

第二次世界大戦も終わりに近づいた昭和二十年（一九四五）の四月、柳田國男は空襲警報の鳴り響くなか、一冊の本の執筆に執念を燃やしていた。後に『先祖の話』と題して出版されたその本は、敗戦を予感していた柳田が戦後の日本において予想される混乱と危機的事態のなかで、日本人として生きる文化の基底にどのような思想と問題があるかを掘り起こし、その重要性を訴える著作であった。

この著作の冒頭で柳田は、「先祖」という言葉に二とおりの解釈があることを指摘し、末尾で「生まれ替り」と「二つの実際問題」を取り上げて論をしめくくっている。「二つの実際問題」とは、第一に「家の永続」の問題、第二に「家とその家の子なくして死んだ人々との関係」の問題である。すでにこのとき、古稀を迎えていた柳田には、自分が先祖を祭る者であると同時に先祖そのものでもあり、またふたたび生まれ変わって家を永続せしめ、子孫の繁栄に力をつくしたいという自覚と願望があったと思われる。柳田は何よりも敗戦後の状況を、自分の問題として、また自分の家の問題として、そして日本の各地の村々や町の家々の問題として考えぬき、切りぬけていかなければならないという思いにかられていたのだ。その意味では、『先祖の話』は非常に明確な意図と意志、そして願いによって支えられた著作であり、論理と主張も実に明晰であったといえる。

昭和二十年十月二十二日の日付けの入った「自序」は次のように説きおこされている。


ことし昭和二十年の四月上旬に筆を起し、五月の終りまでに是だけのものを書いてみたが、印刷の方に色々の支障があつて、今頃漸くにして世の中へは出て行くことになつた。勿論始めから戦後の読者を予期し、平和になつてからの利用を心掛けてゐたのではあるが、まさか是ほどまでに社会の実情が、改まつてしまはうとは思わなかつた。改めてもう一度読み返してみると、辞句には訂正しなければならぬ点がないにしても、気持の上には著しい今とのちがひが、自分にもまず感じられる。我々の未来に対する推定が、まだまだ精確を距《へだ》たることははなはだ遠きものだつたことを経験して、今さらのやうに望みを学問の前途に繋《か》けずにをられない。

人が平静に物を考へ得るやうになるまでには、なほ何年かの月日を待たなければならぬことはやむを得ないであらう。しかしいよいよこれから考へてみようという時になつて、もうその考へる材料ともいふべきものが、乏しくなつていたらどうであらうか。家の問題は自分の見るところ、死後の計画と関聯し、また霊魂の観念とも深い交渉をもつてゐて、国ごとにそれぞれ常識の歴史がある。理論はこれから何とでも立てられるか知らぬが、民族の年久しい慣習を無視したのでは、よかれ悪しかれ多数の同胞を、安んじて追随せしめることができない。家はどうなるか、またどうなつて行くべきであるか。もしくは少なくとも現在において、どうなるのがこの人たちの心の願ひであるか。それを決するためにもまづ若干の事実を知つてゐなければならぬ。明治以来の公人はその準備作業を煩はしがつて、努めてこの大きな問題を考へまいとしてゐたのである。文化のいかなる段階にあるを問はず、およそこれくらい空漠不徹底な独断をもつて、未来に対処してゐた国民は珍しいといつてよい。かういふ時代がしばらくでも続くならば、常識の世界には記録の証拠などはないから、たちまちにして大きな忘却が始まり、以前はどうだつたかを知る途《みち》が絶えて行くのである。

柳田はここでこの著作が「始めから戦後の読者を予期し」て書かれたことを告白している。そして、この書が「平和になつてからの利用」がなされることを想定して執筆したというのである。しかしながら、無条件降伏から「自序」の書かれた十月二十二日までのわずか二カ月あまりでさえ、「まさか是ほどまでに社会の実情が、改まつてしまはうとは思わなかつた」と述懐するほどの大きな変貌をとげつつあった。このような大激動のさ中にあって柳田は、「今さらのやうに望みを学問の前途に繋《か》けずにをられない」と一縷の望みを「学問」に託し、次のように述べる。

今度といふ今度は十分に確実な、またしても反動の犠牲となつてしまはぬやうな、民族の自然と最もよく調和した、新たな社会組織が考へ出されなければならぬ。それにはある期間の混乱も忍耐するの他はないであらうが、そういつてゐるうちにも、捜さずにはすまされない色々の参考資料が、消えたり散らばつたりするおそれはあるのである。力微なりといへども我々の学問は、かういふ際にこそ出て大いに働くべきで、空しき咏歎をもつてこの貴重なる過渡期を、見送つてゐることはできないのである。

『先祖の話』といふやうな平易な読み本が、果して何ほどの役に立たうかと、訝《いぶか》る人もあるひはないとも限らぬが、これにも幾つかのまじめな動機があつたのである。第一に私は世のいわゆる先覚指導者に、これらの事実を留意させまた討究せしめるに先だつて、まづ多数少壮の読書子の、今まで世の習ひに引かれて知識が一方に偏し、つひぞかういふ題目に触れなかつた人たちに、新たなる興味を持たせたいのである。第二には私の集めてみようとする資料は、白状をすれば実はまだはなはだ乏しいのであつた。多くの世人がほんの皮一重の裡《うち》に、持つて忘れようとしてゐる子供の頃の記憶は、このわずかな機縁によつていくらでも喚《よ》び醒《さま》され、一種楽しい感慨をもつてかういふ文章を読み得るのみでなく、さらに一歩を進めてはその思ひ出したものをもつて、筆者に告げ教へることさえできるかと思ふのである。(中略)

(中略)このたびの超非常時局によつて、国民の生活は底の底から引つかきまはされた。日頃は見聞することもできぬやうな、悲壮な痛烈な人間現象が、全国の最も静かな区域にも簇出《そうしゅつ》してゐる。その片端だけがわずかに新聞などで世の中へ伝へられ、私たちはまたそれを尋ね捜しに地方をあるいてみることもできなかつた。かつては常人が口にすることをさへ畏《おそ》れてゐた死後の世界、霊魂はあるかないかの疑問、さては生者のこれに対する心の奥の感じと考へ方等々、大よそ国民の意思と愛情とを、縦に百代にわたつて繋《つな》ぎ合せてゐた糸筋のやうなものが、突如としてすべて人生の表層に顕はれ来たつたのを、ぢつと見守つてゐた人もこの読者の間には多いのである。私はそれがこの書に対する関心の端緒となることを、心ひそかに期待してゐる。故人はかくのごとく先祖といふものを解してゐた。またかくのごとく家の未来といふものを思念してゐたといふことは、決して今後もまた引き続いて、さういふ物の見方をなさいといふ、勧告でないことは言ふにも及ぶまい。ただ我々が百千年の久しきにわたつて、積み重ねて来たところの経歴といふものを、まるまるその痕もないよその国々と、同一視することは許されないのみならず、現にこれからさきの方案を決定するに当つても、やはり多数のさういつた人たちを相手に、なるほどさうだといふところまで、対談しなければすまされぬのである。

この序文のなかで柳田國男は民俗学という学問が「反動の犠牲となつてしまはぬやうな、民族の自然と最もよく調和した、新たな社会組織」に貢献する「参考資料」となるべきだと主張する。「国民の生活は底の底から引つかきまはされ」、「悲壮な痛烈な人間現象が、全国の最も静かな区域にも簇出してゐる」ような時代にあって、「かつては常人が口にすることをさへ畏れてゐた死後の世界、霊魂はあるかないかの疑問、さては生者のこれに対する心の奥の感じと考へ方等々、大よそ国民の意思と愛情とを、縦に百代にわたつて繋ぎ合わせてゐた糸筋のやうなものが」人生の表層に顕われて来、大きく変貌をとげようとする敗戦直後の「超非常時局」のなかで、柳田はあえて「故人はかくのごとく先祖といふものを解し」、「またかくのごとく家の未来といふものを思念してゐた」という事実と「経歴」を提示し、世に訴えようと企図したのである。

民俗学を日本人の自己認識の学と定位した柳田にとって、日本人の「家」の存続とは先祖祭祀の継承であり、それは日本人の霊魂観念に支えられて初めてリアリティと継続性を持ちうると考えられたのだ。それゆえに、その霊魂観と先祖観に注意を促さずにはいられなかったのである。折口信夫もまた同様の危機感にあおられながら、柳田とはまったく異なる結論に達したことは先に見たとおりである。

3 鈴木大拙の『日本的霊性』論

柳田國男や折口信夫が日本民俗の衰亡に危機感を抱きつつ、民族の「霊性」を再度よみがえらせようとしたところとは別の地点から「日本的霊性」の覚醒を促そうとしたのが仏教学者・鈴木大拙である。鈴木は昭和十九年(一九四四)十二月に大東出版社から『日本的霊性』を出版し、敗戦後の昭和二十一年に再版を上梓した。また同年には『霊性的日本の建設』『日本的霊性的自覚』、翌昭和二十二年には『日本の霊性化』を矢継早に出版し、「霊性」の名を冠した霊性三部作を戦後次々と世に問うたのである。

その『日本的霊性』(大東出版社)において鈴木大拙は神道を次のように批判する。

神道各派が、むしろ日本的霊性を伝へてゐると考へてもよからうか。が、神道にはまだ日本的霊性なるものがその純粋性を顕はしてはゐない。それから神社神道または古神道などと称へられてゐるものは、日本民族の原始的習俗の固定化したもので、霊性には触れてゐない。日本的なるものは余りあるほどであるが、霊性の光はまだそこから出てゐない。霊性が十分あると思ふ人もないでもないやうだが、自分等の見るところでは無いと言ひたい。

鈴木大拙は「神社神道」とか「古神道」と呼ばれるものは、「日本民族の原始的習俗の固定化したもの」で、そこには「霊性」はないと断じる。これは「日本的霊性」が知の方面に発現したのが道元の禅で、情の方面に発現したのが親鸞の浄土教であるとする鈴木の仏教史観の立場からすれば、その「霊性」の「原始」性や低さは当然のこととなろう。鈴木が「仏性」とか「神性」とか「精神」という言葉を用いず、あえて「霊性」という言葉で「宗教意識」の深化発展と深さを伝えようとしたことには理由がある。詳しくは、拙著『宗教と霊性』(角川選書)を参照していただきたいが、鈴木からすれば戦争および敗戦の原因は何よりも日本人の「霊性的自覚」の欠如にあった。従ってそれが引き起こした諸問題を解決するには日本人の「霊性的自覚」の覚醒を待つよりほかになかったのである。

鈴木は「霊性」という語を「精神」とも「心」とも「霊魂」とも異なる意味で用いる。「精神」は「物質」に対してあるゆえに二元論の枠から自由でありえず、それゆえこの二つは常に「矛盾・闘争・相剋・相殺」を余儀なくされる。この二つのものが二つではなく本来一つであり、しかも一つであってそのまま二つであるような関係構造を「見るもの」が「霊性」であると鈴木は言う。「今までの二元的世界が、相剋し、相殺しないで、互譲し、交驩し、相即相入するやうになるのは、人間霊性の覚醒にまつより外ない」と言い切る。鈴木のいう「霊性」とは、大乗仏教における空性を悟る般若の智恵に近いものである。

したがってこうした「霊性」は、「霊魂」という実体性を持つと信仰されるものとはまったく異なる認識論的場において成立する。つまり、それは「霊魂」や「精神」といった実体性や二元対立の構造に呪縛されてあると鈴木が考える構造を超出し、そのとらわれを脱するメタ・クリティカルな目なのである。

しかしながら一方で、アメリカの日本通のジャーナリスト、ジョセフ・メーソンは、昭和八年に出版した『神ながらの道』(今岡信一良訳、冨山房)で次のように神道がもつ「自然の霊性」を強調してやむことがない。

神道は未だ嘗て自然の霊性に関する斯種の原本的知識を失つたことはない。(中略)神道は自然の霊性を常に理解してゐるが故に人間と神との間を斯様に分離せしめない。人間でなく、自然が神社を拡大して普遍的神霊の聖堂たらしめてゐる。(中略)全自然界は霊性を有するが故に、霊性の雰囲気は神社から外部へ溢れ出る。

メーソンは、神道や神社が「自然の霊性」の宝庫であることを強調する。メーソンの神道観や神社観は、あえていえば、霊的エコロジー(Spiritual ecology)とでもいうべきものだ。それは、神社合祀反対運動を展開した南方熊楠の神社観とも通ずるものである。

私は日本民俗学が、日本人の自己認識の学としての性格をもつものであるならば、その民俗的現象や事物の「霊性」的次元を省察しなければならないと考える者の一人である。それはしかし、鈴木大拙のいうような大乗仏教の思想の立場からではなく、単に柳田國男や折口信夫が提起したような日本人の霊魂信仰の考察の立場からでもなく、民族と民俗に潜在しまた発現する「霊性」についてのアプローチなしに、折口のいう「美しい社会生活」の意味も形も創造できないと思う。それはまた民族の品位をも露わにする。「霊性」の民俗学、それは「国学」が破壊されたところから始まる。

柳田國男の生まれ変わりの思想をめぐって

1　敗戦と『先祖の話』

敗戦後すぐに柳田國男は『先祖の話』を上梓した。おそらくは占領軍支配の下、出版検閲がつづくなかで、柳田は日本文化の行く末に過剰な危機感を抱いていたであろう。天皇制の存続をふくめ、「国体」の変化を余儀なくされることに深い憂慮の念を抱いていたと思われる。

もちろん、柳田の立場は頑迷な国粋主義者や軍国主義者とは一線を画するものであった。民間伝承の採集の学であった民俗学はいわゆる「国家神道」とは距離をおくものであった。

にもかかわらず柳田が敗戦後の混乱期に『先祖の話』（昭和二十一年四月刊）を嚆矢として、『祭日考』（昭和二十一年十二月刊）、『山宮考』（昭和二十二年六月刊）、『氏神と氏子』（昭和二十二年十一月刊）以下の三部作を「新国学談」と銘打って矢継早に世に問うたことは、彼の危機感がいかに深かったかを語って余りある。とりわけ、「先祖」や「新国学」を強調しなければならないほどに柳田は日本文化の連続性に危機感を深めていた。

『先祖の話』は昭和二十年（一九四五）四月から五月末までのわずか二カ月足らずの間に書き下ろし

た著作であるという。ということは、敗戦の色濃い状況を察しつつ日本の行く末を案じて渾身の力をふるって書き下ろした著作であったといえるであろう。末尾に「昭和二十年十月二十二日」の日付の記された「自序」のなかで柳田は次のように書きはじめている。「ことし昭和二十年の四月上旬に筆を起し、五月の終りまでに是だけのものを書いてみたが、印刷の方に色々の支障があつて、今頃漸くにして世の中へは出て行くことになつた。勿論始めから戦後の読者を予期し、平和になつてからの利用を心掛けてゐたのではあるが、まさか是ほどまでに社会の実情が、改まつてしまはうとは思はなかつた」。

柳田はこの書物を執筆していた昭和二十年四月から、八月の無条件降伏を経て、十月に「自序」を書き上げるまでのわずか半年ばかりの間に「まさか是ほどまでに社会の実情が、改まつてしまはうとは思はなかつた」と慨嘆する。『先祖の話』そのものは、「戦後の読者を予期し、平和になつてからの利用を心掛けてゐた」というが、柳田は事態をさほど楽観視していなかったと思われる。おそらく柳田はこの戦争が日本帝国の敗戦に終わること、そしてそれによって日本の社会と文化に大きな変化がもたらされることを予期していたのではないか。それだからこそあえてこの時期に『先祖の話』を執筆したにちがいない。

とはいえ、敗戦後の社会変動は柳田の想像をはるかに超えるものであったようだ。このとき柳田は日本の民俗の混乱・変質を前にして、日本人にとって「家」とは何かということを、そしてその「家」が将来どうなっていくか、またいくべきかということを真剣に考える必要があると改めて思ったことであろう。

柳田の考える「家」の問題とは、とりもなおさず、日本人の死生観の問題であった。それは、いいかえると、「死後の計画」や「霊魂の観念」の問題であり、より具体的には、いかにして戦争によって没した人々の魂の行方と安心をはかるか、そのために魂祭りをどうすればよいか、さらには魂祭りを行なう単位としての「家」をどう存続させればよいのか、という問題であった。

『先祖の話』は読めば読むほど一貫した話であり、柳田が考え愛する日本の民俗の行く末に思いをはせ、その指標たらんとめざす著作である。柳田学の精髄と経世への志が注ぎ込まれた著作である。この書は、先祖とは何かという問いかけから霊魂の存在や死後観に説き及び、最後は日本人の生まれ変わりの思想を吟味することで閉じられている。家の問題から生まれ変わりの問題まで、彼は先祖と子孫との関係を問いつづける。おそらく柳田は、戦後の日本人に向かって、彼の全身全霊を込めてそれこそが日本文化の基礎だと思える死生観に注意を促したのだ。

2　日本人の先祖観と生まれ変わり観

柳田は「先祖」という言葉には二つのイメージがあるという。一つは、「文字に依つてこの語を知つた者」がもつイメージで、彼らは「家の最初の人たゞ一人が先祖」であると思い、あるいは、「大へん古い頃に、活きて働いてゐた人のこと」だと考えているという。それに対してもう一つは、「耳で小さい時からこの言葉を聴いて、古い人たちの心持を汲み取ってゐる者」のもつ先祖イメージで、彼らは「先祖は祭るべきもの、さうして自分たちの家で祭るのでなければ、何処も他では祭る者のない人の霊、即ち先祖は必ず各々家々に伴なふもの」と考えているという。

この柳田の指摘は重要である。「先祖」という文字から視覚的イメージをもつにいたった人と、おそらくは「ゴセンゾサマ」という音声の響きから聴覚的イメージをつくりあげた人とではまったく「先祖」イメージが異なるのは事実であろう。一方は文字の意味を優先させ、もう一方は響きから喚起される文脈や情緒を重視する。「先祖」という言葉から前者は「家の最初の人」を考え、後者は「祭るべきもの」を想起する。この差は大きい。

いうまでもなく、柳田は「文字の教育」によってつくりあげられる視覚的「先祖」イメージではなく、それ以前から連綿とつづいてきた聴覚的「先祖」イメージを重要視し、「それ故に私は主として国民の多数の者の考え方、いつの世からともなく昔からさうきめ込んでゐて、しかもはつきりとそれを表示せず、従つて世の中が変つて行くと共に、知らず〳〵のうちに誤つてしまふかも知れない古い無学者の解釈の方に、力を入れて説いて見ようとするのである」という。そして、「小さな一つの実例」として自分の家の「先祖」を例にあげる。

柳田家は家系をたどってゆくと藤原氏に行き着くという。藤原氏の祖は神話上は天児屋根命《あめのこやねのみこと》であるが、しかしこの神を「先祖」として祭っている家は一軒もない。また藤原の姓は中臣鎌足に始まるが、鎌足を「先祖」とする家もない。それは鎌足の孫の代に男子が四人いて家を四つに分けたが、どれを本家とも決めなかったからだと柳田はいう。藤原四家のうち、藤原房前《ふささき》の系統すなわち北家が繁栄し、ここから多くの家々が分立することになり、いずれもみな「その家を立てた人から後を、御先祖として祭つてゐた」という。柳田家はここから分立した藤原魚名《うおな》流のなかでもとりわけ数の多い田原藤太秀郷流であるが、しかし柳田家はこの秀郷を「先祖」として祭っているわけでも、波多野→河村→柳田とつづく家を立てた始祖を祭っているわけでもなく、初代の「先祖」は戦国時代末に出た柳田監物彦兵衛の子柳田與兵衛であるという。

知られているように、柳田國男の本姓は松岡であり、彼は柳田家に養子に入って跡を継いだ。その柳田が養家の家系や「先祖」のことを『先祖の話』の冒頭部であえて「小さな一つの実例」として書き残しておこうと意を決するほど、「先祖」観の変化やまた「先祖」祭祀の衰退を予感し、それに深い危機感を抱かざるをえなかったのであろう。ことによると彼は敗戦後の混乱期に柳田家をはじめ、その他の家々の断絶、廃絶のありうることを念頭に置いていたのかもしれない。

この柳田の予感は、ある意味では確かに当たった。

昭和四十九年（一九七四）九月一日、台風十六号が関東地方を直撃し、被害が続出したときのことである。多摩川が増水し、東京都狛江市猪方の堤防が決壊して十戸あまりの家屋が瞬時にして濁流に巻き込まれて押し流された。水が引いたあと罹災者たちは多摩川沿いに下流へと足を運び、流出を免れた遺品を探し出そうとした。彼らは、貴重品や家財よりも先に、まず家族のアルバムや写真を一枚残さず探し歩いたという。神棚や仏壇や位牌ではなく、家族のアルバムが家族であることの証しを保証する徴表だったからである。

この話を『先祖の話』を書いた柳田國男が聞いたとしたら何と言うだろうか。これを日本の「家」の変質・崩壊を示す象徴的な出来事として嘆息するだろうか。この年、昭和四十九年は、ウォーターゲート事件でニクソン米大統領が辞任し、金権体質を追及された田中角栄首相が退陣し、ミスター・ジャイアンツこと長嶋茂雄が現役を引退した年であった。戦後の高度経済成長にかげりが見えはじめた年でもあった。当時の宰相田中角栄が提唱した「日本列島改造論」は、(1)過密・過疎の同時解消のための工業地帯再配置、(2)二十五万人地方都市の建設、(3)全国新幹線・高速道路・情報網の整備を三本柱として、都市と農村、および太平洋側と日本海側の格差是正をめざしたもので、『日本列島改造論』は八十八万部のベストセラーとなった。

しかしその結果は、当時の成田知巳社会党委員長が批判したとおり、地価の暴騰とインフレの加速を招いただけで、昭和四十八年十月に起こった第一次石油危機《オイル・ショック》により絵に画いた餅に終わった。その衝撃の冷めやらぬ翌昭和四十九年秋に多摩川が決壊し、柳田國男が怖れた、民俗的共同体の基礎をなす「先祖」祭祀の衰退ぶりが露わになったのである。

それにしても、『先祖の話』にはすでに古稀を迎えていた柳田國男の危機感とは裏腹な関係にある願望が強く表出されているように見える。というのも、柳田がこの書の冒頭で二つの「先祖」イメージを提起したあと「実例」として自家（養家）の「先祖」を記し、つづいてすぐさま「御先祖になる」ことの意義を強調し、最後に「生まれ替り」の思想を詳細に検討していることは、みずから「御先祖」となり、また「生まれ替」って未曾有の混乱期に民族（俗）の灯を掲げたいという秘かな意志と願望の表われのように読みとれるからである。

戦争たけなわのある日、南多摩郡の丘陵地帯を歩き回っていた柳田は、原町田に住む陸川という姓の同年輩の老人に偶然バス停で出会って、いたく感心する。自家の店のしるしを染めた新しい半纏をまとった白髯豊かなこの老人がしきりに「御先祖になる積りだ」と語ったからである。老人は越後高田に生まれ、大工となったが、兵役の少し前から東京に出、「受負と材木の取引に転じ、今では家作も大分持つて楽に暮してゐる」ようになり、母親を安らかに見送り、六人の子供にもそれぞれ家をもたせることができるようになったので、「新たな六軒の一族の御先祖になる」と朗らかに話したと柳田は記す。

この老人の話に対して柳田は、「一時にほゞ同時の六つの家を立てゝ、おもやひに自分を祭らせようといふだけは、少しばかり昔の先祖の念願とはちがふが、ともかくもそれを死んだ後までの目標にして、後世子孫の為に計画するといふことは、たとへ順境に恵まれて他の欲望がなくなつたからだとしても、今時ちよつと類のない、古風なしかも穏健な心掛だと私は感心した」と述べている。とくにこの老人の考えを「穏健な心掛」だと強調している点に注目したい。おそらく柳田は陸川老人とわが身を引きくらべ、重ね合せながらこの話を紹介しているのではあるまいか。七十歳に近い自分と同年輩の老人の話を聞いてわが意を得、自分もまた「御先祖」となって「後世子孫の為に計画する」という「古風なしかも穏健な心掛」をいよいよ強いものにしていったのではないだろうか。

『先祖の話』でくりかえし柳田が強調するのは、「先祖」と子孫の「家」との祭祀を通した交通についてである。いわく、「私がこの本の中で力を入れて説きたいと思ふ一つの点は、日本人の死後の観念、即ち霊は永久にこの国土のうちに留まつて、さう遠方へは行つてしまはないといふ信仰が、恐らくは世の始めから、少なくとも今日まで、可なり根強くまだ持ち続けられてゐるといふことである」、「日本人の志としては、たとへ肉体は朽ちて跡形なくなつてしまはうとも、なほ此国土との縁は断たず、毎年日を定めて子孫の家と行き通ひ、幼い者の段々に世に出て働く様子を見たいと思つてゐた」、「其様にしてまでも、なほ生きた人の社会と交通しようとするのが、先祖の霊だといふ日本人の考え方」。

柳田は日本「常民」の信仰が、死後魂が極楽浄土や地獄や天国に行ってしまわないで、あくまでこの「国土のうち」に「永久に」とどまって子孫の「家」と「交通」するというものであったことを力説する。そして日本人の「多数」が抱いていた死生観の特徴として次の四点をあげる。

(1)「死してもこの国の中に、霊は留まつて遠くへは行かぬと思つたこと」
(2)「顕幽二界の交通が繁く、単に春秋の定期の祭だけでなしに、何れか一方のみの心ざしによつて、招き招かるゝことがさまで困難でないやうに思つてゐたこと」

(3)「生人の今はの時の念願が、死後には必ず達成するものと思つてゐたこと」

(4)「是によつて子孫の為に色々の計画を立てたのみか、更に再び三たび生まれ代つて、同じ事業を続けられるものゝ如く、思つた者の多かつた」こと

柳田はこうした「信条」は文字では伝わらなかったが、「今でもまだ多くの人の心の中」に残っている「先祖教」だという。その「先祖教」の第四条に「生まれ代り」の思想を掲げた点は注目に値する。『先祖の話』の終わり近くで柳田は、「顕幽二つの世界が日本では互ひに近く親しかつたことを説く為に、最後になほ一つ、言ひ落してはならぬのは生まれ代り、即ち時々の訪問招待とは別に、魂がこの世へ復帰するといふ信仰である」と述べ、三つの特色をあげている。

第一に、日本人の生まれ変わりの思想は、仏教のいう「六道輪廻」ではなく、「前生の功過」や「修行」によって高い世界や低い世界へ移行するとは考えず、「現世の汚濁から遠ざかるにつれて、神と呼ばれてよい地位に登るといふ考え方」をする。前者の主体が「個人格」であるのに対して、後者では「或る期間が過ぎてしまふと、いつとなく大きな霊体の中に融合して行く」と集団格を前提にしている点で異なっている。しかも後者では「神と祭られるようになつてからは、もはや生まれ替りの機会はないらしい」という。とすれば、「神」として祭られる前に再生してくることになる。

第二の特色は、「魂を若くするといふ思想のあつたこと」である。これは「一日の宿り処によつて、魂自らの生活力が若やぎ健やかになるものと、考えてゐた結果」であり、「七十八十の長い生涯を、働き通して疲れ切つた魂よりも、若い盛りの肉体に宿つたものゝ方が、この世に於ても大きな難苦に堪え、また強烈な意思を貫き透すことが出来る」からだという。そのために「長老の老いてくたびれた魂も、

出来るだけ長く休んで再びまた、潑剌たる肉体に宿ろうと念じた」わけである。こうした説明には「小さ子」信仰の採集と解明に執念を燃やした柳田の思いが込められているかのようだ。柳田は「若さ」や「若返る」ことに対する日本人のあこがれと信仰を強調する。

第三に、日本人の生まれ変わりは、「最初は必ず同一の氏族に、また血筋の末にまた現われると思ってゐた」点に特徴があるという。「祖父が孫に生まれて来るといふことが、或は通則であつた時代もあつた」ともいう。それゆえ、「子を大事にするといふ感覚」も「もしかすると遠い先祖の霊が立ち返つて、宿つてゐるのをもう忘れたのかも知れぬといふ、幽かな考へ方がなほ伝はつてゐた為とも考へられる」というのだ。

柳田の説く日本人の生まれ変わりの思想の特徴とは、それが「個人格」ではなく徹頭徹尾この「国土」や「家」や「血筋」にかかわっている点である。「又も来ん人を導くえにしあらば八つの苦しみ絶え間無くとも」という水戸光圀の侍女村上吉子の歌を引いて、楠木正成以来の「七生報国」観の変化を論じ、「先祖代々くりかへして、同じ一つの国に奉仕し得られるものと、信ずることの出来たといふのは、特に我々に取つては幸福なことであつた」と指摘する柳田にとって、「国」の基礎単位としての「家の永続は大きな問題」だったのだ。

こうして柳田は祭り手のいない戦没者の霊の行く末を案じ、「新たに国難に身を捧げた者を初祖とした家が、数多く出来るということも、もう一度この固有の生死観を振作せしめる一つの機会であるかも知れぬ」と記し、「生死観」を意に介さぬ「政治家たちの学問への無関心」を強く批判して『先祖の話』を終えている。ここには日本人の「霊魂」の行方に思いをはせ、日本の「家」の存続と「国家」の存亡に危機感を抱く老翁の非痛な願いがにじみ出ている。

3　戦後社会における日本人の生まれ変わり観の変化

平成元年（一九八九）八月十六日の夜、徳島市内の中学生二人が鎮痛剤を飲んで意識不明となり救急車で病院に運ばれた。彼女たちは「エリナ」と「ミルシャー」という名の古代インドの王女の生まれ変わりで、死の直前まで行けば前世をかい間見ることができると信じ、それぞれ八錠と一錠の鎮痛剤を飲んで昏倒した。現場には、事故で記憶を失った少年が前世の記憶を取り戻すというストーリーの漫画『シークエンス』（みずき健著）があったという。また、月世界にいた前世の記憶を夢に見る者たちの転生物語を描いた少女漫画『ぼくの地球を守って』（日渡早紀著）を読んで前世への関心を強めたという。

おそらく、戦後社会のなかでいちはやく生まれ変わりの問題を正面からとりあげたのは三島由紀夫であろう。『豊饒の海』全四巻は、侯爵家の長男松枝清顕が、右翼革命を夢見る青年飯沼勲、タイの王女月光姫《ジン・ジャン》、安永透に次々と転生してゆくさまを描き、その謎めいたラスト・シーンは自衛隊市ヶ谷駐屯地で自決した不可解な最期と相俟ってさまざまな推測を生み、話題を呼んだ。昭和四十五年（一九七〇）十一月二十五日のことであった。

「七生報国」と染めた日の丸の鉢巻を締めて自死した三島自身が、真に生まれ変わりを信じていたかどうかには疑問が残るが、しかしその死が当時の日本人の死生観に無気味な衝撃を与えたことは事実であろう。「七生報国」の言葉は、「天皇陛下万歳」と叫んで死んでいった戦没者を想い起こさずにはいなかったし、「生命尊重のみで魂は死んでもよいのか」と訴えた「檄」文は、戦後の「進歩的文化人」や欺瞞的ヒューマニストの背筋を凍らせた。

ここで問題にしたいのは、小説とはいえ、三島が右翼青年飯沼勲の次の転生をタイの王女に仕立てた点である。これは柳田のいう日本「常民」がもつ同一の「氏族」や「血筋」への生まれ変わりとは性格を異にする。もっとも三島は仏教の輪廻転生説を小説に取り入れることを公言していたからこの筋立て自体は不思議ではない。問題は三島の死後顕著になったオカルト・ブームや精神世界ブームのなかで、「三島由紀夫はサド侯爵の生まれ変わりだ」とか「いや、ロベスピエール伯爵の生まれ変わりだ」とかとまことしやかに噂され、少なくとも「霊」や「生まれ変わり」の思想の世界では一挙に「国際化」が進行した点である。そして、それがサブカルチャーの表面に浮かびあがってきたのは一九八〇年代であった。

みずからの体外離脱体験と輪廻転生体験を赤裸々につづったシャーリー・マクレーンの『アウト・オン・ア・リム』(地湧社)が出版されて、世界中で三〇〇万部を超えるベストセラーになったのは一九八三年のことであった。折しも日本では、転生する恋やESPを歌った松任谷由実の『リ・インカネーション』がリリースされ、大ヒットした。そのあとは、転生の筋立てをもつ少年・少女漫画が堰を切ったようにあふれ出ることになる。一九七〇年代の前世や生まれ変わりの話をすることには、いかがわしさや秘密めいた匂いがつきまとったものであるが、一九八〇年代になるとじつにアッケラカンとしたあたりまえさで話題にのぼるようになった。

渡辺恒夫は『迷宮のエロスと文明』(新曜社)のなかで、「無定形《アモルファス》な自我の時代のメタフィジックス」として独我論と転生観の二つがあると指摘し、「転生観は独我論の、一歩踏みだした形態」といい、さらに輪廻転生観は「これまでのIch = Ich型メタフィジックスに基づく世界観と拮抗し得る、有力な死生観になる可能性がある」と予測している。渡辺によれば、現代は「デカルト的自我とも称される西洋近代型自我」すなわち「Ich型メタフィジックス」が崩壊の一途を辿っている時代である。それは、自己意識が「血縁や地縁の共同体」を超え、ついには「類的な個の在り方そのもの」を超えようとする運動を必然的に引き起こすという。とすれば、〝私は私であって私ではない〟ことを主張する転生観は蘇るべくして蘇ったということになろうか。

もっとも、現代の生まれ変わり思想の復活の背景には、ヴァージニア大学精神科教授のスチーヴンソンによる前世記憶をもつ子供たちについての研究や、精神科医のホイットンやワイスによる前世療法や、レイモンド・ムーディらによる臨死体験の研究などの、前世や死後の世界を裏付けるかのような科学的研究成果が横たわっている。そしてさらに、その上にかぶさるように、チャネリングやライフ・リーディングを行なうチャネラーや霊能者たちの超科学的言動が大手をふってまかり通り、迷える「無定形《アモルファス》な自我」をさらに迷わせる結果を生んでいる。

浅羽通明の『天使の王国』(JICC出版局)によれば、大衆オカルト雑誌『ムー』(小学館)の「コンタクト・プラザ」には、八〇年代後半に「前世名が神夢、在夢、星音という三人の男性を捜しています。早く目覚めて連絡を……」(福島県、高三、女性、八七年七月号)、「前世アトランティスの戦士だった方、石の塔の戦いを覚えている方、最終戦士の方、エリア、ジェイ、マイナ、カルラの名を知っている方など」(栃木県、高二、八八年四月号)などの投書が目立ってくるという。前記『ぼくの地球を守って』の仲間集めのアイディアも、ここから採られたようだという。浅羽はこのような「戦士」「転生者」症候群には『幻魔大戦』などのマンガ、アニメ、SF、サブカルチャーの影響がみられるが、それ以上に、「自分が特殊な存在であることの証明」として、また「仲間たちをむすぶ絆」としてもこうした「超越的な物語」を必要としたのだと指摘する。

「私」が「私」以前にも「私」以後にも、別なる「私」として永続しているという〝「私」の永続〟の物語は、たしかに「無定形な自我」を救済する「超越的な物語」だといえよう。それは自分探しの時代に必要とされ、甦ってきたアーカイックな物語である。こうした転生物語は、一方では、自分探しの果てに自我の拡散的崩壊《インフレーション》を生み出す危険性をかかえているが、他方では、「私」の覚醒的深化をもたらす可能性をもっている。それは今のところ両刃の剣の物語であろう。

生まれ変わりや前世については、現在、厳密には証明も反証もできないが、しかしそれが話題となる文脈や状況のなかから話者の願望や欲求を探り当てることはある程度可能である。

柳田國男は戦没者の霊魂や「家の永続」に危機感を抱き、その解決へのワン・ステップとして『先祖の話』を書いて生まれ変わりの問題を取り上げた。そこにはみずから「御先祖」になり、「生まれ替って「国」と「子孫」を見守らずにはいられないという真情がうかがえた。ここにはしかし、「私」の変容という個人格の願望はうかがえない。あくまで、「私」は「家」のなかに、あるいは「国家」のなかに埋没し、その「血」と「地」(国土)のつながりのなかで喜びを感ずる者であるという非個体主義的な思想がある。

その二十五年後、三島由紀夫は『豊饒の海』を書いて生まれ変わりの問題を取り上げ、荒魂《あらみたま》・和魂《にぎみたま》・幸魂《さちみたま》・奇魂《くしみたま》の四つの霊魂の位相を物語化しようとし、みずからは「天皇を中心とする歴史と文化の伝統を守る」(檄文)ために「七生報国」と墨書した鉢巻を締めて自決した。三島は、天皇と武士道のなかに「没我」(無私)の王制の伝統をみたが、しかし、自身は個人格の転生物語を創作し、きわめて個体主義的な生まれ変わりの思想を表現した。ここには、皮肉にも、三島由紀夫がもっとも忌み嫌った近代的自我が前提として存在する。

そしてさらにその二十年後、三島由紀夫の「霊界通信」のみならず、宇宙人や宇宙神霊の異次元通信がチャネリングされ、地球環境の維持や人類の危機が叫ばれるようになった。この四十五年間に生まれ変わりの思想は表面上は確実に「国際化」し「宇宙化」したといえる。その変質の過程は、ある面では日本の「家」の変質の過程だったのではないだろうか。いや、より正確には、中世に流布した神仏習合思想の「化身」や「権現《アヴァターラ》」の観念が新たな衣装をまとって現代に甦ってきたのかもしれない。いずれにせよ、今、日本人の「先祖」も「子孫」も無定形な靄に取り巻かれて、その霊魂の行方も交通も定かではない。

柳田國男が徳島県の少女たちの前世覗き事件を知ったら何と言うだろうか。日本の「家の永続」にいっそうの危機感をつのらせるだろうか。それとも、〝「私」の永続〟のなかに「家の永続」を読みとって安心するだろうか。それとも……？

柳田國男

幸福の実現の学としての日本民俗学と柳田國男への再評価

私は長い間、柳田嫌いであった。柳田國男の常民文化論や民俗学の立ち上げ方に排他的な臭いがすると感じていたからである。

柳田嫌いの折口びいき、それが日本民俗学の創設者に抱いた私のいつわらざる感情であった。なぜ、そうなったか、理由は四つある。

第一に、平田篤胤に対する評価によって。私は柳田の民俗学的研究の先駆をなすものに平田篤胤の古道学（国学）があったと思っているが、柳田は十分に平田のプライオリティと価値を認めていないように思えた。柳田は平田学や国学との違いを明示することに腐心しているふしがある。あえて平田篤胤との距離を置くことによって、みずから主導する民俗学の独自性と近代性（現代性）を強調しているようにみえたのである。

平田篤胤の『古今妖魅考』は、平田らしい偏りと判断基準があるものの、神霊や妖怪に対する先駆的な研究である。また、『仙境異聞』は十五歳の少年寅吉から仙人や天狗界のことを聞き取り調査したフィールドワーク的文献であり、『勝五郎再生記聞』も八王子に住む生まれ変わり（前世）の記憶をもつ少年についての聞き取り調査に基づく記録である。まさにこれは、平田篤胤における「現代遠野物語」

といえるような神異現象についてのフィールドワークであった。

その平田の仕事を過小評価しているようにみえるのは、父松岡賢治が平田派の国学者で神主であったことも含めて、平田国学の道統や主張にファナティックな主観性や情動を強く感じていたからだと思う。柳田は、一度はっきりと、国学とも父の打ち込んだ道とも違う近代的学問を打ちたてたかったにちがいない。過剰に過去の伝統に引きずられたり、負い目を感じたりしたくなかったのだろう。私からみると、柳田國男はとても近代的な人間にみえる。

それに対して、折口信夫は平田篤胤に大変好意的であった。折口は「平田国学の伝統」と題する講演で、日本民俗学は「国学の方法のひとつ」だと断言しているくらいである。そして、その日本民俗学の先駆は平田篤胤の「仙童寅吉、生れ替り勝五郎」についての研究にあったと指摘している。折口信夫ははっきりと日本民俗学の先駆者として平田篤胤を位置づけ、自分の学問を「新しい国学」と認識していた。この国学の道統意識と日本民俗学によって新国学革命を行なうのだという折口らしい自負心は、気負いはあるものの、柳田にくらべて率直で正直だと私は好感を持った。折口は平田を「広い気風」のある「気楽な先生」と評しているが、二人とも幼少期に家族のなかでの強い孤立感を持ち、顔面に痣《あざ》があることに強い引け目を感じていた点で共通している。おそらく、折口は自分自身の自画像と平田のそれとを重ね合わせることで、縁と親しみを感じていたのであろう。

だが、柳田國男には平田篤胤に対するこのような共感はない。むしろその差異を明示しようとする意志が強く感じられるのだ。

第二に、出口《でぐち》王仁《おに》三郎《さぶろう》に対する評価。これは今は亡き神道史学者から直接聞いた話である。彼が若い頃、柳田國男と話をする機会があった。そのとき、何のきっかけからか、大本教の出口王仁三郎の話になった。そこで柳田は言った、「出口王仁三郎は日本人じゃない」と。もちろん、正確に柳田がそう言ったかどうかはわからない。ニュアンスや言葉は少し違うかもしれない。しかし、出口王仁三郎の感性やなしとげたことに対してとても批判的であったことは事実であろう。柳田國男は、平田篤胤に対して評価が低かったように、出口王仁三郎に対しても大変低い評価しか与えていない。平田に対して以上に批判的であった。

私は、この話を聞いて以来、柳田國男はどういう意味で「出口王仁三郎は日本人じゃない」と言ったのか考えつづけてきた。私からすれば、出口王仁三郎は破格ではあっても典型的な日本人であると思う。彼はみずから自分はスサノヲの霊性を受け継ぐ者（瑞霊《みずのみたま》）と宣言しているほどだから。

ここで思うのは、出口王仁三郎は、柳田が典型的な日本人として頭に描き、実際にも暮らしていた常民的な日本人ではなかったという点である。出口王仁三郎は漂泊型のスサノヲ的な日本人であったが、柳田はそうしたタイプ、すなわち非常民的なタイプの日本人にあまり共感を寄せていない。『遠野物語』を書いた初期の頃はそうでもなかったが、常民論を展開するようになった柳田にはそうした非常民文化に対する排除や批判や反感があったように思えてならない。

それに対して、折口信夫は天理教や金光教などの神道系新宗教には好意的で、敗戦直後の講演では、予言者的自覚と新宗教的情熱と学問的知識を持った神道人が登場しなければ、神道の未来はないという意味の発言をしているが、そこでの新宗教に対する評価は思いのほか高い。それはいいかえると、シャーマニズムをとても重視していたということである。折口は「ごろつき・すり・らっぱ」についての論文を書いたくらいだから、昔から鬼や妖怪や敗れたる者や追放されたる者に関心と共感があった。折口のマレビト論や貴種流離譚は、何がしかそうした排斥された漂泊者のパトスと悲劇性が感じられる。おそらく、折口自身がみずからの自画像としてもマレビトを思い描いていたのであろう。出口王仁三郎は、そうした文脈でみれば、マレビト的なスサノヲの末裔である。折口が一定の評価と共感を寄せるのは無理からぬことである。

第三に、これと関連して、柳田の常民文化論について。初期の柳田には、山間の怪異な物語によって現代都市生活者としての「平地民」を戦慄せしめるといういくぶんロマンティックな情念と気負いがあった。九州や東北の山間部に伝わる伝承をいかにも愛おしげに紹介し、考察していた。山人・山民論についての研究、然りである。

しかるに、稲作農耕民を常民として日本文化の中心軸にすえる常民文化論を展開していくにつれ、次第にそうした非常民文化に対する共感と関心が薄くなっていったといえるのではないか。ここには、経世家としての柳田國男の時代認識と実際的課題解決に向けての覚悟があったと思うが、この柳田の常民論は理解できるものの異和感を覚えずにはいられない。この柳田の「変節」をどうみるか。

それに対して、折口は一貫してマレビト（稀れなるモノ）の自覚に立ち、非常民文化の側から日本文化の本質と総体を見てきた。柳田には近代日本国家を担うエリートとしての自負と自覚があったが、折口は自己の内に巣くう欠如や負い目を強く意識していた。それが彼のマレビト志向や漂泊芸能民への愛着を生み出したといえる。

第四に、近代日本国家に対するスタンスについて。柳田國男は貴族院書記官長まで務めた高級官僚であった。その後も、朝日新聞社の論説委員を務めるなど、近代日本国家とジャーナリズムの本流のなかで言論を立ち上げてきた人である。近代言論界の中軸に位置したＶＩＰとして認識する必要がある。

それに対して、折口は一私立大学の研究者であり教育者であり歌人であった。彼には近代国家の中軸からはずれている者の感覚があった。柳田が日本に対して持っていた関与や距離と折口のそれとはまったく異なるといってよい。

しかしながら、このような柳田嫌い・折口びいきが、この二、三年変化してきた。それは、『郷土生活の研究法』(一九三五)のなかで、「我々の学問は結局世のため人のためでなくてはならない。すなはち人間生活の未来を幸福に導くための現在の知識であり、現代の不思議を疑つてみて、それを解決させるために過去の知識を必要とするのである」と柳田が述べていることをもう一度再考し、再評価しなければならないと思うようになってきたからである。「世のため人のため」の学問、「人間生活の未来を幸福に導くため」の学問を今こそ私たちは必要としていると思うからだ。日本人の「自己省察」と幸福の実現としての日本民俗学の役割を私たちはその原点からもう一度自覚し再編成し直さなければならないのではないだろうか。

柳田國男『先祖の話』と鈴木大拙『日本的霊性』

1　柳田國男と鈴木大拙

柳田國男と鈴木大拙という巨大な知識人の生涯と思想の形成をみてみるとき、興味深い平行現象のあることに気づく。

明治八年（一八七五）、兵庫県に生まれ、昭和三十七年（一九六二）、八十七歳で没した柳田國男と、明治三年（一八七〇）、石川県に生まれ、昭和四十一年（一九六六）、九十六歳で没した鈴木大拙は、五歳の年齢の開きはあるが、同時代の知識人であるといえる。それぞれ、日本の民俗学会、神道界と仏教学会、仏教界を代表する知の巨人であった。

ここではこの二人の著作活動を二つの時期に絞って比較検討してみたい。まず第一に、明治四十三年（一九一〇）。三十五歳の柳田國男は『遠野物語』と『石神問答』を上梓し、民俗研究、郷土研究に着手した。それに対して、五歳年長、四十歳の鈴木大拙は、在米十一年の滞在を終えてこの前年に帰国し、学習院や東京帝国大学の英語講師を務めながら翻訳にいそしみ、この年、スウェーデンボルグの主著『天界と地獄』の翻訳を出版した。彼らが本格的な研究活動と著作活動を世に問いはじめたのが、ハレー彗星が到来し、地球の滅亡や終末が喧伝された明治四十三年のことであったことに注目したい。先にみたとおり、南方熊楠はこの年、猛烈な神社合祀反対運動を展開した。

後に、柳田と鈴木は民俗研究と仏教研究において先駆的な業績をあげるが、第二次世界大戦の敗戦前後から、彼らの仕事の総決算ともいえる著作を執筆し、矢継早に発表した。柳田國男は昭和二十年四月上旬から五月末にかけて『先祖の話』を執筆し、印刷事情もあって、ほぼその一年後の昭和二十一年四月に出版した。その後、時をおかずして、「新国学談」と銘打たれた三部作、『祭日考』(昭和二十一年十二月)、『山宮考』(同二十二年六月)、『氏神と氏子』(同二十二年十一月)を小山書店から出版する。わずか一年半の間に四冊もの本を出版し、あまつさえそのなかの三冊が「新国学談」を標謗していたことは注目されていいことであろう。

対して鈴木大拙は、昭和十九年の春から夏にかけて『日本的霊性』を執筆し、同年十二月に大東出版社より初版を上梓する。そして同書は、敗戦後の昭和二十一年三月に再版された。柳田國男の『先祖の話』が出る一カ月前のことである。その後、鈴木大拙も矢継早に『霊性的日本の建設』(昭和二十一年九月、大東出版社)、『日本の霊性化』(同二十二年十一月、法蔵館)を上梓する。これがいわゆる「霊性三部作」と呼ばれる著作である。

この目ざましい両者の著作活動が戦時下の状況や敗戦後の日本の状況に触発されてなされたことはいうまでもない。柳田國男は『先祖の話』の「自序」において、敗戦後に「まさかこれほどまでに社会の実情が、改まつてしまはうとは思はなかつた」と述懐し、「家の問題」を中心テーマにすえた。柳田によれば、「家の問題」は「死後の計画」と関係し、また日本人の霊魂観とも切り離せない問題である。柳田は戦後期の混乱のなかで、「民族の年久しい慣習」が何であり、「故人」が「先祖」や「家の未来」

をどう考えてきたかを豊富な事例をあげて訴えかける。この著作の冒頭で柳田が指摘しているのは、「先祖」とは「家の最初の人」ではなく、「祭るべきもの」という意味が深く、古いものであったという点である。この著作の最後で柳田は「生まれ替り」や「魂の若返り」の民俗信仰を取り上げているが、これは祖霊神学を提唱した柳田の学問的総決算であると同時に彼の切実な願望が込められたものであろう。柳田は「家の永続」、ひいては先祖祭祀がいかにして可能かを問いかけ、そして「神社はどうなるだらうか」(『祭日考』)という危機感のなかで「新国学談」三部作を世に問うたのだ。

それに対して鈴木大拙は、再版以降の「霊性三部作」において、「日本崩潰の重大原因」は「日本的霊性自覚」の欠如にあったと主張し、国学および神道を激烈に批判し、浄土教思想と禅に基づく「日本的霊性自覚」の覚醒・深化を呼びかけた。この鈴木大拙の問題提起と批判を強く意識しながら柳田國男は「新国学談」三部作を著わした、と私は考えているがどうであろう。その柳田國男と鈴木大拙の間にあった緊張と対立を昇華させ、止揚したい、と私は思うのである。

2 『先祖の話』について

以前、幼稚園の教員になる人を養成する専門学校で八年間働いたことがある。そこで私は「神道・倫理」という科目を高校を卒業したばかりの十八歳の女子学生に教えていた。

「高天原《たかまのはら》」も「天照大御神《あまてらすおおみかみ》」の名も正確に読めない女子学生に「神道・倫理」を教えるのは難しかった。まったく素養も興味もない者に、どのような教養と関心をもたせることができるか。悪戦苦闘の日々がつづいた。空しくなって、何度仕事をやめたいと思ったことか。

ある日、いくら注意しても私語がやまなかった。堪忍袋の緒が切れた私は、おしゃべりをやめない学生を立たせて言った。「何度注意しても私語をやめないのなら、出て行きなさい。あなたの行為は、まず一所懸命にやろうとしている私に失礼だ。そして、授業に集中したいと思っている学生にははなはだ迷惑だ。出て行きなさい。だが、今は授業中だ。だから私の言う所へ行ってもらいたい。今からあなたの家の先祖の墓参りに行って来なさい」。

このとき、私の念頭にあったのは、柳田國男の『先祖の話』である。この本は、戦時下に空襲の激しくなったさ中にも肌身離さず持ち歩いて書き上げた、文字通り柳田國男渾身の作である。この本を読んで、私は柳田國男という人の精神に触れたような思いを抱き、激しく感動した。

柳田は冒頭で、現代日本人に「先祖」という言葉を聞いてどういうイメージを持つかと問いかける。そして、「家の最初の人」と答える人は、文字を通して先祖をイメージした人だという。それに対して「先祖」と聞いて「祭るべきもの」と考える人は、耳からくりかえし聞いて自然にできあがった先祖のイメージだという。

先祖とは概念ではなく、先祖を思う畏敬の心、崇敬の心情なのだ、と柳田は言いたかったのだろう。戦争で周りの人々が次々となくなっていくのを目撃しながら、古希・七十歳の節目の年を迎えようとしていた柳田は、先祖を思い、敬い祭る人々が少なくなっていくことに深刻な危機感を抱いていた。これでは日本人の心は崩落していくのではないか、先祖祭祀を失った日本の家族はどこへ行くのか。魂と精神の絆と拠りどころを失って根なし草のフヌケの民族になってしまうのではないか。

柳田がこの書で主題にしたのは、先祖とは何か、死者の霊魂はどこへ行くのか、それが私たちや子孫の文化とどうかかわるかということであった。柳田の結論は、先祖は祖霊や神となり、また子孫にも生まれ変わってくるというものであった。

もし先祖が子孫に生まれ変わってくるならば、私たちはみなかつての先祖であり、未来の子孫である。であれば、先祖を大切にすることは自分を大切にすることなのだ。そのことを女子学生にわかってほしかったのだ。残念ながら、その女子学生がその後どのような人生を歩んでいるか、私は知らない。

3 『日本的霊性』について

柳田國男は日本民俗学を「日本人の自己内省の学」としてとらえた。またそれは日本人の幸福の実現のための学問であると考えた。最近私は、こういう、あまりに真っ直ぐな柳田國男の学問への姿勢に共感を寄せている。

七十歳の柳田國男が『先祖の話』を書いていた頃、七十五歳の鈴木大拙は『日本的霊性』を書き上げて出版した。

仏教は悟りを得て仏（覚者）と成るための教えであり道である。その成仏のための「日本的霊性」がたどる道を鈴木大拙は禅と浄土信仰のなかに見る。鈴木の考えによれば、禅と浄土教の二つが「日本的霊性」というべき宗教意識を開顕しえたという。禅は「日本的霊性」を知的方面に深化させ、浄土教は情的方面に徹底したとする。前者は、自力参禅による見性《けんしょう》体験（己れの本質を洞見する禅の悟りの体験）によって成仏し、後者は弥陀の絶対他力信仰によって極楽往生をとげて迷わず成仏する道である。こうして自力と他力の両方の深化によって「日本的霊性」の深みを露わにすることができると説いたのだ。

この鈴木大拙の『日本的霊性』は、私に言わせれば、近代の教相判釈《きょうそうはんじゃく》（たくさんある経典を取捨選択し、価値づけ、所依《しょえ》の経典を特定すること）である。鈴木は禅と浄土教をもっとも高度に深化発展した宗教意識とみるが、空海、日蓮、一遍などのきわめて日本的な仏教者への評価はいちじるしく低い。これではあまりに不公平である。その上、神道などは批判の対象にはなっても評価の対象とはならない。これまた公平を欠く。

それゆえ私は、鈴木大拙の『日本的霊性』を一面的で偏った近代的教相判釈と見て、その結論には批判的な立場をとってきた。

そうではあっても、主義主張と視点の明確な鈴木大拙の『日本的霊性』は、日本人の宗教体験と宗教意識の内実を根底から洗い出そうとする大胆な冒険心と挑発と問題提起に満ちている点で、今後なお大きな刺激と示唆を与えつづけるだろう。鈴木は「日本崩潰の重大原因は、日本的霊性自覚の欠如にある」と二刷の序文で断言している。鈴木はこの書において日本人の精神の深部に巨大な「喝《カ》ーッ！」を入れたのだ。その意味で、本書は古稀をとうにすぎた鈴木大拙の全身全霊をふりしぼった叫びの書であり、戦時および戦後日本社会への警世の書である。

ところで、鈴木大拙が「精神」という言葉を使わずに「霊性」という言葉を使った点は重要である。道元の『正法眼蔵』に「霊性」の語が用いられていたことも念頭にあったであろうが、それ以上に、「精神」という語が、「日本精神」とか精神と物質の二元論を内包し、そうした言葉と観点によっては、これ以上日本人の宗教意識の深化を生み出しえないと考えていたのであろう。鈴木大拙が提唱したのは「日本精神」ではなく「日本的霊性」であったことを私たちはもう一度考え直す必要がある。なぜなら「霊性」なき知性は空虚であり、その「霊性」が「日本」という大地（土地）に根ざしつつ大地を超えて越境する力強さを持たないかぎり、ひ弱で排他的となるからである。

折口信夫と国学

折口信夫にとって「国学」とは何であったか。

多くの人は、折口信夫を民俗学者あるいは国文学者にして歌人であるととらえている。それはそれでまちがいとはいえないが、しかしそれだけでは折口の本質をとらえたことにはならない。

私は、折口信夫は「国学者」であると考えている。折口にとって、民俗学も国文学も、ともに新しい「国学」であった。実際に、折口は『古代研究』第三巻の「追ひ書き」のなかで、自分の古代研究は「新しい国学を興す事」であると宣言している。折口にとって、「国学」の道統と「国学者」意識は核心的な意味合いと重さをもっているのだと思うのだ。

そのことは、折口が國學院大學で国文学を学び、母校の教壇に立って教え子に自身が大切に思っていた学問と歌を伝えつづけたことと無関係ではないどころか、ある運命的な結びつきがあったといえるだろう。折口は折口なりに「國學」院の魂ともいうべきものを受けとり、引き継いだのだ。

大正九年（一九二〇）、折口信夫は『國學院雑誌』に「異訳国学ひとり案内」と題した論文を寄稿している。これは、のちに國學院大學学長となった神道学者・河野省三に捧げられたものである。この題名が端的に示しているように、三十代の小壮学徒の折口は、かなり早い段階から自分を〝異訳国学ひとり案内人〟と自覚していたように思われる。

「国学」は古道を尊び、気概を大事にする道の学問であるが、国学四大人中の雄・本居宣長がいうように、「師説になづまず」をその気概と精神とする学風をもつ。師説ごもっともと、ひたすら師説につき従い、服従するのではなく、師説に対する恩恵と恩義は十分に感謝し感得しながらも、その説の欠けたるところを敢然と指摘し批判し、また師説の足らざるところを大胆に補い充てる学風なのである。

平田篤胤は本居宣長の没後の門人であるが、生涯師恩を敬慕しつつも、敢然大胆に師説に異を唱え、本居宣長の国学とはまったく異なる、まさに平田国学としか呼べないほど個性的な「国学」を創造的に展開した。

折口はそうした「国学」を道の学問として理解していたと思う。それは先人の踏み行なってきた道を引きつづき踏み行なっていくのであるが、そこには道の継承とともに自由がある。その自由は、たとえば歌の表現となって現われる。

本居宣長のいう「もののあはれをしる」とは、「もの」がそこに今そのようにあることの不可思議と必然を、その「もの」に即し、その「もの」と共鳴・連帯するなかで、全身心的に情を通い合わせる、「もの」との交感・交通の姿を指している。この天地万物との情、すなわち「あはれ」の通い合いのなかからおのずと立ち現われてくる声が歌である。その意味で、歌は自由にして必然の産物である。

自由とは、自らに由《よ》ること、すなわちみずからがみずからの内的必然性や因縁生起に促されて自己を実現することである。そのおのれの必然や因縁を知ることと「もののあはれをしる」こととはおのずから通じていると私は思う。それはみずからの運命、宿命、また業《ごう》の「あはれをしる」ことでもあっただろう。

折口信夫は、生涯「国学」を愛した。その「国学」は一方では道の学問として道を形成し、神代よりの億万という時の悠久の流れを受け継いでいるが、もう一方で、そのときそのときの「もの」（霊・者・物）の個性と自由を実現し、創造的に展開する。折口は、こうした「国学」の道統と自由をともに深く愛した人である。「国学」は、一方では伝統の継承であるが、もう一方では、「もの」の自由の実現なのである。それこそが「もののあはれ」である。

昭和十九年（一九四四）、折口は「平田国学の伝統」と題する講演を行なった。敗戦色が色濃く、教え子を次々と戦地に送り出し、不可避的に戦死させざるをえないことを自覚していた折口は、その講演のなかで、平田篤胤が自分たちの行なっている民俗学的研究の先駆者であることを称え、顕彰し、平田国学がいかに自由な学風であるかを強調している。

軍国主義や国家主義の台頭のなかで、神道や平田国学が偏狭頑迷な国粋理論や日本国体論に悪用されつづけていることを憂い、平田篤胤の学問の根幹には実に「気楽な」のびやかな「自由」があることを時代潮流に反して強調したのだ。ここには、折口信夫の気概の面目躍如たるものがある。

折口信夫は「国学とは何か」のなかで、次のように述べている。「私は最近、或処で、国学は『気概』の学だといつた。その訣《わけ》は、自由な道念の基礎を国文学に置いてをり、それから清純な生活を民族に持ち来さうといふ欲望を学風としてゐるものだ、と信じてゐるからである。（国学は）胸の寛《ひろ》い生活を築かうとしてゐるものであつた」。

この折口の自由な「国学」の学風が、戦後の折口の危機意識にあふれた神道人類教化の提言になって、創造的に展開されたのである。しかし残念ながら、折口の悲壮な提唱は、悲しいかな、その時代の「異訳国学ひとり案内」に終わり、正当に受けとられ、受け入れられることはなかった。

折口信夫の「国学」は孤独である。しかし、気概に充ちた自由を体現している。その折口の「国学」と「自由」を私は愛する。

折口信夫

第二部　翁童力変幻

異貌の国学
——平田篤胤と折口信夫

1　異貌の痛覚——平田篤胤の場合

およそ国学の徒のなかで、平田篤胤と折口信夫ほど異貌の痛覚に生涯促されつづけた人物はいないであろう。たしかに、上方の特異な国学者・上田秋成も、五歳のときに痘瘡にかかったあばた面で、右中指と左の人指し指が小指ほどしかなかったみずからの異相を「剪枝畸人《せんしきじん》」(『雨月物語』)と諧謔をこめて表現している。秋成の痛覚は、しかし、ストレートに表出されることはなく、つねに諧謔とともにたわめられた。おそらくそこに彼の自恃があったのであろう(1)。

だが、平田篤胤も折口信夫も、もっと直截的に異貌の痛覚に身をさいなまれている。顔面の痣《あざ》、それが彼ら二人の異貌のしるしであった。

平田篤胤は、天保十三年(一八四二)十一月二日、江戸の婿養子・平田鉄胤にあてて手紙を書いた。没する前年、六十七歳の初冬のことであった。このころ篤胤は幕府より著述差し止めの命を受け、郷里秋田へ強制送還されていたのである。失意のどん底にいた老いたる篤胤の手紙には、異貌の痛覚がみなぎっている。

里子にやられ、貧乏御足軽の家にて苦々しく六歳まで養ハレ、既ニオキツケニサレルトコロ乳母ノ夫ガ死テ家に帰されて父母兄弟に呵責セラレタル苦ミ言語道断イツモ語レル通リ也。八歳ノ時より十一歳まで、桜井氏宗休ト云ナル大金持の御はり医の所にモラハレテ居タガ、フト医者坊にナルガイヤト思ヘルニ合せて、養家ニ実子が出来シ故ニ帰サレ、其ヨリ家ニテ、飯タキ掃除草ムシリ使小走リ屎カツギ、何もかも、兄弟中にイッチョク出来ルト云ヒツツ、憎ミ使ハレ、打タ、カレ、頭にコブノタユルコトナク、夫デモ生れ付実義ノ気味アリ、ヨキ教へモ受ねど、独にて書物ヲヨムコトヲオボエ、人にあへバニコリトスル所ガアルカラ、陀人ハカハイガルトテ夫ヲニクマレ、アマツサヘニ、顔ニアザノアルガ、兄弟ヲコロシテ家ヲウバフ相也トテイヤガラレ、カヽル寒国ナルニ只一年傷寒をワツラヒシトキ、大兄キガチヒサナ夜着ヲカツテ呉レタガ始ニテ、夫ガキレテナクナツテカラハ、夜具ヲ賜ハリシコト実ニナク、手細工ニテ小銭ヲタメ、夫デ奴ノ着テネルモクト云モノヲカツテ、極寒ノ冬をシノギ、炬燵ニ一度モ当ラレタルタメシナク、サルニテモタダ親ヲコハキモノ、無理イフモノトハ思ツタナレド、恨ミタル心ハオコツタコトハナキ様也、サレド兄ヲコロス相ダト云ハル、ガツラクテ……(2)
(以下欠文、傍点引用者)

この手紙は一度は書かれはしたものの、ついにさし出されることなく、千々にちぎられた。そして、その断片はのちに、手紙の宛先人の婿養子・平田鉄胤に発見され、拾い集められたが、その全文は今もって不明である。

平田篤胤の家庭的な幸の薄さは尋常ではない。幼少期から里子にやられ、養子にもらわれながらも、養父が死んだり、養家に実子ができたりしたために、二度までも家に帰され、父母兄弟から「言語道断」というほどの呵責を受けたことが、なまなましくも哀切に物語られる。いったい、六十七歳にもなって婿養子にかくもあけすけにおのが幼少期の哀しみを訴えようとする衝動とは何なのだろう。だが篤胤はついにこの手紙を出すことができなかった。読みかえしてみて、みずからの痛覚の過剰に耐えきれなかったのだろうか。

この痛覚は、くりかえすまでもなく、「顔ニアザノアルガ、兄弟ヲコロシテ家ヲウバフ相」、「兄ヲコロス相」だといわれた「痣」から生じてくる、自分ではどうすることもできない異貌の痛覚である。篤胤はこの「兄弟ヲコロシテ家ヲウバフ相」と不吉がられた呪われた痣をどう感じていたのだろうか。まるで悪魔や鬼や妖怪のように理不尽に忌み嫌われてしまうおのれの「しるし」を何と感じたであろうか。

おそらく、この不幸の徴表のような痣のことを篤胤は誰にも語ることができなかったにちがいない。著述差し止めになるという国学者にとって断腸の念いに身をさいなまれていたであろう最晩年の孤独と無聊のなかで、最後の最後に、唯一の頼りとなる婿養子におのが一等深い傷痕を語り出さずにはいられなかった篤胤。しかもその表白をついに潔しとはできずに破り捨てざるをえなかった篤胤。この千々にちぎられた手紙の断片を見つけたときの婿養子・平田鉄胤の心境はいかばかりであったろう。師であり、同時に義父である異貌の国学者の痛みの深さに言葉を失ったであろうか。

平田篤胤の異界に寄せる関心、異界を幻視する視力は、みずからの異貌と切り離せない。おのれの痣の拠って来たる根源を識ることが、そのまま異界論、幽冥界論に、また古道学に通じているからである。よく知られている「禍《まが》津《つ》日《び》論争」において、禍津日神を悪神と断じる師の本居宣長に猛烈に反論し、善神論を主張した背景にも彼の異貌の痛覚がのぞいていると私は思う。

伊邪那岐命が黄泉国に愛しい妻神を追って往き、穢れにふれたために禊祓《みそぎはらい》をしたとき、禍津日神《まがつびのかみ》が化生するが、宣長はこの禍津日神を悪の根元神とみなし、その悪を直す神としてそのあとに直日神《なほびのかみ》が化生したと論じた。つまり、禍津日神＝悪神、直日神＝善神という善悪二元論を主張したわけである。それに対して、平田篤胤は、禍津日神は祓によって悪を指摘し、悪を糾す善神にほかならないと強調した。『古史伝』ではこう釈《と》いている。

さて此神〔禍津日神〕は、伊邪那岐ノ大神の、其ノふれ坐セる夜見ノ国の汚穢を、疾《ト》く祓去《ステ》むと、太《イミ》じく所念《オモホ》し入リ坐しゝ御霊に依て、彼ノ穢の大御体《ミマ》を、はらひ出る験とて、最初《イヤサキ》に此神の生レ坐るなり。故この神は、穢き事を甚《イタ》く悪みて、汚穢たる事のあれば、荒び給ひて、禍事を為し給ふ故に、禍津日てふ御名は負《オヒ》坐るなり。〔原文割註――然るを師説に、禍津日ノ神は、黄泉ノ国の穢に因て生坐る故に、火に汚穢の有れば、此ノ神ところ得て荒ぶる故に、万の禍おこるなり、と云れしは、古事記に就て云れたるにて、未タ委からず。処得てにはあらず。伊邪那岐ノ命の穢を悪ミ給ふ御霊に依て、生坐る神に坐す故、穢のあれば怒り荒び坐て、理リの如くならぬ、曲事をさへに為給ふを、汚穢の清まり竟《ハツ》れば、御荒びなきは更にも云ず、いみじき功をさへに為し給ふなり。其は下に徴《アカシ》あり。其処々に云べし。此神を、一向に悪く邪《ヨコサマ》なる神とのみ思はむは、あなかしこ、甚じきひがごとぞ[3]〕。

だが、篤胤の力説する師説批判も訓詁解釈としては宣長の方に軍配を上げねばならないだろう。宣長は、「所レ到其穢繁国之時、因ニ汚垢一而所レ成神之者也」とある『古事記』の章句を「カノキタナキシキグニニイタリマシシトキノケガレニヨリテナリマセルカミナリ[4]」（『古事記伝』）と訓み、篤胤は、「到コ坐其穢繁国一之時。因二汚垢一而所成之神也」とみずから『古史成文』になした章句を「カノキタナキシキグニイタリマセルトキニ、ケガレタマヒシニヨリテナシマセルカミナリ」[5]（『古史伝』）と訓んでいる。国語学的にいって、「ケガレニヨリテナリマセルカミ」と名詞形に訓む宣長と、「ケガレタマヒシニヨリテナシマセルカミ」と動詞形に訓む篤胤とでは、宣長の方が正確であり、妥当である。

なにゆえに篤胤は、これほど無理な訓詁注釈をしてまで禍津日神を擁護しなければならなかったのか。それは篤胤が「ケガレタマヒシニヨリテナシマセルカミ」のなかに、「顔ニアザノアルガ、兄弟ヲコロシテ家ヲウバフ相」を読みとらざるをえなかったからであると私は考える。悪神を悪神として、あまりに素朴に、また素直に見つめる宣長の透徹したまなざしを篤胤は容れることができなかったのだ。師説を肯定することは、そのまま自己の根源を、存在性を否定することにつながる。そこにはいかなる救いもありえない。

そうではなく、禍津日神が「ケガレニヨリテナリマセルカミ」ではなく、かえって、「穢き事を甚《イタ》く悪みて、汚穢たる事のあれば、荒び給ひて、禍事を為し給ふ」神だと善悪の彼岸へ抜け出ることを通して、篤胤は、顔面の痣を「兄弟ヲコロシテ家ヲウバフ相」ではなく、それを「甚《イタ》く悪み」、悪を糺す「相」に反転せんと欲したのではあるまいか。おそらく、国学者のなかで、悪や罪穢れを自分自身の問題として受けとめ、それを神学的に解決しようとはかったのは篤胤が最初であろう。篤胤は、おのれの痣を通して、悪を、罪穢れを、そしてその拠って来たる異界とそこにおける救済を仰ぎ見たのである。

しかしそのことをもってただちに、篤胤の国学を独断的で恣意的な国学と評するにはあたらない。まさに、こうした篤胤の内的な屈折と傷痕なしには、天狗や妖魅や魂の生まれ変わりの問題が正しく国学の問題として浮上してくることはなかったであろうから。国学の正統の継承者を自任した篤胤は、国学の影の領野を明るみに出すことによって逆説的に国学の正統につらなったのである。そしてこの国学の影の領野は、幽冥界研究、霊界研究、異人研究として、一方では、本田親徳、出口王仁三郎、友清歓真、浅野和三郎らの展開した霊学および心霊研究へ、またもう一方では、柳田國男、折口信夫らの唱導した日本民俗学に受け継がれてゆく。(6) そしてここから、第二の異貌の国学者、折口信夫が誕生する。

2　異人愛のフォークロア――折口信夫の場合

昭和十二年（一九三七）の正月、折口信夫は「幼き春」と題する詩を『むらさき』に発表した。この詩は、昭和二十二年（一九四七）三月に青磁社より上梓された詩集『古代感愛集』に収められた。

わが父にわれは厭はえ、
我が母は我を愛《メグ》まず。
兄　姉と　心を別きて
いとけなき我を　育《オフ》しぬ。
童《ワラハ》にて　我は知りたり―。
まづしかる　家の子すらや、
よき親を持ちて　ほがらに
うれしけき日毎遊びに、
うちあぐる声の　たのしさ。

陰深き家の　軒べに
　其《ソ》を見ると　彳《タヽズ》み居れば、
おのづから　爪咋《ク》はれつゝ。

よき衣《キヌ》を　我は常に著
　赤き帯　高く結びて、
をみな子の如く装《ヨソホ》ひ　ある我を
　子らは嫌ひて、
年おなじ同年輩《ヨチコ》の輩《ドチ》も
爪弾《ツマハジ》きしつゝ　より来ず。

たゞ一木　辛夷《コブシ》　花咲き
　春の日の　ほろゝに寒き
　家裏《イヘウラ》の蔵庭《クラニハ》に居て、
つれ〴〵と、心疲れに
　泣きなむと　わがする時―

隣り家《ヤ》と　境《サカ》ふ裏戸の

木戸の外《ト》に人は立たして、
白き手を　婉《タヨ》にふらせり。
我が姉の年より　長《タ》けて、
わが姉と　似てだに見えず―
うるはしき人の立たして、
我を見て　ほの〴〵笑める―。

しば〴〵も　わが見しことを―
今にして　思ひし見れば、
夢の如　その俤《オモ》薄れ
　はかなくも　なりまさるなり。

もの心つけるはじめに
現《マサ》しくも　見にける人―
　年高くなりぬる今し、
思へども、思ひ見がたく　いよゝなり行く(7)

五十歳の折口信夫はみずからの幼少期を追想して、父母兄姉のなかでのおのれの異和を赤裸々に表現する。もとより、詩篇として創作されたこの詩が幼少期の出来事や現実をそのまま表出しているかどうか断じがたい。いくばくか、折口風の脚色がほどこされているのも事実であろう。しかしながら、この「幼き春」のぬぐいがたい異和の心象風景は、折口にとっては癒しがたい傷痕であり、それゆえにまたそのイメージは詩的真実というほかないものだったのではなかろうか。

父に厭われ、母には愛されず、兄や姉とは異なったふうに育てられる。貧しい他の家の子供たちはみな「よき親」をもっていて、ほがらかに楽しく毎日を遊びすごしている。自分はといえば、いつもいつも「よき衣《キヌ》」を着、赤い帯を女の子のように高く結んでいるが、そのせいもあって、同年輩の子供たちからはつまはじきにされ、嫌われている。その子供たちをうらやましげに指をくわえて見つめ、いや増しに増す寂しさと無聊をかこっている子供の私だった。退屈な寂しさをもてあまして泣きたい気持に襲われたとき、ふと隣家との境界を見ると、木戸のところにある人が立っていて、白い手をなよやかに振っている。姉よりも年長だが、全然似るところのない「うるはしき人」は、私を見てほのぼのと微笑えむ。なんて美しい人なのだろう。いったいあの人は何者だったのだろうか。今にして思いかえそうとしても、その面影ははかなくも夢まぼろしのように薄れてしまっている。もの心のついたころに、ありありと視たあの人のことを、年いった今の自分はもうはっきりと思い出すこともできなくなってしまって、なすすべもなく、さびしい……。

この幼少の折口が見た「隣り家《ヤ》と　境《サカ》ふ裏戸の／木戸の外《ト》」に立っていた「白き手」の「うるはしき人」とは誰だったのだろうか。その人こそ折口にとって、「常世―妣《ハハ》が国」から来訪した異人《マレビト》にほかならなかった、と速断はすまい。だが、子供の折口が隣家との境界を通路として未だ見ぬ異境の匂いをかぎ、そこはかとない幽けき香りを放つ美しい異人を見たと思い込んだ、その念いの強さと深さだけは否定しようがないであろう。平田篤胤も折口信夫も父母兄弟（姉）の縁の薄い人であり、それもあずかって彼らは異界を夢見る幻視的視力をおのが内に育てたともいえるだろう。
しかし事の本質は、彼らが異界を夢見、異人にあこがれたのではなく、その逆に、かえって彼らが異界に覗かれ、異人に見つめられた人たちだったという事態ではなかったのか。彼らの異界への視力と関心の深さは、当の異界より、異人たちより贈られた恩賜ではなかったか。彼らは、異界を覗いてしまった人、異人を見てしまった人ではなく、その反対に、異界に覗かれ、異人に見つめられた人たちだったのではないか。彼らの神学が、時として、独断や恣意以上の幽けくも底深いヴィジョンを映発してくるのは、彼らがこの世の異人にほかならなかったからではないか。篤胤は幽冥界＝幽世《かくりよ》を「本の世」と見、折口は常世《とこよ》という他界を「妣が国」と見た。それは彼らにとって、魂の原郷をさし示すこの世ならざる場所以外のものではなかったであろう。そして、彼らのこの世における異人ぶりは「痣」というしるしを通して発揮された。

折口は、昭和二十三年五月に日本芸術院賞を受賞した詩集『古代感愛集』の第二番目の詩篇として、「乞丐相《コツガイサウ》」と題する長篇詩を置いている。この詩は昭和二十一年二月に『人間』に発表されたが、詩集のなかでは「幼き春」の前に配列されている。重要なので長文だが引用しておく。

たゝずみて　途にかなしむ―。
いにしへゆ思ひしことの、
かつ〴〵も　うれひしことの、
漸々《ヤヽ》になりいで来つゝ
今は既《ハヤ》　こと成りにけり。

汝《ナ》が宿世《スクセ》　かくの如しと、
いとけなく　我がありし日に
わが兄ら　我により来て、
　叱る如畏《カシコ》き顔に、
　嘲むらし　笑顔そぼれて、
眎《シメ》しつゝ　言ひにし詞―
言烈《コトハゲ》し
　記憶薄れし　今もなほ
　心にぞ　沁む―。

父母のみ手をはなれて
乞食《コツジキ》に堕《オ》ちなむ宿世《スクセ》　持ち〱て
現《ア》れ来る人の
相《カホ》こそは　斯くありけれと
　唐土《モロコシ》の聖のさとし
　詳《ツバ》らかに　描ける相《カホ》は、
宜《ムベ》　我《ワレ》の鏡の上のおもかげに、
然《サ》ながらなりき―。
薄き眉　まなじり垂《タ》りて

低平《ヒラ》みたる鼻準《ハナスヂ》流れ
顴骨方凸《ホヽケタ》に、受け脣《クチ》薄く
顎張りて　言ふばかりなき　えせがたち見つゝ駭く。

かくばかり　我が似る貌の
かくばかり　何ぞ　卑しき―。

我が母は　かたちびとにて、
我が父は　うまびとさびて、
端正《キラヽヽ》し　伉儷《タグヒ》よろしと
里びとの言ひ来るものを―
我のみや　かくし醜《シコ》なる―
わが兄や　我には似ず。
わが姉や　貌よき人―。

うち顰《ヒソ》屈み悲しむ我の、
わが歎く顔を　をかしと、
其《ソ》よそれぞ　乞丐《カタキ》の相《サウ》と
兄たちの　あざみ笑ひし

そのかみも　遠くなりつゝ―、
乞食者《ホカヒビト》の群れにも入らず
　さきはひは　いまだ残りぬ。

現《ウツ》し身《ミ》を思ふぞ　長き―。
過ぎ来れば　はたとせ　三十年《ミソヂ》
四十年《ヨソ》　五十年《イツヂ》
春べの雪の　淡々《アハヽヽ》と思ひ消ゆれど、
ほのぐ〵に　顕《タ》ち来る幻影《オモワ》―

軒にい寝《ネ》　辻に蹲《ツクバ》ふ
　ふる里の乞食男《カタヰヲトコ》の　熊公《クマキ》らの
　ありし起き臥し―。
　　（中略）
身は弱く　をぢなくなりて、
心まづ　くづほれにけり―。
　頼む子を　いくさにやりて、
　還らむ日思ひ見がたし―。
硫気《リウキ》ふく島の荒磯《アリソ》に

頼む子は　讐とたゝかふ。
　あやぶけど、神のまに〳〵。
　我《ワレ》たのむ。神のまに〳〵―。

思ふ子は　我をのがれて
行くへなくさまよひ出でゝ、
行くへなく流離《ウカ》れありければ、
　その子まづ　かたゐにならむ―。
然知りて、徒爾《ナホ》や　わがゐむ―。
我や　明日《アス》　乞食《コツジキ》せむか―

愛《カナ》しきを　世に流寓《ハフラ》さず、
思ふ子を　道に立たさず、
―あるべくば、我こそならめ
かたゐびと　讃歌者《ホメラ》が輩《トモ》に―。
然しつゝ　残る世を経む。
昔より　我の宿世は、
　かにかくに　さだまるものを―。
雲降《クダ》る磧のふしど―

梢鳴るみ山の小牀《ヲドコ》―
波しぶく磯の巌がね―
犬の子の鳴きよる軒端《バ》―
さめつゝも　夜毎　わが居む。
いにしへの　辺土《ヘンド》順礼
旅行きて旅に果てけむ
しづかなる心を　もりて
我が世は　をへむ(8)

「乞丐相《コツガイサウ》」とは、折口自身の顔の相をさす。「父母のみ手をはなれて／乞食《コツジキ》に堕《オ》ちなむ宿世《スクセ》　持ち〱て／現《ア》れ来る人の／相《カホ》」とは、折口のもつ異貌にほかならなかった。折口はこのみずからの異貌性を「わが兄ら」によって教えられたという。そして彼は、「かくばかり　我が似る貌の／かくばかり　何ぞ卑しき」と嘆く。この折口の「貌」に対する執着の深さは尋常ではない。母は「かたちびと」であり、父も「うまびと」で、「端正《キラヽ》し」く、兄は「我には似ず」、姉も「貌よき人」で、「我のみや　かくし醜《シコ》なる」容貌というありさまであった。この宿命的な異貌の刻印が、眉間の右眉上部の蒼い痣であったことを折口は表現しえないでいる。「うち顰《ヒソ》屈み悲しむ我の／わが歎く顔を　をかしと／其《ソ》よそれぞ乞丐《カタヰ》の相《サウ》と／兄たちの　あざみ笑ひし」異貌のさまを慨嘆しはしても、それが子供の頃に「インキ」とはやしたてられた眉間の痣であったことは最後まで言い出せないでいる。

室生犀星が述べているように、折口がついに自分から痣のことを口に出せなかったということは、そのこだわりの深さ、傷痕の深さを物語っていよう。もしみずから犀星のように「痣のうへに日は落ち／痣のうへに夜が明ける、有難や(9)」とそれを表現できていたなら、折口はもっと楽になっていたことはまちがいない。平田篤胤が最後の最後まで、「兄弟ヲコロシテ家ヲウバフ相＝痣」のことを言い出せなかったように、折口信夫もまた、「乞食に堕ちなむ宿世　持ち〳〵て／現れ来る人の／相」すなわち「乞丐の相＝痣」のことをついに言い出すことができなかった。この両者の異貌の自覚の救いがたい深さと無関係に、彼らの神学や思想を語ることはできないだろう。

平田篤胤は、幽冥界に出入したという十五歳の少年寅吉の仙境体験を聞き書き調査した奇書『仙境異聞』のなかで、「大山もの」とか「山師の学頭」と罵倒されるおのれの「因縁」を嘆いて次のように言う。

己は何ちふ因縁の生れなるらむ。然るは藁の上より親の手にのみは育てられず、乳母子よ養子よと、多くの人の手手にわたり、二十歳を過るまで苦瀬に堕たる事は今更に云はず、江戸に出て今年の今日に至るまでも、世に憂しと云ふ事のかぎり、我が身に受ざる事は無れど、是ぞ現世に寓居の修行なれど、世の辛苦をば常の瀬と思ひ定め、志を古道に立て書を読み、書を著はし、世に正道を説明さむとするに就ては、目に見えぬ幽界は更なり、鳥獣虫魚、木にも草にも心をおきて、憎まれじと力むれば、況て世の人には我が及ぶたけの、所謂陰徳をつむを常の心定として、人はよしいかに云ひ思ふとも、幽に恥る事はせじと、仮にも人の為に宜からぬ事を為たりと思ふことは無きに、上件の如く作言さへして、我を謗り憎む人も多かりと聞ゆるは、いかなる由ならむ。別に□□といふ人は、今までかつて名も面も知らぬ人なれば、憎みを受べき覚はなきに、然る作言して誹ることは、いかなる意ならむ。(10)

何というあけすけな慨嘆であろうか。これほど率直に、てらいも何もなく、著作のなかで心中を吐露することができるとは、それだけで人は篤胤の異相を強く印象づけられずにはいない。この篤胤の表現を読んで、多くの人は、ここにケレン味たっぷりの過剰な自意識を感じとるであろう。折口に同じものを感じとる人も少なくないはずだ。しかしながら、こうした過度の率直さは彼らにとってそれ以外にはありえない自然さをもっていたとしても、常人にとってはその姿があまりに異様に映るしかないということを彼らは知らなさすぎる。いや、たとえ知っていたところで、どうすることもできない衝迫に彼らが身を焦がしているかぎり、その異様を倍加することこそあれ、それを抑制することはとうていかなわぬ業《わざ》であるほかなかったろう。まさにそれは、いみじくも篤胤がいうとおり、「因縁」にほかならないのだから。そしてこの「因縁」こそが、彼らをして異人愛のフォークロアに駆りたてる原動力になるのである。

折口信夫は『古代研究』第三巻の「追ひ書き」にこう記す。

秋成はかう言ふ、境《ミ》にあはぬ教養を受けたてあひの末路を、はりつけものだと罵つた。そんなあくたいをついた人自身、やはり何ともつかぬ、迷ひ犬の様な生涯を了へたではないか。でも、さう言ふ道を見つけることがあつたら、まだよい。恐らくは、何だか、其暮し方の物足らなさに、無聊な一生を、過すことであつたらうに。養子にやられては戻され、嫁を持たされては、そりのあはぬ家庭に飽く。こんな事ばかりくり返して老い衰へ、兄のかゝりうどになつて、日を送る事だらう。部屋住みのまゝに白髪になつて、かひ性なしのをつさん、と家のをひ・めひには、謗られることであつたらう。

これは、空想ではなかつた。まのあたり、先例がある。（中略）かうした、ほうとした一生を暮した人も、一時代前までは、多かつたのである。文学や学問を暮しのたつきとする遊民の生活が、保証せられる様になつた世間を、私は人一倍、身に沁みて感じてゐる。彦次郎さんよりも、もつと役立たずの私であることは、よく知つてゐる。だから私は、学者であり、私学の先生である事に、毫も誇りを感じない。そんな気になつてゐるには、あやにくに、まだ古い町人の血が、をどんでゐる。祖父も、曾祖父も、其以前の祖《おや》たちも、苦しんで生きた。もつとよい生活を、謙遜しながら送つてゐた、と思ふと、先輩や友人の様に、気軽に、学究風の体面を整へる気になれない。これは、人を嗤ふのでも、自ら尊しとするのでもない。私の心に寓つた、彦次郎さんらのため息が、さうさせるのである。(11)（傍点著者）

これは折口信夫四十五歳のときの文章であるが、先の『仙境異聞』の平田篤胤の文章も、ほぼ同じ年齢のころにしたためられた。折口は、おそらく篤胤よりも深く上田秋成のいう「はりつけもの」の運命をわきまえていた。自分が一族の「彦次郎さん」よりももっと「かひ性なしのをつさん」にしかなりえない「遊民」であり、「役立たず」であることを。先に引いた篤胤の慨嘆があまりに正直な表白だとしたら、この折口の異様に長いあとがきもあまりに正直な告白だというほかない。しかし人はそこに、折口のどぎつい芝居気たっぷりのケレン味を感じてしまうかもしれない。たしかに篤胤も折口もともに「あく」の強い人間ではある。だが、「私は、学者であり、私学の先生である事に、毫も誇りを感じない」というのは、折口の内的真実だったと思われる。平田篤胤も折口信夫も「学者」であるには過剰すぎるのだ。彼らを学問に誘うものは、正しく、ソクラテスのいう「ダイモーン」以外ではない。

であれば、篤胤も折口も次のような寅吉少年の言葉に賛意を表せずにはいられないはずである。

寅吉云、すべて学問といふものは、魔道に引込るゝ事にて、まづは宜からぬ事なり。其故は学問するほど善き事は無れども、真の道理の至極まで、学び至る人はなく、大概は生学問をして、書物を沢山に知て居る事を鼻にかけて、書物を知らぬ人を見下し、神はなき物じやの、仙人天狗はなき物じやの、怪しき事はないの、然やうの道理はない事じやなど云ひて、我意を張るが、これみな生学問の高慢にて、心狭き故なり。書物に記して有る事にも、直に見ては、違て居る事はいくらもあり。一体高慢なる人は、心狭くて、遂には悪魔天狗に引込れて、責さへなまるゝ人なり。(中略) 上にもまた段々に、幾百段か、尊き勝れたる物の有べく、此天地も何も、何とか申す神の腹内なるかも知れず。其故は、人の腹内にも、色々な虫のあるを以ても知べし。然れば高慢と云ものは、大空が何処に止まると云事までを知りて、自由にする程の器量が無ては、云へぬ事なり。凡て慢心高ぶりほど、宜からぬ事はなし。(12)

この言葉をそのまま十五歳の寅吉少年が語ったものとは考えにくい。おそらく、ここには篤胤の学問観がかなりの程度反映しているといってよいだろう。この寅吉の言葉は、常日頃篤胤がくりかえし語っている内容の再現にほかなるまい。

ここで、寅吉=篤胤は、学問が「魔道」に落ちる陥穽をもっていることを指摘する。この「魔道」とは、いいかえると、「生学問の高慢」にほかならない。知識の量を誇り、神や仙人や天狗や不思議の現象は存在しないと手前勝手な合理観=我意を押しつける「心狭き」輩が、「生学問の高慢」すなわち

「魔道」に引き込まれたる者であるというのだ。それは「真の道理の至極まで」学び至らない者の「慢心高ぶり」である。ということは、いうまでもなく、篤胤がめざそうとしている真の学問とは、その逆に、「魔道」に陥ることなく、「真の道理の至極まで学び至る」ことであるだろう。この「真の道理の至極」が国学の伝統のなかで問われたとき、その学問は師説とははるかにかけ離れた異貌の国学とならざるをえなかった。本居宣長を近世国学の大成者ないし完成者という見方からすれば、平田篤胤の古道学は国学の鬼子以外の何ものでもないであろう。本居宣長の「もののあはれの国学」に対していえば、奇異な言い方だが、平田篤胤の国学は「もののけの国学」と呼ぶほかない。それほどまでに、彼の国学の異貌は際だっている。そして「もののけの国学」とは、神を、霊魂を、山人・天狗を、またその他の「怪しき事」の「真の道理の至極」を問いつづけた結果、うちたてられた国学であった。

ところが、第二の異貌の国学者たる折口信夫は、当然のことながら（というべきか）、平田篤胤の異貌をまことに正当に評価した。

〈平田篤胤は〉書物を読むことの一つのまにやみたやうな人であると同時に、書物を書くことのまにやみたやうな人であつた。まにやといふのは冗談に言つた話ですが、さういふ風に感ぜられるほど、読んで書いた人です。世の中が長閑な世の中であつたでせうが、其中で一人いら〳〵と憤りながら勉強した人に違ひない。併しながら篤胤先生といふ人は、果して世間の人が見てゐるやうに、始終貧乏たれた風をして、水洟を垂しながら偏屈なことを言つて、怒りつぽく、まづい物ばかり食べて暮してゐた人、何か恐しい浪人をば感ずるやうな人、さういふ風に篤胤先生を受け入れていゝかどうか、其だけは私は違ふと思ひます。どうも篤胤先生の学問は、もつと広い気風を感ずる、何か非常に大きい、広い掌を以て、学問の徒弟をば愛撫してゐるやうな感じがします。其ほど篤胤先生の学問は、厚意に満ちた学問です。世間の人の考へてゐるほど、世間に対して悪意をもつて学問してゐる人とは思へない。（中略）

とにかく一遍、何でも彼でも受け容れてしまふ人らしく見えるところが、あらゆるところに見えてをります。自分の議論とは別々に、読んだものから受けることは極く自由自在に取り込んで、決して、墨を高くして新しい知識をば峻拒するといふことは、なかつた人のやうに思はれます。（中略）国学者の篤胤読みといふ読み方が、われ〳〵に伝つてをります。だから本道をいへば、その読み方を変へなければならないのです。さういふ読み方の間違つた伝統は有難くない。其は始終取り去らなければ学問は進歩致しません。つまり篤胤先生はさういふ中から新しい日本的な科学を生み出さうとした。残念なことに篤胤先生には科学を生み出すだけの土台はございません。（中略）

篤胤先生といふ人は、何でもいゝ、とにかく古代の書物を読んで、日本の古代だけで足らなければ、支那の古代の書物、印度の古代の書物を読んで、それから新しいものが出て来ればそれが、日本の国の為になる書物だ、日本の国の著しい古代をば引き出すことになるのだ。かういふ風に考へてゐられたやうです。さういふ非常に楽なところがある。あちら任せにして楽に研究してゐたところがある。(13)

（傍点著者）

「平田国学の伝統」と題する、戦時中の國學院大學で行なった講演のなかで、折口はたいへん注目すべき篤胤論を展開している。

第一に、篤胤のマニア性の指摘。第二に、壮士風の偏狭な国粋主義と思われがちな篤胤学の学風が

「広い気風」をもち、「学問の徒弟をば愛撫してゐるやうな……厚意に満ちた学問」であるという洞察。第三に、儒者嫌い、仏者嫌いといわれているにもかかわらず、儒者からも仏者からも多くのものを「自由自在」に取り込んでいて、けっして悪意をもって攻撃しているのではないという指摘。第四に、篤胤の学問は「非常に楽」なところがあり、篤胤は、「少しも不幸な感じを持たずに暮した人」[14]であり、「極く気楽な先生」[15]であるという篤胤イメージの一新。第五に、篤胤の学問が心霊学や民俗学の先駆者であるという評価。たとえば、「われ〳〵がしてをります日本民俗学といふものも、国学の方法の一つとして参加することが出来るのです。われ〳〵はその意味でふおくろあといふ学問をば、国学者として知らず識らずしてゐたのだ、篤胤先生が、仙童寅吉、生れ替り勝五郎を担ぎ上げてゐたのと同じものを、われ〳〵がしてゐたのだといふ気がして、やつと或喜びに達したといふ気がしました。われ〳〵はもとより篤胤先生の千分の一、万分の一にも及ばない。それは実際のことです。遠慮でも偽りでもないことです。けれども方法においては、篤胤先生の時代よりは幸福にも、優れた、或は進んだ、豊かなものがあります。ですから皆さんと一緒に勉強して行つて、國學院に伝つてをります國學院の伝統といふものをば、達成したいと思ひます」[16]とこの講演をしめくくっている。

折口信夫は、柳田國男にはじまる日本民俗学を「新しい国学」の方法だと考えていた。折口は、「国学といふものは、何としても人間がつくつて行くべき学問の一つなのです。神道といふものは、そこにおいても自然のまゝに神道がある。併し国学といふものは、それをば人為をもつて学問化して行かなければ、成り立たない。さうすれば神道といふ自然に対して、われ〳〵の国学といふ人為は、時々にどん〳〵展開し発達して行かなければならない」[17]と述べ、神道＝自然、国学＝人為という対比を試みている。この人為の業こそ「新しい国学」としての日本民俗学にほかならなかった。『古代研究』第三巻の「追ひ書き」にこうある。

> 新しい国学を興す事である。合理化・近世化せられた古代信仰の、元の姿を見る事である。学問上の伝襲は、私の上に払ひきれぬ霾《ヨナ》の様に積つてゐた。此を整頓する唯一つの方法は、哲学でもなく、宗教でもないことが、始めてはつきりと、心に来た。（中略）新しい国学は、古代信仰から派生した、社会人事の研究から、出直さねばならなかつた事を悟つた。（中略）私は、柳田先生の追随者として、ひたぶるに、国学の新しい建て直しに努めた。爾来十五年、稍、組織らしいものも立つて来た。今度の「古代研究」一部三冊は、新しい国学の筋立てを模索した痕である。[18]

『古代研究』全三巻は、折口がいうとおり、民俗学的方法によって「新しい国学の筋立てを模索した痕」である。それは、書物としては、じつにまとまりのない、ノイズと破調にあふれたテキストであり、折口信夫の心身の漂泊と思考が運動状態のままトレーシングされた異様な本である。とりわけ、「小栗判官論の計画」や「漂著石神論計画」などは、論文ともエッセイとも呼べるようなシロモノではなく、断片的なイメージの集積というべきメモワールにすぎない。しかしながら、その断片のなかには、「幼神・不具身の為の湯[19]」、「魂があると、出来るからだ。からだがあると、這入る魂[20]」、「神明巫女としての狂ひ姿[21]」、「父兄の折檻。すさのを以来[22]」などという、詩的ヴィジョンをかいま見せるような、ハッとするスリリングな章句がちりばめられていて興味がつきない。このようなメモワールを一つの「作品」として収める神経も異様だが、それ以上にこの断片は読者のイマジネーションを刺戟してやまない不思議な魅力をもっている。

「小栗判官」も「漂著石神」も、折口のいうマレビトや貴種流離譚にかかわってくる。平田篤胤が仙童寅吉や再生少年勝五郎を通して、異界への通路《チャンネル》を押し開き、異人愛のフォークロアを報告してみせたように、折口信夫もさまざまな「社会人事」の断片を依り代としながら、ひたすらに異人愛のフォークロアを追求してみせる。おそらくその試みは、彼ら自身の魂の原郷をみずから読み解き、切り拓くという、奇しき「因縁」のなせる業《わざ》にほかならなかった。何という「愉快」で、しかもせつない「因縁」のなかを彼らは生きぬいたのであろうか。

とはいえ、折口信夫は平田篤胤の顔面の痣のことを知らなかった。篤胤の破り捨てた手紙の断片が再発見されたのは、折口の死後のことである。むろんのこと、篤胤も折口の顔の痣について知る由もなかった。「兄弟ヲコロシテ家ヲウバフ相」と「乞丐相」をお互いに知ることがあったら、日本の国学もその形を変えていたにちがいない。少なくとも、折口の平田篤胤理解はかなり大きく変化したはずだ。折口はおそらくそのとき、「因縁」の深さを痛感したにちがいあるまい。

3　地理／言語／異界

平田篤胤にとっても、折口信夫にとっても、異界が単なる抽象的かつ観念的・幻想的な場所でなかったことは、彼らが異界の構造や位置の確定や、はたまたそこの住人に対して、驚嘆すべき熱情と実証的精神をもって追求していったことからもよくわかる。この異界への実証的探究は、必ずや二つの問題に焦点が絞り込まれる。一つは空間的探究、もう一つは時間的探究である。前者は、異界の空間的特性、構造、位置を問うことにつながり、後者は、宇宙開闢を物語る神話の研究や宇宙論や古代論につながってゆく。いいかえると、前者は神話地理学に、後者は神話言語学に収斂してゆくことになるのである。彼らが他界論や言霊論や神代文字論にあれほど多くの精力を注ぎ込んだのも、それが異界というみずからの魂の原郷を測定し、明らかにする仕業にほかならなかったからだ。であれば必ずや彼らは、異界との接点を探る方法ないし技法としての鎮魂や神懸りに関心を寄せざるをえなくなる。彼らが神仙道や密教やシャーマニズムに興味を示したことは、その消息をよく物語るものだ。というよりも、すでに事の当初より、彼らは密教的な地平に、エソテリック・フィールドに立っていた。みずからの異貌のよってきたる「因縁」をさし示す者として。そしてこのエソテリズムは、当然のことながら、霊魂の実在を見る感覚と理念の上に成り立っている。

折口は、篤胤の学風と人柄を指して、「なんでも自由に取り入れる人(23)」と評したが、篤胤の『稲生物《いのおもの》怪録《けろく》』(24)にふれて、「そんな人ですから、化け物の間にも日本の神様の性質を認めようとして、考へたのでせう」とも、「お化けの中にも神の性質を、篤胤先生が認めてをられた(25)」とも述べている。カミ、タマ、モノ、オニなどの霊的性格と変遷過程を考察した折口にとっても、やはり「お化け」と「神」との間の距離はそれほど遠いものではなかったのである。折口は、「日本の『神』は、昔の言葉で表せば、たまと称すべきものであつた(26)」と言い、この「たま」が分化して、「神」と「もの」に分かれたと説く。「霊魂の話」のなかで、彼は端的に、「たまは抽象的なもので、時あつて姿を現すものと考へたのが、古い信仰の様である。其が神となり、更に其下に、ものと称するものが考へられる様にもなつた。即、たまに善悪の二方面があると考へるやうになつて、人間から見ての、善い部分が『神』になり、邪悪な方面が『もの』として考へられる様になつた(27)」と記している。

篤胤や折口からすれば、善悪の基準は人間的なものではあっても、絶対的なものではありえなかったのである。篤胤の禍津日神の理解もそうであったが、折口もまた従来、荒ぶる悪神と考えられてきたスサノヲの命をマレビトの原像と見、そこに「善悪に固定せぬ面影(28)」を見てとっている。ちなみに篤胤は、『霊の真はしら』のなかで、「常世の国々」は「速須佐之男ノ命の所知看《しろしめ》すべき国々(29)」と述べている。彼らは「善悪の彼岸」（ニーチェ）から「善悪の此岸」たるこの世を見ているのである。善悪の発生する原場、その始源《オリジン》へと彼らの視線はさかのぼり、そこからこの世の現実を見てとるのだ。

篤胤は『幽顕弁』のなかで次のように述べている。

かくて年老期至りて、死れは形体《ナキカラ》ハ土に帰り、其霊性ハ滅《キユ》ること無れバ、幽冥に帰りきて、大国主大神の御治に従ひ、其御令《ミオキテ》を承給はりて、子孫《ウミノコ》ハ更なり、其縁《ヨシミ》ある人々をも天翔り守る、是ぞ人の幽事にて、産霊大神の定賜ひ、大国主神の掌給ふ道なる故に、纂疏に、幽事ハ神道也と言《ノタマ》へりと通《キコ》ゆ、

（中略）

然もあらバ、幽事治むる大神の、さる妖神どもの所為をバ厳《オゴソカ》に禁《イマシ》め給ふべきに許し置給ふハ、また何なる御心ならむと云に、（中略）

さて予美都国に逃到り給ひてハ、須佐之男大神元より愛く思ほす御心ハ有《マシ》なから、態と強面《ツレナシ》づくりて種ゝに苦しめ験ミ給へるを、聊も進れす辞まず、其災難を愛（受）給ひつ、斯て上津国へ逃還り給ふ時に、須佐之男大神予母都平坂まで追到坐て、庶兄弟者追撥為リ二大国主ノ神ト一亦為レ二宇都志国玉ノ神ト一と諭給へるまに〱、庶兄弟の八十神をハ追撥給へれど、現世に御坐《オハシマス》かぎり、国作の大造之功《オホキナルイサヲシ》積に苦しミ給へること、上に取総て云るが如し、故是に依て考ふるに、妖神邪鬼どもの邪なる態は憎かれど、其態やがて人に実の徳行を磨き成しむる方に益有れバ、姑く宥《ナダ》めて見行し給ふと所思たり、

其趣を思ふに、現世の悪かる者ども、上にも其悪行ハ知看して、疾く誅をも加へ給ふべきを、姑く活おきて、其者どもを用ひ、人草の善悪を伺しめ、或ハ隠《シヌ》べる者を捕へしめ給ふ事もあるを、猶其行を直さゞるハ、遂に誅なひ給ふ御政に似たる趣なり、また此に就て猶思ふに、天地の間なる物のいかに悪きも、大かたハ人の用となる事と思はる、そハ世の為、人の為に、一向《ヒタスラ》に枉事《まがごと》をなす枉神邪鬼さへに、其態のやがて人に実の徳行を成しむる方に益有れバなり、此は、基本を尋ぬるに、伊邪那岐命の愛しき青人草を生殖して、其人草に用ある事のミ功しみて、神また万物をも生給ひて、左《カ》なき右《カク》ゆき物し給へる事の因に枉神も成つれハ、其枉態も枉態ながらに人の用とハ為なりけり、(30)

ここで篤胤は、単に善悪の消極的な相対性を述べようとしているのではない。篤胤は、「人の性ハ、(中略)産霊大神の霊性を分賦賜へる物にし有れバ、元より至善《イトウルハ》しき(31)」という性善説に立って、産霊《むすび》大神の霊性を分賦された善なる性質をもつ人間世界になぜ悪が横行するのかを問いつめ、それは「人に実の徳行を磨き成しむる」ための「妖神邪鬼どもの邪なる態」と解き、「是ぞ幽冥《カクリヨ》大神(大国主大神)の人を真の徳行に進めて、真の福を得しめたまふ幽事《カクリゴト》の本教《モトツヲシヘ》なりけり(32)」と結論づける。そしてさらに、「抑此世ハ、吾人の善悪きを試ミ定賜はむ為に、しばらく生しめ給へる寓世《カリノヨ》にて、幽世《カクリヨ》そ吾人の本世なる(33)」と力説する。この世は、善悪を試み定め人としてしばらくの間過ごす「寓世《カリノヨ》」で、人間の「本世」は「幽世」、つまり霊魂の世界だというのである。

しかしながら、篤胤にとっては、この霊的世界とは物質世界から明確に区別され、遠くへだたった彼方にあるような世界ではなく、かえって、この現実世界につねに境を接し、交渉しつづけているきわめて身近でリアルな世界である。篤胤は言う、「幽事の本旨《モトツムネ》、すなはち冥府の事なるが、抑冥府と云ハ、此顕国《うつしくに》の（ママ）に別に一処さる名の国地あるに非ず、直に此顕国内に、何所にまれ神廷《カミノミカド》を設けて、上件の幽事を糺《タヽシ》断《コトハ》り、政《マツリ》ごち給ふ処を云言なるが、その本府《モトツミカド》ハと言ハヾ、出雲大社ぞ本なりける、（中略）然れとも現世人と有むほどハ、彼社に詣たりとも、其御政をバ見こと能はず、これ顕《アラハ》と幽《カクリ》との隔《ヘダテ》にて、幽より顕ハ見ゆれども、顕より幽を見こと能はぬ定《サダマリ》なれバなり(34)」と。

篤胤によれば、「冥府」は「顕国」を離れて別の場所にあるのではない。いってみれば、「冥府」の本店＝本府は「出雲大社」で、各地に支店＝神廷をしたがえているのである。だが、出雲大社に詣でても、われわれにはその「幽」の「御政」を見ることはできない。というのも、「幽」の世界から「顕」の世界を見ることはできるが、その逆に、「灯火ある所より闇なる所ハ見え(35)」ないように、「顕」から「幽」はよく見えないからだという。この「顕」と「幽」との関係は互いに分治独立しているとはいっても、複雑微妙につながっている。しかも、「幽《かくり》」は、現実世界たる「顕世《うつしよ》」と同様の即物性に彩られている。「実ハ幽冥にも衣食住の道も悉く具《ソナ》はりて、此現世の状ぞかし(36)」と篤胤は言っているほどだ。

このような篤胤にしてみれば、「神代」と「現代」は別物ではありえない。「神代」はそのまま「現代」と生ま生ましく境を接する地続きの世界なのだ。ということは、神話と歴史の境界は私たちが思っているほど明瞭なものではないということでもある。神代即現代、神話即歴史という、二元論的対立のはじけとんだ不思議な地平に篤胤は立っている。

してみれば、彼が神道ミスティシズムとも、神道エソテリズムとも呼びうる消息を探究せざるをえなかった理由がのみこめてくる。すべての世界は切り離すことができない全体世界であるが、ある種の階層性、本末関係をもっていると篤胤は考えている。そしてその階層性や本末関係は、宇宙生成の過程から生じてくる宇宙論的差異なのだ。それなればこそ、折口がいうように、「神」と「お化け」の距離ははなはだ近しいものとして存在しえるのである。ここでは、神と妖怪と人間の接点はそれほど明確なものではない。顕幽の区別、善悪の区別がさほど明瞭でないように。「今ハ神と人と別りたる故に見ざれども、彼処々も今に神世の状なることハ云も更なり」[37]、これが篤胤の幽冥感覚であり、神代感覚であった。この即物性と連続性に注目せずばなるまい。

　このような幽冥感覚があったればこそ、「常陸国岩間山幽界　雙岳山人御侍者衆中」と宛名した手紙を寅吉にもたせて、本気で「仙境」の住人と交信しようと試みたのである。その手紙にいわく、

今般不慮に貴山の侍童（寅吉のこと）に面会いたし、御許の御動静、畧承り、年来の疑惑を晴し候事とも有之、実に千載の奇遇と辱く奉存候。其に就き失礼を顧みず、侍童の帰山に付して、一簡呈上いたし候。先以其御衆中、ます〳〵御壮盛にて、御勤行のよし万々奉㆓恐祝㆒候。抑々神世より顕幽隔別の定り有㆑之事故、幽境の事は現世より窺ひ知リ難き儀に候へども、現世の儀は御許にて委曲御承知有㆑之趣に候へば、定めて御存被㆑下候儀と奉㆑存候。拙子儀は、天神地祇の古道を学び明らめ、普く世に説弘め度念願にて、不肖ながら先師本居翁の志をつぎ、多年その学問に酷苦出情いたし罷在候。併ながら現世凡夫の身としては、幽界の窺ひ弁へがたく、疑惑にわたり候事ども数多これあり難渋仕候間、此ノ以後は御境へ相願ひ御教誨を受候て疑惑を晴し度奉㆑存候。此ノ儀何分にも御許容被㆓成下㆒、時々疑問の祈願仕候節は、御教示被㆑下候儀相成まじくや。相成べくは、侍童下山の砌に、右御答被㆓成下㆒候様偏に願上奉り候。此儀もし御許容被㆑下候はゞ、賽礼として生涯毎月に拙子相応の祭事勤行可㆑仕候。偖また先達て著述いたし候、霊の真柱と申す書入㆓御覧㆒候。是は神代の古伝によりて、不及ながら天地間の真理、幽界の事をも考記仕候ものに御座候。凡夫の怯き覚悟を以て考候事故、

貴境の電覧を経候はゞ、相違の考説も多く可レ有レ之と恐々多々に奉レ存候。もし御一覧被ニ成下一相違の事ども御教示も被レ下候はゞ、現世の大幸勤学の余慶と生涯の本懐不レ過レ之奉レ存候間　尊師へ宜しく御執成下され、御許容有レ之候様偏に奉レ頼候。一向に古道を信じ学び候凡夫の誠心より、貴界の御規定如何と云事をも弁へず、書簡を呈し候不敬の罪犯は、幾重にも御宥恕の程仰き願ふ所に候。恐惶謹言。

平田大角
平篤胤

十月十七日
常陸国岩間山幽界
雙岳山人御侍者衆中(38)

これはいささか異様な書状である。ここでも篤胤は、「現世」より「幽境」(幽界)のことはうかがいがたいと述べてはいるものの、そのじつ、寅吉を通して杉山《すぎやま》山人を知りえた「千載の奇遇」を絶好のチャンスとばかり、「教誨」を乞うている。そして、みずから「天地間の真理、幽界の事」を考究したという、自信作であり、主著ともいえる『霊の真柱』と『神代文字の考』を寅吉にもたせて「御教示」を乞うているのだ。あまつさえ、おのが「疑問」に「御答」えくださるようであれば、そのお礼として、「生涯毎月に拙子相応の祭事」を「勤行」するとさえ約束する。「生涯」毎月必ずお祭りをするとは、思い切った申し出である。

さらに、この手紙を出した半年後の文政四年(一八二一)四月二日には、いよいよみずから「幽界」(天狗山人界)の実地踏査にのりだし、寅吉と門弟二人を引き連れて、杉山山人の本拠地の信州浅間山に向かっている。その一年後の文政五年四月以降には、毎月「高根様御祭り」として恒例の祭儀を執り行なっている。この「高根様」とは、寅吉の師匠である杉山山人にほかならないという(39)。じじつ、篤胤は、『毎朝神拝詞』のなかで、天之御中主大神、高皇産霊大神、神皇産大神をはじめて、八百万神々を拝したあと、とくに「辞別《ことわき》て」次のような祝詞を奏するのだ。毎朝。

　辞別氏波。幽事知看須。大国主神。大国魂神。大物主神。医薬之術登。呪禁出術斗爾幸賜布。少毘古那神。別爾波真薦刈信濃国。伊都速伎浅間山爾鎮坐須。磐長比売神爾副氏守良須。日々津高根王命乎始米氏。天翔国翔留。諸蕃倭之山人等……(40)。

信濃国浅間山に鎮座する磐長比売神につき従う眷族神として「日々津高根王命」をあげ、その配下および関連の「蕃倭之山人」たちを拝するのである。注意したいのは、「杉山山人＝日々津高根王命」と思われる、『仙境異聞』に描かれた肖像画の顔貌が、平田篤胤の肖像画とあまりにもよく似ている点である。遠くを見るような切れ長の目、突き出たがっしりとした鼻、いかなる幽けき音響をも聴きもらすまいとしているかのような大きな耳、これらの顔面を構成する主要な器官が酷似しているのだ。篤胤像を少し誇張して表現すれば杉山山人像になる。しかも、その容貌の特徴が寅吉少年の顔貌にも酷似しているのはいったいどういうわけか。

篤胤はこの寅吉の容貌を『仙境異聞』のなかでこう記している。

　憎気なき尋常の童子なるが、歳は十五歳なりと云へども、十三歳ばかりに見え、眼は人相家に下三白と称ふ眼にて、凡より大きく、謂ゆる眼光人を射るといふ如く、光ありて面貌すべて異相なり。[41]

篤胤は「眼光人を射る」という寅吉少年の「異相」を活写するが、その特徴はそのまま篤胤にもあてはまる。もしかすると篤胤は、この「異相」の奇童のなかにおのが少年性を重ね見ていたのかもしれない。篤胤は、「寅吉が生立ち、また異人に誘はれたる事の始末など[42]」を質問していくうちに、いくたびもおのれの幼少期を思い出し、身につまされる思いを味わったにちがいない。

山に帰るという寅吉に対して篤胤は、「はなむけ」として次のような五首の歌を贈っている。

寅吉が山にし入らば幽世の、知らえぬ道を誰にか問はむ。
いく度も千里の山よありかよひ、言をしへてよ寅吉の子や。
神習ふわが万齢を祈りたべと、山人たちに言伝をせよ。
万齢を祈り給はむ礼代は、我が身のほどに月ごとにせむ。
神の道に惜くこそあれ然もなくは、さしも命のをしけくもなし。

この歌を読めば、篤胤が寅吉をいかに重宝な「幽世」の情報源として頼りにしていたかがわかる。また、生命をかけて「神の道」を究めようとする篤胤の純情と本気がよくわかる。その篤胤にとって、寅吉は文字通り神界や霊界と交信する媒介者としての「霊媒」だったのだ。じっさい、寅吉が何度も神懸りになったことを『仙境異聞』は詳しく報じている。[43]

とはいえ、寅吉が篤胤にとって単なる「霊媒」以上の存在であったことは、篤胤が寅吉のなかにおのが少年像を見てとっただけでなく、幼少にして死亡したおのが長男常太郎と次男半兵衛の成長した姿をも同時に見てとっていたことによっていると私は考えている(44)。寅吉と出会った年に、もしも夭折した篤胤の長男常太郎が生きていれば満十八歳、次男半兵衛が生きていれば満十二歳である。十五歳の「異相」の寅吉は、成長した十八歳の常太郎と十二歳の半兵衛を呼び出す「霊媒」の役割を果たした。寅吉は、この異貌の国学者にとってなくてはならない「異人」だったのだ。そして篤胤は、この寅吉少年を通して異人愛のフォークロアにめざめたのではないだろうか。寅吉との出会いが篤胤の国学に画期をもたらした、そう私は思う。

さて、篤胤が以上のように山人・天狗の異貌に似ていると思われるのに対して、折口信夫はどうも水界童子としての河童に似ていると思われる。『古代研究』第三巻に「河童の話」と題する論文が収められている。昭和四年（一九二九）九月の『中央公論』に発表されたその論文は次のような書き出しからはじまる。

私はふた夏、壱岐の国へ渡つた。さうして此島が、凡北九州一円の河童伝説の吹きだまりになつてゐた事を知つた。尚考へて見ると、仄かながら水の神信仰の古い姿が、生きてこの島びとの上にはたらいて居るのを覚つた。其と今一つ、私はなるべく、認識不十分な他人の記録の奇事異聞を利用する前に、当時の実感を印象する自分の採訪帳を資料とする事が、民俗の学問の上に最大切な態度であると思ふ故に、壱岐及びその近島の伝承を中心として、この研究の概要を書く、一つの試みをもくろんだのである。
この話は、河童が、海の彼岸から来る尊い水の神の信仰に、土地々々の水の精霊の要素を交へて来たことを基礎として、綴つたのである(45)。

この論文中には、元熊本藩の水練師範小堀平七所蔵の九点の河童の図絵が収録されている。そのうち、第四点目の河童の像が折口信夫とよく似ているのだ。その図絵の下の本文中にこうある。

> 異郷の者が来て、贄なり裹物《ツト》なりを献げて還る古代生活の印象が結びついて、水界から献つた富みの喪失を、単に魚の贄《ニヘ》を失うた最低限度に止めさせたのである。農村の富みは水の精霊の助力によるものと信じて居た為である。家の栄えの原因は、どうしても、河童から出たものとせねばならぬ(46)。

あの半分怖れられもし、半分滑稽視されてもいる河童が富をもたらす「水の精霊」であり、そこには「異郷の者が来て、贄なり裹物《ツト》なりを献げて還る古代生活の印象が結びついて」いるという。神に仕える「水の女」を通して古代の信仰生活を読み解いた折口信夫にとっては、河童はひときわ愛着の強い「水の精霊」であったはずである。じっさい、折口は河童の彫像を大切に所有しており、河童にひとかたならぬ愛情と関心を抱いていた。おそらくそれは、河童がみずからの魂の肖像を照明する「異郷」からの訪れ人、すなわちマレビトの零落した姿であると直覚したからだ。秋田出身の篤胤が天狗・山人にみずからの魂の原郷の香りをかぎとったように、大阪出身の折口は河童・水界童子にみずからの魂の原郷の香をかいだのである。

異郷意識の発生について論じた「妣が国へ・常世へ——異郷意識の起伏」において、折口は次のように述べている。

心身共に、あらゆる制約で縛られて居る人間の、せめて一歩でも寛ぎたい、一あがきのゆとりでも開きたい、と言ふ解脱に対する惝怳が、芸術の動機の一つだとすれば、異国・異郷に焦るゝ心持ちと似すぎる程に似て居る。過ぎ難い世を、少しでも善くしようと言ふのは、宗教や道徳の為事であつても、凡人の浄土は、今少し手近な処になければならなかつた。

われ〳〵の祖《オヤ》たちの、この国に移り住んだ大昔は、其を聴きついだ語部の物語《カタリベ》の上でも、やはり大昔の出来事として語られて居る。其本つ国については、先史考古学者や、比較言語学者や、古代史研究家が、若干の傍証を提供することがあるのに過ぎぬ。其子・其孫は、祖《オヤ》の渡らぬ先の国を、纔かに聞き知つて居たであらう。併し、其さへ直ぐに忘れられて、唯残るは、父祖の口から吹き込まれた本つ国に関する恋慕の心である。その千年・二千年前の祖々を動して居た力は、今も尚、われ〳〵の心に生きて居ると信じる。

十年前、熊野に旅して、光り充つ真昼の海に突き出た大王个崎の尽端に立つた時、遙かな波路の果に、わが魂のふるさとのある様な気がしてならなかつた。此をはかない詩人気どりの感傷と卑下する気には、今以てなれない。此は是、曽ては祖々の胸を煽り立てた懐郷心（のすたるぢい）の、間歇遺伝（あたゐずむ）として、現れたものではなからうか。

すさのをのみことが、青山を枯山《カラヤマ》なすまで慕ひ歎き、いなひのみことが、波の穂を踏んで渡られた「妣《ハヽ》が国」は、われ〳〵の祖たちの恋慕した魂のふる郷であつたのであらう。いざなみのみこと・たまよりひめの還りいます国なるからの名と言ふのは、世々の語部の解釈で、誠は、かの本つ国に関する万人共通の憧れ心をこめた語なのであつた。(47)

右の引用文中で、折口信夫は「本つ国」という語を三度、「魂のふる郷」という語を二度使っている。折口にとって「異郷」とは、「本つ国」であり、「魂のふる郷」にほかならず、同時にそれが「妣が国・常世」の別称だったのだ。この折口の魂の原郷が水を通路《チャンネル》とする世界であることに注意しなければならない。平田篤胤の魂の原郷のヴィジョンが山中異界にあったとすれば、折口信夫の魂の原郷のそれは水中異界にあったということに。こうして折口はつねに、水を霊媒的物質として操作することを通して「懐郷心（のすたるぢい）」や「間歇遺伝（あたゐずむ）」のイマジネーションをひたひたと彼方へと伸ばしてゆく。「水の女」のように、水を「物質的想像力」（バシュラール）として呼び出す能力をもっていた折口信夫は、水界童子としての河童を水路《チャンネル》として「魂のふる郷」をのぞみ見ることができた。彼がどうしてかくも河童に魅かれ、そしてその容貌も河童の異貌に似ていったか、のみこめるだろう。

折口は、河童信仰の変遷と河童の頭頂の皿について次のように述べている。

河童は、水の神であり、又其眷属とも考へられる。其ほど、或時は霊威を発揮し、ある時はふえありいの様な、群衆して悪戯をする。或は、海の神の分霊が、水のある処に居るものとして、無数の河童を考へたのかも知れない。近代の河童から見れば、さう説かねばならぬ様である。でも私は、別の考へを持つてゐる。

河童を通して見ると、わが国の水の神の概念は、古くから乱れてゐた。遠い海から来る善神であるのか、土地の精霊なのか、区別が甚朧げである。神と、其に反抗する精霊とは、明らかに分れてゐる。にも拘らず、神の所作を精霊の上に移し、精霊であつたものを、何時の間にか、神として扱うてゐる。

河童なども、元、神であつたのに、精霊として村々の民を苦しめるだけの者になつた。精霊ながら神の要素を落しきらず、農民の媚び仕へる者には、幸福を与へる力を持つてゐると言つた、過渡期の姿をも残してゐる地方もある。
河童の皿は、富みの貯蔵所であると言ふ考への上に、生命力の匿し場の信仰を加へてゐる様である。水を盛る為の皿ではなく、皿の信仰のあつた処へ、水を司る力の源としての水を盛る様になつて来たのである。[48]

折口は、河童が「遠い海から来る善神」と「土地の精霊」との混合体《アマルガム》であり、両義性をもっている点に着目する。この神と人間と妖怪との接点が不分明な、特異な混合体としての河童に対して、折口は深い親和力を感じとっている。「神」と「精霊」との中間者としての河童とは、プラトンが『饗宴』で詳しく語ったように、神と人との中間者としての「ダイモーン」にほかならない。天狗もまた同じような意味での「ダイモーン」にほかならぬことを、篤胤や折口は人ごとならずよく知っていた。その天狗や河童こそ、異界への通路《チャンネル》としてのエロス的媒介者なのだから。

このように、天狗や河童をエロス的な媒体《メディア》＝霊媒《メディウム》として、篤胤も折口も、異界の地理や言語に深く精通していくことになる。彼らの遺した主要な問題地平は、霊魂論や異人論を生み出す神話地理学と神話言語学にあった。というのも、異界の地理に通じるためには、そもそも異界の言語に精通しなければならないからだ。そのためには、異界のネイティヴ・スピーカーで、この世に訪れてきている異人と友だちになればよい。つまり、天狗や河童と友だちになることによって、彼らのよって来たる「魂のふる郷」を知ることができるというわけなのだ。そしてそのいくらかエソテリックな認識の道行は、そのまま同時に彼ら自身の「魂のふる郷」を明らかにする「順礼」の道行でもあった。
折口は、ていねいに、しかも彼らしい飛躍《ジャンプ》と速度《スピード》で、「河童が、海の彼岸から来る尊い水の神の信仰に、土地々々の水の精霊の要素を交へて来た」ことの「因縁」を解き明かしつつ、みずからの「異郷意識」の深層に目覚めるのである。篤胤もまた仙童寅吉を通して「幽界」の消息にふれ、「仙境異聞」を耳にすることで異界の地理と言語に精通してゆく。折口は、篤胤の『稲生物怪録』や『仙境異聞』にふれてこう言う。

篤胤先生は三十日の間、化け物の種切れなしに、毎晩数種類の化け物を出してゐる。篤胤先生の創作があるに違ひない。なければそんなに書ける訳がない。今日はどんな化け物が出て、どんな風で、どんなことをしたと事細かに書いてある。どんなに記憶のよい人でも、そんなに細かに憶えてゐられる理由がない。だからこれは篤胤先生の創作がよほどある。お化けの絵が皆ついてをります。恐るべきお化けが描いてあります。そんなお化けが怨みも報いも何もないのに、毎晩出て来る。三十日目になつてから、こゝにはじめてお化けの親玉が姿を現した。大きな四角い見上げるやうな男で、裃を著て出て来る。さうして稲生平太郎を褒めるのです。「俺は山本《サンモト》五郎左衛門といふものだ。お前のやうな不思議な奴は見たことがない。お前に禍ひを与へようと思つたけれども、それが出来なくなつた。俺はこれで帰る。俺で及ばなかつたら、俺の知つたものに神野《ジンノ》悪五郎といふものがゐるので、其を連れて来れば、お前をやつゝけることが出来るだらうが、それには及ばなくなつた。併し一生の内に、俺の力を借りなければならぬやうなことがあつたら、柱を叩いてくれ」といつて帰る。(49)

備後国の十六歳の稲生平太郎少年は、夏も盛りの七月のこと、夜な夜なまる一カ月間というもの、さまざまな妖怪変化の来訪に悩まされる。一つ目の怪物、女の首、怪蟹、老女など、それこそ異貌のモノたちがここぞとばかりにりりしい平太郎少年に襲いかかるのだ。しかし平太郎少年、一歩も退かず、次々と妖怪を退散させてゆき、そしてついに彼は妖怪の親玉・山本五郎左衛門と友だちになってしまう。

山本五郎左衛門は、「我は日本にては山本五郎左衛門といふ、成程汝が云如く人間にもあらず、又天狗にも非ず、我は魔王の類なり、我日本へ初めて渡しは、源平合戦の時なり、わがたぐひ日本にては、神野《ジンノ》悪五郎と云者より外にはなし[50]」と名のるが、興味深いことは、彼が日本とは別なる世界、つまり「源平合戦」のころに異界から来訪した「魔王の類」だとみずから明かしている点だ。異界の住人が自分から正体を明かすということは、相手の力に屈服するか、またはその力を正当に認め、取引したいか、親密になりたいということを意味している。どうやら、山本五郎左衛門は、奇妙なことに、平太郎少年に特別の親愛を感じているらしいのだ。

最後に、山本五郎左衛門は平太郎に告げる。「さても汝は気丈なるものなり、さりながらなんじ気丈故に、今迄難義せしぞかし、汝は当年難に逢ふ月日来れり、是は十六歳にもかぎらず、大千世界すべて人によりて有事なり、其人を驚かし恐れさせて行を我業とするなり、これ我私の所為にあらず[51]」と。そしてさらに、「一ツの手槌を取出し」、こう教えて言ったのである。

されば此槌を其許に譲る間、汝一生常に持べし、もし此後怪敷事あらば、北に向ひて早く山本五郎左衛門[52]来れと申て、此槌を以て柱を強く叩くべし、其時は速に来りて汝を助くべし、扨も長々の逗留忝し、

山本五郎左衛門は、平太郎に「槌」を授け、もしこれからのちに「怪敷事《あやしきこと》」が起こったならば、北に向かって「早く山本五郎左衛門来れ」と唱えて、槌で柱を強く叩け、そのときはすみやかに来りておまえを助けてやろうと言い残し、おじぎをして悠々と去っていく。妖怪の親分から授けられた不思議な「打ち出の小槌」。その「槌」は異界との交信の呪具である。この山本五郎左衛門のいくぶんユーモラスで親愛の情がほの見えて泰然自若としているさまは、どう見ても「魔王の類」とは思えない。ほんとうに折口がいうように、これをまとめた篤胤が「お化けの中にも神の性質を」認めているとしか考えられないのである。五郎左衛門は駕《かご》に乗って、大名行列よろしく悠然と去っていく。その様子は、「駕は常体なれども、供廻のものは皆異形にて、上下袴羽織等夫々の著服にて、奇怪の容貌不思議の風体にてぞ扣へたり(53)」という仕儀であった。

この友だちになった二人の別れの場面はユーモラスであり、かつ哀切を極める。「異形」のモノたちの供奉をうち従えて、大足を駕の中から出しながら去っていく姿は「鳥羽絵」のようにも見え、信じがたいほどの幻想味をかきたてる。

色々さまぐ〳〵に見え廻り、灯籠の影の如くにして、みなく〳〵空に上り、星影ながらしばしは黒々と見えけるが、雲に入よと見えしが、風の吹やうの音して消失けり。平太郎夢ともうつゝともわかちがたく、只忙然として詠め居しが、つくぐ〳〵と按じ見るに、もしや夢にてやあらんと、其儘に障子を明置、しき居の溝に扇を入置、しるしとして内に入、心をしづめて蚊屋をつり寝具をのべて休みしが、昼よりの労にて前後もしらずね入けり。扨夜の明るを遅しと起出見れば、敷居の樋に入置し扇子其儘にてあり。庭を見れば竪横に明間なく、爪にて掻し跡有。弥夢にては無かりしとおもひ、内へ入て何角と見合す処、夜前五郎左衛門と対面せし処に、正しく槌の有ければ、猶々驚き取上て扨々不思議なる事と能々見れば、其槌の形凡六寸位柄長サ一尺あまり、柄長すぎて常の槌にあらず。惣じて両木口そぎ付切にて、中高く木は何ともしれず、丸木の皮を取たる儘にて、黒のために塗たる如し。柄は元の方太く先も太し、実に不思議の槌なり[54]。

何とも不思議で、しかも哀感の漂う妖怪と人間との、いや魔王と少年との別れではあるまいか。異人愛のフォークロリストとしての平田篤胤の面目躍如である。異人愛のフォークロリストは、単に異人に憧れ、異人を愛するだけでは足りない。その反対に、異人に愛されるという体験なしには成り立たないのだ。異人を愛し、異人に愛されるというこの異貌の愛人たちの不思議な愛の交歓を篤胤も折口も、そしてかの稲垣足穂もしっかり見ぬいたのである[55]。思えば、何とも面妖不可思議なフォークロア（民間伝承）ではないだろうか。しかしそれがまさにフォークロアの原場であり、神と妖怪との間をジャンプし、スピンする試みにほかならないことを篤胤と折口ほど知りぬいていた人はいない。

その点では、柳田國男でさえ徹底さが足りない。たとえ、折口が柳田國男の学問を評して次のように言っていたとしても。

> 先生の学の初めが平田学に似てゐるといふと、先生も不愉快に思はれ、あなた方も不思議に思はれるかも知れません。けれども、今日考へてみるに平田篤胤といふ人は、非常な学者です。学者になる前の生活が悪すぎたと思ふ。実際は非常な読書家であり、大学者であり、しかも出来るだけ、新しい知

識をとり入れようと焦慮してゐた。焦慮し過ぎてゐたといふ感じが深い。日本の神に就いても、之を出来るだけ知らうとして、合理的な態度をとり過ぎた。だがあれだけ方法を具へてかゝつた神道の研究家は、国学者の中には少い。さういふ立ち場から、俗神道を破却しようとした。世間では俗神道を、民間に於ける信仰だと思つてゐる人があるやうですが、これは大変な間違ひです。妖怪のことをしらべ、仙人の事を信じてゐる。それから神かくしにあつた虎吉といふ本人を、自分の家で養つて置きながら実験したりして、神かくしの事なども、さう言ふ立ち場から見て行かうとしてゐました。そんな事を俗神道と呼びさうですが、かういふのを考へなければ神はつかめないと思つてゐた。たゞ一方は古い書物としてあつかひ、他方ではさうした現実を別に考へてゐたので、二つは並行してゐて交叉しなかつたから駄目でした。もし交叉してゐたら、もつと世の中を裨益してゐたゞらうと思ひます。（中略）とにかく平田翁の歩いた道を、先生は自分で歩いてゐられたことも事実なのです。[56]（「先生の学問」）

折口は、「一口に言へば、先生の学問は、『神』を目的としてゐる。日本の神の研究は、先生の学問に著手された最初の目的であり、其が又、今日において最明らかな対象として浮き上つて見えるのです[57]」と柳田國男の学問の目的を洞察している。たしかに柳田学も折口学も「神」を目的としている。その点では、平田篤胤も彼らと同様に、いやことによるともっと熱烈に「神」を目的とした学問にとりくんだ。ただ、柳田國男と篤胤や折口との違いは、異界に覗かれた体験の深さ、切実さにあった。いやそれは、愛の渇望の深さと切実さといっていいかもしれない。篤胤や折口の学問は、それを「国学」というには、あまりにも強烈な私性に貫かれている。柳田國男の民俗学や「新国学」は「日本の家」の伝統を究め、保持することに経世の学としての主眼があった。それに対して、篤胤と折口の霊学やフォークロアには、事の最初から「日本の家」が欠けていた。あえていうなら、「家無き児の国学」あるいは「霊性の国学」、それが篤胤や折口の学問の特性である。彼らが「日本の神」の研究を志しながら、それも人一倍強い私性のとらわれのなかにありながら、いつしか「日本の神」を超え出てしまうのは、彼らが「家」という日本的な場所に収めきることのできない「魂のふる郷」への激しい共振に感応する身体と魂をもっていたからだ。つまり、事の起こりから、彼らの「国学」は「異貌の国学」でしかありえなかったのだ。それは彼らの魂の必然、いや「因縁」のなせる業《わざ》であって、それ以上でも以下でもない。

平太郎は、五郎左衛門が「風の吹やうの音して消失」してゆくさまを「夢ともうつゝともわかちがた」い心持ちで眺めていた。「風の吹やうの音」とは、折口のいう魂＝風の「訪れ＝音連れ」にほかならないが、その幽けき音の行方を平太郎とともに篤胤も折口も聴きとることができた。その微妙な身体感覚、幽冥感覚において彼らは互いに照応し合う。

平太郎が五郎左衛門より授かった「不思議の槌」は、『稲生物怪録』によると、広島の国前寺に保存されているという。そして平太郎は、こののち、「武太夫」と改名して、兄の跡目を相続したという。妖怪退治、妖怪がもっていた宝物と同等の価値のある「不思議の槌」の伝授、改名、跡目相続……、とつづけば、これはスサノヲの命の住む根国を訪問したオホナムヂの神が「大国主神」と成るイニシエーションの物語とまったく同じ結構をもっていることに気づかざるをえない。スサノヲが悪神と考えられもし、マレビト神と考えられもした多様性の神、両義性の神であることは、すでに何度か述べた[58]。平太郎少年は、少年神オホナムヂと同じように、艱難辛苦に耐えて、「武太夫」という大人になった。しかし彼はいつまで経っても山本五郎左衛門の「顔」を忘れられなかった。おそらく、その異貌がどれほど深い由縁をもっていたか、平太郎の身体と魂は感じとってしまったのであろう。

四十代以降の篤胤と折口が、徐々に異界の地理と言語に精通してゆく道行を私たちはさまざまな角度から見てとることができる。篤胤にとっての道教研究、密教研究、中国研究、インド研究、神代文字研究がどれほど異人愛のフォークロアという刻印を帯びていたか。そのことを正しくも、正当に評価したのは、篤胤と同じく顔面に痣をもつ異貌の国学者で、異人愛のフォークロリスト折口信夫であった。彼らの「家」が、寅吉や再生少年勝五郎や、能登の気多《けた》から出てきた藤井春洋少年たちの寄留する奇妙な「家」であったことに私たちはよくよく注意する必要がある。それは「日本の家」というには、あまりにも異界に近づきすぎ、異界への通路《チャンネル》となるような、不思議な磁場をもった「家」であった。まさにそこは、いつかしらず、「未知との遭遇」が起こりうるような奇妙な時空のよじれのなかにあった、日本の小さな、小さな、「家ならざる家」であった。

しかしその日本の「家ならざる家」は、彼らの異貌を容れるにはあまりにも小さすぎた。いや、そこが異界へと通じた通路《チャンネル》であるかぎり、それは大きすぎたというべきかもしれない。この、魂の「因縁」によって不思議な「家ならざる家」に寄り集まった奇妙な家族。いや、異族。彼らはもとより「日本の家」に収まることのできない、尋常ならぬ容貌と速度をもった旅人だったのだ。魂の原郷からこの「寓世」にやって来、やがて「本つ国＝妣が国」たる異界へと還ってゆくことにいつしか気づいてしまった魂の旅人だった。

そう私は思う。

註

（1）拙稿「国学の位相とその点滅」（『別冊文藝1　現代思想の饗宴』一九八六年三月号、河出書房新社）二二三―二二四頁。のち、『異界のフォノロジー』河出書房新社、一九九〇年。

（2）伊藤裕『大壑平田篤胤伝』（錦正社、一九七三年）一九―二〇頁。また、この点について詳しくは、拙稿「奇童たちの家」（『場所の記憶』、岩波書店、一九九〇年）、および、拙稿「場所と国学」（『朝日ジャーナル』一九八七年五月一五日号、のち『大江戸曼陀羅』（共著）、朝日新聞社、一九九〇年）を参照されたい。

（3）『新修　平田篤胤全集』第一巻、名著出版、一九七七年、三三四頁。

（4）『本居宣長全集』第九巻、筑摩書房、一九六八年、二七一頁。

（5）前掲註（3）、三三三頁。

（6）この点については、拙著『神界のフィールドワーク』青弓社、一九八五年、を参照されたい。

（7）『折口信夫全集』第二三巻、中央公論社、一九六七年、一九―二二頁。

（8）同右、一一―一八頁。

（9）室生犀星「釈超空」（『吾が愛する詩人の伝記』〔『室生犀星全集』第一〇巻〕一九六四年）四二九頁。

（10）『新修　平田篤胤全集』第九巻、一九七六年、四〇五頁。また、篤胤の幽冥界研究については、前掲拙著『神界のフィールドワーク』および、『翁童論』新曜社、一九八八年、を参照されたい。

（11）『折口信夫全集』第三巻、一九六六年、四九一―四九三頁。

（12）前掲註（10）、五六七―五六八頁。

（13）『折口信夫全集』第二〇巻、一九六七年、三三一―三三九頁。

（14）同右、三三九頁。

（15）同右、三四四頁。

（16）同右、三四九―三五〇頁。

（17）同右、三四八頁。

(18) 前掲註(11)、四九六―四九七頁。
(19) 同右、四五三頁。
(20) 同右、四五四頁。
(21) 同右、四五六頁。
(22) 同右、四五六頁。
(23) 前掲註(13)、三四三頁。
(24) 同右、三四三頁。
(25) 同右、三四七頁。
(26) 前掲註(11)、二六一頁。
(27) 同右、二六一頁。
(28) 『折口信夫全集』第一巻、一九六五年、三二七頁。
(29) 『新修　平田篤胤全集』第七巻、一九七七年、五六頁。
(30) 『新修　平田篤胤全集　補遺二』一九七八年、二六七―二七〇頁。
(31) 同右、二六七頁。
(32) 同右、二七一頁。
(33) 同右、二七四頁。
(34) 同右、二七四頁。
(35) 同右、二七四頁。
(36) 同右、二七四頁。
(37) 同右、二七五頁。
(38) 前掲註(12)、三八三―三八四頁。
(39) この点について詳しくは、前掲拙著『神界のフィールドワーク』中の「魂を飛ばす技法」一四一―一五八頁、を参照されたい。
(40)『新修　平田篤胤全集』第六巻、一九七七年、六三〇頁。
(41)前掲註(38)、三六二頁。
(42)同右、三七二頁。
(43)この点について詳しくは、拙稿「平田篤胤の心霊研究(1)―(10)」(『心霊研究』一九八四年一月号―一九八六年七月号、財団法人日本心霊科学協会)を参照されたい。
(44)この点について詳しくは、前掲拙稿「奇童たちの家」。
(45)前掲註(26)、二八八頁。
(46)同右、二九三―二九四頁。
(47)『折口信夫全集』第二巻、一九六五年、五―六頁。
(48)前掲註(45)、三一〇頁。
(49)前掲註(13)、三四二頁。
(50)前掲註(10)、七四〇頁。
(51)同右、七四一頁。
(52)同右、七四一頁。
(53)同右、七四四頁。
(54)同右、七四四―七四八頁。
(55)この点について詳しくは、前掲拙著『神界のフィールドワーク』中の「妖怪」、および『翁童論』中の「モノノケ・タルホトピア」を参照されたい。
(56)『折口信夫全集』第一六巻、一九五六年、五一五―五一六頁。
(57)同右、五一二頁。
(58)たとえば、『神界のフィールドワーク』、『翁童論』。

平田篤胤と霊学研究

平田篤胤と天磐笛

文化十三年（一八一六）五月のことである。江戸京橋に住む国学者・平田篤胤は渡辺之望《のぶもち》翁とともに鹿島・香取両宮を参拝した。そのあと銚子に向かい、地元の銚子神明宮の神主・宮内嘉長《よしなが》の案内で、玉ヶ崎明神、猿田神社、妙見宮、八幡宮に詣でた。

妙見宮には磯崎海岸に打ち寄せられた「寄り石」が奉納されており、そのなかに自然に穴の開いた「ほら貝石」というものがあって、穴にくちびるをあてて吹き鳴らすと音が出るという。その石は、宮内嘉長が文化十四年三月十五日に書き上げた『天石笛之記《あめのいわぶえのき》』には、「ほらかひの如く鳴るいとあやしき石なり」と記されている。また「鉄炮石《てつぽうせき》」と呼ばれる石もあるという。

そこで不思議大好き人間の平田篤胤は早速妙見宮に向かうが、行くと案の定、拝殿に穴の開いた石が十五、六ばかりあった。各自手に取って吹くと、ブウブウという音が出て、その音がほら貝の音に似ている。古典をひもとくと、「天磐笛《あめのいわぶえ》」と記された笛があって、それはニニギの命の天孫降臨に際して事代主《ことしろぬし》の神がつくって言寿《ことほ》ぎ奉ったものだと『古記伝』にあるという。「笛《フエ》」という名も、元来「吹《ほ》くもの」であったためその名がついたという。こうして、石でつくった笛を奉って言寿ぎ祝ったものが「天磐笛」の始まりであるという。

八幡宮に詣でた折、社殿の脇の礎《いしずえ》の横に土にまみれ、草におおわれて埋もれている石が見えた。その石を一目見て、平田篤胤はこれこそ「天磐笛」という人の告げ知らせる声がしたように思い、取り出して吹き鳴らしてみると、その音「いともめでたく」、ほら貝石の音にも似ている。平田篤胤はこの笛は神より賜わったものだと直感するが、神の社に納めたものであればみだりに持ち帰ることもできぬと思い、鹿の肩骨を取り出して「太兆《ふとまに》」を行ない、その占いによって「神の御心《みこころ》」を問うてみた。その「宇気比《うけひ》」の結果は、確かにそれは神の賜いしものであったが、宮人に断りなく持ち帰ることもできず、苦労して別当寺の法師を探し出し、一悶着あったのちに銚子から船に乗せて江戸に持ち帰った。それは大きさが四貫五百目（約一七キロ）あまりもある大きなもので、穴の直径も三寸（約九センチ）もある。篤胤はこの石を神棚の前に捧げ置き、朝毎の神拝には必ず吹き鳴らしたという。

宮内嘉長が江戸に出て平田家に立ち寄った折、「くすしとも奇しき天の石笛の石ましませかきはときはに」という歌を作って贈呈したところ、篤胤はいたく喜んで、この笛が手に入ったいきさつは、あなたがいちばんよく知っているのだから、そのあらましを書いておいてほしいと嘉長に言い、かくしてできたのがこの『天石笛之記』なる一書である。

実は、のちに大本教の「鎮魂帰神《ちんこんきじん》」の行法において常用されるようになる石笛《いわぶえ》は、この平田篤胤の拾った「天磐笛」から始まると筆者は考えている。もちろん、縄文時代の遺跡から二十個あまり石笛が出土しており、そのうちの三笛は筆者自身、手に取って実際に吹き鳴らしてみたことがあるので、縄文時代から神事や儀式や狩猟時などにその石笛が用いられたことは疑いようがない。しかしそれが「鎮魂帰神」の行法に不可欠の道具として用いられるようになるのは、平田篤胤における「天磐笛」の再発見があってのことと思うのである。『神界のフィールドワーク』（青弓社）その他の拙著で指摘したことがあるように、平田篤胤こそ「霊学」の元祖というべき人物なのである。

鎮魂帰神法と幽冥界研究

平田篤胤は処女作『新鬼神論《しんきしんろん》』以来、一貫して神霊および神霊世界（篤胤は「幽冥界《ゆうめいかい》」と呼んだ）を探究した。主著『霊能真柱《たまのみはしら》』では「大倭心《やまとごころ》」を確立するためには死後の「霊の行方の安定《しずまり》」を知らなければならないと述べている。霊魂および霊的世界の認識なしに真の「安心」はないと考えていたのである。こうした篤胤の探究は必然的に霊的存在や霊的世界に正面から向きあうことになる。天狗界に出入する仙童寅吉《せんどうとらきち》との面談および同居生活を経て書き上げた『仙境異聞《せんきょういぶん》』、妖魅《ようみ》現象についての古今の文献を幅広く考究した『古今妖魅考』、生まれ変わりの記憶をもつ少年を調査した『勝五郎再生記聞《かつごろうさいせいきぶん》』、稲生平太郎という少年のもとに夏の間一カ月にわたって妖怪が訪れてきたときの記録『稲生物怪録《いのうもののけろく》』など、そのあるものは確実に民俗学的研究の先駆をなすものである。その意味で、平田篤胤は「霊学」と「民俗学」の元祖ともいえる人物なのである。

さて、平田篤胤は『道統礼式《どうとうれいしき》』のなかで、「古神道学」においては「大祓《おおはらえ》祭式、道饗《みちあえ》祭式、鎮火祭式、鎮魂祭式、久延彦《くえひこ》祭式」の不断の実修が必要であるとする。とりわけ、「鎮魂祭式」は「真一成神之伝」とも呼ばれ、道教的な天人合一観や密教的な即身成仏観を神道式に翻案したものと推測できる。というのも、平田篤胤の密教事相の研究書『密法修事部類稿《みっぽうしゅうじぶるいこう》』の巻末には神道独自の行法として唯一「久延彦祭式」が記載されているが、それはきわめて密教的な儀軌《ぎき》なのだ。

それは、沐浴して身を浄めた修行者が神前に坐して両段再拝し、一切諸神に礼拝して諸神を観想すると、目前に大稜威《おおみいつ》をもつ光明《こうみょう》が道場に遍満して修行者の頭頂《とうちょう》に還入してくるという観想的礼拝である。そして最後に「吾身観《ごしん》」をなす。「吾身観」とは、「吾身」が「産霊神《むすびのかみ》の分神」であり、また「天地と同体」であり「一切諸神霊祇と一切有情の物と同根」であると観想するものである。ちなみにこのとき、「霊性」という言葉が用いられている。身体は「風火金水土」の「五大《ごだい》」の集合であり、死すれば元の「五大」に帰るが、しかし「霊性のみ無窮の吾れ」として存続するというのである。近代以降の「霊学」や神秘学において「霊性」という語が頻出するようになるが、その源流もまた平田篤胤にあることに改めて注意を喚起しておきたい。

昭和元年（一九二六）に、近代「霊学」を確立した本田親徳《ちかあつ》の門弟長沢雄楯《かつたて》は、大正十年（一九二一）に起こった第一次大本事件の証人として大審院の依嘱により鑑定書を起草した。その一部をまとめた『惟神《ゆいしん》』に次のような一節がある。

抑《そもそも》吾国ニテ学術的ニ幽冥ノ研究セシハ平田篤胤トシ、其説ハ古今妖魅考、仙境異聞ヲ首《はじ》メ其他ノ著書ニ散見シ之ヲ霊学ノ嚆矢《はじめ》トス。

長沢雄楯は平田篤胤の研究が「霊学の嚆矢」であることを明確に認識し、かつ公的に宣言もしたのである。そしてその「霊学」の基礎となる神懸りの技法としての「鎮魂帰神法」は、石笛を奏する審神者《さにわ》と神懸りする神主《かんぬし》とに分かれて幽冥世界を探究する技法として編成されたのである。平田篤胤による「天磐笛」の発見とその後の幽冥界研究がなければ「霊学」の確立もなかったことがこれによって知られよう。

大本霊学の二つの柱

出口王仁三郎《おにさぶろう》は大正二年に詠んだ「いろは歌」（のちに歌集『道の光』に収録）のなかで、「霊学」について次のように歌っている。

霊学はこころを清め身をねりて世人をすくふ神のまさわざ
霊学をまなぶ目的《めあて》はむらきもの心の岩戸ひらくためなる

長沢雄楯に「霊学」を学んだ出口王仁三郎は、出口ナオとともに「金明《きんめい》霊学会」を結成し、やがて「皇道大本《こうどうおおもと》」と改称して、大正時代には一地方の小宗教教団から信者数十万を擁する大教団をリードすることになるのであるが、彼は「霊学」が心を浄化し身を錬磨して世人を救済する神の真術《まさわざ》であることをはっきりと主張した。そして「霊学」を学ぶ目的は、各自の心の深奥に秘められている「心の岩戸」を開くためであると明言している。同じ頃に著述した『大本略義』では、「霊学」とは「内部生命の探究」であると喝破している。「内部生命」とは、端的に彼の歌にいう「心の岩戸」であり「霊魂」のことである。平田篤胤のいう「霊性」がそうした合意をもっていたことはいうまでもない。

本田親徳のいう「霊学」は、「鎮魂・帰神・太占《ふとまに》」の三法からなる。「鎮魂」とは「無形の神界を探知する」法、「帰神」とは「神界に感合《かんごう》するの道」にして「幽祭の法」であるという。「太占」は卜占《ぼくせん》の法で、「形象法・声音法・算数法」の三法を指す。形や声や数から運命や運勢や状況を判断する占いの法である。

興味深いのは、鎮魂と帰神が無形の霊的世界と交信するための〝内求法〟だとすれば、太占は有形の現実世界の現象から判断する〝外求法〟である点だ。この内求法と外求法の車の両輪がそろってはじめて「霊学」といえる学的客観性をもつものになると考えられたのだ。ここには占いを迷信とみるのではなく、一種の古代科学、古代の自然哲学とみる視点がある。今にいうシャーマニズムや占いを、彼らは近代社会に拮抗しうるもう一つの伝統的科学として確立しようと企図していたのである（この点については、拙著『人体科学事始め』読売新聞社、一九九四年を参照されたい）。

大本教の「霊学」はこの本田親徳系の霊学と大石凝《おおいしごり》真素美《ますみ》から水野満年《まんねん》に伝わった言霊学の両方を含んでいる。出口王仁三郎は大正八年に「言霊閣（黄金閣）」と名づけた、金閣寺にも似た建物をつくり、そのなかに七十五の鈴を配置して七十五声の言霊空間をつくり、そこで天津金木《あまつかなぎ》や言霊の修法を行なった。

この霊学と言霊学を内包した大本霊学は出口ナオの「お筆先《ふでさき》」にも「筆先七分、霊学三分」として表現されるほど、初期大本教の一方の支柱だったのである。出口ナオは自分のイニシアティヴを「筆先七分」として宣言し、王仁三郎の提唱する霊学を「霊学三分」として位置づけることによって、大本教における「霊主体従《れいしゅたいじゅう》」を明確に立て分けようとしたのだ。

このナオの「お筆先」はスピリチュアリズムや心霊《サイキカル》研究《・リサーチ》における「自動書記《オートマチズム》」と比較され、また「霊学」は西洋の心霊科学や神智学《セオソフィー》と比較されることによって、同時代の類似現象のなかでの独自性を確立していった。それが大正時代の「皇道大本」においては世の立て替え・立て直しを行なう「大正維新」の典拠として宣揚されたのである。

心霊研究のパイオニア浅野和三郎

実はこの「大正維新」をもっとも声高《こわだか》に唱えたのが、のちに心霊研究のパイオニアとなる浅野和三郎であった。浅野は大正五年に大本教に入信する。その年、横須賀の海軍機関学校の英語教官を務めていた浅野のもとに出口王仁三郎が訪れ、三浦海岸で石笛を拾い、鎮魂帰神の法を実修したのは興味深い歴史の一コマである。

英文学者として将来を嘱望されていた浅野和三郎は、大正四年、三男の三郎が病気となった折、妻の多慶子《たけこ》が三峰《みつみね》行者に祈禱を頼んだことがきっかけとなって霊的現象に関心を抱くようになる。透視力や病気治しの力があると評判になっている女行者の化けの皮を剝いでやろうと意気軒昂として出かけ、懐中のサイフの中にお金がいくら入っているか見透せるかと聞いた。驚いたことに、その女行者は浅野和三郎の懐中のサイフの中の金額を小銭に至るまでことごとく言い当てた。そして、女行者の予言のとおり、三郎の熱は指定の日にピタリと下がった。

こうして霊的現象の実態とその調査・解明に乗り出した浅野和三郎は、元海軍機関学校教官の飯森正芳を通じて大本教を知り、筆先や霊学に関心を抱く。大正五年四月に綾部を訪れ、出口ナオと面会した浅野和三郎は強い印象と感動を覚え、その年の十二月には職も英文学者としての仕事も投げうって、一家そろって大本教に献身するため綾部に移住した。そして大本教の機関誌『神霊界』の編集長に就任し、大正六年一月一日に創刊号を発刊し、以後出口王仁三郎とともに教線拡大に向けて破竹の進撃をつづけたのである。こうして大正初年には千人ほどの信者数だった地方の小教団が、浅野和三郎の入信後、急速に拡大し、三十万人にまで膨れあがったのだ。

『神霊界』の「発刊の辞」のなかで浅野和三郎は、「的確に神霊の世界の秘奥を探りて、而かも堅実に地歩を現実に踏まえ、邪を斥け、正を樹《た》て、又いかなる疑義、抗言にも紙面を割《さ》きて、以て本誌を広く天下の研究場、告白所たらしむる」と述べている。こののち『神霊界』は出口ナオの「お筆先」を『神《しん》諭《ゆ》』として掲載しはじめ、またその一方で、スピリチュアリズムや神智学など西洋の霊的研究と大本教の霊学を比較するなど、きわめて刺戟的な誌面構成で注目を集めるようになる。

ちなみに、浅野和三郎は神智学の創始者ブラヴァツキーの著作について、「夫人の手に成れる是等の著書は、古今に亘り、東西に跨《また》がり、あらゆる霊術、霊学の研究を網羅したもので、非常に該博、深遠、他類書に比して嶄然《ざんぜん》頭角を現はして居るは事実である。(中略)兎に角夫人の著書は甚だ貴重である。其偉大なる労力のお蔭で、世界に於ける霊術霊学の殆んど全部が分った。ただ一つそれで分からぬのが、日本に於ける霊術と霊学とである。此《この》点に於て夫人の著書は実に貧弱である」と評価しつつ批判している。浅野によれば、神智学は百中の九十九まで知っているが、肝腎要《かなめ》の一つを知らない。その秘奥の一パーセントが日本の霊学・霊術で、それは『神霊界』に掲載されつつある「お筆先＝神諭」と大本霊学に極まるというのである。

こうして浅野和三郎は『神霊界』という媒体を軸に、大本神諭を経糸《たていと》とし大本霊学を緯糸《よこいと》とする「皇道大本」による世の立て替え・立て直しを「大正維新」として主唱し、「大正十年には立替が完了するのです。そしてそれからは立直が始まつてゆきます」と断言するようになる。『大正維新の真相』『皇道大本の真相』などの著作や講演録を次々と発表し、「大正九年となれば、愈々《いよいよ》益々立替立直の神業は露骨になって行く、此の節分を境界《きかい》として、宇宙は再び一大回転を行ふに違いない。審判の火の手は近づいた。一切の邪悪は大正十年を期して滅されて了ふのだ」と説いて回り、第一次世界大戦を体験したあとの危機感と希望を煽《あお》ったのである。

谷口正治の『皇道霊学講話』

浅野和三郎という当代一級の知識人が『神霊界』の編集長に就任したこともあって、当時の『神霊界』編集部には優秀で探究心に燃えた青年たちが続々と集まってきた。のちに神道天行居《しんどうてんこうきょ》を開く友清歓真《ともきよよしさね》、生長の家を開く谷口正治《まさはる》（雅春）、「ひつき神事」の岡本天明《てんめい》などは、そのなかの一人であった。浅野和三郎は『神霊界』においてくりかえし鎮魂帰神法のすぐれている点を強調し、病気治療はおろか、神霊および霊魂の実証、各個人の守護神の認識、神人合一状態に入ることによる神通力の発現、霊智霊覚の開眼がその実修によって可能だと説いた。

大正九年六月、『心霊界』の編集者であった谷口正治は、『大本時報』に連載していた「皇道霊学講話」を一冊にまとめ、新光舎より上梓した。四百頁近い大著のそれは、霊学を基軸として宗教と科学を統合しようとする野心的な著作で、当時の物理学で議論されていた原子論を念頭におきながら、また当時の霊術・霊学で議論されていた霊子《れいし》や幽子《ゆうし》などの概念を整理し、大本霊学の大枠のなかに位置づけた力作である。その議論のいくつかは今日のニューサイエンスや精神世界の主張の先駆をなすものといっていい。

『皇道霊学講話』は、大正十年に出版された友清歓真の『霊学筌蹄《せんてい》』と並んで、その当時の霊学概論としてもっともまとまった著作である。

友清歓真の『霊学筌蹄』

谷口正治同様、『神霊界』の編集者をしていた友清歓真は、大正八年に「皇道大本」を飛び出して、一転して激烈な大本教および出口王仁三郎批判を展開するようになる。「皇道大本」を出た友清は、出口王仁三郎の師でもあった長沢雄楯に本田霊学を直接学び、平田篤胤の国学や道教・神仙道《しんせん》をも広く研究し、みずから天鈿女神《あめのうずめのかみ》より直接授かったという「浄身鎮魂法」の実修をもとに『霊学筌蹄』を上梓した。友清は、すでに大本霊学は出口王仁三郎の独創的研究や解釈によって成るものではなく、他の霊学者や言霊学者からの剽窃にすぎないと批判し、王仁三郎の山師的性格や大本教の邪教性、不敬性を激しく糾弾していた。そうした批判の上に立って満を持して、これこそ正統・本格の霊学であると主張したのが『霊学筌蹄』である。

友清歓真は『霊学筌蹄』の冒頭で、自分の主張する「神道霊学」は「霊的人間工学」であるという。この「神道霊学」には二つの目的があり、一つは、人間の本性、宇宙および人生の目的を体験的に味得《みとく》し、真の国家奉仕の精神を育成すること、すなわち「真理の闡明《せんめい》」であり、もう一つは、人間の能力を増進させる「霊的人間工学」であるという。この「超学術的学術」としての「神道霊学」の探究方法は、神典研究などの理論的探究と、鎮魂法（浄身鎮魂法）、帰神法、音霊法、名霊法、神卜法、息長《おきなが》法、魂《たま》布禰《ふね》法などの行法的探究を車の両輪とする。いわば、密教における教相《きょうそう》と事相《じそう》のように、理論と実践・実修の両面からの考究が「神道霊学」の研究には必要だというわけだ。

友清はまた、日本は世界でもっとも古い国であり、天地開闢以来の消息についてのもっとも正しい伝説を有する、「神界から最も重視された中心的国家で、また神伝による超学術的学術たる霊学の宗源を握った国」であるといい、そのことは「古典の正しい言霊学的解釈と、霊学による証明と、自然科学の照合とによって立派に証拠だてることが出来る」と述べている。興味深いのは、ここでも言霊学と霊学と自然科学との統合が可能だと考えられている点で、それを「霊的人間工学」と命名するなど、当時としては斬新な視点を提示したといってよい。

友清歓真の『霊学筌蹄』の独自性は、以上の如き「霊的人間工学」という視点と浄身鎮魂法と音霊法の唱道にある。とりわけ音霊法は「音によるミソギ」という注目すべき主張をなしており、昨今のミュージック・セラピーに通じる内容をもっている。

また帰神については、古典には審神者《さにわ》の他に琴師がいて琴を奏し、神主に神霊の降下をはかり、審神者が問答して神意をうかがう方法がとられたが、「本田先生は琴師は略せられ審神者が石笛だけを使用する方法を興《おこ》された」と述べている。そして「石笛も本来は鎮魂玉と同じく神界から奇蹟的に授かるものであるけれど、仮りに相当のものを尋ね出して用ゐてもよろしい。普通は拳《こぶし》大、鶏卵《けいらん》大の自然石で自然に穴の明いたのを用ゐる。穴の抜け通つたのは駄目で、五六分位ゐに止まったのが宜しいなど言つているのは俗説取るに足らない。古代の遺物はたいてい穴の抜け通ったものである。(中略)尤《もっと》も本田翁の秘蔵された石笛は二拳を合せる位ゐの大なるもので穴は斜に抜け通つて居り、少し青みを帯びた黒色のもので神光奇しき逸品であつた。本気で吹けば八丁聞えるとのことで、翁の生前千円で所望したものがあつたが、神界から授かられたものであるから固より拒絶せられた」と記している。ここに本田親徳が帰神法において石笛を使用する方法を興したことが明確に記され、また彼の愛用した石笛の形態やその音の通り方が述べられている。

よみがえった石笛の音

大正十年二月十二日、浅野和三郎らの主張した大正維新＝世の立て替え・立て直しの実現を見る前に、出口王仁三郎と浅野和三郎は不敬罪および新聞紙法違反の容疑で検挙される。このときの裁判は、出口王仁三郎の神懸りや鎮魂帰神法についての論議が交わされたまことに興味深いものであったが、大正天皇の崩御に伴う恩赦によって放免となり、議論に決着がつくまでにはいたらなかった。

そして大正十三年三月、浅野和三郎は「皇道大本」を離れて心霊科学研究会を設立し、同年七月には「心霊叢書」の第一巻として『寅吉物語 上』を出版した。そのなかで浅野は、「われわれは平田翁の記録を読むにつけても、『若《も》し当時心霊科学研究会が設立して居たらば……』の憾《うらみ》がないでもありません」と述べ、「心霊科学」の先駆者としての平田篤胤を顕彰している。

このように平田学は、大正時代に、霊学、民俗学、心霊科学として引き継がれ、新たな展開をみせることになった。平田篤胤の再発見した「天磐笛」は、霊学のなかでも心霊科学のなかでも日本独自の神人交流法として引き継がれ、その幽玄な音を響かせつづけることになったのである。

戦後、三島由紀夫が『英霊の聲』のなかで、本田―友清の神道霊学に依拠した帰神のさまを描き、神《しん》韻縹渺《いんひょうびょう》たる石笛の音を紙上に再現し鮮烈な印象を与えたことは今なお記憶に新しい。

空海と四国

リヴァーシブル・フィロソフィー

「国宝　弘法大師空海」展が愛媛県美術館で開催されている。一九九九年九月十五日現在で来場者は五万人を超えた。大変盛況である。

二十五年ほど前、私は大学の卒業論文に空海を選んだ。空海が阿波国大龍嶽や土佐国室戸岬での虚《こ》空《くう》蔵《ぞう》求《ぐ》聞《もん》持《じ》法《ほう》の修行時に得た神秘体験と真言宗を立ち上げた際の言語哲学を、ドイツの神秘哲学者ヤコブ・ベーメの神秘体験、言語哲学と比較研究した。

そのとき、出身地の徳島県阿南市を出発して、一番札所の霊山寺から八十八番札所の大窪寺まで、真言や般若心経を上げながら巡礼した。最初に出版した論文集『神界のフィールドワーク』（青弓社、のちちくま学芸文庫）においても、平田篤胤や出口王仁三郎らの神道思想家と並んで、その淵源をなす宗教思想家として、空海を主要人物として取り上げた。

子供のころから、私にとって「お大師《だい》っさん」は切っても切れない縁ある大先達である。展覧会を機に、その知の巨人の営みを検証＝顕彰する機会を愛媛新聞社より与えられた。そこで、この短期連載において、空海の哲学と実践の特色や四国巡礼の背景について、またその現代的意義について考えてみたい。

　まず、空海の思想の特質を一言でいうとすれば、私はそれを「リヴァーシブル・フィロソフィー」(reversible philosophy)と特色づけたいと思う。「リヴァーシブル」とは「逆にできる」とか、「裏返しがきく」などの意味を持つが、要するに裏返しにして着ることのできる服をイメージしてもらえばよい。この元の語の「リヴァース」は「逆、反対、あべこべ、裏、背面、底」の意味の名詞である。

　つまり、空海の「即身成仏」の思想とは、この苦界にのたうちまわる迷える衆生である私が、この身において悟れる仏と成るという反転の哲学なのだ。それはきわめてポジティヴな可能性の哲学といえよう。言ってみれば、不良少年が聖人君子にも、奴隷が王様にも、大貧民が大富豪にも成れるという「成金」の哲学である。もちろん、実際には「成仏」とは王権をも金権をも超える宇宙的真理の体現者と成ることであるが。

　重要なことは、空海が日本人の思考において、初めて究極の「ポジティヴ・シンキング」(肯定的思考)を展開した点だ。閉塞の時代とも混迷の時代ともいわれる先行きの見えない苦悩と不安の時代を生きる現代人は、このような空海の思想をあまりに楽天的な思想とあざ笑うかもしれない。

　だが空海が強調したかったことは、泥の中にこそ美しく清らかなハスの花が咲き、苦悩と煩悩のなかからこそ、覚醒と叡智が花開くということである。「山川草木悉皆《しつかい》成仏」。山も川も草木もいのちあるものはみな仏性(如来蔵)をもち成仏できる。闇の中でこそ光が輝く。闇が光を産み出す。この反転の哲学こそ二十一世紀の実践哲学となるものではないだろうか。

四国は「死国」であると言うと、坂東真砂子の小説の二番せんじのように思われるかもしれないが、十五年以上前から私は「四国は死国であり、濁ると地獄に成る」と主張してきた。

それは決してネガティヴな意味ではない。四国は魂の国であり、死者と生者とをともに浄化し癒す潜在力を持つ島であると言いたかったのである。四国には独自な風土性、文化、さらには霊性があるのだと強調したかったのだ。そのことを『古事記』を引いて検証してみよう。

日本最古の文献とされる『古事記』には、日本列島に住んでいた部族や豪族たちの神話伝承と歴史が大和朝廷の視点から集大成されている。その冒頭部は神世《かみよ》七代と呼ばれる神々の生成化育とイザナギ・イザナミの夫婦神による国生み神話（実際には島生み神話）が描かれている。

その国生み神話によると、オノゴロ島に降り立ったイザナギ・イザナミ両神は「みとのまぐはひ」、すなわち性交をして次々と子供の島々を出産する。まず最初に淡路島、次に四国、次に隠岐の島、次に九州とつづいて、最後に本州が生み出され、その島々は「大八島《おおやしま》」と呼ばれるようになる。

興味深いのは、最初に生まれた子供の島が「淡道穂之狭別島《あわじのほのさわけのしま》」という男神の名を持つ淡路島であったことだ。「淡道」とは「阿波路」の意味であろう。そうだとすれば、つづいて阿波を含む「伊予二名島《いよのふたなのしま》」の名を持つ四国が生み出されたことには、島生成の流れがあるようにみえる。

だが、この四国が「阿波二名島」ではなく、「伊予二名島」と呼ばれたことは意味深長である。この島は「身一つにして面《おも》四つ」の島とされる。身体は一つだが、顔が四つあるというのだ。その四つの顔面を『古事記』は①伊予国＝愛比売《えひめ》、②讃岐国＝飯依比古《いいよりひこ》、③粟国＝大宜都比売《おおげつひめ》、④土佐国＝建依別《たけよりわけ》の順番に記している。興趣をそそられるのは、四つの面が二組のペアになっている点である。四国の東半身はイイヨリヒコとオオゲツヒメの食物神のペア、西半分はタケヨリワケとエヒメという男らしい男の神と女らしい女の神とのペア。つまり四国とは陰陽二組の男女神が合体したきわめてバランスのいい調和のとれた風土なのだ。大地のエネルギーが融和のハーモニーを奏でているのである。

おそらく四国の海辺や山岳を跋渉した空海は、この天地山海の調和の妙を感得したことであろう。「空海」という名は、こうした四国の風土と道を求めてそこに生きる人格との統合された名前ではないだろうか。

八十八カ所の遍路修行は、①発心の道場―阿波、②修行の道場―土佐、③菩薩の道場―伊予、④涅槃の道場―讃岐という階梯を進んで完成成就すると意味づけられた。阿波で道を求める発菩提心を固め、雄大な太平洋を臨みながら修行の地をひたすら歩きに歩き、柔らかな瀬戸内の風光のなかに入っておだやかな悟りの菩提心を感得し、弘法大師の生誕の地を巡って、すべてをいのちの根源にゆだねる。この心理的変化は、遍路（辺土の旅路）によって出会われる土地の力と霊性に促されて成立するのである。

役行者と空海

面白いことに、松山での「空海」展と時期を同じくして、東京・池袋の東武美術館で「役行者《えんのぎょうじゃ》と修験道《しゅげんどう》の世界」展が開かれている。そのオープニングの九月十日に、空海と役行者の出会いの場面を描いた「高野大師行状図画」を会場で見た。

室町時代の応永十四年（一四〇七）に仙阿が描いたこの図画の第四段で、修験道の守護神・蔵王権現が讃岐の剣御山に出現して空海と談話する場面が描かれ、第八段では修験の本拠地吉野の大峰山で修行する空海が老翁《おきな》姿の役行者と深い「契り」を結んだ場面が描かれている。

私は空海が空海という宗教的人格として完成する際、大きな導きとも指標ともなった先達が二人いたと考えている。その先達とはまず第一に役行者であり、第二に行基上人である。空海はこの二人の事跡とメッセージをまっすぐに受けとって、それを統合したのだ。

役行者の事跡とメッセージとは、山林を跋渉して大自然のなかで厳しい修行を重ね、心身を浄化し、神仏に近づいてその法力、験力をわがものにすることである。つまり、太古からのシャーマニズムの伝統を仏教のなかで統合し完成すること。神仏と一体化したシャーマンの完成、それが空海の「即身成仏」ではなかったのか。

それに対して、行基上人の事跡とメッセージとは、聖武天皇の詔勅による東大寺大仏（毘盧遮那仏《びるしゃなぶつ》）の建立のための勧進のように、国家安泰と民衆教化を一体のものとして推し進めることである。国の平和と民の平和が一致したときに真の世界平和が訪れることを、行基も空海もともに感じていた。そのために、空海は嵯峨天皇をはじめ宮廷権力に積極的に近づき、神泉苑での雨請い修法や満濃池の土木事業をも行なった。

『続日本紀』には、文武三年（六九九）、役行者が伊豆大島に配流《はいる》になったことが記されている。葛城賀茂族の古い家柄の出である役行者は、朝廷権力への反逆者として処罰された。その後、七一八年には僧侶が山林に入ることが禁じられ、七二九年には山林で仏法を修することが禁じられている。役行者の影響力がいかに強かったか、これで察せられる。

宝亀元年（七七〇）、僧徒の山林修行が許され、のちに空海は阿波国太龍嶽に入り、また四国や吉野の山中に入って修行し、狩場明神や丹生都比売《にゅうつひめ》の導きと助力によって、吉野や熊野にもほど近い山中の高野山に道場を開いた。

そうした空海の事跡を追跡していくと、空海は土地の力を読みとることに非常に敏感で、またその地に住む人々とのネットワークを大事にしたことがよくわかる。「お大師っさん」信仰の普及には、高野聖やお遍路さんの力も大きかったであろうが、何よりも空海自身が庶民の感覚と伝承世界を知悉し、その上に密教的世界観と修法などの実践体系を打ちたてたことが大きい。

来年二〇〇〇年は、役行者神変大菩薩《じんぺんだいぼさつ》一三〇〇年大遠忌《おんき》の年、空海と役行者との深い「契り」が何であったか、再発掘されるべきである。

仏教の現代的意義

西洋文化を「罪の文化」と特色づけるのに対して、日本文化の型を「恥の文化」とする見方がある。前者は神と人間との個的な関係、つまり神に違反した過去の傷＝罪の意識化であるのに対して、後者は人間と人間との共同体的な関係、つまり共同体的倫理に逸脱した傷＝恥の意識化である。

あるいはまた、キリスト教心理を「原罪の意識」とみるのに対して、神道と仏教の習合した日本的心理の根幹に「原恩の意識」があるととらえる見方がある。西洋の罪意識に対する日本的心性の特色は、すべてを「ありがたい」と受けとめ肯定する恩意識にあると考えるのだ。

自分を生まれつき罪を背負っていると感じるか、神々や祖先の恵みを受けて、この世に祝福されて送り出されてきて「ありがたい」と感じるかは、自己イメージに決定的な違いがあるといえるだろう。キリスト教では人間を神の戒めを破ったがゆえに、先天的に原罪を背負った罪ある存在であるととらえ、神道では人間を神々の子孫とみ、本来清らかで明るく素直な存在ととらえる。前者は性悪説、後者は性善説といえよう。

この二つの相反する見方に対して、仏教は中間的な見方をとる。中道的な見方と言った方がよいかもしれないが、ともかく、人間は煩悩によって苦悩と迷いのなかにある業を背負った存在であるとする。存在の理法である縁起を悟り、おのれの迷いの原因を断ち切って、解脱することによって「仏」（目覚めた人）と成る。悟り＝解脱によって自己本来の仏性を顕現させることができると考えるのだ。つまり、人間は無知と欲望という無明のなかに生きているが、自分を覆いつくしているその霧を払えば、如来の輝きが現われ出ると考えるのである。これは性悪説でも性善説でもなく、性変説（人間の性質は修行や悟りによって変化、変容する）といえるだろう。

このような仏教の人間のとらえ方は、人間の現実の姿に即している。空海はその消息を『般若心経秘《ひ》鍵《けん》』のなかで、「それ仏法、遙かにあらず、心中にしてすなはち近し。真如、外にあらず、身を棄てて何《いず》んか求めん。迷悟、我に在れば、すなわち発心すれば、すなはち到る。明暗《みょうあん》他にあらざれば、すなはち信修すれば忽《たちま》ちに証す」と述べている。

迷い＝暗も、悟り＝明も、実は自分自身の内部にしか存在しないのだから、自分が変わることによって自分も世界も変わる。すなわち「即身成仏」できるというのである。私はこうした自己変容の可能性の思想を「リヴァーシブル・フィロソフィー」（反転可能の哲学）と名づけたが、仏教思想も空海の思想もともに人間の変容可能性を明示している。

人間の本性をあるがままにとらえ、それを単純に否定するのでも肯定するのでもなく変容させる。仏教は二千五百年もの昔からそうした人間変容の道を示しつづけてきた。これはいのちの本質と現象に即した生き方である。

仏教の現代的意義とは、過大評価も過小評価もなく人間存在を見つめ、しかもその変容を促すところにあるのではないだろうか。

空海——言霊と水の密教呪術

1　『般若心経』の呪力と空海

日本でもっともよく知られ、かつ繰り返し読誦《どくじゅ》され、写経もされている経典はなんといっても『般若《はんにゃ》心経《しんぎょう》』であろう。この経典には、観世音菩薩が深い瞑想状態に入って「色即是空、空即是色、不生不滅、不垢不浄」の般若の智慧を獲得したことが記されている。そして無上の正等覚、究極の涅槃《ねはん》の状態に入って最後に一切の苦しみを取り除く呪力をもった「呪《しゅ》」を唱える。それがよく知られた、「羯諦《ギャティ》、羯諦《ギャティ》、波羅《ハラ》羯諦《ギャティ》、波羅《ハラ》僧《ソウ》羯諦《ギャティ》、菩提《ボジ》薩婆訶《ソワカ》」の呪文である。この呪文は「大神呪、大明呪、無上呪、無等等呪」といわれ、この上ない神秘力をもった呪文とされる。その意味は、「往ける者、往ける者よ、彼岸に往ける者よ、幸あれ」(中村元訳)とされる。多くの日本人はこうした経典の内容や意味も知らず、ひたすら繰り返し読誦している。

いったいなぜこうした経典や呪文がそれほどまでに呪力あるものと考えられたのか。思想内容の深さや簡潔さもさることながら、文章そのものがきわめて短く、語呂もよく、おぼえやすいことも愛唱されるにいたった大きな理由であろう。しかしそれだけではない。空海がこの経典の価値と内容をじつに魅力的に解読し宣伝したことも大きな原因だったのだ。

空海の著わした著作のなかに『般若心経秘鍵』という一書がある。書や文章の達人の名にふさわしく、この書も見事なレトリックを駆使して『般若心経』が荘厳に読み解かれている。

著作の冒頭には、空海得意の自作の詩頌が置かれ、つづいて次の名文がくる。

それ仏法、遙かにあらず、心中にしてすなはち近し。真如、外にあらず、身を棄てて何《いづく》んか求めん。迷悟、我に在れば、すなはち発心すれば、すなはち到る。明暗他にあらざれば、すなはち信修すれば忽ちに証す。

空海は高らかに宣言する。仏教の真理というものは、どこか空の彼方のはるか向こうにあるのではなく、私たち自身の心の中にあって、手をのばせばすぐに届くほどの近くにある。真理は外部にあるものではない。だからこの身に拠《よ》らずしてどこにそれを求めえようか。迷いも悟りもともに自己の内部にあるのであって、悟りを得ようと発心《ほっしん》すれば悟りに到達できるのである。悟りの明るい世界も迷いの暗い世界も自己をおいて他にはない。だから、仏教の真理を信じ、修行すれば、悟りの世界はたちまちにして眼前に開け、証明されるのである、と。

ここで空海は仏法が自己の心中にあり、わが身において実現することを強調している。それも「忽《たちま》ちに証す」というところが味噌である。そこにこそ「即身成仏」を説いた空海の本領があるからだ。

空海は、「観自在菩薩《かんじざいぼさつ》」(観世音のこと)を「諸乗の行人」すなわちもろもろの教えの修行者ととらえ、「羯諦」の二字は、その修行者の「行果」(修行の成果)を内蔵し、「婆羅僧」は顕密《けんみつ》両教にわたるあらゆる教えを含んでいるという。そして、わずか十四行にすぎない行文のキーワードの深意を次々と開陳し、全体を五段に分けて仔細に解説する。興味深いのは、それぞれの段の解説の最後に必ず自作の頌を記している点である。韻を含んだ詩文によってみずからの思想のエッセンスを表現するというのが空海の得意とする手法である。それはたんなる手法というにとどまらず、一つの哲学、すなわち真言哲学にまで高められている。空海の呪術とは、まず何よりもそれが言語呪術である点に特色があるといえる。

空海は十四行の経典を五段に分かち、それぞれ、(1)人法総通分（観自在〜度一切苦厄まで）、(2)分別諸乗分（色不異空〜無所得故まで）、(3)行人得益分（菩提薩埵〜三藐三菩提まで）、(4)総帰持明分（故知般若〜真実不虚まで）、(5)秘蔵真言分（羯諦羯諦〜薩婆訶まで）と名づける。(1)で全体を概説し、(2)で仏教諸派の教理を位置づけ、(3)で修行者が得る利益を説き、(4)ですべてが真言に帰することを明らかにし、(5)で秘密の真言の秘義を開顕する。

この分類と分析と解釈はきわめて論理的で明快である。たとえば、(2)分別諸乗分においては、「建・絶・相・二・一」の五種が分節され、それぞれ「色不異空〜亦復如是」＝建立如来（普賢菩薩）の教え＝華厳《けごん》宗＝建、「是諸法空相〜不増不減」＝無戯論如来（文殊菩薩）の教え＝三輪《さんろん》宗＝絶、「是故空中無色〜無意識界」＝弥勒菩薩の教え＝法相《ほっそう》宗＝相、「無無明〜無老死尽」＝二乗の教え＝声聞乗、縁覚乗の教え＝二、「無智〜無所得故」＝観自在菩薩の教え＝天台宗＝一、と位置づけられる。つまり、『般若心経』中のある章句が、華厳宗や三輪宗や法相宗や声聞《しょうもん》・縁覚乗《えんかくじょう》や天台宗の教理を表現するものとして解釈され、位置づけられているのだ。そして、こうした各宗派の教理も最後には秘密の真言に帰着するとし、「大神呪、大明呪、無上呪、無等等呪」は、(1)声聞の真言＝是大神呪、(2)縁覚の真言＝是大明呪、(3)大乗の真言＝是無上呪、(4)秘蔵の真言＝是無等等呪の意味であるとされる。さらには「総持に文義あり／忍呪ことごとく持明なり」と頌にうたい、真言陀羅尼《だらに》（総持）が一文字にあらゆる文を含み、また一つの意味にあらゆる意味をそなえ、一つの法にいっさいの法を忍持し、一つの声にいっさいの霊験を持することを詩に託して宣言するのである。

しかも、空海の分析はこれにとどまらない。秘密の真言の部分、すなわち「羯諦、羯諦、波羅羯諦、波羅僧羯諦、菩提薩婆訶」の部分も、最初の「羯諦」は声聞乗の修行の成果を表わし、二番目の「羯諦」は縁覚乗の修行の成果を表わし、第三の「波羅羯諦」はもろもろの大乗（仏教）のもっともすぐれた修行の成果を指し、第四の「波羅僧羯諦」は真言曼荼羅の教えの修行の成果を表わし、最後の「菩提薩婆訶」は究極的な悟り（菩提《ぼだい》）に入る意味を説くものとされるのだ。

一字（事）が万事、かくのごとくで、無量無辺《むりょうむへん》、多義多様の解釈が可能となる。これをたんなるこじつけと見るか、あらゆる物事に密意を読みとる密教的シンボリズムの醍醐味ととるか、見解は分かれようが、『般若心経』について、これほどまでにはっきりと内容を分節し、かつそれぞれの宗派の理論や位置づけを関連させながら教相判釈をした例は他にない。いうなれば、空海はわが国における『般若心経』ブームの火つけ役だったのである。

この空海のロジックはなかなかに堅固であり、そのレトリックは荘厳である。空海は如来の説法に顕密の二種があるとする大前提に立って、その秘密の教えの立場から秘密の解釈を繰り出すのであるから、このロジックとレトリックに立ちうちできるためには相当の知性と感性が必要だ。なんとなれば、顕教は多くの言葉を費やして説法するが、密教は秘密の言葉、すなわち真言陀羅尼をもって如来智をそれ自体として示すというわけだから。

こうして空海は最後に、この密意を論じつくすことは困難であるから、そこは密教の修法《ずほう》を通して体験し追求せよと説き、全体を総括する頌を次のようにうたう。

真言は不思議なり
観誦すれば無明を除く
一字に千理を含み
即身に法如を証す
行行として円寂に至り
去去として原初に入る
三界は客舎の如し
一心はこれ本居なり

真言とはじつに神秘不思議なものだ。本尊を観想しつつ唱えるならば、根源的な無知の闇が除かれる。たった一字のなかに千の道理が含まれており、それによってこの身において真理を悟ることができる。「羯諦羯諦」と真言を唱えつつ円寂《えんじゃく》の境地に到り、また「羯諦羯諦」と唱えつつ悟りの根源境に入っていく。無知の闇に覆われている衆生《しゅじょう》にとってこの世は仮りの住まいのようなものであるが、しかし、われわれの持つ一心こそはその本居であり、悟りのよりどころなのである、と。

こうして、『般若心経』の「心」と心髄《しんずい》が読み解かれ、説き明かされる。巻末にもまた頌が置かれ、「我、秘密真言の義に依って/略して『心経』五分の文を讃す/一字一文法界に遍じ/無終無始にして我が心分なり」とうたう。密教の深義によって『般若心経』を五つに分け、その内容を讃嘆しつつ解釈すると、その一字一文が真理の世界を開顕し、そこに遍満すると同時に、無始無終にして我が心中の智慧と理法として分有されるというのである。

これは冒頭の「それ仏法、遙かにあらず、心中にしてすなはち近し、真如、外にあらず、身を棄てて何《いづく》んか求めん」と正確に対応している。「心中」にある「仏法」を今ここのこの我が「身」において体現する。そのための法と理論と修行法を空海は指し示し、経典中でもっとも簡潔にして深い内容とバラエティをもつ『般若心経』をその理論体系と修行法のなかに明確に位置づけたのだ。

日本人の『般若心経』好きをつくったのは空海その人であると私は思う。十四行の『般若心経』の全文を真言陀羅尼の最高の呪文にまで高めたのが空海だったからだ。『般若心経』の解釈書は多い。しかし、空海の『般若心経秘鍵』を超えるものは未だ出ていない。言霊思想を伝えてきた日本人を呪文好きにしてしまった決定打がこの書だったのである。

2　声と文字の呪術

呪術という観点から空海の事績をみていくと、空海は二つの呪術に通じ、よくそれを使いこなしたといえるであろう。その一つはすでに指摘した言語呪術であり、他の一つは水の呪術である。言語呪術から検討していくことにしよう。

空海が初めて密教の修法を学んだのは、大学を中退した二十歳前後のことで、勤操《ごんぞう》から虚空蔵求聞持《こくうぞうぐもんじ》法を伝えられたことから始まる。虚空蔵求聞持法とは、七一七年にインド僧善無畏《ぜんむい》が唐の長安に来て漢訳した密教経典『虚空蔵菩薩能満諸願最勝心陀羅尼求聞持法』に基づく秘法で、「虚空蔵菩薩を本尊とし、見聞覚知のことを憶持して、長く忘れざらんことを求めて修する秘法」である。わが国には、七一八年に帰朝した道慈《どうじ》によって請来され、善議《ぜんぎ》、勤操、空海と伝えられたという。

行者は三方の開けた地に結界作法をなし、印契《いんけい》を結び、虚空蔵菩薩の真言「ナウボウアカシャキャラバヤオンアリキャマリボリソワカ」を百カ日の間に百万遍唱える。行満に及んでは、見聞きしたことを忘れることがないという。要するに、記憶力増進の術である。

空海の修法の成果については、『元亨釈書《げんこうしゃくしょ》』は「明星飛来して口中に入り、聞持の悉地《しっち》を得」たと伝え、『御遺告』は「心観ずれば明星口に入り、虚空蔵の光明照し来つて菩薩の威を顕し、伝法の無二を現す」と記している。明星《みょうじょう》は虚空蔵菩薩の象徴であり、化体であるから、明星が飛来して口中に入ったというのは、行者と本尊である虚空蔵菩薩が入我我入し合一したことを示すものである。

ここには後世の粉飾が加味されているとしても、空海が真言の効力を確認したことはまちがいない。というのも、二十四歳のときに著わした処女作『三教指帰《さんごうしいき》』にこの修行のことを次のように記しているからだ。

爰《ここ》に一《ひとり》の沙門有り。余《われ》に虚空蔵聞持の法を呈《しめ》す。其の経に説かく、「若《も》し人、法に依つて此の真言一百万遍を誦すれば、即ち一切の教法の文義暗記することを得」。ここに大聖の誠言を信じて飛焔《ひえん》を鑽《さん》燧《すい》に望む。阿国大瀧嶽に躋《のぼ》り攀ぢ、土州室戸崎に勤念す。谷響《ひびき》を惜しまず、明星来影す。

青年空海は一人の沙門《しゃもん》（僧）から虚空蔵求聞持法を学び、その教えのとおり修行に励んだ。阿波国の大瀧嶽《たいりゅうだけ》に登り、また土佐国の室戸岬の洞窟にこもって真言を唱えつづけた。すると、その声に反応して、谷が響き、明星の光が飛来したというのである。つまりは行満の証、修行の成就があったというわけだ。注意したいのは、空海が仏教の教理からではなく、修法から身体的にその効力を感得した点である。いいかえると、彼は最初から言語呪術の世界に参入していったのである。

『三教指帰』という著作は、三教すなわち儒教・道教・仏教が帰着するところを指し示した書であり、なかでも仏教こそが最高深幽の真理たることを主張した書である。道徳を説く儒者の亀毛《きもう》先生、不老長生の神術を説く道士の虚亡《きよもう》隠士、そして最後に空海の自画像とおぼしき仮名乞児《かめいこつじ》が出て仏法を説く。

問題は、この仮名乞児が乞食にも嘲笑され、子供たちに石もて追われるほど身すぼらしく貧相な姿であるにもかかわらず、その声と言葉が誰よりも深く豊かな力を秘めもっていることが強調されている点である。仮名乞児は「喈喈《かいかい》たる玉の声」をもって、「無常の賦」や「生死海の賦」や「十韻の詩」を説く。つまり、霊鳥・鳳凰《ほうおう》のような威力に満ちた「玉の声」で韻律を伴うレトリックを駆使して仏法のロジックを展開したのだ。すると、それを聞いていた亀毛先生ほかの面々が、仮名乞児の語る言葉にしたがって一喜一憂し、涙を流して悶絶し、また喜び笑うのであった。

『三教指帰』はそのさまを「ここに亀毛公等一たびは懼《を》ぢ、一たびは辱《は》ぢ、且《また》は哀しび、且《また》は笑ふ。舌に任《まか》せて俯仰《ふぎよう》し、音《こゑ》を逐つて方円なり。喜歓踊躍《きくわんようやく》し」たと記している。まさしく魂を動かす力をもった「玉の声」で相手を打ち砕き、また再生せしめたのである。「玉（魂）の声」は、言霊力とも真言力ともいえる霊力を発揮したのだ。そしてその声を聞いた亀毛先生たちは、「今より以後《のち》、皮を剝いで紙とし、骨を折つて毫《ふで》に造り、血を刺《さ》いて鉛《すみ》に代へ、髑《かばね》を曝《さら》して研《すずり》に用ゐて敬《つつし》むで大和上《だいくわしやう》の慈論を銘して、生生の航略《かうろ》に充てむ」と誓ったのである。わが身の皮を剝いで紙とし、骨を折って筆をつくり、血を出して墨とし、白骨をさらして硯《すずり》にして、仮名乞児の教えを記すというのだから、大げさではあるがその異様な感動ぶりが知られよう。身心を駆使し、魂にまでその言葉を刻印しつくさずにはいられないというのだから尋常ではない。

このように、空海はすでに処女作のときから言語呪術の妙用をあますところなく示しているのである。しかも、巻末にはみずからの自作の詩を置いて、仏法の功徳を讃美しているのだ。空海がいかに声と文字に自覚的であったかが知られよう。

もう一つ、『三教指帰』で見のがせないのは、仮名乞児の教えを聞いて「悶絶」した亀毛先生たちに水の呪術を施して蘇らせている点である。その箇所を引いておく。

一たびは懼《おそれ》を懐《いだ》いて魂を失ひ、一たびは哀《かなしび》を含むで悶絶す。仮名、瓶《かめ》を採《と》り、水を呪して普く面《おもて》の上に灑《そそ》く。食頃《しばらく》あつて蘇息《そそく》して酲《さかやまひ》に似て言《ものい》はず。劉石が塚より出でしが如し、高宗の喪に遭へるに似たり。良久《やや》しくして二目《じぼく》に涙を流し、五体を地に投げて、稽顙《けいさう》再拝して曰く（中略）

装飾過剰な文言ではあるが、ここで起こったことは、仮名乞児の「玉の声」を聞いてあまりの感動に「魂を失ひ」、「悶絶」して息絶えた亀毛先生たちに仮名乞児が水の呪術を行なったところ、しばらくして息を吹きかえし、呆然自失の状態からようやく覚めて、五体投地《ごたいとうち》して仮名乞児を礼拝した、ということである。水による蘇りがさりげなく記されている点に注意しておきたい。

というのも、三十一歳で入唐求法《にっとうぐほう》し、長安の恵果阿闍梨《けいかあじゃり》から伝法灌頂《かんじょう》を受けて法燈を継いで帰国し、真言宗を立宗した空海は、その後言語呪術の体系を理論的にも実践的にも整備し、その基礎を盤石のものとしたが、同じ神泉苑での雨乞いの修法や満濃池《まんのういけ》の築造をはじめとする水の呪術と技術によって、大きな成功を収め、あまねく世に知られるようになったからである。その空海の用いた二大呪術とでもいうべき言語呪術と水の呪術の両方が、彼の処女作のなかの重要場面に出てくるのである。若くしてこのことによほど自覚的であり、確信と自信をもっていたことがうかがえる（空海の言語呪術について詳しくは、拙著『神界のフィールドワーク』、『記号と言霊』ともに青弓社、を参照されたい）。

3　水の呪術

空海には水にまつわる伝承が多い。

まず第一に、幼名を「真魚《まお》」と呼んだという伝承。これはしかし古い伝承ではなく、母の名を「玉依《たまより》姫《ひめ》」とする伝承が成立するのと関連して、後からつけられたものと思われる。玉依姫とは、神話上は海神の娘で、魂の依りつくシャーマン的女性を意味する。空海の偉業や名前から水の制御者としての空海像が形成されていったのであろう。

第二に、「空海」という法名。おそらくこれは四国の山中や岬を跋渉して修行を重ねていたときにつけたものであろう。天空と海の合体によって世界全体を包含する意図を込めたものと思われる。

第三に、『三教指帰』に記されている阿波国大瀧嶽で虚空蔵求聞持法を修行したこと。ここには龍の棲むと伝えられる洞窟があり、このあたり一帯から丹生《にう》すなわち水銀が採掘されている。水銀の把握は、経済的な面からいっても呪術的な面からいってもきわめて重要である。それは肉体の変成術に欠かすことのできない神秘的な物質と考えられたからである。

第四に、『三教指帰』中に水の呪術の記載がある点。このことは、このときすでに空海が加持《かじ》香水《こうずい》の修法を知っていたことを意味する。加持力によって水を変容させ、その聖水で人々を癒し賦活せしめることができたということだ。

ここで加持香水について付言しておこう。

空海の『即身成仏義』によれば、「加持」とは「如来の大悲と衆生の信心とを表す。仏日の影、衆生の心水に現ずるを加といい、行者の心水、よく仏日を感ずるを持と名づく。行者もし能くこの理趣を観念すれば、三密相応するが故に、現身に速疾に本有の三身を顕現し証得す」とされる。加持とは、如来の大悲と衆生の信心との結合なのであるが、より具体的なイメージとしては、それは太陽のような如来の光が衆生の「心水」に現われ、よくそれを映し出すことだというのだ。ここで「仏日」に対する「心水」の重要性が示されている。仏の慈悲光に対してそれをよく映し出す、浄らかな「心水」こそが、仏菩薩との感応道交に不可欠の条件だというわけである。してみると、加持とは「即身成仏」の実現なのである。

ところで加持香水は洒水《しゃ》（灑水）ともいい、加持力によって浄化した香水を注いで煩悩を除去することをいう。具体的には、小三股印もしくは五股印を結び、「オンアミリテウンハッタ」の甘露軍荼利《かんろぐんだり》真言か「オンキリキリバザラウンハッタ」の金剛軍荼利真言を二十一遍唱え、覧（ram）と鑁（vam）の梵字《ぼん》をもって大智火と大悲水と観想しつつ、散杖《さんじょう》の先で水をかきまぜ、その香水を人や場所や道具にふりかけて浄める。のちに、中院流、西院流、三宝院流、仁和御流などの諸流儀が生まれ、空中に水のしたたる散杖の先で、縦に川の字、横に二の字を組み合わせるように文字を描く所作をする。

これに関連して、『弘法大師行状絵詞』には加持香水のエピソードが語られている。唐に渡る前、空海は航海の安全祈願のために宇佐八幡宮をはじめとして、霊験あらたかな神社を参拝した。豊前国賀春《かはるの》大明神に詣でたところ、「聖人、法を重くし、命を軽くして、遂に大唐の境に赴く。是、誠にしかるべし。願はくは、吾、聖人に随ひて共に入唐して、必ず護持を為すべし」との託宣があった。空海は欣喜雀躍して入唐求法を果たし、帰国後、賀春明神の宝前に詣でて御礼参りをした。ところが、社殿のまわりを見わたしてみるに、岩山ばかりで草木が一本も生えていない。そこで空海はお礼にと、「我、法力を以て、樹木を生《お》ほさむ」と言って香水を加持して「巌岳」に注いだ。すると、たちまちのうちに木々が生い茂り、千株、一万株の松の樹が繁茂し、鮮やかな紅の花が咲きほこった。かくして、この地は賀春大明神の名前にふさわしく、松の緑も青々と、万朶《ばんだ》の桜も華やかに境内を飾り、神は大いに喜んだというのである。

こうしてみると、空海にとっては水は自己と世界を変身・変容せしめるための聖なる媒体《メディア》だったのである。

第五に、また『弘法大師行状絵詞』（二〇七頁参照）には入唐中の空海の次のような興味深いエピソードが記されている。ある日、長安の都にあった空海が水のほとりを散策していると、どこからともなく一人の不思議な童子が現われて、五筆和尚として知られる空海に書を書いてくれとねだった。そこで空海は流れゆく川に清水を讃美する詩を書くと、あろうことか、その字は形をくずすことなく川を流れて下っていった。童子の只者ならぬことを悟っていた空海は、つぎに今度は童子に書を懇望したところ、童子は「龍」の字を書くが、この字は流れていかなかった。空海がよく見ると、字には最後の点が打ってなかった。そこでそのことを指摘すると、童子は「忘れにけり」と言って、小点を打った。すると、たちまちこの「龍」の字は響きを発し、光を放って、真の龍となって空に舞い昇った。童子はと見ると、かの子供は「我は、是、文殊なり」と言ってかき消すように消えていった。童子は空海の筆跡と筆力を試すために現われた智恵第一の文殊菩薩だったというエピソードである。水と書と龍。生命の流動を表わす三者のつながりは、水と気息と法力にかかわる空海のマントリック（真言的）な力をよく示している。

第六に、空海の故郷の讃岐国の満濃池の土木工事を完成させたこと。『今昔物語集』巻第二〇「龍王、為天狗被取語《てんぐのためにとらわれたること》第一一」の冒頭には、「今は昔、讃岐国、多度の郡に、万能《まの》の池と云ふ極《きはめ》て大きなる池有り。其池は、弘法大師の、其国の衆生を哀《あはれ》つるが為に築給へる池也。池の廻《めぐ》り遙に広《ひろ》くして、堤を高築き廻したり。池などは、不見《みえ》ずして、海とぞ見えたり。池の内底ひ無く深ければ、大小の魚共量《はかり》無し。亦《また》龍の栖《すみか》としてぞ有ける」とあるが、海と見まちがうほど広大な龍の棲む池をつくったと伝えるのである。『弘法大師行状集記』には、満濃池のほとりに護摩壇《ごまだん》を築き、秘法を修して完成を祈念したという話が記されている。空海はこの満濃池の治水だけでなく、大和国の益田池の治水にも功績があった。

第七に、和泉国の槙尾寺に清泉を湧出させたこと。この槙尾寺は空海が出家した土地だとされるが、水の出がたいへん悪く、そのために人々は困窮していた。そこで空海が平地に向かって神呪を誦し、密印を結んで加持を施すと、たちまちにして清泉が湧き出し、汪洋たる流れとなった。人々はこの奇蹟を見て驚歎した。この水を飲むと「精神爽利」となるので、「智恵水」と名づけられたというのである。

こうした清泉ないし温泉湧出譚《ゆうしゆうたん》は空海伝説のなかでも、もっとも数多いものである。

第八に、かの有名な神泉苑での雨乞いの修法の成功をあげねばならない。これについてはかつて拙著『聖トポロジー』（河出書房新社）に書いたので詳しくは繰り返さない。空海は神泉苑で西寺の寺主・守敏と法力を争う雨乞いの儀式を行なったという。『弘法大師行状絵詞』には、こうある。神泉苑の池のほとりに壇を設けて七日間の請雨法を行なったが、効き目がない。定《じよう》（深い瞑想・精神統一）に入って見てみると、守敏が呪力で諸龍を水瓶の中に封じ込めていることがわかった。そこで空海は二日間の修法の延長を申し出て壇を下り、池の汀に歩みよって懐から『大雲輪請雨経』を取り出して静かに読誦すると、頭に金色の小さな蛇を乗せた大蛇が現われた。御幣や種々の供え物を奉って龍王を供養すると、密雲が立ち込め、「甘雨」が滂沱《ぼうだ》と流れ、三日の間降りつづいて「炎干」がおさまったという。

空海は生涯に五十一度の国家的祈禱を行なったが、とりわけ、この神泉苑での修法の成功によって、その霊験あらたかなることがあまねく貴賤上下に伝わったとみずから述べている。古代社会における王の第一条件は水を治めることであったが、稲作農耕を主とした古代の律令体制下にあって、治水の呪師としての空海の力能が高く評価されたことは想像に難くない。こうした水の制御者としての神話的イメージが、空海の幼名に「真魚」の名を冠することにもつながったのであろう。

『即身成仏義』にあるとおり、空海はみずからよくおのれの「心水」をもって「仏日」と感応道交し、加持力を発揮したのである。

声と文字
――空海から平田篤胤まで

1　都市文明と文字の発生

一般に、文字の発生は紀元前三五〇〇年頃の都市文明の発達と関連づけて説明される。およそ一万年前に西アジア地域に始まった農業革命によって、それまでの狩猟採集生活に大変化が起こった。定住して植物栽培や家畜の飼育を営むようになったからだ。なぜ生産様式を一変するような大変化が生じたかというと、紀元前八〇〇〇年頃に七万年近くも続いた氷河期が終わり、植物や動物が急速に繁殖したのと同時に、人類もまた気候の変動に伴って急速な人口の増加を遂げたからである。氷河期において、厳しい自然環境のなかで獲物を得、食料を確保するのは容易なことではなかった。氷床が溶け出し、川ができ、海面水位が上昇して温暖化し始めると、人類は食料を計画的に確保するために農耕と家畜の飼育を始めた。

農耕生活において最大の課題は、植物栽培に必要な水をいかにして確保するかである。農地の拡大とともに水の供給が死活問題となるや、やがて灌漑用水をつくって水を供給する方法があみだされた。しかしこの灌漑用水をつくるには高度な技術と大量の労働力を必要とする。また技術と労働力を実際に運営していく指導者や管理システムが必要となる。大河の水を調節して大規模農業を行なうにはダムと灌漑が不可欠であり、そのために社会・政治組織が必要となってきたのである。古代中国では、「水を治める者が王になる」といわれたが、王の第一条件とはまず治水能力であり、それを呪術・宗教的に実現するために天や神々を祭り、技術的に実現するために土木技術者や職人・奴隷を使役した。

こうして、都市文明の成立をみるのであるが、都市文明を構成する主要な要素は次の六つである。第一に、大都市の建設。第二に、神殿やジグラッドやピラミッドなどの記念碑的な建造物。第三に、明確な階級区分と人口。第四に、職業の専門化。第五に、文字の使用。第六に、時間の測定と暦の作成。

メソポタミア文明の最古の都市文明であるシュメール文明において、最初に文字が使用されたといわれている。シュメールの都市国家において、広大な神殿の領地や地所を管理するために記録や収支決算の報告が必要となり、土地管理の便法として文字が使用され始めたというのである。最初は粘土板に象形文字で魚や牛の線画が描かれたが、やがてそれは楔形文字に発達する。十分に乾ききっていない粘土板に絵文字をひっかいて描いていたのだが、楔形を押しつけて描くほうが便利で正確な文字を記せることがわかり、以後楔形文字が用いられるようになった。

シュメールの古代都市ウルクから出土した紀元前三一〇〇年頃の帳簿には、持ち主と牛の数が記されている。

このように、都市文明の発達に伴う土地管理の方策として文字が使用され始めたというのが考古学や歴史学の教えるところである。

2　空海における声と文字の発生

常識的には、言語を使用する人類は最初に音声言語を発明し、都市文明にいたって文字を発明したと考えられている。話し言葉が先にあって、高度な文明の発達段階において書き言葉が出現したというわけだ。

ところが、こうした常識を引っくり返してしまう思考を展開した人物がいる。弘法大師・空海である。空海は私たちが日常的に用いている音声や文字の根底に〈原音声・原文字〉ともいうべき音声や文字があるという。そして宇宙を構成している地水火風空がことごとく響きを発しており、同時にそれは文字であるという。つまり、空海によると森羅万象が音声であり文字である。空海は音声と文字の次元を宇宙大にまで拡大したのだ。

このような空海の言語哲学は『声字実相義』のなかで詳しく展開されている。そこで空海は詩の形式で次のように述べている。

五大にみな響きあり
十界に言語を具す
六塵ことごとく文字なり
法身はこれ実相なり

五大とは、法身大日如来の身体である法界の体性を構成する地水火風空の五大元素を指す。その五大が宇宙のすみずみまで響きを奏でながら波うち、いきわたり、生成変化しつつ、多様な妙音を発している。その妙なる声音は、仏・菩薩・縁覚・声聞・天・人・阿修羅・畜生・餓鬼・地獄という十界の言語に流出し、変化する。つまり、原声音は法身仏・大日如来の真言であり、それは仏界の言語を構成するが、その根源語の実義を悟るレベルに応じて、菩薩界から地獄界までの九界の言語に流出変化するというのだ。さらには、色声香味触法《しきしょうこうみそくほう》の六塵はすべて、われわれの感覚器官である視覚・聴覚・嗅覚・味覚・触覚・意識を通して知覚される文字であり、それは法身仏の三密（身密・口密・意密）の発現に由来する。こうして、五大声音・十界言語・六塵文字はみな法身・大日如来の身体性（身密）の発動であり、言語活動（口密）であり、意識性（意密）であって、しかも究境自在の真実の姿であるというわけである。

空海からすれば、音声や文字は人間が発明したものではない。それは人類の発生や都市文明の成立に伴って発明されたものではなく、根源的な言語性、すなわち大日如来の三密に根ざし、十界のなかの次元ないし位階程度に応じて編成されたものなのである。したがって、進化のある時点で音声や文字が生まれたのではなく、それは最初から如来とともに、また宇宙とともに存在したのである。無始無終の根源言語・根源文字を空海は想定したのだ。

『声字実相義』の冒頭には声と字についてこう記されている。

内外の風気わづかに発すれば必ず名づけて声といふ。響きは必ず声による。声は響きの本なり。声発して虚しからず。必ず物の名を表するを号して字といふ。名は必ず体を招く。これを実相と名づく。

（中略）また四大相触れて音響必ず応ずるを名づけて声といふ。五音、八音、七例、八転、みなことごとく声を待つて起こる。声の名を詮することは必ず文字による。文字の起こりはもとこれ六塵なり。

風↓響き↓声↓名↓字という連関を空海は考えている。風気が身体内においてであれ、自然の内においてであれ運動するときに、その振動＝響きとともに声が発生する。声の身体内発生と宇宙内発生の照応関係を空海は指摘するのである。

二十四歳のときの著作『三教指帰』のなかで、空海は響きの体験と声の力について実に興味深いことを記している。四国の山中を練り歩いて虚空蔵求聞持法を修していたときのことである。「ノウボウアカシャキャラバヤオンアリキヤマリボリソワカ」という虚空蔵菩薩の真言を百万遍唱えるために、くる日もくる日も真言を朗唱していたところ、突如、身体内から発せられた真言に呼応するかのように、山や谷が響きを発し、虚空蔵菩薩の象徴とされる明星が飛んできたという。空海伝ではその明星が口中に入ったとされている。マントリック・サウンドの響きが小宇宙たる身体と大宇宙たる自然をともに満たしきったとき、谷は真言の反響体となってこだまし、天空より明星と化した本尊が飛来し、光の粒子となって口中に入り、まさに自己と宇宙、行者と本尊の身体宇宙が一瞬にしてつながり感応道交したというのである。

先に見たように、空海は『三教指帰』のなかで、修行時代の自分とおぼしき者を登場させているが、その人物描写がまたすさまじい。銅の盆のような頭、瓦の堝《なべ》のような顔、亀のような筋だらけの首、やせて骨ばった鷺のような脚、よれよれの草鞋、馬の尻管《しりくだ》のような数珠、牛の飼料袋のような鉢、駄馬の手綱のような帯。つぶれた鼻柱、おちくぼんだ眼、尖った顎、角ばった目、歯ならびの悪い孔雀貝に似た口。こうした姿格好のために市場にたむろしている乞食もそれを見て嘲笑うほどで、市の中に入っていくと、瓦や小石や馬糞を雨のように投げつけられるありさまである。

これほどまでにみすぼらしい男にただ一点だけすばらしい持ちものがあった。それが声であった。その男・仮名乞児《かめいこつじ》は「喈喈たる玉の声」を持っていたのだ。「喈喈たる玉の声」とは、五つの動物の身体をあわせ持つ霊鳥、鳳凰の発するような声である。その「玉の声」をもって詩頌の形式で仏教の教理が説かれると、その場にいる人たちはみな仏教の深遠崇高に打たれ、随喜の涙を流して喜んだというのだ。すでに若年において、いかに空海が声の力に鋭敏であり、実際にそれを鍛えていったかが読みとれるエピソードである。

これに関連して、空海の文字の力について物語るエピソードが『弘法大師行状絵巻』に記載されている。入唐求法中の三十歳頃の空海が長安の都で水のほとりを散策していると、どこからともなく一人の童子が出現して、五筆和尚として著名な空海に書を懇望した。そこで空海は流れゆく川に清水を讃美する詩を書くと、不思議なことにその詩は形を崩すことなく川を流れていった。つぎに空海が童子に書を懇望すると、童子は「龍」の字を書いた。しかし空海が、書の最後の小点が書き忘れられていることを指摘すると、童子はやむなく一点を記した。すると、「龍」の字はそのまま真の龍の姿となって空に舞い上がってゆき、童子は文殊菩薩の姿に戻って昇天した。

この空海と童子（実は文殊菩薩）との書合戦はなかなか興味深い。空海は川に消えない文字を書いたが、童子は文字をその実体にまで変化させたというのだから。おそらくこれは、文字がそのままそれが指示する事物を呼び起こすほどの力を持っていることを表わすエピソードであろう。『声字実相義』の「六塵ことごとく文字なり」ではないが、ここには存在即言語、言いかえると存在即響きであり、また存在即文字であるという言語哲学が秘められている。

　こうしてみると、空海が声⇅響き⇅運動⇅文字⇅形体と連動していくダイナミックな声と文字の密儀性を主張しようとしていたことがわかる。彼は〈声字〉として響きわたる宇宙の原音をキャッチし、その大楽のエロス的力から声音と文字の力を見ようとしていたのである。その観点からすれば、詩も書も曼荼羅絵も土木建築も修法儀式も、すべてがみずみずしく生気に満ちて振動し流出変化する如来の原音に浸されていることになる。

　曼荼羅は、「本質を成就し完成するもの」という意味を持つ語で、密教の宇宙観《コスモロジー》を図像や彫像などで表現したものである。「輪円具足、聚集、壇、道場」などとも訳されている。一般には、多数の仏菩薩が描かれた胎蔵界曼荼羅と金剛界曼荼羅の二種の現図曼荼羅が知られているが、興味深いのは、仏尊の代わりに悉曇《しったん》（サンスクリット語の文字）が描かれた種子曼荼羅である。種子曼荼羅はまた法曼荼羅とも呼ばれるが、そこには仏菩薩の身体性はいっさい消えて、ただ文字だけが残っている。宇宙のあらゆる次元と層を文字が埋めつくしているといってもよい。まさに文字の宇宙の顕現がそこにある。空海のいう「六塵ことごとく文字なり」の世界が。

　曼荼羅には、ほかにも彫像や建築で構成された立体曼荼羅、砂絵で描かれた砂曼荼羅などがある。こうした曼荼羅的宇宙観においては、存在は文字とも絵とも彫像とも象徴的互換性をもつことになる。世界が一枚の絵や文字のなかに密封され、それが無限大の拡がりをもつものとして観想されるのだ。

　そうした観想の代表的な形態が阿字《あじ》観法である。阿字観とは、まず自己の心臓の位置に八葉の白蓮を観じ、続いて、その白蓮の上に白い月輪が載っているのを観じ、さらにその月輪のなかに悉曇の〈阿〉字を観想によって顕現させる密教の瞑想法である。〈阿〉字は、サンスクリットの悉曇文字の最初の文

虚空書字事（『弘法大師行状絵巻』白鶴美術館）

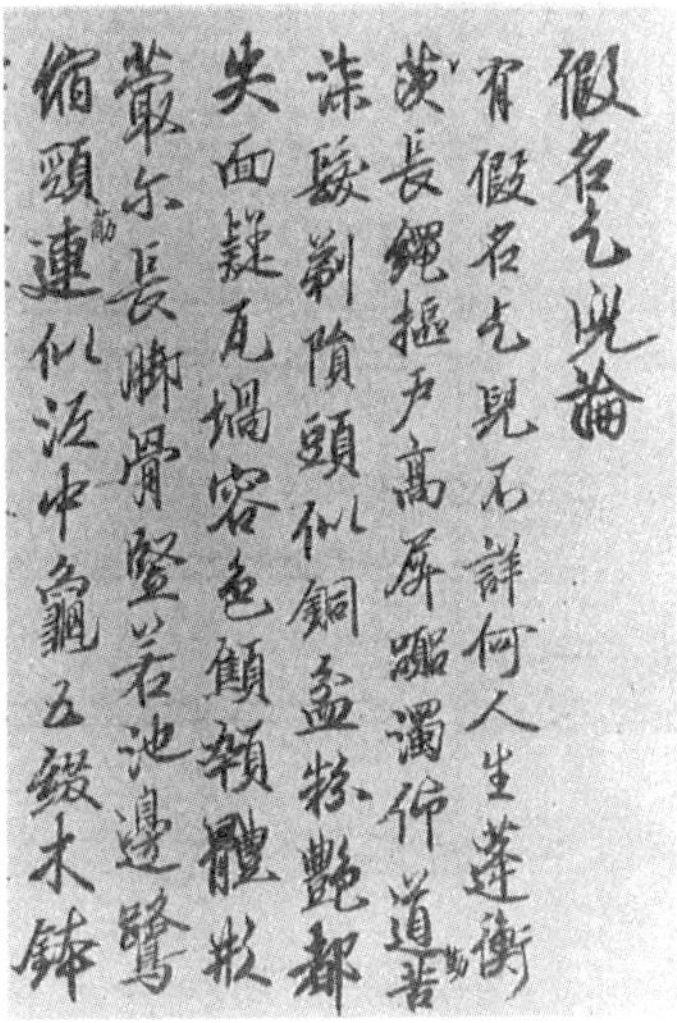

假名乞児論
有假名乞児不詳何人生蓬衡
茨長縄樞戸高屏躐濁仰道苦
詵駿剃隕頭似銅盆粉艶都
失面疑瓦堝容色顦顇體狀
叢尓長脚骨竪若池邊鷺
縮頸連似泥中亀五綴木鉢

空海「聾瞽指帰」

字であり、宇宙の始まりを表わすと同時に、密教においては悟りの内容である諸法（もろもろの存在）の本不生《ほんぷしょう》を表わすものとされる。阿字観では、イマジネーションを駆使して自己の心中に蓮と月と阿字をヴィジュアライズするのだが、そのイメージをくきやかに結像することに成功したとき、自己の心中に悟りの智慧が覚醒し、諸法本不生の理が完成成就すると考えられている。

自己の中心に宇宙文字を顕現させる。文字と自己を一体化させる。その文字は宇宙の真理を象徴する。この観想法は宇宙即文字、文字即我という境涯を実現するものである。これは究極文字の完成といえるであろう。文字を発明した人間が文字に成りきってしまうのだから。文字仏にまで進化しようとするのだから。

3　文字の呪性、あるいは文字の抑圧と悦楽

最初に、最古の都市文明といわれるシュメールにおいて土地管理の便法として文字が発明されたという通説を紹介した。もし文字がこのような事務的な合理性や有用性の要請からのみ発明されたものであるとするならば、なにゆえにこのような文字仏にまで進化しようとするような文字の神聖化の衝動が生まれてきたのか。むしろ、最初から文字は神聖なもの、呪性を帯びたもの、あるいは天啓において開顕したものであるという思想があったのではないだろうか。

レヴィ＝ブリュルは『未開社会の思惟』のなかで、「未開社会の心性にとって神秘的複合に包まれない知覚、単なる現象としての現象は一つもない。だからして言語もどうして単に言語であり得ようか。すべて物体の形、一切の像、一切の図形は神秘的作用力を持っている。――したがって言語は無差別、

無関心に使用さるべきでない。言語を発するという事実そのものは一枚の絵画を写し一つの身ぶりを為すと同じように重要な怖ろしい融即を設定、あるいは破壊することになり得る。言語の中には呪術的力が存在する」（山田吉彦訳、岩波文庫）と述べている。レヴィ＝ブリュルは、異なった事実を同一のものと見なす未開社会の思惟の特質を「融即律」と呼んでいる。

たとえば、「わたしは金剛インコである」と言うとき、「わたし」と「金剛インコ」とはまったく異なる存在であるが、にもかかわらずそこに同一性を見出そうとするとき、融即律がはたらいていると考えたのである。フレーザーのいう類感呪術と感染（接触）呪術、言語学でいう隠喩《メタファー》と換喩《メトニミー》も融即律的思考のはたらきがみられる例といえるだろう。論理学でいう同一律や矛盾律や排中律が成立し得ない地点でのロジックが融即律というわけだ。『般若心経』中のよく知られた章句、「色即是空、空即是色」の論理などはこうした融即律的思考のもっとも洗練されたものである。

レヴィ＝ブリュルがいうように、「すべて物体の形、一切の像、一切の図形は神秘的作用力を持っている」。とりわけ、古代にさかのぼればさかのぼるほどそうした思考は強かった。原始・古代の人々は間違いなく「言語のなかには呪術的力が存在する」と考えていたであろう。それゆえ、声も文字もともに呪術的力をもち、神秘的作用力を及ぼすものだと考えられたはずである。

とすれば、文字の考案者、使用者、所有者はそれだけでマナ（超自然力）の保有者であると考えられたであろう。文字即存在という融即律的思考のはたらいているところでは、文字の保有は存在の支配、ひいては世界を支配することにつながってゆく。こうした思考の独占的行使者が王や祭司階級であった。ある特定の血筋、家柄、階級の者のみが使用することを許される文字は、支配の道具ともなる。ここでは文字は、融即律的思考を利用した支配と抑圧の道具として機能する。知識の占有と囲い込み、聖なるものの独占と利用。きらびやかに権威づけられた象徴体系が、ある特定の支配者層によって駆使されるようになる。

このように用い方によっては文字は支配と抑圧の道具ないし装置となる。今日の学校教育においても文字は発見や解放の回路としてでなく、より強く支配と抑圧の道具に化しているように見える。

しかしながら、もう一方で、文字は世界とのエロス的な関係を取り結ぶ回路であり、装置である。文字の抑圧があるとすれば、その対極には文字の快楽、文字の悦楽があるのだ。その文字の快楽性や悦楽性をラディカルに思想化しアルス（技芸）化した人物が空海であった。彼は、人が宇宙や世界ともう一度交わり直すために、支配の道具としてではなく、悦楽と解放と創造と表現の回路として文字を位置づけ、行使した。それが阿字観や種子曼荼羅などの文字仏思想に結実したのである。

古代の神殿や記念碑に彫り刻まれた聖刻文字《ヒエログリフ》には、こうした文字の悦楽と抑圧の機構が同居しているように思われる。魚や鳥や蛇などの動物の絵がその象形の名残りをとどめながらも、しだいに抽象的な記号に変化してゆくさまがうかがえる。原初の絵文字や象形文字が、その対象を模写し、呼び出し、映し出すエロス的な力動に満ちているとすれば、数千年を経たあとに現われた文字は、しだいに抽象化と機能化を洗練させた様式に変化してきている。古代のエジプト文字と漢字は、象形文字として酷似する部分をもつ。絵文字から象形文字へと発達したとするならこれは当然のことであろうが、しかしその後の変化は固有の様式と力学とメカニズムに従っているように見える。融即律的思考から合理的機能的思考へと進むにつれて、文字のフォルムに霊力や生命力の宿りが失われてゆく。それは、文字アニミズムから文字メカニズムへの移行といってもよいかもしれない。文字の呪性から文字の機能性への転換。それは王権の確立と展開に密接に結びついている。

この文字アニミズムと文字メカニズムを密教的世界観のなかで止揚したのが種子曼荼羅や空海の思想である。それは実に明確で合理的な機能美と神秘不可思議な呪性とを見事に融合した図形であり思想であった。

4　日本の文字

ところで、わが国には中国から漢字が伝来するまで文字がなかったとされている。平安時代初期の文献『古語拾遺』にこう記されているのがその有力な証拠とされてきた。いわく、

> 蓋《けだし》聞く、上古の世未だ文字有らず。貴賤老少口口に相伝へ、前言往行存して忘れず。書契ありてより以来、古《いにしへ》を談《かた》ることを好まず、浮華競ひ興り、還りて旧老を嗤《わら》ふ。遂に人をして世を歴《へ》て弥《いよいよ》新に、事代を遂《お》ひて変改せしむ。顧みて故実を問ふに、根源を識《し》ること靡《な》し。国史家牒其の由を載すと雖も、一二の委曲は、猶遺《のこ》れるところ有り。……

『古語拾遺』は古代の祭祀一族であった斎部《いみべ》氏の子孫の斎部広成が著わした著作である。右の引用はその冒頭部分であるが、そこで斎部広成は「上古の世」には文字がなく、人々はみな口頭で話を伝え、それを忘れることはなかったと記している。しかし、文字が伝わり、「書契」を用いはじめて、古えのことを語ることを嫌い、古老をないがしろにするようになり、神話や伝承が誤って伝えられたり、大切にされなくなってしまったという。そのために意を決して、彼は自家に伝わる神話伝承を正しく伝えよ

うとこの書を著わすことにしたというのだ。

一般にわが国最古の文献は、和銅五年（七一二）に太安万侶《おおのやすまろ》によって著わされた『古事記』であるとされている。『古事記』も『古語拾遺』も漢文で記されているが、両著の神話伝承は微妙に異なっている。前者は中臣氏の先祖の活躍がより強調され、後者は斎部氏の位置と役割の正統性を強く主張している。

興味深いのは、斎部広成が、文字を使い、〈国史〉を著わすようになってから、古代（神代）のことが顧みられることが少なくなったと嘆いている点である。漢字が一部の支配者層や知識人によって独占的に用いられ、支配の道具となるにつれて、声による口頭伝承として伝わってきた古伝承の真義と意味世界が忘れられるようになったということだ。いうまでもなく、わが国の古典は、『古事記』にせよ『日本書紀』にせよ『万葉集』や『風土記』にせよ、すべて漢字で記されている。なかでも『万葉集』は漢字を用いた独自の万葉仮名を駆使して記されている。それがやがてわが国独自の仮名表記（平仮名、片仮名）を生み出すにいたる。

『古語拾遺』には、漢字を用い始めることによって生起した文字の抑圧と悦楽のさまが述べられている。「書契ありてより以来、古を談ることを好まず、浮華競ひ興り、還りて旧老を嗤ふ」とあるところがそれである。これは伝承世界の大きな変化であった。声の共同体から文字の国家への移行と断絶のさまがここにはよく表わされている。

とはいえ、この『古語拾遺』の冒頭の「上古の世未だ文字有らず」の箇所は、漢字が伝わるまでわが国には文字がなかったという説の論拠として広く受け入れられ、いまなお一般常識となっている。

こうした一般常識に真っ向から立ち向かったのが、江戸時代の国学者平田篤胤であった。彼は『古史徴』と題する著作の第二章に「神世文字の論」を書き、そこで上代には文字がなかったとする通説を「思《オモヒ》慮《ハカリ》の委《クハシ》からざる」論として退け、「神世文字」の実在を主張した。その論点はおよそ次の七点に要約できる。

(1)『仮名日本紀』という一書が存在するが、それは卜部兼方が『釈日本記』に「和漢の字相ひ雑へて之を用ふ」と記したように、和漢両方の文字をもって記されたもので、その「和字《ヤマトモジ》」が「神世の字《ナ》」であること。

(2) この「和字《ヤマトモジ》」の起こりは、八意思兼神《ヤゴコロオモヒカネノカミ》の始めた鹿卜の「太兆《フトマニ》」に由来し、したがって文字の起源は「卜事《ウラゴト》」にある。太兆とは、「鹿の肩骨を灼《ヤキ》て、その火炘《ヒサキ》の兆文《カタ》によりて、測《シリ》がたき神の御《ミ》心《ウラ》を、見知り弁《ワキマ》ふ態《ワザ》」であり、この「兆文《カタ》」が「心《ウラ》の象《シルシ》」となり、その「象《シルシ》」がやがて「文字の原《モト》」となったこと。

(3) 神世文字には二種類の文字がある。一つは「事物の象形《カタチ》を書たる」真字《マナ》、すなわち象形《カタ》文字であり、いま一つは「口に出る音《コエ》々の印に作《カケ》る仮字《カリナ》」すなわち仮名であること。

(4) 肥人の字や新字などの神世文字は梵字に似ているが、それはわが国の古伝が原型《もと》であること。たとえば、インドの「梵天王」なる神名は、わが国の「別天神」の御伝が天竺にも残り、異なる名で言い伝えたものであり、かの国の語音や字の起こりはすべてこの神の伝えであるから、それを「梵字」もしくは「梵音」という、などと説く。

(5) 上古にあっては神世の仮字をもってものごとを書き記していたが、漢字が伝承したのちはこの神世文字と同音の漢字を拾って記し始めた。しかし、漢字のいかめしさがわが皇国の麗美《うるわ》しき書風《てぶり》に合わないために、その字はごく自然に優美でなだらかになり、雲や煙のような「草書」風に変化し、その草書を用いて、のちに空海が「以呂波《いろは》字」をつくったこと。それゆえ漢字の草書体を神世文字の書風に合わせつくった文字が「いろは文字」であり、かくのごとく神世文字がもとであること。

(6)「神に白す詞《コトバ》、または歌などのたぐひ、要《ムネ》とある事のみを記し伝へて、全ての事実《コトノサマ》は心に記《オボ》えて、言霊神の幸ひと、口々に語り伝へたる」と述べているように、祝詞や歌などは神世文字に記されて誤りなく伝えられたこと。

(7) 神世文字がすたれ、漢字が使用されるようになった理由は、まず漢字の音を交えて用い始めたのが、その義理を取り用いるようになり、そのあと漢字と仮名書きが併用されるようになったからだということ。

平田篤胤によれば、「和字《ヤマトモジ》」すなわち「神世文字」は上代の卜占の技《わざ》である「太兆《フトマニ》」に起源をもつものである。それは、鹿の肩の骨を焼いて、その割れ目の形から「測《シリ》がたき神の御心《ミウラ》」を知る技であるとされる。この「兆文《カタ》」が「心《ウラ》の象《シルシ》」となり「文字の原《モト》」となったという。そして、祝詞や歌などはこのような神世文字で記され伝えられたと主張される。さらに別の著作『神字日文伝』では、神世文字は「太古《フトマニ》の験体《シルシガタ》」より出たもので、朝鮮の諺文（ハングル文字）も、この神世文字が伝わったものであるとまでいう。

こうした平田篤胤の立論は牽強附会の説として学問的には一笑に付されているが、わが国固有の古代文字が「太占」の「兆形」から起こっているとする着眼は検討に値する視点である。そこには文字の起源が呪術・宗教的思考や儀式と不可欠のものであることが鋭く洞察されているからだ。

平田篤胤の見方からすると、世界は神々の顕現体である。それゆえ、世界のなかで生起するいっさいの現象は「測《シリ》がたき神の御心《ミウラ》」から発していることになる。その不可測・不可視の神の心を知るための方法が「太兆《フトマニ》」である。「太兆」において、神の心の「象《シルシ》」となる「兆文《カタ》」が現われる。その神のシルシガタ（象兆文）が最初の文字だというのだ。これは世界のエロス的な生成運動そのもののなかに文字の初源的姿を見ようとする空海の六塵文字説とも共通する視点である。空海が宇宙の生成に如来の根源文字を透視したのに対して、平田篤胤は、「太兆」という卜事を通してそこに「神の御心」を見ようとしたのだ。

こうして彼らはともに、文字とは人間によって発明された単なる道具ではなく、仏や神のもつ世界意識の発現だと考えたのである。

平田篤胤の論の多くは附会の説であると私も思う。しかしそのなかには検討を要する発想・視点・立論がいくつも散見する。彼は文字が融即律的思考のなかで成立したことを見てとっているのである。

こうした観点から、ネイティヴ・アメリカンの縄文字や絵文字、オーストラリアのアボリジニの神話的精神世界を描いた砂絵などを見ていくと、そこから原初的な文字の生成が宇宙のエロス的な力動と深く感応して立ち上がってきたことが読みとれるであろう。つまり、文字の悦楽の相が見てとれるのである。そこでは文字は存在のダンスであり、事物の永遠性の瞬間化でもある。世界の深層＝真相に隠れている力と形をそれによって引き出そうとする兆象なのだ。

かくして、わが国の神世文字論は、こうした文字の悦楽と抑圧・支配の相の両面から検討されねばならない。

延徳の密奏事件
――吉田兼倶の奸計

1 延徳の密奏事件

延徳元年(一四八九)三月、京都洛中で奇怪な事件が起こった。伊勢神宮の内宮《ないくう》・外宮《げくう》両宮の御神体と神宝が光を放ちながら吉田山に飛び移ったという事件である。内宮といえば、皇祖神・天照大御神《あまてらすおおみかみ》を祀り、外宮には食物神・豊受大神《とようけのおおかみ》を祀るわが国最重要の神社である。その神宮から御神体とあまたの神宝が光を放ちながら吉田山に飛び来たったというのだから只事《ただごと》ではない。いったい、どのようにして御神体や神宝が伊勢の地から京の都まで飛来してくることができるのか。UFOに乗ってきたとでもいうのか。

実は、この御神体の飛来を言いふらしたのは、吉田神社の神主の吉田兼倶《かねとも》であった。吉田兼倶は、さかのぼること五年前、文明十六年(一四八四)に神道の総合祭壇を吉田山に建立して「大元宮《だいげんきゆう》」と称し、自家の神道「唯一宗源神道《ゆいいつそうげんしんとう》」を宣揚していたのである。彼は自家の神道をさらに権威づけるために、「大元宮」のある吉田山に伊勢両宮の御神体が飛来したと宣伝し、御神体の形代を偽作して新たにこの地に「神明社《しんめいしや》」を建立したのである。

もっとも、このことは堂上の縁ある人から時の後土御門《ごつちみかど》天皇に「密奏」されたのだが、それが宮中に伝わるや周りは蜂の巣をつついたような騒ぎになった。事の経緯はこうである。平田篤胤の『俗神道大意《ぞくしんとうたい》』に従って復元してみよう。

吉田兼倶は、伊勢両宮の大御神の「御サトシ」として、「吾《われ》今吉田山に移れることを、世の人あやしみ思ふべけれど、実《まこと》にここに移れる証《あかし》には、加茂川の水、塩はゆくなりぬべし」との託宣があったと言いつのり、夜ひそかに塩数百俵を賀茂川の上流に沈め置いたというのである。もし、平田篤胤の言うとおりなら、これは完全なる詐欺である。

ここで吉田兼倶は二つの嘘を言っている。一つは伊勢から御神体と神宝が吉田山に飛来したという嘘。もう一つは、伊勢の大御神が託宣したという嘘。この二つである。そしてこの二つの嘘を真実らしく見せかけるために、一つは、御神体を偽作して神明社をつくり、もう一つは、塩数百俵を賀茂川の上流に沈めたという。

考えてみれば、塩数百俵を運ぶには相当のお金と労力がいる。近世まで塩は貴重な物産であり、数百俵を手に入れるにはかなりの金額が必要であったろう。そしてまたそれを夜陰に乗じて上流までひそかに運ぶには、相当の注意と人手が必要であったはずである。少なくとも数十台の荷車と数十人以上の人手が要ったはずだ。とするなら、吉田兼倶はいったいどのような思惑があって、このような詐欺まがいの行為におよんだのだろうか。いったい何の必要があってこんな愚かなことをしたのか。その見返りに何があったのか。そのことを詮索する前に平田篤胤の言い分を聞いておこう。

『俗神道大意』のなかで、平田篤胤は次のように口をきわめて吉田兼倶をののしり、非難する。

さて、吉田家二十一代目の祖、卜部兼倶は、右申す如く、悪巧《わるだくみ》をいたして、畏《かしこ》くも綸旨院宣をさへに偽作いたし、神祇管領長上と称し、十七代神祇伯に任じたるなど、跡形《あとかた》もなき偽ごとを云ひ、また七朝の侍読として、中納言の贈官を賜はり、また十八社の社務職に任じ、天下の諸社の執奏すべきよし、延長五年の勅定と偽り、さても猶《なお》あかず、そのかみ何の岡とか云に有たる、観音の八角堂を、吾が社地に引て、それを神武天皇以来の斎場所で、やがて八神殿ぞと誣偽《しいいつわ》り、剰《あまつさえ》に後土御門天皇の、延徳元年三月と、また十月のことだが、伊勢両宮の大御神の御神体、その外あまたの神宝、光を放《はなっ》て、吉田山へ飛移《とびうつ》らせ給へると云て、畏くも、その御神体の御形代を偽り作り、今神明と云祠《やしろ》を、新たに建立して、その由を、堂上の内縁ある人にたのみて、密奏いたし、扨《さて》その云へることに、大御神の御さとしに言に、「吾《われ》今吉田山に移れることを、世の人あやしみ思ふべけれど、実《まこと》にここに移れる証《あかし》には、賀茂川の水、塩はゆくなりぬべし」と御託《さと》しありと云て、夜ひそかに、塩数百俵を、賀茂川の水上《みなかみ》に沈めおき、かれこれと、奸佞わる巧《だく》みの限《かぎり》をふるって奏上《まおしあげ》たる故、朝廷にも実《げ》にさることに思召《おぼしめし》て、すでに新神明と云号を賜はり、止んごとなき御社に、あそばさんとせられたる程に、伊勢両宮の禰《ね》宜《ぎ》等《たち》より、数通の訴状を捧《ささ》げて、このことを申わきまへ、決して彼の山へは、御飛《とび》うつりあそばさず。全く兼倶が奸計の由を申ひらき、終にこの悪巧み相あらはれて、かの祠を破却せられ、両宮よりの訴《うったえ》に依て、夫《それ》より後は、神用といへども、卜部《うらべ》氏を両宮へ遣《つか》はされず。まして私に参ることをば、かたく御指留になったぢや。其後かの家の別家なる、平野の神主より、本家のかはりに、伊勢の奉幣使の時の、神役を勤《つとめ》たき由を申出たなれども、それさへ御さし許《ゆるし》なく、今以て吉田家一統、及びその配下の輩《ともがら》までも、大御神の宮へ参《まい》ることはさておき、かの家の流れと見ては、宮川より内へ一人も入れぬと云ふ定めと成てしまったことぢや。このことは、両宮の禰宜たちのかきたる、神敵兼倶謀計記と云もの、また文明罔上記、などいふ物に、委《くわし》く記してある。(『新修　平田篤胤全集』第八巻、名著出版、一八六―一八七頁。引用にあたり、カタカナ部分をすべてひらがなに変更)

この前後の段で、平田篤胤は吉田神道を大成した吉田兼倶という人物がいかにひどいまがいものの人物であり、その神道説もひどい妄説・邪説であったかを完膚なきまでに痛罵し、吉田兼倶の「悪巧・誣偽・奸佞・奸計」を露わにする。

平田篤胤によると、この吉田兼倶の「奸計」があばかれたのは、伊勢両宮の禰宜《ねぎ》たちの数通の訴状によってであった。その訴状には御神体と神宝がけっして吉田山には飛び移っていないこと、この「密奏」はまったく吉田兼倶の「奸計」による偽りごとであることが記されていた。いわば、勝手に御神体や神宝を持っていかれたとあっては、伊勢の神主たちが逆上するのも無理からぬことであった。

この延徳の密奏事件によって、神明社は破却され、吉田家(元来は卜部《うらべ》家という)の神主はたとえ神祇官の「神用」であっても、伊勢に派遣されることはなく、また私的に参拝することも許されなかった。こうして、吉田家一統とその傘下の者たちは、伊勢の地の宮川《みやがわ》より内の神域にただの一人も入ることができなくなったというのである。吉田兼倶の「奸計」はそれほど伊勢両宮の御神徳を冒瀆するものだったのだ。いったい吉田兼倶はこれほどまでして何をなしとげたかったのだろうか。そのことを検討する前に吉田兼倶の生涯と思想を簡潔にふりかえっておこう。

2　吉田兼倶の生涯と思想

吉田兼倶は、永享七年（一四三五）、兼右の子として生まれ、二十六歳のときに、父を亡くし跡を継いだ。応仁元年（一四六七）、三十二歳の正月五日、正四位上に叙階され、名を兼倶と改めた。この年、侍従《じじゅう》・神祇権大副《じんぎごんのだいふ》に任命され、昇殿を許されて天皇家をはじめ、公卿、将軍家に近づき、権力の中枢に分け入って次第に中央での地歩を確かなものにしていった。そして、文明十六年（一四八四）には、将軍足利義政《よしまさ》の夫人日野富子《とみこ》らの援助と理解を得て、唯一宗源神道の根本殿堂として「大元宮」を建立したのである。

この大元宮の構造は、中心部に「大元尊神」を奉斎《ほうさい》する八角形の大元宮を置き、その背後に、外宮、八神殿、内宮の模像を配し、東西両面に延喜式内社三千百三十二座の神々を勧請《かんじょう》するものであった。兼倶は自家の本拠地である吉田山に神道曼荼羅とも神道パンテオンともいいうるような一大斎場を築き、独自の神道宗派を開いたのである。

この大元宮の建立に先立って吉田兼倶は自派の経典を創作していた。『神明三元五大伝神妙経』『三元神道三妙加持経』などを作製し、教学的整備を試みている。こうした兼倶の教学的整備は、祖先の卜部兼延《かねのぶ》に仮託した主著『唯一神道名法要集《ゆいいつしんとうみょうぼうようしゅう》』に結実する。

この著作のなかで兼倶はまず神道を三種に分ける。(1)本迹縁起《ほんじゃくえんぎ》神道、(2)両部習合《りょうぶしゅうごう》神道、(3)元本宗源《げんぽんそうげん》神道、の三種である。これを「三家の神道」と言っている。(1)本迹縁起神道とは、それぞれの神社が成立した由来について、一社の秘伝を口頭伝承として伝えている神道のことで、「社例伝記の神道」ともいう。(2)両部習合神道とは、胎蔵界・金剛界の二つの世界を内宮・外宮の両宮に習《かさ》ね、金胎両部の諸尊を神道の諸神に合わせて、密教教理に基づいて神道を説明する仏教的神道のことで、伝教大師（最澄）、弘法大師（空海）、慈覚《じかく》大師（円仁）、智証《ちしよう》大師（円珍）の四大師の流れを汲むゆえに「大師流の神道」ともいう。つまりこの二つは、伝統的な神社神道と、仏教の伝来とともに習合化をはかってきた仏教神道の二つの神道である。

それにたいして、吉田兼倶は第三の神道を力説する。それが(3)「元本宗源神道」である。兼倶は言う。

元《げん》とは陰陽不測《いんようふそく》の元々を明かす。本《ほん》とは一念未生《いちねんみしよう》の本々を明かす。故に頌に曰はく、

元を元として元初に入り、
本を本として本心に任す。

ここで「元」が強調されていることに注目したい。「元」とは陰陽のはたらきの測り知れないその元の元を明らかにすることだという。つまり、始源の始源、はじまりの元はじまりが「元々」であり、「大元」なのだ。「本」もまた同じように、一念が未だ起こらない本の本を明らかにすることであるという。世界の根源すなわち「元初」と心の根源すなわち「本心」が「大元」なのである。

この「元々」の説明につづいて、「宗源」について兼倶はこう主張する。

宗とは一気未分の元神を明かす。故に万法純一の元初に帰す。是れを宗と云ふ。源とは和光同塵《わこうどうじん》の神化を明かす。故に一切利物《いっさいりもつ》の本基《ほんき》を開く。是れを源と云ふ。故に頌に曰はく、

宗とは万法、一に帰するなり。
源とは諸縁、基を開くなり。
吾が国開闢《かいびゃく》以来の唯一神道とは是れ也。

「宗」とは、一気が未だ陰陽に分化する以前の「元神」を明らかにすることで、すべての現象と存在の純一なる「元初」の状態に帰ることであるという。また「源」とは、知恵の光を和らげて世俗の塵《ちり》に交わっていく「神化」のはたらきを明らかにすることで、一切衆生に恵みをもたらす「本基」を開くことだという。こうして、「万法帰一、諸縁開基」が「宗源」の意味するところだと主張するのだ。

「元本宗源神道」とは、要するに始めの始めの神道であるということだ。純一無雑のそれを「古神道」とか「原神道」とか言ってもいいが、吉田兼倶はその太古性や原初性や始源性を道教経典の言葉を借りて、「元元」とか「本本」とか、「一気未分の元神」と言うのである。

ここで吉田兼倶は、従来の神道とはまったく性質の異なる神道を構想しようとしている。「本迹縁起神道」とは、固有の由緒を持つ各神社の神道であり、それは言ってみれば〝多即多〟の神道である。一方、「両部習合神道」は、密教思想に基づいて金胎不二を説く〝一即多〟の神道である。それに対して、「元本宗源神道」は「元元本本、宗源」を明らかにする〝一即一〟の「唯一神道」だと位置づけるのである。ここにおいて、わが国の神道思想の歴史において初めて一神教的神道思想が成立したのである。

「本迹縁起神道」も「両部習合神道」も、その思考と実践スタイルは多神教である。だが、「唯一神道」はそれとは違う。「元元本本宗源」の「唯一」の神道だというのだから。

もっとも、こうした「元元本本宗源」の思想は兼倶以前に、伊勢神道のいわゆる神道五部書中の『倭《やま》姫命《とひめのみこと》世記《せいき》』に出てくる。したがってこの点だけをみれば、兼倶は神道五部書からの断りなき引用によって自説を開陳していることになる。しかし、吉田兼倶にあって伊勢神道になかったのは、この「唯一」という観念である。「万法帰一」し「唯一」であることを示す装置ないしシンボルとして、彼は「唯一」神道の本宮たる「大元宮」を建立したのである。こうした吉田兼倶の唯一神道的な思考からすれば、伊勢両宮といえども、「大元神」に帰一することは必然的な論理的帰結だった。

　とはいえ、実際には、兼倶の思考は日本中世における一神教的思潮――親鸞・道元・日蓮などの――の影響下にありながらも、密教的な〝一即多〟の曼荼羅思想を多分に援用している。たとえば、唯一神道にも、「三部の本書」（先代旧事本紀・古事記・日本書紀）を根拠とする「顕露教《けんろきょう》」と「三部の神経《しんきょう》」（天元神変神妙経・地元神通神妙経・人元神力神妙経）を根拠とする「隠幽教《おんゆうきょう》」の二種があると説くところなどは、空海の『弁顕密二教論』や金胎両部の二分法にかなりなところ依拠している。また、神道加持《かじ》や神道護摩《ごま》を説き、儀礼化しているところも密教の枠組みから自由であったとはいいがたい。

　しかし、吉田兼倶の面目躍如たるところは、じつはこの「三部の神経」なるものが架空の経典であるにもかかわらず、それを根拠とする臆面のなさにある。また兼倶はこの『唯一神道名法要集』において、日本＝神道が根であり種子で、中国＝儒教が枝葉で、インド＝仏教が花実であるがゆえに、ふたたび仏教は東漸して故郷たる根の日本に帰還したのだと説く、反本地垂迹的な〝根本枝葉花実説《こんぽんしようかじつせつ》〟を力説し、それを聖徳太子の「密奏」と仮託している。

　突き放した言い方をすれば、吉田兼倶は自分に都合がいいようにあることないことを口から出まかせに言いふらす大ペテン師である。この点では、外宮祠官の度会延佳《わたらいのぶよし》が「神敵」とののしり、平田篤胤が「奸計」と痛罵するのも故なしとしない。

3 「密奏」宗教の成立

しかし、同時代の人々からも後世の人からも激しく批判されながらも、吉田兼倶はこの吉田家の家学に基づく単なる一社の神道を、神道全体のみならず、日本の宗教全体を包含する「唯一神道」として飛躍させ宣揚した。このときまで、神道は「宗教」とはいえない原初性と素朴さをどこかで保持してきたのだが、ここにいたって初めて神道は「宗教」となったのだ。神道系新宗教の成立である。

それゆえ、吉田兼倶の神道をそれ以前の神社神道や両部神道や伊勢神道と同列に扱うのはまちがっている。それは吉田兼倶によって創造され、創唱され、創作された「新宗教」なのだ。

とすると、「密奏」というあり方は、架空の経典に基づく「隠幽教」を本質とする「唯一神道」にとって、きわめて宗教的な創造＝創作行為であるといえる。その「密奏」の本邦初演として吉田兼倶は聖徳太子の「密奏」を引用＝偽作して言う。

第三十四代推古天皇の御宇、上宮（聖徳太子）太子、密奏して言はく、「吾が日本は種子を生じ、震《しん》旦《たん》は枝葉を現わし、天笠は花実を開く。故に仏教は万法の花実たり、儒教は万法の枝葉たり、神道は万法の根本たり。彼の二教は皆是れ神道の分化也。枝葉・花実を以て基は根源を顕はす。花落ちて根に帰る。故に、今此の仏法東漸《とうぜん》す。吾が国の、三国の根本たることを明かさんがため也。爾《それ》より以来、仏法、此《ここ》に流布す」。

よくぞ言いも言ったりである。この「密奏」には、延徳の「密奏」事件と同様の論理構造がありはしまいか。良くも悪しくも、「唯一神道」の原理主義（ファンダメンタリズム）を彼は創造し、つらぬいたのだ。

吉田兼倶は、しかし単なるペテン師ではない、応仁の世の混乱を、彼は宗教・宗派を統一する絶対一元論によって統合・平定せんとする野心と欲求を抱いていた。それは新しい、熱烈な祭政一致運動であったが、この「大元」衝動が近世の幕藩体制において骨抜きとなって潜伏し、やがて近代の国家主義的な祭政一致運動のさ中に「大本」の出口王仁三郎《おにさぶろう》の出現を導いたと考えるのは、単なる私の「密奏」的な妄想にすぎないものか。いや、吉田神道の「大元」思想は、文字どおり、まちがいなく、「皇道大本」の「大本」思想にまで届いているのである。

大本霊学と内部生命論

1 「内部生命の探窮の学」としての霊学

出口王《お》仁《に》三郎《さぶろう》は北村透谷の「内部生命論」を読んでいたのではないかと思う。たとえ読んでいなくとも、話題になった透谷の論文名はよく知っていたであろうと思われる。

大正五年（一九一六）九月に口述された『大本略義』のなかで出口王仁三郎は次のように述べている。

「生きたる人体の全部が、生理、解剖等の力で到底判らぬと同じく、活機凛々たる天津神の活動は、決して天文学のみでは判らない。是非とも、其内部の生命に向つて、探窮の歩を進めねばならぬ。それが即ち霊学であるのだ」と。

つまり、生命を「物質的機械的」に見るのではなく、ということは外的にとらえるのではなく、内的にとらえることが「霊学」であるというわけだ。ここには、物質的—機械的—生理・解剖的—外的な生命学の系と、精神的—霊的—魂理・体験的—内的な生命学の系が対置され、前者が自然科学的な生命学であり、後者が霊学的な生命学であるという観点がある。しかも、生命の生命たるゆえんはこの内的な生命理解なしにはとらえきれない。したがって、内的生命学としての霊学こそが外的生命学としての自然科学の根本的欠陥を救出する「学」であるという認識がある。

明治二十年代から大正十年、すなわち第一次大本事件勃発までの出口王仁三郎は、この「内部生命の探窮の学」としての「霊学」が、鎮魂帰神術や太占《ふとまに》という行法と言霊学という行法・修法をも含む神典などの解釈学および実修によって可能になると考え、「霊学」と称してそれらの行法や実修の体得を推し進め、第一次の黄金時代を築き上げた。

ここで注意すべきは、この出口王仁三郎の「霊学」は、江戸後期の国学者平田篤胤や幕末維新期の霊学者本田親徳《ちかあつ》や明治大正期の言霊学者大石凝真澄《おおいしごりますみ》らの国学や霊学や言霊学を踏襲し折衷したものであって、真に出口王仁三郎自身の独創になるものはない点である。ただ一つだけ、これらの霊学上の先達と違っているのは、出口王仁三郎が「霊学」をして「内部生命の探窮の学」と位置づけている点なのだ。あえていえば、「内部生命」(精確には「内部の生命」)と言ったところに出口王仁三郎の新味があり、時代的特徴が現われているといってもよいであろう。

2　北村透谷の「内部生命論」

さて、このように、出口王仁三郎にとって「霊学」とは、生命の全体性と内的本質をともにとらえるための認識と実践の方途であった。つまり、ホリスティックでエッセンシャルかつスピリチュアルな生命学が「霊学」であった。

それに対して、「内部生命」なる語を流行《はや》らしめた本人の北村透谷はいったいどのような生命論を「内部生命論」と考えていたのだろうか。

「内部生命論」は、明治二十六年（一八九三）五月の『文學界』に発表された。このときのタイトルには「内部生命論（第一）」と記されており、論文末尾には「（此論未完）」と付記されていたから、当初は、第二、第三の論考を続けて書くつもりだったのであろう。しかしついに続篇は書かれることなく終わった。この論文は次のような書出しから始まる。

人間は到底枯燥したるものにあらず。宇宙は到底無味の者にあらず。一輪の花も詳に之を察すれば、万古の思あるべし。造化は常久不変なれども、之に対する人間の心は千々に異なるなり。

造化は不変なり、然れども之に対する人間の心の異なるに因つて、造化も亦た其趣を変ゆるなり。仏教的厭世詩家の観たる造化は、悉く無常的厭世的なり。基督教的楽天詩家の観たる造化は、悉く有望的楽天的なり、彼を非とし、此を是とするは余が今日の題目にあらず。夫れ斯の如く変化ある者とするもの、果して人間の心なりとせば、吾人豈人間の心を研究することを苟且《ゆるかせ》にして可ならんや。

造化《ネーチユア》は人間を支配す、然れども人間も亦た造化を支配す、人間の中に存する自由の精神は造化に黙従するを肯ぜざるなり。造化の権《ちから》は大なり、然れども人間の自由も亦た大なり。人間豈に造化に帰合するのみを以て満足することを得べけんや。然れども造化も亦た宇宙の精神の一発表なり、神の形の象顕なり、その中に至大至粋の美を籠むることあるは疑ふべからざる事実なり。

「内部生命論」は山路愛山の「頼襄を論ず」への反論として書かれた「人生に相渉るとは何の謂ぞ」に続く論争第二作とでもいうべきもので、徳富蘇峰の「観察」への反論として執筆された。徳富蘇峰は「宇宙は一の墳墓」であり、「宇宙に新物なし」と述べ、「造化は終古依然たり、而して終古清新なり。

人間も亦た造化の一部」と論じた。透谷はこのような、宇宙に新物なく人生は循環し歴史はつねにくりかえすと説く東洋的諦観に対して、造化は「宇宙の精神の一発表」であり、人間の内なる「精神」がその「宇宙の精神＝神」と「感応」するという「内部生命」の感覚論を主張した。

透谷は説く。自然＝造化《ネーチュア》は人間を支配するが、その反対に人間もまた自然を支配する。それというのも、人間の内なる「自由の精神」が自然に黙従するのを耐えられないからである。この内的な「自由の精神」こそが、「内部生命」を感知する「霊知霊覚」なのであると。こうして、透谷の「内部生命論」の中核は、霊的知覚論となる。

この「霊知霊覚」への論究にいたる透谷の論旨を追っておこう。

透谷は、今日の思想界は「生命思想と不生命思想との戦争」であり、「吾人は生命思想を以て不生命思想を滅せんとするものなり」と高らかに自身の立場を宣言する。透谷によれば、当時の思想界は一般に「仏教思想と耶教思想との間に於ける競争」といわれていたが、核心的な実態は、むしろ生命思想と不生命思想の闘争であり、それが「東西思想の大衝突」の実態であると主張する。

興味深いのは、透谷が生命思想の極北を「生命の木なるものを人間の心の中に植ゑ付けた」キリスト教に見てとっているという点である。のちにみるように、それに対して、出口王仁三郎は、生命思想の極北を太古の神道とその現代への蘇生としての「大本」に見てとるのである。

透谷は、たとえば儒教道徳は「実際的道徳」ではあっても「未だ以て全く人間の生命を教へ尽したるもの」ではなく、それは「人間の根本の生命の絃」に触れていないというのだ。そして真の道徳の根拠にして善悪の判断基準は「内部の生命《インナーライフ》」を措いてほかにないという。曰く、「未だ以て真正の勧懲なりと云ふ可からず。真正の勧懲は心の経験の上に立たざるべからず、即ち内部の生命の上に立たざるべからず、故に内部の生命を認めざる勧懲主義は、到底真正の勧懲なりと云ふべからざるなり」と。その上で透谷は、「吾人は人間の根本の生命に重きを置かんとするものなり」と自身の立場を位置づけ、続いて本格的に「観察」論の筆者である徳富蘇峰を批判する。

究竟するに善悪正邪の区別は人間の内部の生命を離れて立つこと能はず、内部の自覚と言ひ、内部の経験と言ひ、一々其名を異にすと雖、要するに根本の生命を指して言ふに外ならざるなり。詩人哲学者の高上なる事業は、実に此の内部の生命を語《セイ》るより外に、出づること能はざるなり。内部の生命は千古一様にして、神の外は之を動かすこと能はざるなり、詩人哲学者の為すところ豈に神の業を奪ふものならんや、彼等は内部の生命を観察する者にあらずして何ぞや（国民之友「観察論」参照）。

然れども彼等が内部の生命を観察するは、沈静不動なる内部の生命を観るにあらざるなり、内部の生命の百般の表顕を観るの外に彼等が観るべき事は之なきなり、即ち人生人情の Various Manifestations を観るの外には、観るべき事は之なきなり。観は何処までも観なり、然れども此の場合に於ては観の中に知の意味あるなり、即ち、観の終は知に落つるなり、而して観の始も亦た知に出るなり、人間の内部の生命を観ずるは、其の百般の表顕を観ずる所以にして、霊知霊覚と観察との相離れざるは、之を以てなり。霊知霊覚なきの観察が真正の観察にあらざること、之を以てなり。

ここで透谷は執拗に「内部の自覚」「内部の経験」「根本の生命」「内部の生命」とくりかえし、最後に、蘇峰流の「観察」を排して、「真正の観察」とは「霊知霊覚のある観察」だと主張する。

さらに転じて、文芸上の「写実派」は、「客観的に内部の生命を観察すべきもの」であり、また「客観的に内部の生命の百般の顕象を観察する者」であると述べ、それに対して、「理想派」は、「主観的に内部の生命を観察すべきもの」であり、また「主観的に内部の生命の百般の顕象を観察すべき者なり」という。つまり、写実派も理想派も、客観的にか主観的にかの違いはあるにせよ、「内部の生命」を観察する者であることでは共通した目的をもつと説く。

そして論の最後に、文芸上にいう理想派の「内部の生命」の観察のありようを考察している。透谷によれば、理想派すなわちアイデアリスムとは、「人間の内部の生命を観察するの途に於て、極致を事実《リアリチー》の上に具躰の形となすもの」であるという。つまり、「アイデア」の宿る極致を「事実《リアリチー》の上に加ふるもの」というのである。

ところで、この「アイデア」なるものはどのようにして人間の内部に立ち現われるのか。それは、「人生と人生の事実的顕象を離れて、何物にか冥契する時」だという。それはしかし、「瞬間の冥契」である。この「瞬間の冥契」とは「インスピレーション」のことであり、「瞬間の冥契ある者をインスパイアドされたる詩人」であると説くのだ。

それでは、この瞬間的に覚知される「インスピレーション」とはいかなるものかといえば、「宇宙の精神即ち神なるものよりして、人間の精神即ち内部の生命なるものに対する一種の感応」にほかならず、それは「電気の感応を感ずる」ようなものであるという。こうして、この瞬時の「感応」からすれば、すべての現象のなかに「極致」を見ることができるというのである。「内部生命論」は、かくして次の文章をもって閉じられる。

この感応は人間の内部の生命を再造する者なり、この感応は人間の内部の経験と内部の自覚とを再造する者なり。この感応によりて瞬時の間、人間の眼光はセンシュアル・ワオルドを離るゝなり、吾人が肉を離れ、実を忘れ、と言ひたるもの之に外ならざるなり、然れども夜遊病患者の如く「我」を忘れて立出るものにはあらざるなり、何処までも生命の眼を以て、超自然のものを観るなり。再造せられたる生命の眼を以て。

再造せられたる生命の眼を以て観る時に、造化万物何れか極致なきものあらんや。然れども其極致は絶対的のアイデアにあらざるなり、何物にか具躰的の形を顕はしたるもの即ち其極致なり、万有的眼光には万有の中に其極致を見るなり、心理的眼光には人心の上に其極致を見るなり。

ここで透谷が主張していることは、神秘主義の黄金律である「大宇宙と小宇宙との照応」という命題と同一である。透谷は、宇宙精神＝神と人間精神＝内部生命との間にインスピレーションという「瞬間の冥契」が起こり、その「感応」によって人は感覚世界を離れ、再創造された「生命の眼」をもって「超自然のもの」を観、具体のなかに「絶対的のアイデア」の宿る「極致」を観るというのだ。

透谷のいう「再造せられたる生命の眼」とは、霊眼といってもよいものであるが、透谷はこの論文中で唯二箇所でのみ「霊知霊覚」という言葉を用い、注意深く「霊」という語を避けているかに見える。それはくりかえし「内部の生命」という言葉を用いて論を組み立てようとしていることからもうかがえる。おそらく、透谷にとっては「霊」とか「魂」という言葉は「東の文明」の伝統的バイアスのかかった言葉であったのであろう。

透谷の強調する「内部の生命」「内部の経験」「内部の自覚」「内部の眼」とは、神秘主義的に表出された近代的自我であり、秘奥のパトスである。というのも、透谷は明治二十五年九月『平和』に掲載した「各人心宮内の秘宮」と題する論文のなかで次のように述べているからである。「心に宮あり、宮の奥に他の秘奥あり、その第一の宮には人の来り観る事を許せども、その秘宮には各人之に鑰《かぎ》して容易に人を近かしめず……第二の秘宮は常に沈冥にして無言、盖世の大詩人をも之に突入するを得せしめず」と。この人間精神の奥底に秘匿された「第二の秘宮」を透谷はくりかえし宇宙精神に感応する「内部」の生命の拠りどころと主張してきたのである。

3 「内部」と「霊」

北村透谷が主張した「内部生命論」が直接出口王仁三郎の主張する「霊学」に影響を与えたかどうか疑問視する向きもあるであろう。透谷は、「内部生命論」において、意識してか否か、「霊」とか「魂」という言葉を使わずに一貫して「内部」という語を用いつづけた。

このような、「内部」という語や、また「生命」という語が明治維新期の翻訳語であることはいうまでもないが、ここで問題としたいのは、「霊学」や「言霊学」を明治三十年代から提唱していた出口王仁三郎が、大正五年口述と伝えられる「大本略義」のなかで「内部の生命」という言葉を用い、その「探窮」が「霊学」であると位置づけた点である。出口王仁三郎は、みずから言霊学の応用を唱えながらも、「内部の生命」という語に対しては「いのち」という和訓ではなく「セイメイ」という音読みで通したのである。『万葉集』において、「いのち」にかかる枕詞が「たまきはる」(魂極まるの意)であることを十分承知の上で、出口王仁三郎は「セイメイ」および「ナイブのセイメイ」という語を用いたのだ。

ということは、別の言い方をすれば、出口王仁三郎が大正五年当時に一般的に用いられはじめていた「セイメイ」という語を意識的に使ったということである。そしてその言葉「ナイブのセイメイ」という語をもっとも早く、新しい思想概念として使ったのが北村透谷であった。とすれば、出口王仁三郎の脳裡には当然、その当時著名であった文学界の旗手、故北村透谷の姿と彼の用いた言葉が浮かんでいたであろう。

私が出口王仁三郎は北村透谷の「内部生命論」を読んでいたにちがいないと主張するのは、以上のような論脈からである。

ところが、問題は、北村透谷と出口王仁三郎がともに「内部の生命」という語を用いながらも両者が志向した生命論はまるで趣きがちがっていたという点である。たとえば、「内部の生命」を直観する「霊知霊覚」や「インスピレーション」や「感応」のありようについて、両者の隔たりはさほどではない。にもかかわらず、そうした「霊知霊覚」や「インスピレーション」や「感応」において観てとられた「内部の生命」の世界はおよそ異なったものになるのだ。

北村透谷が「内部の生命」と言うとき、おそらくたとえば次のようなエマソンの言葉が念頭にあったであろう。

「人生のひとときも、それぞれにそなわる権威と、その権威から生じる結果の点で、いろいろ異なっている。われわれの信仰は瞬間的に訪れるが、悪徳のほうは習慣になっている。にもかかわらず、そういう短い瞬間にはある種の深遠さがそなわっていて、どうしてもわれわれは、ほかのどんな経験よりも、これらの瞬間のほうにリアリティー〔真実性〕があると思わずにはいられない」、「たとえば大地が大気の柔かい腕のなかにあるように、われわれの憩いの場所となってくれるあの偉大な自然だ。万人の個別的な存在をことごとく内部にふくみ、ほかのすべての存在と一体にしてしまうあの『一なる者』、あの『大霊』だ」、「われわれは世界を、たとえば太陽、月、動物、木というように断片的に見ているが、しかしこれらのものを輝ける部分にしている全体は魂なのだ。その『知恵』にそなわる明察の力を使って、初めてすべての時代の描き出す天宮図が読めるのであり、われわれにそなわる高次の想念に頼り、万人のなかに生来そなわっている予言の霊にわが身をゆだねることによって、初めてわれわれは、その天宮図が何を語っているかを知ることができる」、「人間の理知を通して呼吸すると魂は天才となり、人間の意志を通して呼吸すると美徳となり、人間の感情のなかを流れてゆけば愛となる」、「霊的な存在が人間の内部にそっくりそなわっていることが分っている」、「『至高の精神』にわが身をゆだねる心は、自分がその『精神』のすべての御業《みわざ》にかかわりがあることを知って、個々の知識や能力に通じるひとすじの王道を旅し始めることになる。根源に位置するこの原初の情感のところまでのぼっていけば、われわれは周辺にある遠隔の宿駅から一瞬のうちに世界の中心に到達したことになる」、「神が教える方法のひとつは、霊をある形式、――たとえばこのわたしのようなさまざまな形式に受肉させることだ」、「魂は真理を認識し啓示する者だ」、「われわれは魂の告示、魂自身の本性の顕現を、『啓示』と呼んで区別する。こういうことにはいつも崇高な感情がともなっている。この伝達が、実は『神』の精神がわれわれの精神に流れこむことだからだ」、「魂は言葉によらず、問われているもの自体によっていつも答える。啓示とは魂の披露だ」、「われわれは誰もが霊の姿の識別者だ。そういう識別は、高々と、われわれのいのちの、あるいは意識されない能力のなかで行なわれる」（「大霊」酒本雅之訳）等々。

透谷のいう「インスピレーション」や「感応」は、いわばエマソンのいう「大霊 The Over-Soul」がもたらす瞬間的な啓示のことである。透谷的な「内部の生命」とは、宇宙精神たる「大霊」を内部において感得する人間精神のことである。

ところが、出口王仁三郎にとって「内部の生命」とはもっとなまなましい具体的な「身魂《みたま》の因縁」をもち、それが神の「経綸《しぐみ》」のなかにあるものであった。すなわち、出口王仁三郎によれば、宇宙はその「大元霊」である天之御中主神から岐れ出て、「霊主体従」の法則に従って、陰陽、水火、霊体に分節していくが、その果てに、「厳霊《いづのみたま》」の霊系として出口ナオを、「端霊《みずのみたま》」の霊系として出口王仁三郎を生み出し、「昔からの生神《いきがみ》の仕組」によりこの二つの霊統が結合・協力し、世の「立替え立直し」が推進されるという。

たとえば、明治三十一年(一八九八)十一月三十日に降りた「筆先」に、出口ナオは「艮《うしとら》の金神、変性男子《へんじやうなんし》の霊魂《みたま》が、スックリ現はれる時節が参り来て、世界には騒がしき事が始まるぞよ」と書きつける。この「筆先」が書かれる直前の同年十月八日に、上田喜三郎(のちの出口王仁三郎)は京都府綾部に住んでいた出口ナオをはじめて訪ねた。この少し前の三月一日から七日間、上田喜三郎は夢幻状態のまま郷里の高熊山に入り、神懸り(帰神)の修行を体験したという。そしてさらに、同年四月二十八日に、本田親徳の高弟長沢雄楯《かつたて》を駿河に訪ね、小松林命の神霊がかかっているという「審神《さには》」を受けた。こうして、本田霊学を学び、稲荷講社所属の「審神者《さには》」となった上田喜三郎は十月に出口ナオのもとを訪れてその神懸り現象を「審神」しようとしたのである。

この本田霊学には「三条の学則」と呼ばれるものがある。それは、「一、天地の真象を観察して真神の体を思考すべし。一、万有の運化の毫差なきを見て真神の力を思考すべし。一、活物の心性を覚悟して真神の霊魂を思考すべし」というものであった。これだけ読むと、エマソン流の「大霊」観や北村透谷流の「内部生命論」と通底するものが感じられるであろう。

問題が特異となるのは、この「霊学」なるものがその学的方法論および修行として、「鎮魂、帰神、太占」という古代のシャーマニズム的な技法を整備しようとしていた点、さらには出口王仁三郎がその「身魂の因縁」として出口ナオの「筆先」と「霊学」を接木しなければならなかった点、この二点においてである。ここで出口王仁三郎の「内部生命の探窮の学」は、北村透谷の「内部生命論」とまったく異なった道を歩みはじめるのだ。

出口ナオは「筆先」のなかで、何度か「筆先七分、霊学三分」と記し、「霊学」に対する「筆先」の優位性を強調している。たとえば、「上田海潮（出口王仁三郎のこと）の行状、エライ心配を皆が為《し》て下さるが、この上田は神の仕組《しくみ》の取次ぎじゃから、（中略）名自《めいめい》に行状を笑はれんやうにして下されよ。出口、上田は何にも変化《ばけ》るぞよ。細工は流々仕上げを見て居りて下されよ」と明治三十三年旧三月一日の「筆先」に出ているが、「筆先」が「内部生命の探窮の学」としての「霊学」とまったく異なるのは、それが「内部生命の探窮」ではなく、「艮の金神」という「元の神」、いうならば出口ナオの「内部生命」の顕現であり、憑出であった点である。

こうして、「変性男子」（男霊女体）としての出口ナオと、「変性女子」（女霊男体）としての出口王仁三郎の霊的結合を通し、大本における「内部生命の探窮」は、「筆先」に現われた世の立替え立直しの経綸と、「霊学」における鎮魂帰神術による霊的体験を接木することによって、独自の展開をみせ、大正生命主義の民族主義的「極致」を体現していったのである。この北村透谷から出口王仁三郎にいたる内部生命論の跳躍のなかに、近代的自我と日本的自我の神秘主義的葛藤と危機を見てとることができるであろう。

第三部　老いの叡知とユーモア

姥棄て物語と生命の循環

古来、山は畏怖すべき異界であった。死者の霊魂が魂上る他界であり、天上世界と地下世界をつなぐ垂直に立った大地の橋であった。そこは、この世とあの世をつなぎ、同時に切り離す境界でもあった。こちら側にもあちら側にも属しながら、同時にどちらからも切り離されてある両義的で、しかも独立した空間であった。

日本の各地に残る姥棄て伝説は、息子に背負われて山中（他界）に遺棄される話が多い。深沢七郎の小説『楢山節考』もまた、おりん婆さんが息子の辰平に負われて山中に棄てられにいく場面が感傷を排した乾いたタッチで淡々と描かれていた。

敗戦直後の昭和二十年（一九四五）九月、柳田國男は朝日出版社より『村と学童』と題する書を上梓した。そのなかに「親棄山《おやすてやま》」という興味深いエッセイが収められている。

そこで柳田は、日本の各地に伝わっている「親棄」伝説に四つの種類があると述べている。

①ある男が六十歳になった親をモッコに入れて、小さな息子に片棒をかつがせ、山奥に棄てにいった。男がモッコも棒もそこに置いて帰ろうとしたとき、息子が父親に向かって、「これは家へもって帰

りましょう、いまにまたいることがあるから」と言った。それを聞いた男は、ああそうだと気づき、親を棄てることをやめて連れ戻った。

②昔々、ある国の王が、年寄りはいらぬものだからみな棄ててしまえという命令を出した。それに背いた者は厳罰を受けることになっていたが、一人の孝行者が、どうしても親を棄てることができず、床下（あるいは土手の陰）に隠して食べ物を運んで養った。そのうち、敵国がこの国の人々の知恵を試そうと難題をふきかけてきた。国王は難題を解く者があったら、望みどおりのほうびをやろうとおふれを出した。孝行息子がこの話を親にすると、そんなことは何でもない、こうすればよいのだと簡単に解いて教えた。息子は国王のもとに申し出て、ほうびの代わりに親を棄てなかった罪を許してくれるよう頼んだ。王は初めて老人の賢さに気づき、また息子のやさしさに感心して、ほうびを与えるとともに、自らの命令を間違ったものとして取り消した。

③あるところに心やさしい親孝行息子がいた。しかし、その女房がはなはだよくない女で、年寄りをうるさがって棄ててしまいなさいと始終勧める。あまりにたびたび言われるので、男もついに負けて、老母をだまして山へ連れていって棄てた。その晩はちょうど美しい月夜で、男はじっと山を眺めているうちに無性に悲しくなった。男は「我が心なぐさめかねつ更級やをばすて山に照る月を見て」という一首のうたを詠んで、ふたたび老母を迎えにいった。

④ある孝行息子が、何かよくよくの理由があって、山奥に親を棄てにいくことになった。親もそのこ

とを承知で子に背負われたが、山中に入っていく道すがら、左右の小枝を折っていく。どうしてそのようなことをするのかと息子が問うと、老母は「おまえが帰るときに、道に迷わぬよう、手折っているのだ」と答えたので、息子は親の慈愛に深く感動して、何が何でもこの親を山中には棄てておけないと再び連れ戻り、以前にもまさる孝行をした。

柳田は、①の話は中国起源、②はインド起源の仏典『雑宝蔵経』、③④が日本独自の姥棄て伝説であるとし、自分は特にこの四番目の話をすることが目的でこの文章を書いたと心情を吐露している。そして、エッセイの最終章を「母の愛情」と題し、末尾に「奥山にしをる栞は誰のため身をかき分けて生める子の為」という、棄てられにいく老母の愛情のこもった歌を紹介し、次のように「親棄山」のエッセイを閉じている。

(或るひとりの母は) それを山に棄てられて行く老女の作のようにして、高い声を出して歌ったので、じっと聴いていた若い女たちも、親の有難さをじんと胸に響かせて、おそらくは皆涙ぐんだろうと思う。私は母に別れてからもう五十年にもなるが、それでもこの歌を聴くと思い出して、いつも孝行の足りなかったことを悔み歎かずにはいられない。

柳田は敗戦色の濃い戦時下にあって、亡き母への思慕と憧憬の念を込めてこの文章を綴っている。それは、ある意味では露骨ともいえるほど率直な心情告白であった。柳田は、戦地に赴いて死んでいく若い息子たちの母への思慕に思いを馳せながら、日本の「母の愛情」の甦りをひたすら願いつつ、これをしたためたのではないだろうか。柳田にとっての「姥棄て伝説」とは、生活の苦難と非常を超えて母の愛情と母への思慕を訴えかける物語にほかならなかった。少なくとも柳田は、そのような「母の力」に、すがるような思いを抱いていたといってよいだろう。

姥棄て伝説に類する棄老伝説は世界各地にみられるが、「棄老」ということが実際に長期間続けて行なわれた形跡はあまりない。

しかし、イヌイット（エスキモー）の社会には、新しいキャンプ地に移動するとき、しばらく移動してから、老人に忘れ物を元のキャンプ地まで取りに戻るように頼んで、そのまま置き去りにする、あるいは、老人自身が誰にも知らせずにキャンプを抜け出して戻ってこないという二種類の「遺棄」の仕方があるという。

狩猟社会で生きる力を失った者がたどる運命といえばそれまでではあるが、そこに、大自然や山上といった他界において、死んで霊魂となった者が子孫を見守り、いつか再びこの世に生まれ変わるといった循環する生命観があることを忘れてはならないだろう。

姥棄て（棄老）伝説には、世の中を生き抜いた老人の価値とともに、生命の霊的な循環というメッセージが込められており、老いて死んでいく者の知恵と慈愛と諦念が、生命の甦りへの捨身投企であることが物語られているのである。ある意味では、生命の自己犠牲なしに生命のリレーはないのである。

翁童の行方

——ユーモアを求めて

老親と住む

四年前（一九九一年）から妻の両親と一緒に暮らしている。古稀を過ぎて老人二人だけの生活では何かと不自由で不安もあるので、話し合って共に住むことを決めた。彼らには三人の子供がいて、そのうち二人は男なのだが、どちらも結婚して家を出た。そこで誰が一緒に住むかといったときに、娘夫婦がいちばん気がねなく生活できるということで、私たちの子供一人を含む五人で三世代家族を営むことになった。

一緒に住むにあたって問題となったのは、一つは何処に住むか、もう一つはどういう住まいに住むか、この二つである。何処に住むかについては三つの選択肢があった。一つは、両親の家に同居すること。二つめは、私たちの住むマンションかその近くのマンションに「スープの冷めない」距離で住むこと。三つめは、そのどちらでもない、まったく新しい手ごろな土地に家を買うか建てるかして一緒に住むこと。そこでいろいろと物件を探してみたが、これはといった場所と住まいが見つからない。結局、長年住み慣れた埼玉県大宮市の両親の家を建て直して一緒に住むことになった。

この結論を得るにあたっては、はっきりした一つの考えが作用した。それは若い者は新しい環境にいちはやく適応することができるが、老いた者はなかなかうまくそれができない。特に老人と子供は生活範囲・行動範囲が限定され、地域に密着しているので、隣近所の人々とのつながりが大変重要になる。とすれば、老人たちの生活世界や人間関係を尊重しつつ、住む場所を決めなければならない、というものであった。

これでは最初から結論は決まっていたようなものだが、しかしそれでも、老人夫婦も一生に一度くらいは気楽なマンション生活をしてみたいとか、もっと暖かい土地に住みたいとかの漠然とした希望もあって、いろいろと話をしたり模索したりしたわけである。とはいえ、話は結局落ちつくべきところに落ちついた。

もう一つ、それでは一緒に住むとして、どのような住宅構造を持つ住まいにするかという問題にぶつかった。これは予算や土地の大きさにかなり制約されるが、老人夫婦が一階に、われわれ夫婦が二階に住み、それぞれ、バス、トイレ、キッチンを別々に持つことになった。そして玄関は一つだが、裏手に二階に上がる外階段をつけることにした。

最初は、時々、夕食は一緒にとろうという話であったが、生活しているうちに、朝、昼はそれぞれの日常の生活リズムが異なるので別々に食事をするが、夕食はいつも一緒にとるようになった。その方が経済的かつ合理的で、会話もはずみ刺激があるので、いつしか夕食時にはみんなで食卓を囲むことになった。とはいっても、当の私の生活が不規則なので、私自身が夕食に加わるのは週に二、三回というところであった。

こうして、老夫婦と一緒に暮らしはじめて四年の間にいくつか具体的な発見があった。

子供のなかに老人が、老人のなかに子供が

かねてより私は『翁童論』（新曜社）なる主張をなし、子供のなかに老人が、老人のなかに子供がひそんでいることを主張してきた。子供は現実世界においては新しい人であるが、この世にやってくる前の世界、すなわち霊界においては旧人（老人）であり、老人はその反対に、現実世界であるこの世では古い人であるが、あの世では全くの新人である、と。老いと若とは、この世とあの世とをともに想定する限り、逆対応的な対称性をもっているのだ、と。つまり、老いとは若をきざすものであり、若とは老いを宿すものである、と。

このような主張は、死んだら一巻の終わり、すべては原子か塵に還元されるのだという「イデオロギー」をもっている人には奇怪な論理に映るだろう。しかしながら、古代から日本人がこれに似た思考をしつづけてきたことをここで銘記しておきたい。

二、三の事例を引いておこう。

わが国のみならず、アフリカ、アメリカ、オーストラリア、太平洋地域に住むネイティヴの文化には、祖父母あるいは曾祖父母と孫あるいは曾孫との特別な結びつきを語る伝承や儀礼が豊富にある。早い話が、子供が産まれたときに、「この子はおじいちゃん（おばあちゃん）の生まれ変わりだ」などと言うことがそうである。新たに生まれてくる子供のなかに死んでいった祖父母や曾祖父母の面影を見てとるばかりか、その魂の同一性を感じとり、愛《め》でようとするのである。

このような感覚を柳田國男は『先祖の話』のなかで、「祖父が孫に生まれて来るといふことが、あるいは通則であつた時代もあつたのではないか。といふわけは家の主人の通称に、一代置きの継承といふ例は少なくないからで、現に沖縄などは長男には祖父の名を、長女には祖母の名を付けるのが通例とな

つて居た」と述べている。かくいう私も、祖父の名を一字とって名づけられた。祖父は東助といったが、その「東」の字をとり、次男として生まれたので東二という名前をつけたのだ。それも、命名したのが祖父自身だったというからややこしい。もっとも、私自身はこの経緯からしていかなる点でも祖父の生まれ変わりではありえないが、しかし名づけを通して、あるいは名前を通して祖父との間に、ある表現しがたい特別なつながりの感覚があることは事実である。

もう一つ例にとろう。少し前に、『仏教』（法蔵館）という雑誌で、宗教学者の上田閑照と心理学者の河合隼雄が「宗教と癒し」というテーマで対談していたのを読んで、思わず膝をたたいて納得した。上田は次のような体験を紹介していた。

――ある日、比叡山の自分の住まいから山を下りて京都の町中に出ようとバスに乗った。とあるバス停で、比叡山に登ってくるバスとすれちがった。窓ガラス越しに向こうを見ると、三人の少年が窓ガラスに顔を押しつけてこちらを見ている。そのうちに、何とはなしに一人の少年がVサインをしてこちらに合図を送って寄こした。そのサインが自分に向けられているのを察知した上田は、思わず、Vサインではなく、三本の指を立てて向こうの少年たちに返礼した。三人の少年たちは驚いて顔を見合せた。とすぐさま、そのなかの一人の少年が一本指を立てて上田に合図した。ハッと思った瞬間に、しばし停車していたバスは互いに出発した。ほんの数秒の出来事であった。しかしその日一日、上田はある至福の感情に包まれて幸福であったという。

私はこの話を読んで、大いにうなずき、納得し、上田に親しみを覚えると同時に尊敬の念を抱いた。『翁童論』で書いたことがあるが、私もまた上田のこの体験に似たような子供との一瞬の出会いをもったからである。スキップをする子供との一瞬の出会いを。

これは、言葉を介さない禅問答のようでもあり、未知の宇宙人と遭遇したときの心のこもった挨拶のようでもあり、何といおうとここには言葉では言い表わしがたい密なコミュニケーションが成立している。

「表の子供」と「裏の子供」

私が上田の話に感動したのは、それだけではない。次にこの体験からヒントを得て、彼が次のような子供観を述べていたからだ。

——上田は言う。われわれのなかには、実は二人の子供が住んでいる、と。一人の子供は、表の自分となって年とともに、年相応に成長し変化してゆくが、しかし裏の自分であるもう一人の子供は年をとらないで子供のままでいる。外なる子供は変化して大人になるが、内なる子供は変化せずに子供のままでいる。どうもわれわれはこの二種類の子供を宿し、生きているのではないか、と。そして、かのバス停での一瞬に、外なる子供同士ではなく、内なる子供同士がその内密の感覚をもって出会ったのではないか、と。

これはまさに諺にいう「三つ子の魂百までも」である。確かに、発達心理学は、幼児から少年を経て青年、壮年、老年になってゆく心理的過程を説明する。しかしほんとうに、発達心理学が説明するように、人間の心は、あるいは人間存在というものはそのような直線的な発達をとげるものだろうか。私にははなはだ疑問である。むしろ、古人が言い伝えてきたように、「三つ子の魂百まで」という直観が正しいと思う。上田のいう、成長し変化することのない内奥にひそんでいる子供とはこの「三つ子の魂」のことであろう。そしてその「三つ子の魂」はよくユーモアを知る魂である。

この上田の分析に対して、河合隼雄はユング派の心理学者らしく、そうともいえるが、むしろ一人の人間のなかには、子供も少年も青年も中年も老年も全部一緒に住んでいるのだと答えている。総合的かつ全体的な人間観として私は河合やユングの意見に賛成するが、しかし、上田がもった子供との交信やそこから汲み上げてきた表象のリアリティこそがわれわれ一人ひとりを豊かにし、幸福にする道であると思うのだ。七十歳に近づいた上田が、バス停での子供たちとの言葉なき交信を通して、さらに深く、外なる子供――それは老年となった自分であり、老年となる前の少年たちであるのだが――と自分のなかの内なる子供を発見したことが大事なのだ。それは理論ではなく、経験を通してつかまえられ、生命を吹き込まれるべきものだから。

徳を積んだユーモア

老人たちがみずからの内にもみずからの外にも、もう一度子供を発見し、それと出会うこと。老年を豊かにする知恵はここにあると私は信じる。そして同時に、その反対に、子供たちや少年・青年たちが、みずからの内にもみずからの外にも老人を発見し、それと出会うこと。それが子供たちの人生を豊かに、幅広いものにすることを私は信じて疑わない。

この十五年来、私は、保育園や幼稚園などの幼児施設と、老人ホームや老人病院などの老人施設を一つに組み合わせるべきだという主張をあちこちでくりかえしている。もちろん、家庭内で三世代家族を営むことができれば、それはそれでよいのだが、それだけでは足りない。子供と老人が地域に根ざし、ある意味で地域の氏神や産土神《うぶすながみ》に一等近い存在であるゆえに、彼らはその地域のなかで憩い、交わり、生きることができなければならないのだ。急速な都市化や近代化はそうした地域的特性や交わりを捨象してきた。しかし、これからは、もう一度、その土地土地に生きる一人ひとりの固有の生がかえりみられなければならない。子供と老人がどのような豊かな交わりをもてるか、これが地域再生の一つの鍵だと私は思っている。

四年間「マスオさん」の役割を演じてきて――といっても、いやいやしているわけではなく、進んで行なっているのだが――、さらに深く、細かく具体的に老人のなかに子供を発見することができた。

そこで得た結論はこういうものである。

――確かに老人は、年をとればとるほど子供化する。幼児化する。歩けなくなり、言葉もおぼつかなくなり、手間ひまがかかる。面倒がかかる。

しかし、もちろん子供と老人は決定的に違う。老人は自分の生きてきた人生を背負っている。責任をもっている。そのなかで獲得してきたことによって、生の財産を豊かにすることができたかどうか、一人ひとり異なっている。老人は、自分でそれを肯定するか否定するかいずれにせよ、みずから今ここの自己をつくってきたのだ。この世における経験とその経験から得られた洞察や思想によってみずからの老年を築いてきた。

その意味では、確かに、「表の子供」は経験を通して変化し、成長するといえる。しかしその内奥に、子供のままでいる「裏の子供・奥の子供」がいる。老年になってそういう「裏の子供・奥の子供」が輝き出るようにできるのが、老人の経験と知恵の成果であろう。

年老いた両親と住んでいて思うのは、老いにはユーモアが絶対に必要だということだ。ユーモアは深い経験と洞察から汲み上げられた知恵なしに豊かなユーモアとはなりえない。老いることによって、それだけでそこはかとないユーモアを漂わせることができる人は、おそらく人生においてユーモアに通じる徳を積んできた人であろう。ユーモアは一朝一夕に成るものではない。老人が子供たちにユーモアを伝えることができたならば、またユーモアのある環境を整えることができたならば、その家庭も地域もさらに豊かで生き生きとしたものになるであろう。

老人が死んでゆくときにもユーモアを忘れることがなければ、それだけで周りはどれほど救われ、幸福になるだろうか。子供に本質的に宿っているユーモアを磨くことができるのは、老人の知恵と死に対する覚悟をもったユーモアである。死んでゆくときにも、片目をつぶってあちらへ赴くぐらいの余裕とユーモアがほしいものだ。

ユーモアのない老後は、墓場よりも淋しい。

別れと目覚め

むかし、あるときふいに、

わかれとは
いのちのめざめ
めざめることの　いたみ

という言葉が浮かんできた。

別れは辛い。仏教でいう「四苦八苦」のうち、五番目に「愛別離苦」があげられているが、別れのなかでももっとも辛いのは愛する者との別離であろう。恋人との、配偶者との、肉親との、友人との、師との、子供との別離。そして、この肉体を持つ自分自身との別れ、別れほど苦しさと悲しさを呼び起こすものはない。

別れは喪失である。関係の変化であり切断である。そして何よりも、痛みである。

しかし、別れが喪失であり変化であり切断であり痛みであるがゆえに、それは必然的に生きてゆくことへの気づきと洞察と諦念を呼び起こす。その意味では、別れとは痛みを伴う目覚めなのである。別れを通してしか生命は成長し目覚めることができない宿業のようなものを持っている。ずっとこのままの状態でいることができるならば、と思う時も一度ならずあるであろう。しかし必ず目覚めの時が来る。別れとはそのような必然的な目覚めの時なのである。

この正月（一九九六年）に義父が倒れ、一月二十五日に他界した。享年七十九歳であった。五年間同居したあとの突然の死だった。その前後に親しい人がたてつづけに三人亡くなり、一月、二月は死別というものをいやというほど味わった。

そこで、いやおうなく考えさせられたのが葬儀と死者の魂についてである。葬儀とは死者と生者との別れの儀式である。その別れの儀式をどのように体験するかは、死者にとっても生者にとっても重要な意味を持つ。生体が死体になる。これは生物学的な変化である。その死体が儀式を通して死後の世界へと旅立つ。これは社会文化的な死体の霊的変容とでもいうべき事態である。死者との別れとは、この生物学的変化と霊的変化をともに受け入れ、了解し合う事態なのである。

私が妻の両親と同居し始めたのは、七十歳を超えて身体の衰弱してきた両親が老後を少しでも心安らかに暮らすことができるようにとの思いからで、関係者でよく話し合った上でのことであった。結果的には、仕事を引退して暇をもてあまし気味の義父と五年間をともにすることができたことは双方にとってもまた私たちの子供にとってもよいことであったと思う。

ところが、義父の死去に際して問題が起こった。それは葬儀の仕方をどうするかという問題である。生前、義父とは老人の暮らし方や生きがいについて、また葬儀のことについて話すこともあったが、いざ当人が死去してみると、それをどのように執り行なうかについては決定的な形がなかった。

というのも、義父の両親はともに九十歳半ばで死去し、大宮市の浄土真宗の僧侶に頼んで仏式で葬儀を行なったが、特定の宗教を持たない両親はいつしかその寺とも疎遠になり、檀家を離脱していたので、ふたたびその寺に頼むのは困難だったからだ。そこで私の友人の日蓮宗の僧侶に頼もうということで義母とも親族とも了解していたのだが、葬儀の日にちの件などで義母が難色を示し始め、いろいろと話し合った結果、地元の神社である大宮氷川神社の神主さんに頼もうということになった。

その理由は、まず第一に、義父が生前坊さん嫌いを公言していたこと。第二に、生まれた地元の神社が大宮氷川神社で、初詣で以外にもしょっちゅう参拝していたこと。第三に、神職の資格を持ち、神仏習合で日々の家庭祭祀を行なっている私が葬式後の祭祀を引き継いで行なうことができること。こうした諸理由に基づいて神葬祭で儀式を執り行なうことに親族の反対もなかった。

とはいえ、五十日祭、百日祭の斎主を私自身が務めたものの、本当にこの葬儀の仕方で良かったのかどうか自信がなかった。自分の主張を義母や親族に強引に認めさせてしまったのではないか。何よりも、死んでいった義父がこれで満足しているかどうか不安があった。毎朝、義父の祭壇の前で祈願しながらも疑念が完全に晴れることはなかった。

五十日祭を執行し、祝詞を奏上している最中、突然涙があふれ出てきて、後の言葉が続かなくなった。大宮駅へ向かう途中で、ああ義父は死んだのだなあと思うと、ふいに涙がこぼれ落ちることもしばしばあった。十四歳の春、実の父親が交通事故で突然死したときには一滴の涙も流れず、悲しく思うことはなかったのに。

百日祭が過ぎたある日、妻が言った。「今日、お父ちゃんが夢に出てきて、このお祀《まつ》りの仕方でいいのって聞いたら、ニコニコしながら、ああいいんだよ、って言ってくれた」と。

実は、仏式から神式に葬儀を変えたことに妻も不安を抱いていたのだ。だが、その日から、これはこれで良かったのだ、これ以外の選択はなかったのだと納得することにした。

死者の霊的変化を私たちはこのとき実感した。死者が私たちから一歩遠ざかると同時に、少し高みに登ったような気がした。死者が私たちに投げかけた問題に対して、絶対的に正しい解ではないとしても、自分たちにできうる解答を与えたのだと思った。

別れとは、生命《いのち》の目覚め
目覚めることの痛み

今もなおそう思うのだ。

稲垣足穂の宇宙論と異界論

1　「瞬間」の形而上学

稲垣足穂ほど「瞬間」という事態に深い形而上学的意味を見出した人はいないと私は思う。彼のデビュー作『一千一秒物語』（一九二三年）は、なるほどタイトルこそ『一千一夜物語』のもじりであるが、足穂が「一千一秒」に込めた意味はとてつもなく深く、はかない。

　のちに、ハイデッガーやオスカー・ベッカーを援用して書いた哲学的エッセイ「美のはかなさ」（一九五二年）のなかで、次のようなオスカー・ベッカーの文章を引用している。「換言スレバ美ノ〝脆さ〟（独 Fragilität）則チ壊レ易サ、飛躍的創造ニヨッテ成リ出デ、周囲カラ全ク隔絶サレテ完結自足スル美ノ尖端的小宇宙的形象ハソノ内的性質ノ些少ノ変化ニヨッテモ忽チ崩落スル、コノ傷キ易イ美的対象ヲ十全ナ把握ニヨッテ潜勢的状態カラ現実的存在ニ齎スベキ美的体験モ亦同様ニ飛躍的孤立的ナ、極メテ傷ツキ易イ刹那的体験デアル」。

　足穂がこれを読んで驚喜したのも無理はない。なぜなら「飛躍的創造によって成り出で、周囲から全く隔絶されて完結自足する美の尖端的小宇宙的形象」とは、ほかならぬ『一千一秒物語』それ自体であったからだ。足穂はこの「美の〝脆さ〟(Fragilität)」の哲学にみずからのもつ「一千一秒」哲学と同質の形而上学的直観を見出して驚喜したのである。

足穂は言う。「日常人《マン》を脱して本来的自己に目醒めているような現存からも、美的体験は孤立している。いったい同一の主観の、同一の美的対象への同一の体験は、確実にはくり返し得ない。故に、美的なるものは、極端に傷つき易い瞬間的な体験の中にある」と。美的なるものが「瞬間の尖端」であることを足穂は強調する。そして芸術家がこの「瞬間の尖端」と合一不可能な「永遠」との間の深淵に立っていることを指摘する。「その作品の完成に従事する芸術家は、だから『瞬間的』(完了しつつ且つ未来的)であり、また『永遠』である。彼は同時に二つであり、彼が同時にこの合一不可能なものであることを知っている」。

足穂はこうして、「作品は一瞬間のみにある。それは『今』この作品であり、『今』もはやそれでない。(中略)時のこの絶対の非連続性は、作品の、絶対に孤立せしめる宇宙的性格から生ずる」と言う。足穂がくりかえし説く「瞬間=今」の絶対的非連続性は「宇宙的性格」をもつ事態なのである。足穂がみずからの原稿にいくたびも手を入れ、そのつどまったく新しい相貌をもつ作品につくりかえようとしたのも、こうした「宇宙的性格」を自覚していたがためかもしれない。

ところで「はかなさ」や「こわれやすさ」を意味する「Fragilität《フラギリテート》(英 fragility)」は「破片、断片、かけら、断章」を意味する「Fragmente《フラグメンテ》(英 fragment)」と同語源である。『一千一秒物語』以来、一貫して足穂が体系ではなく断片《フラグメンテ》にこだわりつづけたのも、彼が子供のときから抱きつづけた「瞬間」の形而上学のなせる業だったのである。

瞬間とは時間中の虚無点である

絶対的非連続性を標榜する「瞬間」の形而上学は、空間論としては、均質的な連続性に立脚するユークリッド幾何学を排し、三角形の内角の和が二直角にならないことを証明する非ユークリッド幾何学に行き着く。いかなる平行線もいつしか必ず交ってしまう、より小なる曲率を有するリーマン空間と、直線外の一点を通過する平行線は無数に引くことができる、より大なる曲率を有するロバチェフスキー空間である。

問題は、ロシアの天才数学者ニコライ・ロバチェフスキーによって発見されたより大なる曲率を有する「双曲線的空間」(「あべこべになった世界に就て」一九三九年)である。この空間は、あらゆるユークリッド的空間もリーマン的空間もその内に含むことができると足穂は言う。足穂はこの空間では「私達は頭上に向って落下しつつある」と言い、それは「アベコベになった空間、裏返しになった世界、消費するだけ儲けになるみたいな場所」であり、「これこそ正に大悲大慈の世界」だと言う。ここでは、空間は先に行くにつれて拡がり、世界の限界はすぐ眼前の手の届きそうなところに見えているにもかかわらず、行っても行っても無辺際となる。

重要なのは、足穂が「『ロバチェフスキー空間』は、その曲率の値を増すにつれて、いよいよ大慈大悲の境地に近付く」とか、その消息を「究極的負債が無限の財産に通じているのに似ている」と述べている点である。つまり、足穂の宇宙論は宗教的異界論へとつねに溶融しがちなのだ。たとえば、ド・ジッター宇宙模型とは、「空間の膨張が加速度を加えていまは密度も輻射も無限小となり、この上ふくれようにも何も無い、仏教用語で云う無色界の最高所『非々想天』とでも云うべき状態」(『僕の〝ユリーカ〟』)であるというのも同様である。

ともあれ、こうした空間においてはじめて、五十六億七千万年もの未来に出現するといわれる弥勒菩薩が無限遠点に近在しつづけ、ついには今ここの私と同一化するわけである。「いったい遠隔へ逸脱した菩薩たちも、当然として現実世界まで立戻っていなければならぬ」（『弥勒』）のだから。しからば、待ちわびる遠方の〈聖者《セイント》・弥勒仏〉とは究極の遠点としての〈私〉である。足穂が自伝的小説『弥勒』のなかで描いた、自分こそが「釈迦牟尼仏の説法に漏れた衆生を済度すべき使命を託された者」すなわち弥勒であるという主人公江美留の悟りとは、この「大悲大慈」のロバチェフスキー的空間においてのみ成立する形而上学的「瞬間」なのだ。

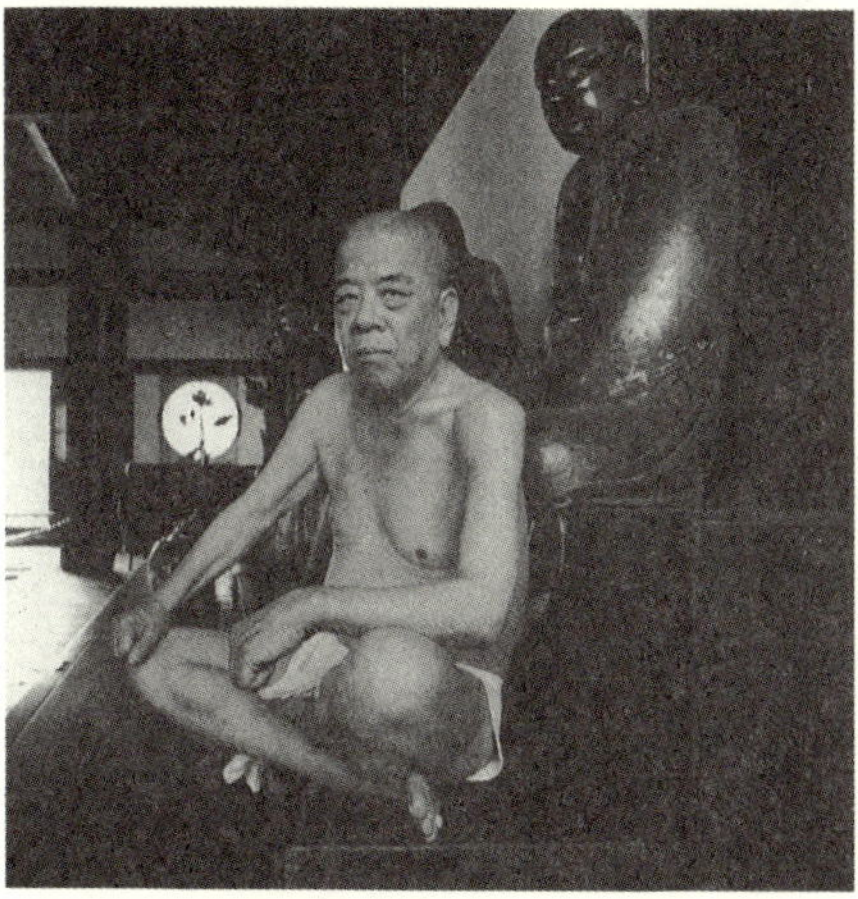
稲垣足穂（撮影・細江英公）

興味深いのは、「天がひらいてそこに諸聖者が群がっている」西洋の宗教画は一種のロバチェフスキー的技法を用いて描いた絵画だと説明している点である。どうやら、足穂の天上界論や魔界論はこのロバチェフスキー空間と無縁どころか、切っても切り離せない密接不離の関係にあるのだ。

「四次元談義」と題するエッセイのなかで、足穂は仏教哲学書の『倶舎論』を引き合いに出して、宇宙の中心に聳える須弥山の周辺に棲む欲界天族、南方の大海中にある三角州に居住する人間族、須弥山の絶頂から上空にひろがる虚空界の住民の生存様式を記している。それによると、虚空族の男女は、まるで『バーバレラ』のように、双方が手を握り合わすだけで女性の膝の上に赤ん坊が生まれるという。「もっと上級になると、顔を見合わして笑っただけ」で同じことが起きるという。こうして「忉利天、夜摩天、兜率天、楽変化天、他化自在天と上昇するにつれて、だんだん高尚な存在となり、初禅天すなわち諸々の梵天を過ぎると、空間を絶する巨大な軀になり、次には形態を超えた生物になってしまう。けれども未だ心が残留しているから、彼らには悩みがあり、従って時空の繋縛を脱するわけにいかず、那由佗劫《なゆたこう》とか阿僧祇劫《あそうぎこう》とかいう、眼まいがするような莫大な時間単位の下に、生死を繰返している。しかも未だ上方には、有頂天すなわち非想非々想天が存在している」と説くのである。ここでいう「非々想天」を別のところでド・ジッターの宇宙模型にたとえていたことを想い起こそう。

「フウテン族の曲率――聖者への道」（一九六八年）と題するエッセイにも、同様の諸世界論をさらに詳しく開陳しているが、そのなかに次のような一節がある。「私はむしろ、フウテン族やヒッピー的ゆがみは地獄に向かっているが、逆方向にも上昇していると見るものである。それは他化自在天の曲率が下方の欲界諸天に影響されながら、なお上方位の天界へ歪んでいるように。また、われわれのカーヴが、修羅、畜生、餓鬼、地獄の方へ傾斜しながら、同時に、声聞、縁覚、仏、菩薩の界域に引きつけられているように」。

足穂が天使や天狗に強い関心をもつのは、彼らが「A感覚には翼がある」という消息をつねにメッセージしつづけている存在だからである。天界と地獄を遍歴し飛行しつづけるA感覚の翼こそ絶対の非連続性を軽々とジャンプすることのできる唯一の羽根なのである。

「瞬間」の形而上学が、宇宙論と異界論という両翼をもっていることは、遺作『物質の将来』（一九七四年）の次の一節を見れば明らかであろう。曰く、「こんな刹那はプラトンの『突如態』またハイデッガーの『瞬視』に相応する。瞬間とは時間中の虚無点である。われわれはこの不可思議な点を介して、『永遠』と『今』とに交渉している。しかし、ハイデッガーの『アウゲンブリック』(瞬視)は、『今』をもってしては説明出来ないものである。これは歴史の中の一点ではなくて、却って歴史がそこから始まる所の原点なのである」。

稲垣足穂、この「宇宙的性格」の持ち主は、死ぬまで「一千一秒」物語を生きつづけた人である。南無瞬間大師遍照金剛!

2 AO宇宙船の飛翔

一九七二年の二月、ふと思い立って桃山の稲垣足穂をたずねたことがある。自室に招き入れられた私たちは酒と葉巻を交互に飲みかつ吸いながら、足穂の奔放な語りに耳を傾けた。そのとき私たちは巨頭のETの乗る宇宙船に招待された異星人のような奇妙な心地がしたものだ。

実はこの稲垣足穂が『一千一秒物語』や『僕の〝ユリーカ〟』をはじめ、独自の宇宙論を展開したことはよく知られている。彼は、オランダの天文学者ド・ジッターへの偏愛を語り、「宇宙の自己抽象が極限に達した」というその宇宙模型を仏教でいう無色界の「非々想天」にたとえ、無の消息を伝えるガランドウの宇宙論を展開したのである。

思えば稲垣足穂は、戦前戦後のカオス(混沌)の時代を通じて一貫してコスモス(宇宙)すなわち高次の秩序を追求した稀有の思想家であった。三島由紀夫、澁澤龍彦、松岡正剛らの絶賛と注釈によって、次第にその相貌が明らかになってきたが、南方熊楠や宮沢賢治と同様に未だその作品世界は謎に包まれ、不可思議な光芒を放っている。興味深いことは、彼らが三者三様に科学と宗教と芸術との結合を語った点であり、その世界感覚の根底にシャーマン的知性と曼荼羅的宇宙観を持っていた点である。宇宙論への関心と連動して彼らの業績が見直されつつあることには時代的必然性があろう。

　稲垣足穂はまた、「人体は抽象してみると、ＯからＡに到る円筒」であると述べ、口腔（Ｏ＝オーラル）と肛門（Ａ＝アヌス）を一本の管とするＡＯパイプ人体宇宙論を展開したが、彼が天体宇宙と人体宇宙を一つながりのものとして直覚したのは卓見であった。古来、神秘思想の伝統のなかで、「大宇宙（マクロコスモス）と小宇宙（ミクロコスモス）との照応」と言い伝えられてきた事態を足穂独自の少年愛―機械学―宇宙論の三位一体説に翻案してみせたからだ。

　熊楠や賢治や足穂は等しく、イデオロギーではなくコスモロジーを語った人たちであったが、同時に彼らの宇宙論は単なる観念的な仏教的宇宙観であるにとどまらず、機械学や博物学などの具体の科学に裏打ちされていた点も見のがせない。彼らが独自のアートとサイエンティフィックな思考によって宗教の領域に鋭く迫ったことは特筆されていい。

　さて、天体宇宙（マクロコスモス）と人体宇宙（ミクロコスモス）との微妙な相関関係は、一九六九年七月にアポロ宇宙飛行士が月面に降り立って以来新しい段階を迎えるにいたった。というのも、アポロ宇宙飛行士の何人かが、「はるか月面から私たちの星、地球を見たとき、私は神性を感知した」とか、宇宙体験によって物の見方が根底から変わったなどと語り、宇宙の無重量状態や弱い重力場でどのような生理的―心理的―魂理的（霊的）体験が生起するのかが問題になってきたからだ。つまり、スタンリー・キューブリックの『２００１年宇宙の旅』がつぶさに表現してみせたように、宇宙体験が一種の臨死体験や神秘体験とも共通する意識の変容状態をもたらす点に関心が寄せられるようになってきたからだ。

以前、「宇宙船地球号」の命名者バックミンスター・フラーの展覧会が開かれていた新宿の禅寺で、宇宙飛行士で米ソ宇宙探検家協会会長のラッセル・シュワイカート氏とアリョーグ・マカロフ氏らにインタビューしたことがある。私はそこで彼らに宇宙でどのような夢を見たか、宇宙空間に出たときの生理的—心理的変化、臨死体験との共通性などについてたずねた。

一九九一年三月、東京で日本国際宇宙文化会議主催の第二回宇宙国際シンポジウムが開かれたとき、パネリストの一人の大島清教授は宇宙空間ではREM睡眠が地上の四倍に増えるというデータがあることを発表した。ということは、宇宙では地球重力場の四倍も夢見の状態が増えるということであろう。少なくとも、地球上でよりももっと意識変容状態に入りやすいことは確かである。中国情報省の宇宙医学研究所は、数年後、有人宇宙飛行の際にテレパシーをはじめとする超能力の実験を試みる予定だという。はたして宇宙空間で気や念はどのように伝わるものなのだろうか。

現代の科学技術文明は、重力という女神（大地母神）から人類を離乳させつつある。このとき、現代の宗教と科学と芸術においてはどのように内宇宙と外宇宙を再結合させうるかが問われることになるだろう。今ほど生理と心理と魂理の三層世界を統一的につなぐ宇宙論が求められている時代はない。

3　「逆流」の哲学

稲垣足穂にはどこかしら風狂の道者のおもむきがあった。「身辺無一物」を標榜し、酒杯を傾けながら、香の物以外の「おかず」を食べることを潔しとしなかった態度を見ていると、一休のようなはぐれ禅僧のおもむきがあった。

新聞紙にくるまり、口にするものはといえばもっぱら「般若湯」ばかりの生活。半自伝的小説『弥勒』によると、そうした自堕落とも苦行ともいえるような生活のなかで見出したものは、なんと自分こそが五十六億七千万年後に釈迦の救いにもれた衆生を救済するために下生するといわれた弥勒菩薩その人にほかならないという「悟り」であった。五十六億七千万年という、およそリアリティを欠いたはるか未来の一点が今ここの自分に「逆流《ぎゃくる》」し現成するという不可思議な事態。無限遠点が今ここの私にほかならず、畢竟するに宇宙の果てとは今ここの私なのだという倒錯屈折した自覚。

処女作『一千一秒物語』から『弥勒』や『僕の〝ユリーカ〟』にまで一貫しているのは、遠くは近い、近くは遠いという「反対物の一致」の直観である。自分のことすら救うことのできないような極貧の瘋癲が救いをもたらす未来仏であるという逆転。その『弥勒』の主人公江美留の「悟り」を足穂は次のように述べている。

ここにおいて江美留は悟った。婆羅門の子、その名は阿逸多、今から五十六億七千万年の後、龍華樹下において成道して、先の釈迦牟尼仏の説法に漏れた衆生を済度すべき使命を托された者は、まさにこの自分でなければならないと。

こうした遠近法の反転ともいうべき事態は、足穂好みの宇宙論のなかで「ロバチェフスキー空間」の体験として述べられている。平行線が空間の曲率によって離反しつづけるロバチェフスキー空間は、その逆に平行線の交わるリーマン空間とともに非ユークリッド幾何学を構成する。足穂によれば、このロバチェフスキー空間は、「視角は先方へ行くほど拡大する。世界の果はすぐそこに見えているに拘らず、いくら進んでも進んでも限界に到達することが出来ない」、「その曲率の値を増すにつれて、いよいよ大慈大悲の境地に近づくかのようである。それは……究極的負債が無限の財産に通じているのに似ている」(「ロバチェフスキー空間を旋りて」)と説明される。この「究極的負債」が「無限の財産」に反転するというイメージこそが足穂がもっとも好んだイメージであった。であればこそ、「身辺無一物」で「究極的負債」の権化のような江美留は「無限の財産」たる未来仏に転じうるのだ。

足穂の特異な身体論であるA感覚をめぐる論考も、すべてこうした反転ないし逆流の哲学が息づいている。もっとも不浄で下品で隠蔽された身体局所とされている肛門にもっとも根源的な聖性を見出す思考。「A感覚には翼がある」とはいかにも足穂的な言辞《レトリック》であり美学である。

このように見てくると、稲垣足穂には「あべこべ」に対する拭いがたい嗜好があるかにみえる。そしてその「あべこべ」こそが存在世界の仮象性をはがし本質を露わにする機会だという思いがあるかにみえる。たとえば——

何事にも気乗りがしなくなって、よんどころなく創作と取組み、ひょっとして何らかの成果が上ったら幸いというものである。芸術とはもともとそんな仕事なのだ。それは仏教で云う「逆流」であって、世間法とはあべこべに行こうとするものである。世捨人とは体制に対する反抗者であり、捨てるということに彼の全エネルギーを傾けている者を云う。(「タルホ＝コスモロジー」)

時間の否定というのは無謀のようなことやけど、その時間におもねると見せかけながら逆に行く、そういうことじゃなきゃ芸術家も革命家も生まれませんよ。人間の枠をはみ出したところ、根底的歴史から逆流するもの、そういう場所に、僕のいう精神性があるわけですね。（「生の連続」）

「逆流」とは仏教用語で「生死の流れにさからい、さとりに向かって進むこと」（中村元『仏教語大辞典』）を意味する。「順流」のなかにあってはけっして見えない世界の本質や実相に直接していこうとするのが「逆流」の生き方である。「逆流」という観点からすれば、一見無為徒食の輩に見える江美留こそ「さとりに向かって進む」菩薩だともいえる。

足穂は『一千一秒物語』以来、今ここの具体のなかに永遠性を見ようとする至近遠視の世界を表現しつづけてきた。もっとも近くにあるものをもっとも遠くに見、もっとも卑近で俗なるもののなかに至高の聖性を覗き見た。A感覚論―宇宙論―機械学の三位一体もこうした「逆流」の哲学に基礎づけられている。仏教では国法・世間法・仏法を分け、仏法こそが世俗の二法を超える超法であり真諦であると主張する。「逆流」もまた世俗の法を超えるものであることを足穂は強調する。

「世にはそんな聖なる種族があって、その中には磔刑になった者さえあるではないか。この不可思議な、世間法とは逆行しているかのような存在とは一体、どんな意味を持つのか？」（「白昼見」）

「キリストはダンディの極み」と言い放った足穂からすれば、「逆流」こそダンディズムの風体そのものだったのである。

風と球《たま》の人・横尾龍彦

1　霊性の画家・横尾龍彦

横尾龍彦（一九二八年〜　）は「風と球の画家」である。彼の画業の前半生は球を、そして後半生は風を主題にしている。

興味深いのは、このいずれもが、すなわち風も球（玉）もともに霊魂を暗示し含意している点である。ギリシャ語で霊魂を意味する語「プネウマ pneuma」は、呼吸《いき》とか風を意味する言葉であった。風は天地の呼吸であり、息は人体や動植物の呼吸である。それはともに、天地・万物・人体・自然に大いなる循環と生成変化をもたらす源泉である。

日本語の古語で「風」を表わす語「ち」も、同様に霊魂を含意している。「ちはやぶる」とか「たまちはふ」という枕詞が「神」にかかる言葉であるのを見ればわかるように、神は霊威すなわち「ち」の勢いの盛んなるさまを示す存在である。「ち」は、「霊・風・道・血・乳」など多義を含んでいる。いずれも大自然から風土・人体にいたるまでの循環するいのちの本性を示している。

以上のように、風も球もともに霊魂を意味するならば、より端的に、横尾龍彦を「霊魂の画家」、あるいは「霊性の画家」と呼ぶべきであろう。現在生存する画家のなかで、横尾龍彦はもっとも「霊的」な人生と画業と思想を生きぬいてきた人物であると私は思う。

横尾龍彦の母は、九州の福岡に住むすぐれた霊感者であり神業者であった。おのが身に神意や霊意を受け、それを周りの人々に示し、あるときは病気治療を、あるときは人間関係の改善を、またあるときは人としてあることの使命と自覚と生きがいを引き出し、指針と問題解決を与えつづけてきた。

横尾はその母の長男として、幼少の頃から、神前の水を取り替え、お供え物をし、朝拝の準備を整え、母とともに神前に礼拝することを日課としてきた。この母の姿が横尾の人生の根底に生きつづけている。そして、母を通じて示現する神的存在や宇宙的存在の意志に対する深い畏敬と怖れの念が、横尾をして「霊的」な人生と実践に促しつづけている。

横尾龍彦の父は画家であった。しかし、霊能者の妻を持つ男は、男性としては決して幸福であったとはいえないであろう。自分の妻は、いわば神の嫁であり、霊的な次元で神の妻である。自分の手の届かないところにいる妻を見て、一人孤独をかこつ時が少なくなかったであろうことは想像に難くない。妻が自分の憩いの場とも安らぎの座ともならない。霊能者である妻は、自分の性格も素行も画家としての力量もすべてを見ぬき、「霊的」な高みにいて神に仕えている。神の妻をおのれの妻として持った者が味わわざるをえない苦しみと欲求不満を横尾の父は持ったと思われる。

横尾龍彦はその父と母の子供である。一方では、芸術的な、かつエロス的な衝動に促され、もう一方では、宗教的・霊的な、かつアガペー的な希求に促される。芸術と宗教、エロスとアガペー、肉体と霊魂、美と信仰に分裂し、霊・魂・体を引き裂かれながら、その統合を求め、格闘してきた。それが横尾龍彦の人生であり、画業だったのではないだろうか。

2　三度の神秘体験Ⅰ――光体出現

少年の頃、ある夜、横尾は部屋の中に白金色に光り輝く「球」の出現を見た。このときの驚きと神秘と畏敬の感情が横尾龍彦の画業に底流している。

横尾はある自伝的な文章のなかで次のように記している。

私の人生における神秘体験は三回あります。私の少年期と青年期、そして晩年です。

家は代々禅宗でしたが、母が私の幼児の頃、密教の阿闍梨の憑代となって霊能力が拓け、新興宗教を興す程にまでには到りませんでしたが、母の霊的力のお蔭で、家中が光明に充たされ幸せな時間であった記憶があります。

長男であった私は、神棚のおさかきの水を替えたり燈明を灯したり清掃するのが決められた日課になっていました。毎日知らず識らずの内に敬神の念を培われてきたと思います。

十歳の頃学校から帰って、姉と宿題をするために机にむかっていたのですが、眼の前のガラス窓に真白に輝く丸い光体を見たのです。一緒に見た姉は驚いてすぐに母を呼びに走ったのですが、その数秒間私はその光体に見とれていました。母と姉がやって来た時、すでにその円い光体は消えていましたが、母はそれを高級霊であると説明してくれました。

また当時母は多くの人々に霊的なお話をしていましたが、そのような時、必ず窓のすりガラスに無数の丸い斑点がつくのです。母は私に神棚の塩でこするように指示し、塩でこするとそれらの丸い形はすっと消えてしまうのでした。母の説明では祖霊とその眷族が印を残していったのだとのことでした。

そのような出来事が不思議で、子供の幻想性をともなってメルヘン的神話世界の中に生きていました。子供の頃よく病気をしましたが、医者に行ったことがなく、いつも父が手を按いて癒していました。その特殊な霊的恩恵は、昭和十六年頃までで、第二次世界大戦の頃は、母の霊界通信はとだえ勝ちになります。（横尾龍彦「芸術と宗教」『岡田茂吉研究9』岡田茂吉全集刊行委員会刊、一九九四年）

横尾龍彦の一回目の神秘体験は、十歳時の「光体」を目撃する体験である。「真白に輝く丸い光体」は数秒間だけ出現し、すぐに忽然とかき消えてしまうが、横尾はそれが消え去っていくまで一人で見つづけた。

時に、横尾龍彦の眼光を鋭いとも怖いとも思うことがある。それは心の奥を透かし見る透視力を持っているかのようである。物質的事象の背後に霊的な原由を探りあてようとでもしているかのような鋭く奥深い眼光。おそらく、そうした眼光の生じてくるきっかけの一つにこの「光体」目撃体験があったと思われる。そういえば、幻想画風の作品を描きつづけた初期や中期のタブローに球体が必ずといっていいほどに登場しているが、それは横尾が少年の頃に見た「光体」ともまた彼の「眼光」すなわち「霊的眼球」とも無関係ではないだろう。横尾を「霊魂の画家」と呼ぶゆえんである。

3　三度の神秘体験II――天地合体

第二の神秘体験は二十五歳の時に訪れる。十七歳で敗戦を迎えた横尾は、幼少の頃から親しんできたシャーマニスティックな神道を全否定するようになる。それは横尾がシャーマニスティックな神道と近代天皇制のなかでの強制的な「国家神道」や軍国主義を混同したために生じてきた態度であるが、当時の国民のほとんどがそうした「神道」否定の態度に傾いていたことも否定できぬ事実であった。

横尾はしかし、戦争中、霊能力をもっていた母から「宗教は将来なくなりますが、芸術がそれに代わる時が来ます。お前は芸術をやりなさい」と言われ、当時の少年たちが特攻隊や軍人に志願していくなかで、非難の眼を尻目に東京美術学校（現東京芸術大学）への進学を決意する。そして美学生時代の横尾は、ニーチェやサルトルやカミュなどの実存主義にかぶれ、やがてアメリカ人宣教師の説教のなかに、「美しく優しい神霊の力を直観的に感じ」、「神の愛」を見、洗礼を受け、それにとどまらず、東京芸術大学日本画科を卒業後、神学校にまで進むことになる。

だが、エロス的な愛とアガペー的な愛との葛藤に悩み、二年で神学校を退学し、画家として再出発しようと考え、結論を得るために、一週間、裏山に籠って祈りつづけた。そしてある日、次のような神秘体験を持った。

ある夜更け、天と地が全く一つに合体してしまい、広い不思議な空間に遊泳している自分を見出したのです。その時あきらかに神の声を聞いたのです。

それは不思議な体験でした。次の日、誰も居ない森の中に入っていくと、木々は黄金色に輝いていて、まるで物を語りかけるような親しみに満ちて私を包んでくれるのでした。私は美を見た、永遠を見たと思い確信をもって芸術の道へ進む決心をしたのでした。

横尾の人生と画業を思うたびに、私はヘルマン・ヘッセの小説『知と愛――ナルチスとゴルトムント』を想い出す。キリスト教の至純な信仰と明晰この上ない理性を持つ修道院の若き優秀な学僧ナルチスと、純朴で明るく一心に聖なるものへの献身に向かおうとする生徒ゴルトムントとの出会いと交流と別れ、そして晩年における再会が描かれたこの長篇小説は、まさしく横尾がみずから書いた自伝的エッセイ「芸術と宗教」における自己の魂の分裂と統合を主題としている。エロスに向かう横尾の若き魂がゴルトムントの像に結実するとするならば、エロス的な衝動を断念し超越してアガペー的な神の愛に生きようとする横尾の老いたる魂がナルチスの像に結実する。

横尾龍彦と接していていつも思うことだが、この人はとても頭のいい人だ、ということである。横尾は芸術家には珍しいくらい明晰な理性を持った人である。同時に、すぐれて直観的・感覚的でもある。この深い直観と明晰な理性によって普通の意味での幸福な結婚生活を営めるとは到底思えない。若い頃から横尾はこの二つの力のせめぎ合いに悩んだはずである。直観と理性、エロスとアガペー、肉体と霊魂、この相反するかに思われる二つのものに調和を与えるのは至難の業であろう。一歩間違えば、分裂病に陥る危険がある。実際、横尾の「神秘体験」は、分裂病者の体験と紙一重のところがある。

天と地の全き融合。不思議な広大な空間の遊泳。そして「神の声」。こうした至福の「神秘体験」を物語る分裂病者は少なくない。

だが横尾が、分裂病者とならずにすんだのは、まさに横尾の手に「芸術・美術」があったからである。もしこの「芸術・美術」という直観を具象化し社会化する「術《すべ》」がなかったならば、横尾はみずからの神秘的ヴィジョンのなかに自閉的に埋没し、「神の声」を聴く「恍惚の人」となっていたかもしれない。

その意味では、「芸術・美術」は、横尾にとって「審神《さにわ》」の役目をも果たす批評的・思想的規準でもあったのである。

一時期、北九州市のカトリック系のミッション・スクールの美術教師をしながら絵を描きつづけた横尾は、あるとき、このままでは一生「芸術家」として立つことができないと思い、美術教師を辞めて、東京に出て絵筆一本の生活に入る。その頃、交友を持った高橋巖、澁澤龍彦（故人）、種村季弘、由良君美（故人）、志村正雄、松田妙子は、横尾の生涯の友となっている。

澁澤龍彦は、一九六六年、青木画廊で行なわれた横尾龍彦の個展のパンフレットに次のような文章を寄せている。

内部に深淵、すなわち虚無の貯蔵庫をかかえている人間は、ともすると、この内部の虚無のあふれ出た、もろもろの幻影を外の世界に発見したと信ずる。かつては瞑想と祈りによって、今日では詩と麻薬（メスカリン、ＬＳＤなど）の助力によって、画家たちは、この外在化された虚無の幻影、すなわち悪魔を見るのだ。見なければならないのは、画家の宿命だ。宗教芸術は死に絶えたが、悪魔芸術だけはどうやら生き残ったもののごとくである。幸いなるかな！

悪魔主義に関心を寄せ、悪魔を主題にした澁澤ならではの横尾評である。同じ名を持つ同年代の彼らは（但し、澁澤龍彦の本名は「龍男」である）、「龍《ドラゴン》」が西洋宗教芸術文化のなかで「悪魔」と同一視されていることを意識してか、この世の悪や魔を見すえようとした。

澁澤がここで「画家の宿命」について言及しているのは興味深い。もし澁澤がこの十年余りの横尾の

「風」を主題にした画業を見たらどう思うだろうか。「宗教芸術は死に絶えたが、悪魔芸術だけはどうやら生き残った……幸いなるかな！」と讃をよせた澁澤は、「悪魔芸術」を完全に脱した横尾の現在の「宗教芸術」をどう評価するだろうか。私は横尾の昔の「悪魔芸術」よりも現在の「宗教芸術」を横尾の「画家の宿命」であり、本質的に昇華された次元での画業であると思っているが、サド侯爵を紹介した「悪魔主義」ダンディズムの徒澁澤は、今の横尾を「画家」としての退化と見るであろうか、「宿命」と見るであろうか。霊界にいる澁澤に聞いてみたいところだ。

また同じパンフレットのなかで、種村季弘は次のように記している。

横尾龍彦氏のタブローを観るたびに、私の脳裡に閃光のように射し込んでくるひとつの言葉がある。それは、「無神学大全」のジョルジュ・バタイユが、謎めいた三位一体として提出したつぎの言葉である。いわく、「笑うべき宇宙、裸の女、刑苦」——。

横尾氏のタブローの背景をなしているゲヘナの劫火の赤の照り返しに染った形のない虚無は、たとえばジョヴァンニ・ダ・モデナのフレスコ「地獄」の大魔王のように、つねにその口と肛門とからつぎつぎに裸女を呑み込み、吐き出している。笑うべき宇宙とはこの巨大で貪慳な虚無の口をいうのであろうか。

(中略) おそらくこの変身する裸女は、禁制を侵犯しようとする欲望の苦痛にみちた眩暈のさなかで、聖性とエロチシズムの極から極へ、永遠に投げ返されつづけるのであろう。これらの作品はすべて、ほとんど瀆神に近い禁制侵犯の燃えさかる欲望の深部で、苦痛と快楽が刻々に交換されて卑賤なものが聖化され、聖なるものが凌辱される、流血の大聖典劇にひとしい。そして私は、このカトリシズムの教養と内的体験につちかわれた作者が、その反極たるデモノロジアックな諸観念をみずから仮面の信仰告白に擬して、あえてタブロー造型の出発点としている逆説に、ことさら喜こばしさを感じないではいられないのである。

ここで、種村季弘が澁澤龍彦と口をそろえて、横尾のタブローのなかに「虚無」と「悪魔」的なものを見出している点に注意したい。確かに一九六〇年代後半から七〇年代にかけての横尾の画業のなかには、横尾自身の魔的なものへの内的注視があったといえるであろう。実際、横尾はみずから「私の絵画視界」と題するエッセイのなかで次のように記している。

あらゆる事象を視ようとするこの貪婪なる眼の欲望はいつかは、神の如き視力に近づくことを願っているに違いあるまい。この世の不条理な謎解きに私も加担したいと願うのである。

この視力には限りがあるとしても、内なる眼は不死鳥となって眠りの夜を過ぎて彼岸の霊達との交りを続けるであろう。青白き月の如く暗闇に凝視する眼、このルドンの眼は私の内なる眼となった。これらのすべての視る秘儀は霊の聖成へ関わっていると思われる。

（中略）内なる悩める悪霊《デモン》達を画面に成仏させる呪術師は、細い面相筆で彼らの欲望の輪郭を引いてやるのである。

先に横尾の眼光の鋭さについて指摘し、彼の球体＝光体幻視が同時に眼球そのものの隠喩でもある事態に注意を喚起したが、まさに横尾のいう「ルドンの眼＝私の内なる眼＝視る秘儀」とは、〝霊的眼球〟

の「聖成」以外のものではないだろう。横尾はみずからの「内なる悩める悪霊達《デモン》」をひたすら霊視し、それを「画面に成仏させ」ようとする。その意味で、この時期の横尾の画業は「内なる悩める悪霊達《デモン》」の霊的浄化の「秘儀」であったといえるだろう。この描画過程の「秘儀」を横尾自身はっきりと自覚していたことは、次のインタビューによって確かめられる。

私はできるだけ静かになって、自分の内面をじっと覗きます。覗くということは、何かのヴィジョンを無理に作ることではないのです。作られたヴィジョンは借り物です。そんなものは絵画化していく段階でどんどん変形してしまいます。

借り物でないものというのは何かというと、無限界からの現われだと思うんです。瞑想しますと、初めは今までにみた絵画とか過去の体験のなかに眠っていたものなどが総合的にでてきますが、やがて非常に透明な境界に至ります。

そこで白い紙をじっと見詰める。自分の意図を忘れてしまって、ただ見詰める。その時、現出してくる一つの形態は無限界からの現われだろうと私は認識しているのです。それは否定もしなければ肯定もしないような状況で湧いてくる。湧出してくるものに逆らわないということは、神秘家の体験と同質なものだと思います。

画家というものは一種の神秘家でして、宗教的な資質がない人でも自分の意識と意図が壊れてしまった時に突然、湧出してくる一つのインスピレーションに出会うという体験は皆もっていると思います。その時に発見がある。芸術というのは元来、非常に神秘的な作業だと思いますね。

私の場合、それがいくらか宗教がかったフォルムとテーマで出てくるものですから、一種の宗教画家的な雰囲気をもってみられるのだろうと思います。
以前は、逆説として悪魔主義的エロティシズムの画家として出発したのですがね。

視ることの「秘儀」を画面上に再現していく作業、それが横尾のいう「神秘的な作業」である。この視ることの「秘儀」が月光と真珠に媒介され、そこでは地獄変相が浄土変相に転じうることを高橋巌は明確に言い当てている。

> 真珠においては冷たい永遠の霊の円光と甘美でまろやかな乳房とが二重うつしに現れてくる。真珠のもつ聖性と欲望のこの両義性に横尾龍彦は敢えて一切の存在の象徴を見ようとしているらしい。(中略)一瞬の静止もなく、満ちては退いていくその霊的空間の中で、いましも真珠の一つは受肉化され、未だ意識をとりもどさぬ全裸の少女の魅惑的姿態の誕生となり、ひたすら悪霊どもを凝視する聖アントワーヌとなり、または眼を閉じてヴィジョンの根源なる母たちの国へ手探りで下降するファウストとなる。かくして横尾龍彦は地獄変相が浄土変相と紙一重であることを観る者に確信させる。まことに真珠は彼にとって、地獄にも等しい存在界の透視図における消失点でもあり、見果てぬ夢の神秘を生み出す生産的点でもあるのだ。

真珠や月が幼少の頃横尾の見た「光体」の隠喩であることはいうまでもない。そしてそれは単なる隠喩であるばかりでなく、水晶占いをする魔術師が水晶の中に不可視の像を幻視するように、横尾は真珠を一個の〝媒体《メディア》=霊媒《ミーディアム》〟として目に見えない霊的世界とこの物質世界を交通させる。その姿は、司祭でもあり魔術師でもありシャーマンでもあるように見える。
高橋巌が指摘しているように、横尾が真珠のなかに「一切の存在の象徴を見ようとしている」ことは、横尾自身が端的に語っている。横尾は言う。

自己内部で葛藤するあれかこれかの選択から、新しいフォルムを摑みとろうとする時、立ち現れる表徴は透明球体の淡く光る形姿である。それはシャボン玉の様に七色の虹彩を光らせながら内部空間に浮き上がってくる。それを名付けて言えば「隠された真珠」であり、「霊光」であり、自己の内なる霊我の象徴《かたどり》であると言えよう。

フォン・フランツの『ユング　現代の神話』（高橋巌訳）によれば、「一切万物には究極的な統一的基礎がある、その基礎は円形もしくは球形の構造をもっている」、「オルペウス教に於ては万物を包括する神性が発端、中間、終末をも包括する円筒形、もしくは球形をもつと考えられた」、又、「プラトンやプロティノスの場合になるとこの原像はもっと明瞭になってくる。そして円運動という魂と霊に固有のものが万物を支配している。宇宙そのものが完全な球形をしているのは、理念界という球形の模像だからである」、「神は精神の球であり、その中心はいたるところにあるが、その円周はどこにもない」等々、これらの言葉によって球のもつ意義が明確に意識化されるずっと以前から、私の無意識界の中ではあらゆる形象の中心に球形が存在していた。
時間を忘却して潜心する時、或は瞑想の三昧境に垣間見るガラス質の光芒は永遠界への接点でもあったろうか。或る神秘家の証言では死者の霊魂も、神霊もやはり球体をしているという。球はアルファであり、オメガである。あらゆる創造の根源は球体に包括されている。

球は純一であり一元的世界を表象する。それは同時に無の世界へも通底する。万物を創造する無とあらゆるものを消滅させる無は同義なのである。（横尾龍彦「幻視する」）

このように、横尾の想像力＝創造力の中心には「球体」がある。それは死者の霊魂の形であると同時に神霊の形でもある。それは存在のアルファであり、オメガである。万物の生成であり、かつまた万物の消尽の源泉、無である。

日本語の「たま」が〝霊魂〟を意味する「たましい」と物質的球体である〝球・玉・球〟を意味する「たま」と同語源であることは、まことに意味深い。横尾はまさにこの日本語の古義本来の「たまの画家」である。「たま」こそが横尾の「生産的原点《プレグナント・プンクト》」（ゲーテ）なのだ。

興味深いのは、横尾が「球」が同時に「無の世界へも通底している」と述べている点だ。ここに前半世の彼の画業の主題であった「球」が、後半生の「風」に変容していく契機がある。

太極図や陰陽図（☯）が、球体の中にさらに陰陽二つの勾玉形の球体を蔵しており、「陰極まれば陽となり、陽極まれば陰となる」といわれるように、その変容を促すものは「風」である。

「球」から「風」への画業の変容は、横尾龍彦の「視る秘儀」の深化＝進化であると私には思われる。古語において、霊も風もともに「ち」と言い表わされることを先に指摘したが、それらはともに目に見えない何ものかである。玉＝球＝球は、目に見える姿形を持っている。しかし、風は目に見えない。風の存在は、他の何ものかがその流れによってそよいでいるか、または肌に感じるかして確かめられるばかりである。目には見えないが確かに感得できるもの、それこそが風なのだ。そしてその目に見えないけれども、確かに存在するそれは、より高次の霊魂のメタファーともなる。

このように見てくれれば、横尾の主題が「球」から「風」へと変化したその根底には同一のものがあるが、しかしその変容は明らかに横尾の「視る秘儀」の内的必然性に伴う深化＝進化であったといえるだろう。その意味では、この変容は横尾にとって「イニシエーション」（秘儀参入）という事態であったといえるかもしれない。

4　三度の神秘体験III――光体成仏

横尾は第三の神秘体験について次のように述べている。

五十歳近くになって私は禅に出会います。キリスト教徒としての生活も霊的向上がなく、日曜日に教会に行って説教を聞き、ミサに与《あずか》る習慣的生活に倦怠して信仰生活もマンネリ化し、ほとんど教会にも行かなくなっていました。前述したエノミヤ・ラサール師の本を通して禅を知り、三雲禅堂の山田耕雲老師を師匠と仰ぐことになるのです。

第一回の接心の時、今までの習慣として、座禅をしながら神に祈っていました。また自分はキリスト者なのに仏門に入ってよいのか等疑問を解決できないまま、ただ何かあるのではないかという期待半分で坐っていましたが、足は痛いし、眠気と、何回も背中に落ちてくる警策に嫌気がさし、もう一日だけ我慢し明日辞めて帰ろうと考え、それでも教えられた通りただ「ムー」と一生懸命に坐っていました。

二日目の午後、だんだんと痛みも自分も忘れてしまい、別次元の空間に自分が入っていったと思います。突然、パーンと世界が割れたような感じに襲われ自分が光の筒に包まれているのを見い出したのです。

その時、「凡ては仏」と大きな声が聞え、腹からこみ上げてくる喜びに涙がとめどなく流れ止ることがありませんでした。老師に体験を報告すると老師は、「それは仏かも知らないが、貴方の神様との出会いでしょう。仏とか神とかは一つの記号です。貴方の父母未生本来の姿に出会ったのです」、「それは入口に来たのですから、そんなことにとらわれないで座禅によって本来の世界を諦めなさい」とさとされました。

その三つの神秘的な体験によって、自分が今までと違う運命と境涯に変革されてきたのを、後になって認識できました。

神秘的体験の特色は、世界の本質が顔をのぞかせ、万物が神の光の反映であることが、理解できること、分別智が崩壊して、宇宙と自己が実は一つのものなのだとさとることです。そしてその結果として人格が変容され、自我への執着、感覚界への執着が稀薄になることです。それによって、人間は自由になるのです。

横尾は参禅によって、球体＝光体幻想が消尽するのを体験する。同時に、横尾は絵が描けなくなったことを山田耕雲老師に告白する。それに対して、老師は、「禅によって心が空っぽになるのは虚無に堕《お》ちることではありません。眼に見えない無の世界は実はエネルギーの充満した世界ですよ」と答える。

こうして、横尾は「何も形態のない無の世界」を描き始める。横尾はそれを抽象画の形式をとってはいるが、本質的には「霊画」だと言う。

カンヴァスの上に、突然、風気が立ち上がる。その風気は、右に左に、自在に運動する。その風は、横尾にとって、エロスからアガペーへの上昇の風であり、同時に、アガペーからエロスへの下降の風である。霊肉の交通と一如であるさまがこうして一枚のタブローの上に成就する。この横尾の画業の変化を霊的な次元での深化＝進化ともイニシエーションであるとも言うのは、横尾龍彦がみずからの分裂を一つの風の流れのなかに一如なるものとしてダイナミックに統合しえたことを言いたいがためである。

かつて私は横尾龍彦の個展「風の沈黙」（一九九五年）のパンフレットに、「龍の癒し」と題して次のような一文を寄せた。少し長くなるが、そのまま全文を引用する。

ある時、四十日ばかり一睡もできなかったことがある。寝入りばなに、バチーンという音とともに脳内に光が炸裂し、以来、睡りに入る身体スイッチがショートしてしまったのである。こうした事態に到った原因は、「魔」を体験したことにあった。身心のバランスは崩れ、妄想が次から次へと沸き起こる。妄想と現実との区別がつかない。一日四六時中、脳が休まる時がない。おのれを忘れることがないからだ。

そうした時、身体は自分が一番休まるところに向かいたがる。吉本ばななの『キッチン』の主人公は冷蔵庫の前が一等落ち着くので、いつしかそこで寝入ってしまうのであったが、私の場合、横尾龍彦の「枯木龍吟」の絵の下が一番落ち着くのだった。蒲団を絵の下に敷いてそこに身体を横たえた。かといって、眠りに入るコツを忘れてしまった身体は一睡もできるわけではなく、妄想の津波に見舞われつづけることになるのだが、それでもなぜか不思議に落ち着くのであった。

不眠症は、四十日目に七面山に登って富士山から射し昇ってくる春分の日の朝日を見た時に劇的に治ったのだが、この体験を通して私はある種の絵画が癒しの力を持つことをはっきりと身にしみて知ったのである。朝日と富士山が私の主治医であるとすれば、この時の横尾龍彦の絵画は私の痛みと苦悩と妄想を分かち持ち、共に耐えてくれる看護者のような存在であった。

一本の枯れた古木に巻きついて龍が啼く。龍は古木の哀しみを知っている。古木もまた龍の悲しみを知っている。私は憩った。古木の哀しみをおのが哀しみとし、龍の悲しみをおのが悲しみとする悲しみの共同体の中で、私は憩った。龍は古木が枯れて死んでゆくことを知っている。古木もまた龍が呻吟の果てに死に絶えてゆくことを知っている。死の予感を前にして、彼らは澄明な生の交感にひととき没入する。死にゆく者どうしの交感の果てに、幽かに魂の感覚が目覚めてくる。そうした感覚の波にとらわれて、眠れぬ寒い冬の底で静かに私は憩った。あれはもう十年近く前のことだ。

私が横尾龍彦の絵を初めて見たのは、横浜高島屋で開かれた個展においてであった。長い時間絵を見つづけていることのできない性分の私は、展覧会場に入るや否や、駆けるようにして何十点かの絵を見て回った。会場に足を踏み入れた瞬間に、紫の淡い陰影の中に彗星のような尾を曳いた球体が突入しているような絵が目に入ってきた。その時、どうしてだか私は、この絵とは縁がある、と思ったのだった。他のいくつかの絵を早足で見て回りながらその絵の前に立つと、「枯木龍吟」という題がかかっている。枯木龍吟！　名状し難い興奮に襲われて、私は生まれて初めて絵を買うことを決心したのである。

*

横尾龍彦の「青の時代」の絵はその後に知った。幻想の森に誘われてゆくようなそれらの絵は非常に美しかったが、同時に不安と不気味さを内包しているように思えた。果てしない冥界遍歴に連れ出されて、帰ってくるところを忘却してしまうような不安。永遠の迷宮。

不定型な雲海の中に、天使や精霊や人間の顔が浮かび、乳房にも惑星にも見える真珠型の球体が漂う。濃密なエロティシズムが世界を支配しているが、幻想の球体の内部に閉じ込められているような閉塞感に襲われて息苦しくなる。いつもどこからか見つめられ、監視されているような緊張にさらされる。この幻想の森から容易に抜け出せなくなるのではないか。地獄と天国とのはざ間にあって、果てしのない魂の遍歴がつづく。

青とは、霊界の色である。それはこの世とあの世をつなぐ色である。この世とあの世のはざ間にあって、魂は白鳥のような白く輝く球体となって流浪する。この時青は浄化へのプロセスを象徴する。

白鳥は哀しからずや空の青海の青にも染まずただよふ――若山牧水

この歌のように、魂は青の世界と青の時代を巡礼し、抜けてゆく。青の森の向こうにもう一つの次元が開けてくる。そして青龍が金龍に変成する。

＊

私が高島屋で見たのは、こうした幻想の森から一歩抜け出した時の横尾龍彦の絵だった。マニエリスムの迷宮のような世界が底を割って、豁然と霧が晴れる。ここには幻想のエロスはないが、しかし風の、気韻の、流体のエロスがある。流体＝龍体のエロスが。

禅画とも抽象画ともつかぬ、またその両方を併せ持つような、自在な風と気韻と龍体の律動。風の音が聞こえる。気息の渺渺たる調べが聴こえてくる。龍体の力強い朗吟が耳を打つ。

ダイナミックに奔る描線。炸裂する気脈。暖かく、どっしりと血流が流れはじめる。風神が、雷神が、日神が、龍神が、サーッと気息の顔をのぞかせる。

こうして、青の時代の霊的絵画は、より根源的で自在な霊性の絵画へと開かれたのである。病の龍が、その病の深さゆえに、ここに癒しの龍として蘇るのだ。

龍の錬金術。横尾龍彦の芸術は、その名が示すとおり、いよいよ名詮自性の龍の変容に向かっていると思われてならない。

私にとっての横尾龍彦との最初の出会いは、「球」から「風」への変容ののちであった。私は横尾の絵を見て、生まれて初めて絵を買った。そして自分の家の壁に掛けた。そのとき、私の家の中に「魂」が入ったと思った。「画龍点睛」とはまさにこのことであった。それが今日まで続いている。そういう次第で、家にいる限り、横尾龍彦の絵を見ない日はない。その絵は私の家の中で、また私の心の中で、そして私の魂の中で、「風」を起こしつづけている。そのことを私ははっきりと知覚できる。

5　風龍の行方

つい先頃、私は横尾龍彦がタイの世界救世教サラブリ聖地で制作した壁画と絵画と彫刻作品をじっくりと見る機会を得た。宗教と芸術を融合昇華させようとした世界救世教の開祖・岡田茂吉の思想と実践を具現化したその聖地のなかで、横尾の全作品は目に見えない世界と目に見える世界をつなぐ媒体として風と化して雄渾に舞い巡っているように見えた。

ここに雄大な「風龍」がたゆたっている。おおどかで、力強く、時にはゆったりと、時にはすばやく激しく自由自在に舞い踊っている。横尾龍彦はついに風になった。「風龍」と化した。

「風龍の画家」横尾龍彦。この風龍の行方がどこに到るか、翁の風貌をたたえはじめた横尾の画業と人生の深化を見とどけたい。

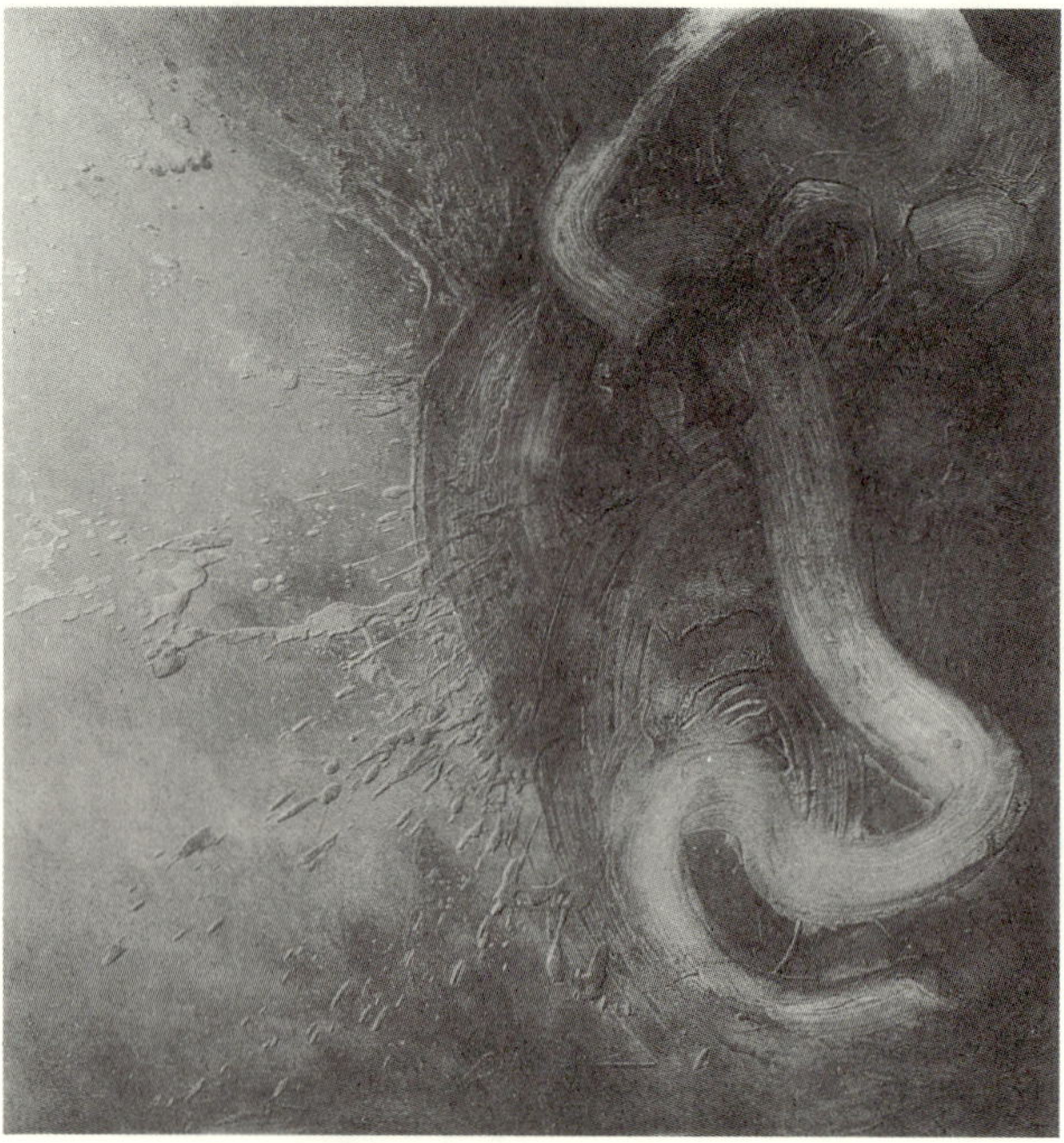

横尾龍彦「龍の闘い」（鎌田東二蔵）

哲学の冒険・梅原猛

1　哲学の原点、あるいはエロスの生成

梅原猛は古典的な哲学者である、と私は思う。
古典的な哲学者であるとは、哲学の原点に立ち、それを生きつづけている哲学者という意味である。この哲学の原点とは、いうまでもなく、無知の知の自覚と真知への欲求、すなわち愛智の業《わざ》としてのフィロソフィア（哲学）をいう。私の知るかぎりでは、現代の日本の哲学者のなかで、梅原猛ほどソクラテス的な意味における哲学者の風貌をもっている人はいない。『饗宴』でプラトン描くところのソクラテスのように、梅原猛はエロスという名のダイモーンにとり憑かれ、愛智の道に誘われてきたと思われるからである。

このことは、梅原自身もはっきりと自覚しているとみえて、折にふれて「ソクラテスの弟子」であることを自称している。もっとも、「ソクラテスの弟子」とはいっても、それはソクラテスの思想の追従者という意味ではなく、真理探究者としてのソクラテス的生《エロス》の実践者という意味である。ソクラテスの無知の知が、アポロンの神託に対する反省・吟味の結果であったことはよく知られている。私はかつて

「霊学の成立」（『宗教と霊性』角川選書）という小論において、ソクラテスがシャーマン的・神主的資質の持ち主でありながらも、そこから脱け出て、神―真理の言葉を反省・吟味する審神者《さにわ》の位置に立ったときに、人間の愛智と認識の業《わざ》としての哲学＝霊学の誕生をみたと論じたことがある。そして日本におけるこうした霊学の成立は、みずからシャーマンでありつつも、神々の世界を仏教的智慧によって反省・吟味し、人間的に変革した聖徳太子においてはじめて成立したと論じた。

梅原猛がソクラテスや聖徳太子に深い関心を示し、いやそれ以上におのれ自身の魂の先達を見てとっていることとは、とりもなおさず、彼自身がシャーマン的資質を持ちつつも、つねにそこから身をひきはがし、自己超出する審神者＝哲学者の位置に立っていることを示すものであろう。神―真理の声を聴く神的狂気とそれを冷徹に自己吟味する理性の双方を身に宿した者が、ソクラテス的意味における哲学者であるとすれば、まぎれもなく梅原猛は真正の哲学者である。滑稽なまでにまっすぐ哲学者の原像を生きているといえるであろう。『日常の思想』（集英社）のなかの「哲学の小径」に収められた「創造について」と題する短文のなかで、梅原はこう述べている。

創造について語ることは、神について語るのに似ている。なぜなら、どんなに人がそれらについて合理的な説明を工夫したとしても、そこには必ず、合理を超え、人智を超える何かが存在しているからである。（中略）創造のなかには、ある種の狂気がある。一つの時代の常識を変革するような発見が、たえず目先の計算や小さい常識にとらわれている人間に可能なはずはない。人間をして、このような目先の計算や常識を超えさせ、危険な真理への賭けにかりたてるものは何か。それは、狂気にも似たパトスでもあると私は思うが、多くの創造者はパトスと、一見矛盾している実に冷たい理性を所有しているのである。狂気が理性をひっぱってゆくのか、あるいは理性が狂気をかいならしてゆくのか、そういう狂気と理性のかりそめの調和という危険な橋の上に、創造者はたえず立っていると私は思う。

創造者に必要なものは、知識であるより、より以上に、無心であり、勇気であるように私には思われる。湯川博士は、学問をするということは、知識を増すことだが、知識を増せば増すほど、人は知識にとらわれる。学問をすることは偏見を増すことだと常々いわれるが、その通りであろう。眼鏡をかけないとものはよく見えないが、眼鏡には必ず、色がついているのである。

ここでも創造者は、相矛盾する二つのメンタリティーをもつことを要求される。高い知識とそしてそれと相矛盾するかにみえる、ものを裸の眼でみる心である。

右の文章は、梅原猛のいう「創造のエロスの秘密」について解き明かしたものであるが、ここでの「創造者」は、そのままソクラテス的な意味での「哲学者」に当てはまる。「狂気にも似たパトス」と「実に冷たい理性」とのあやうく「かりそめの調和」ないし均衡の「橋の上」に、創造者も哲学者もたえず立っているのだ。同書中の「『発見』についての覚え書き」のなかでも、「創造者は自分の中に矛盾をもたねばならない。一つは神に憑かれた心、外から語りかけてくるものを、一種の孤独な熱狂のうちに受けとめる心と、それをあくまでも疑い、冷静に起こってきたことを判断する理性である」と述べている。

この「神に憑かれた心＝一種の孤独な熱狂のうちに受けとめる心」と「それをあくまでも疑い、冷静に起こってきたことを判断する理性」とのせめぎあいは、古くはソクラテスや聖徳太子が体験し、また現在、梅原猛が味わいつづけている知と愛の闘争であろう。

　発見や創造を可能にするのはたえざる認識の努力であり、それを可能にするのは、やはり真理あるいは美に対する強い愛である。この点において、やはりプラトンは永久に人類の教師である。彼は、認識の情熱をエロスと名づけて、くり返しエロスのすばらしさを説いた。真理を求める心と美を求める心は同一であると私は思う。そして、そういう心なくして人類は、その文明を創造することはもちろんその生命を維持することもできないと思う。

　梅原猛が指摘するように、プラトンはくりかえし「エロスは哲学的衝動である」と説いた。そして、そのエロスは、一個の肉体の美しさに恋することからはじまって、もっとも至純で霊的なイデアの実相に向かって上昇していく愛智の衝動と軌跡そのものなのである。

　梅原猛のもっとも初期の仕事から現在の仕事にまで一貫しているのは、こうしたソクラテス―プラトン的な意味でのエロス的衝動と希求である。しかも、ソクラテス―プラトンによれば、こうしたエロス的衝動すなわち愛智《フィロソフィア》の業はつねに「死の予行演習」であったから、必然的にそれは霊魂の世界の探究へと接続する。エロス的衝動とは、逆にいえば、タナトス衝動、すなわちエクスタシス（脱自・脱魂）に向かうたえざる運動なのである。梅原猛もまた、同様に、『日本冒険』（角川書店）その他の著作で、いよいよ本格的にタナトス領域、すなわち異界への旅を主題に据え、霊魂の世界に垂鉛を降ろしはじめている。

　このように、『美と宗教の発見』から近作『日本冒険』に至るまで、エロスの使徒としての営みは一貫している。『ヤマトタケル』や『ギルガメッシュ』の劇作は、「神に憑かれた心」のもだしがたい発現であり、パトスとロゴスのせめぎあう汀を辿ってきた哲学者のもう一つの「創造」行為であろう。

2　哲学の原点、もしくは笑いの生成

それでは、エロスの使徒としてのこの哲学者はいったいどのような「認識の情熱」に身を焦がしてきたのか？

その認識の冒険は、時期と対象からみて、大きく三つに分けられる。(1)初期の哲学研究、(2)中期の仏教研究、(3)ここ十数年の日本研究、この三つである。もっとも、実際には、初期の頃よりこの三つの対象分野は、不可分なかたちで分かちがたく結びついており、それぞれの時期においてどこにより重点が置かれていたかという観点からの分類にすぎない。

青年時代の梅原猛が魅かれていた西田哲学やハイデッガーの実存哲学の呪縛から解き放たれて、独自の哲学的構想を打ち建てたのは、笑いの哲学によってであった。むろん、この笑いの哲学もニーチェやベルグソンといった実存哲学の先駆者の業績があるにはある。しかしそれ以上に、梅原猛の笑いの哲学は、寄席やテレビなどのもっと身近な庶民的な笑いの現象の考察からはじめた点で、いわゆる哲学的議論から超出して、ソクラテス的な対話術に近いところで行なわれた笑いの真理探究といえるものであった。

一九六〇年の『放送朝日』四月号に梅原猛は「大阪の笑い——裸の人間性を見る眼」と題するエッセイを発表している。これは、当時、全国的な人気を博しはじめた大村崑、芦屋雁之助、芦屋小雁、喜劇

作者の花登筐などの大阪の笑いの進出現象を分析しつつ、笑いの本質を論じたものである。

ここで梅原は、アルフレッド・スターンにならって笑いを「価値低下」の概念から考察し、東京と大阪の笑いのちがいを落語と漫才のちがいから分析する。梅原によれば、東京の落語においては、ハナシ手としての落語家自身はけっしておのれの価値を低下させることなく、かえってハナシに登場する八さんや熊さんなど粗忽者の登場人物の価値を低下させることによって笑いを誘い、それによって落語家は「滑稽な話の巧妙な語り手として職業的な誇りを保っている」という。それに対して、大阪の漫才においては、「二人の人間が馬鹿話をし互いに相手をからかい合う」のであるが、そのうち、一人はボケ役で、「徹底的に馬鹿である」のに対し、もう一人は突っ込み役で、「相手の馬鹿を馬鹿として観客に自覚させるほどには賢いけれども、それ以上には決して賢くあってはならない人間なのである」という。そして、「このような笑いにおいては、価値低下するのは、漫才者自身であり、観衆は漫才者自身の中に大馬鹿者をみて喜ぶのである」とその笑いの内実を分析する。

さらに加えて、東京の笑いは、武家社会の「将軍を中心とした厳格な階層秩序」がもたらす「階級的誇り」が落語家や職人にも反映することで成立するのに対して、大阪の笑いは、大阪商人のもつ「階級的誇りなどという無用な仮面の底にかくれている裸の人間性を見る眼」によって支えられ、「自己を徹底的に裸にし、徹底的に己れを馬鹿にする」ところに成立すると考察を進めるのだ。

興味深いのは、ここで梅原猛が大阪の笑いの本質を「裸の人間性を見る眼」によってもたらされるものと考えている点だ。先に引用した「創造について」と題するエッセイのなかで、「創造者」にとって必要なのは、「高い知識とそしてそれと相矛盾するかにみえる、ものを裸の眼でみる心である」と述べていたことを想い起こそう。「裸の人間性を見る眼」とは、梅原のいう「ものの真の姿をみる眼」といいかえられるだろう。そしてそうした眼の持ち主は、「創造者」であり、「子供＝小児」であると梅原は述べていた。彼らは「何ものにもとらわれない心をもっている」ために、「ものをたえず新しく見る」ことができるのである。

とすれば、大阪の笑いとは、徹底的に常識的な価値を低下させることによって裸の人間像をむき出しにしようという、きわめて人間的な哲学＝人間学に支えられているということができるであろう。それに対していえば、東京の笑いは、良くも悪しくも道学者風で乙にすましすぎるといえる。つまり、武士道倫理の反映ないし逸脱から一歩も出ていないということである。それに対して、大阪の笑いは、何ほどか哲学的である。そこには、人間という皮を剥いて露顕する「色と欲」をおおどかに笑いとばしつつ肯定しようという人間哲学があるからだ。

われわれはここで、プラトンの描くソクラテスがまことにトリッキーなイロニーと笑いの天才であったことを思い出そう。ソクラテス的な意味での哲学者すなわちエロス的人間とは、何よりも笑いを通して「裸の人間性を見る眼」の持ち主であった。笑い―笑われる知恵と勇気がエロス的人間には備わっているのだ。

その意味で、西田哲学や田辺哲学を批判した（つまり、裸の眼で見た）「自由の精神」と題するエッセイのなかで、「真実を語るとき、人は多く笑いながら語る。そして嘘をつくとき人は、むしろ厳粛に語る」と述べているのは、まことに納得のいく言葉である。神道家の友清歓真は、「笑はぬ善人よりも、真によく元気に笑ふ悪人を友人に持ちたい」とか「神様でも笑ひ給はぬやうな神様の御守護は受けたくない」（『霊学筌蹄』）と語ったが、私はこの言葉にまったく同感する。友清のいう「真によく元気に笑ふ悪人」とは、私からみると、「笑はぬ善人」よりもずっと善人である。

笑いには、人を裸にする力がある。浄化力も再生力もある。それはまた、生命力の発現でもある。それはつねに常識的な価値をこわし、超え出ていこうとするヴェクトルをもっている。そして何よりも、笑いには生命を肯定し、いとおしむ慈愛のまなざしがある。このあまりに人間的な現象の哲学的探究から出発した梅原猛の哲学の冒険は、「ものを裸の眼でみ」ようとするエロス的人間のたえざる自己超出の旅であったといえるであろう。

3　哲学の冒険——生まれ変わりの哲学へ

梅原猛という人は、いわゆる「厳粛」な思索者としての哲学者のイメージからはほど遠いほどよく笑う人であると思う。よく笑う人は、一見すると、愚者か賢者かよくわからない。あるいはどちらともとれる。梅原猛という哲学者には、この愚者と賢者の両方の相がある。

この愚者の笑いのラディカリズムを梅原は誰をおいてもまず親鸞に見出した。親鸞に対する愛着とこだわりは、彼の笑いの哲学と無縁であるどころか、むしろ本質的共感によって喚び合っている。それゆえ、先に引いた「真実を語るとき、人は多く笑いながら語る」という一文は、田辺元の提唱した「懺悔道の哲学」に対する痛烈な批判・皮肉の言葉であった。

（西田幾多郎門下の——引用者注）禅修行のグループにたいしても白い眼を向けた私は、親鸞研究のグループに対しても、いささかならぬ疑いの眼を向けた。懺悔道の哲学。種に忠実ならんとすれば類に忠実ならず、類に忠実ならんとすれば種に忠実たりえない絶対矛盾のジレンマに悩んで、理性が七花八裂して、その結果、懺悔そのものになったという懺悔道の哲学者よ。汝の懺悔はあまりにも道徳的な懺悔ではないか。汝は楠正行にも似て、忠孝両全の徳の所有者。しかも汝の中には、もっと懺悔すべきものがありはしないか。汝が、われら青年に語った死の哲学の中には、自ら知られざる大きな虚偽が存在しなかっただろうか。真実を語るとき、人は多く笑いながら語る。そして嘘をつくとき人は、むしろ厳粛に語る。さも厳粛げに語られる汝の言葉に、大きなウソがあり、そのウソこそ正に懺悔すべきものではないか。

このような一節を読むたびに、梅原の身ぶり、声ぶりの大仰さ、大時代、大上段についつい笑いがこみあげてくる。なんて大げさな書きぶりをする人なのだろう、この人は、といつも思ってしまう。それを大真面目にやっているのだから、呆れるより先に笑えてしまうのである。もちろん、ここには、いやここばかりでなく、梅原的な論理とレトリック（それを日本的に梅原節と言っておこう）には、『ツァラトゥストラかく語りき』や『この人を見よ』のニーチェの声ぶりが二重録音のように聴きとれるのであるが、ニーチェ自身がまた、愚者か賢者か狂者かわからないほどの悲劇的精神と笑いと生命の哲学という「新しい福音」の宣揚者であったことを想い起こそう。梅原はソクラテス的なエロスとイロニーの哲学者でもあるが、同時に、ニーチェ的な怒りと笑いと反逆の哲学者でもある。それを縄文的な哲学者といっても同じなのであるが。

ともあれ、ここでは、懺悔道の哲学の虚偽と欺瞞が徹底的に裸にされる。田辺哲学に対する従来の日本の哲学界の常識が苛烈にひっくり返され、痛烈に「価値低下」させられるのだ。ここには、「裸の王様」を「裸の王様」と見、それを指摘する子供のようなまなざしと情動がある。梅原節とは、ある意味では、このようなてらいのない子供のごとき大仰さ・率直さにその特徴があるのではなかろうか。人はそこにアクの強さを見るかもしれないけれど、私はそこに愛敬を感じる。

はっきりいえることは、懺悔道の哲学の親鸞理解よりも、梅原の親鸞理解の方がよりいっそう生命的であり、それゆえに本質的に懺悔的になっているということである。この方向は、『誤解された歎異抄』（光文社）においてますます徹底されている。

実をいえば、私が最初に梅原猛の著書にふれたのが、梅原訳・校注の『歎異抄』（講談社文庫）であった。

一九七一年の冬、大谷大学の仏教学科にいる女友だちのレポートの代筆をした。このとき、誰のものとも知らずに、本屋で文庫本の『歎異抄』を買い、二、三の参考書をととのえて、まずは『歎異抄』を読みはじめた。それが梅原猛訳・校注・解説の『歎異抄』だったのだ。親鸞の著作にふれるのはそれが初めてであった。そしてこのときの親鸞の言葉は私を打ち砕くに十分であった（詳しくは、拙著『老いと死のフォークロア――翁童論II』新曜社、を参照されたい）。

私はむさぼるように親鸞の言葉を読み、憑かれたように一気にレポートを作成した。今となっては何を書いたか記憶が定かではない。ただそのときのあふれ出るような思いの激しさに我ながら驚きつつ書きついだことだけは、はっきりと覚えている。書き終わったあと、思いがけない充実感にみまわれた。それが私にとって親鸞との出会いであった。このときの親鸞との遭遇の水先案内をしてくれた当の人物が梅原猛であったことをのちになって知った。親鸞について書けという課題を出した教授は西谷啓治という宗教哲学者だった。しばらくして、そのレポートの評価が優であったと聞いた。しかしこのときはまだ、西谷啓治のことも梅原猛のことも私は何一つ知らなかったのである。縁とはまことに不思議なものだと思う。それを知っていようが知るまいが、人間のつながり、生命ないし存在のつながりは、こうした縁ネットワーキングの産物ではなかろうか。

梅原は、先に引いた言葉のあとに、「こういう私が、長い間の思想的彷徨の後にやっと私の思想を見つけ出したのは、皮肉にも、若い時代に、私があれほど自らに拒否していた仏教によってであった」と述べている。『仏像――かたちとこころ』『美と宗教の発見』『地獄の思想』『歎異抄』、そして上山春平との共同編集になるシリーズ『仏教の思想』などは、仏教を通してソクラテス的かつ羅漢的な哲学的探究が成しとげられてゆくプロセスを示している。

ここで、とくに注目しておきたいことは、一九六〇年代末からの梅原猛の仏教研究やその後の日本研究が、それがどれほど内発的なエロス的衝動に基づくものであったとしても、その探究の伴走者であり、対話者であり、相互産婆として、つねに上山春平を伴い、二人三脚で推し進められたという点だ。まさにこの二人三脚は、大阪漫才のボケと突っ込み（もちろん、ボケ役は梅原猛、突っ込み役は上山春平である）に似て、「裸の人間性を見る眼」によってとらえられた新たな仏教研究であり、新たな日本研究であったといえるだろう。この最適の対話者＝漫才師を得たことによって、両氏の関心と探究は飛躍的な加速と跳躍の運動を示すようになる。

この時期の梅原猛の仏教研究で画期をなすのは、やはり、一九六七年に書き下された『地獄の思想』（中公新書）である。これは、仏教研究であると同時に日本研究の書であることによって、その後の梅原猛の学問的動向の大筋を方向づけるものであった。ここで梅原は、釈迦仏教から浄土教の地獄思想が成立してくる過程とその思想内容を「第一部　地獄の思想」で描き出し、『源氏物語』から『平家物語』、能、浄瑠璃、宮沢賢治、太宰治の文学・芸能作品にあらわれた「地獄の文学」を第二部で掘り起こした。

興味深いのは、「第一章　地獄とはなにか」のなかで、「日本思想の三つの流れ」として、「生命《いのち》の思想と、心の思想と、地獄の思想」の「三つの原理」を挙げている点である。たとえば、そこでは、神道や密教や日蓮宗は生命の思想、唯識や『源氏物語』や禅は心の思想、天台や浄土教は地獄の思想と押さえられる。さらに、平安仏教の二大宗派であった真言と天台両宗は、通説でいう「貴族仏教で祈禱仏教」などという以上に、「生の肯定の哲学と生の否定の哲学。燃える生命の賛美の哲学と、深く人間の苦悩を内省する哲学」、「安らかに生の賛美の歌を歌う哲学」と「深い心の闇をみる哲学」としてとらえ直された。こうして、「日本人は一面、生命の哲学をもつとともに、一面、地獄の哲学をもった。そしてそれらを統一するのは心の哲学。私はここに深い生の知恵をみる」と大胆に、かつ体系的に主張したのである。

以上のように、『地獄の思想』には、日本の思想をよりトータルでグローバルな視野からとらえようという探究心が全篇にいきわたっている。梅原の仏教研究は、ここではもはやすでに日本研究と切り離しがたいものとして展開されている。とりわけ、第二部・第六章の『源氏物語』を扱った「煩悩の鬼ども」は、「もののあはれをしる」と説く本居宣長の『源氏物語』論の弱点を容赦なく激烈に論破した痛快な一章である。それは、『古事記』＝神道的な『源氏』理解に対する仏教思想側からの反撃だといえる。梅原は言う。

宣長の恋愛肯定論はなんという素朴で健康なことか。宣長は、傷とか懐疑とかにもっとも縁遠い魂であったようにみえる。こういう健康な魂には容易にみえない暗い闇へのうめきのようなものが、

『源氏』にはある。そして暗い闇へのうめきのようなものこそ、仏教が教えたものなのである。

文学を宗教から区別することに急であった宣長は、それによって、『源氏物語』に与えた仏教の影響まで否定してしまった。そしてその否定によって、彼の『源氏物語』の読み方は浅薄なものになってしまった。彼の見地では、『源氏物語』に出てくるひとりひとりの人物の魂の闇の深さまでみることは、とうていできないであろう。


こうした本居宣長の『源氏物語』論批判が、宣長の『古事記』論批判、さらには柳田國男、折口信夫らの民俗学批判へと展開することで、記紀の製作主体を藤原不比等とみる上山春平―梅原猛の「日本学」の探究が開始されたのだ。

一九七〇年、『芸術新潮』の一月号から翌一九七一年の十二月まで、まる二年間にわたり連載された長大な論文が「塔」である。この書は、「塔をめぐっての日本精神史の叙述」とされるが、塔という具体的な建築物の築造の歴史にうごめいている人間の姿を政治と宗教の葛藤を通して描き出した、まことにスリリングな一代叙事詩のごとき大著である。梅原はみずから、「記紀＝不比等撰説が見えはじめたのは、この連載をはじめてまもなくであり、法隆寺＝鎮魂寺説が明らかになったのは、この連載の半ばであり、人麿＝刑死説は、連載を終えた後である」と記している。まさに、『塔』は、梅原猛を日本研究の認識の冒険に駆りたてた魂呼《たまよ》ばいの書だったといえるであろう。単行本化したこの書の序文「はじめに　古代への認識の旅」のなかで、この魂呼ばいあるいは脱魂のごとき体験を梅原はこう記している。

このようなことを考えるとき、日本学はまだ、大きな闇の中にあるとしか思われないのである。そして、いっそう悪いことには、人はこの闇を闇であるとも気づかなかったのである。何か自分が、明るい光の中を歩いているという幻想を、長い間日本学はもってきたように思われる。

私の仕事は、新しい光をもたらさないにしても、この闇の暗さを認識させるには十分であったと私は思う。まず、ソクラテスの如く、無知の自覚から始めなくてはならない。今までの日本学は、かんじんな点にかんして何一つ明らかにしていず、われわれは、まだ闇の中にあるという認識をもたなくてはならない。そして、このような日本にかんする、自国にかんする認識において、今までわれわれが全く闇の中で生きていたとすれば、われわれの文明そのものも、また大きな闇にあると思わざるをえない。われわれの日本にかんする、特に古代日本にかんする認識の旅は、無知の自覚から出発しなくてはならない。

読者よ、どうかこの本を、光の中にいると思っていた私が、闇の中にいたことを見出し、徐々に光を見出していった一つの人生の記録として読んでほしい。まだ、実は偽りの光を闇と思わずに光と思っているところもあるし、また、私が新しく見出した光が光ではなく幻影だったというところもある。しかし、これを書きはじめた頃と書き終えた頃とでは、私は、少なくとも、日本の古代学にかんして、全く別な認識をもった人間となった。一冊の本が、それを書きつぐ過程において、書き手を、少なくとも認識者としては全く別な人間にしてしまう、そういう不思議な経験を、私は二度とすることは出来ないであろう。その意味で、このエッセイは私にとって忘れがたいものである。二度とこのような不思議な本を私は書くことは出来ないのではないかと思う。

序文はこう閉じられる。ここにも、ソクラテス——ニーチェ的な異貌が顔をのぞかせているが、その異貌が「神に憑かれた心」と、「それをあくまでも疑い、冷静に起ってきたことを判断する理性」との闘いによってつくりだされた異相であることはあえてくりかえすまでもなかろう。書くという体験がどこまで遠くへ、書き手を運んでいくか、梅原猛という人は「あの世」へ往ってもまだ書く手を休めない人ではないかと思う。いや、再度「この世」へ生まれ変わってきて、新たなる認識の冒険の一頁を書きつづけ、語りつづける人ではないかと思う。

ソクラテスは、またとない弟子をはるか未来の極東の地にもったといえよう。「親鸞は聖徳太子の生まれ変わり」という『誤解された歎異抄』にならっていえば、この「誤解された梅原猛」を説く小文においては、「梅原猛はソクラテスの生まれ変わり」といっても、あながち奇異には映らないであろう。いや、ひょっとすると……！

苦悩と癒しの果つるところ
——加藤清のカオスとコスモス

癒しの断念

宗教は人間に癒しをもたらすか。もたらす場合もある。しかしそれ以上に、宗教は人間に癒しの断念を迫り、そこからの超越を促し、癒しの不可能性を覚らしめる機会ともなる。

仏教の真諦とは何ぞや、と問えば、四諦八正道とか菩薩道とかの答えが必ず返ってくるだろう。それをさらに敷衍して、仏道の本諦は「抜苦与楽」の道である、という声も聞こえてくるであろう。仏道がもし「抜苦与楽」の実践であるとするなら、その「抜苦与楽」の方法論と実践はまごうことなく癒しの絶対可能性を標榜するものである。

いかにすれば苦しみを抜去することができるのか。そしてまたいかにすれば楽を与えることができるか。この問いかけは切実である。それは現実に、この世に苦悩が満ちているように見え、かつ実際にそう感じるからである。

苦悩とコミュニケーション

それでは、苦悩はどこから生じるのか。コミュニケーションのなかからだと私は思う。

ある生命体が存在する。そこにAというエネルギー量を受け入れ、それを必要とする回路があったとする。もしそこにAよりも少ないBエネルギーが流れたとする。その場合、その生命体はエネルギーの不足と、不足を充塡させたい渇望を感じる。その反対に、Aよりも多いCエネルギーが流れた場合、エネルギー量の多い過剰と、過剰を排除して安定状態に戻りたい欲求を感じる。

ここにいうエネルギーを「情報」とか「知識」とか「愛」とかと置きかえてもよい。同じ構造と状況が出現するからである。

あるときには欠乏を感じて渇え、あるときは過剰を感じて飽《う》む。この落差が生命体の経験と認識と個性を生み出す。ここに苦悩の発生する原由がある。

ある生命体にとって恒常的な安定状態とは、固有の自己を持たずに何ものかと一体になっている状態である。大洋的な一体感のなかで安らい憩っているときに、不足も過剰も感知することはない。そのまま、このままでよい。そこから自己を切りはなし、意識し、識別する必要はない。それは夢も見ない熟睡のような状態である。そのなかでは葛藤も運動も生成もない。究極の自給自足、あるいは究極の自業自得があるのみだ。他者は現われず、コミュニケーションが起こることはない。

人は何に喜びを感じるのだろうか。ふつうそれは、自分が渇望し必要としているものが適切なかたちと回路をもって自分のなかに入ってき、一体化する時である。それが情報であろうが知識であろうが愛であろうが同じである。授乳であっても食事であっても芸術鑑賞であっても、基本的には同じだ。

しかし、ある者が渇望し必要としているものがつねに適切な形と回路で与えられ、一体化や充足感が成立するなどということがあるだろうか。時には、あるいはまれに、あるいはしばしば起こるかもしれないが、それがいつも必ずそうであるということはありえぬだろう。とすれば、苦悩は不足（欠乏）や過剰の知覚を通して立ち現われるということだろう。苦悩がコミュニケーションのなかから起こってくるというのは、そのような意味である。

仏教とコミュニケーション革命

コミュニケーションのあり方を変えるということは一大革命である。なぜならそれは、意識と身体のあり方を変えることによって精神を変え、他者との関係を変え、苦悩が立ち起こってくる構造に切断と改変を加えることだからだ。

私は、仏教とはコミュニケーション革命であると考える。情報の送受信体が覆われている我執の発生構造を粉砕し、その送受信をどこまでも鮮明かつニュートラルにすることによって、コミュニケーションを無限大に拡大せしめると同時に解体し消滅させるようなパラドクシカルな転換点に、いつも立ち戻ろうとするからである。

情報の送受信体に実体的な自我が存在すると錯視するところからもろもろの執着が生まれる。その執着はしかし、実体のない無常な関係性の特定の局面に固着し、増殖する。その執着の固着化と増殖化を生み出すコミュニケーションの生成の現場を正見し、とらわれの根をほぐし、断ち切ることによって、固着と増殖を消滅させる。

コミュニケーションの生成の現場には、つねに無明と渇愛という根源的な無知と根本欲望がはたらいている。その無知と欲望によってねじまげられた水路を情報は流れ、そのために固着と増殖が立ち起こる。

そうした無意識裡にねじまげられたコミュニケーションのあり方を変えるにはどうすればよいのか。

まず第一に、そのねじれ現象を引き起こす事態を正しく認識すること。第二に、そのねじれが起こる事態を改変しようとする前に、それを引き受けること。そのような業《カルマ》（行為の集積）のなかにいたことを受け入れること。すなわち、「あきらめる」ことである。第三に、そのあきらめ＝受容を一つの空無点として固着化に切断が入る。究極の自業自得に向かう過程であることを自覚する。そして業を受け入れ、業を完成させる。

あきらめ

人は一つの執着から別の執着に移行することによってコミュニケーションのあり方を変えることもできる。そのときの変化を癒しとも救いとも悟りとも思うことができる。当然ながら、変化が認識の拡大や解放を生み出すことはある。同時にその解放がさらに大きな抑圧と呪縛を生み出すことも多い。そのとき、解放は幻想であるどころか、一時的に昂揚した破壊のプロセスである。

人は教育によっても恋愛によってもイデオロギーによっても修行によってもコミュニケーションのあり方を変えることができる。それによって開発も解放も成長もありうるが、執着と閉鎖のなかに陥ることもある。どこからが癒しで、どこからが病いや苦悩であるかは相対的である。あきらめとはそうした徹底相対性に立ち到ることである。治療ができるとかできないとか、癒しが可能であるとかないとか、病気が治るとか治らないとかを超えたところで自他をあきらめ受け入れる。断念することによって執念を止める。

加藤清監修の『癒しの森——心理療法と宗教』（創元社）はすぐれた本である。塚崎直樹、實川幹朗、平井孝男、井上亮、黒木賢一、加藤清の六人の精神科医や心理療法家が提起した問題は、それぞれにまっとうで根が深く、彼らはそれに、逃げることなく正面から立ち向かっている。その問いかけ、論証、臨床事実や臨床体験に基づいた吟味・検証は確かさがありかつ誠実である。

それにもまして見事なのは、それぞれの論者と監修者の加藤清との対話・討論だ。加藤は的確に問題の本質を切り開き、時に超越的ともいえる角度からその問題を横転させ、その複雑さと深さと拡がりを立体的に浮かび上がらせてみせる。その振舞い方は単刀直入でありかつ天衣無縫である。この対話・討論の重畳によってこの本は問いを深め、広げ、興味ある素材のふくらみと人間的な味わいを開示してみせることができた。

加藤清の人間性の深みを示すエピソードが『分裂病者と生きる』（加藤清ほか、金剛出版）のなかで語られている。

京都大学付属病院の若い精神科医であったある日、壁面に頭を打ちつけて自傷行為をやめない精神分裂病の患者を前にして、誰も何もなす術もなく、無力感にかられながら呆然と立ちつくすほかなかった。そのとき、突然、加藤医師は病室の隅にあった護美箱《ごみばこ》の中に入って土下座した。すると、それまで誰が止めに入っても壁に頭をぶつけるのをやめなかった患者が不意に動きを止めて、加藤医師の方に注意を向けた。そしてこのときから治療行為が進みはじめたという。

このエピソードを読んだとき、思わず笑い出すと同時に快哉を叫んだ。「そうだよ、そうだよ、そういうことなんだよ」。

いったい、このときなぜ加藤医師はわざわざゴミ箱に入って土下座したのであろうか。この超越の仕方に、私は加藤清の断念の深さと祈りの切実さを見る。彼は治療や治癒というものを究極のところであきらめている。断念している。

『癒しの森』のなかで、加藤は平井孝男と「宗教体験と心理療法」と題して討論し、そこで病者の持つ無明性や罪意識を掘り下げたあと、カルマ（業）と「霊位」を問題にする。加藤は、「霊位が高い」ということは無明から脱する力が強いということだと主張する。そしてこの霊位の高低にはその人の罪責感の持ち方が関係しているという。罪責感の背後には攻撃性があるが、根本的にはこの世に生まれ出たことへの罪悪感という負い目が攻撃性に転じ、貪瞋痴《とんじんち》の三毒すなわち煩悩を肥大させる。

平井は加藤に、「もし自分より霊位の高い患者と会った場合、どうするか」と問う。加藤は答える。「そんな場合は、治療者が変わることも考えます。でも、変わることがなかなかできない場合は、あきらめます。あきらめるというのは『明らめる（真実を）』ということですよ」と。そしてそのあと、ある分裂病者の事例を取り上げてこう言う。「四十代の患者で、家の犠牲になったような分裂病患者に『あなたは家族の中で一番えらい』と言いつづけたことがありました。これは彼女の霊位による無明感情の深さを尊重しようとしたのですが、彼女はこのことで、自分の存在意義を感じたようですね」。

加藤は無明を、(1)人間存在そのものが背負わされている宿命としての無明性（無明そのもの）と、(2)そこから派生してくる無明感情とに分けている。加藤は、総じて、分裂病者は無明感情が強くて無明そのものを認識できないのに対して、健康人は無明感情が薄く、その反面、「無明に対する積極的態度を取りうる健康性はある」と分析する。加藤によれば、この両方、つまり深い無明感情と無明性の積極的認識の両方を徹底したのが釈迦である。加藤は言う。「釈迦のように無明感情が非常に強く、また無明そのものをも直視し、それをつき抜けて明の世界に開けていった人もいます」。

無明感情とは、平井によれば、「自分はどうにもならない」、「救われない」、「生まれなければよかった」、「生きていてもつらいだけ」、「誰からも普通扱いされない」、「普通の人間でなくなった（脱落意識）」などといった苦悩の感情である。それはいいかえると、どのような肯定性にも受容性にも到達することができない絶対廃棄の感情である。どこにも自分の存在根拠・存在理由・存在意義を見出すことのできない絶対否定性の蟻地獄から脱け出せない苦悩。

二十九歳で出家して六年間の苦行を続け、それでもなお解脱できなかった釈迦は途方もなく無明感情の深い人であったと私も思う。でなければ、たやすく彼はある宗教の信仰か神々への信心によって救われ、癒され、解脱したことであろう。しかし、信仰や信心による救いも癒しも、苦行を通して得られるはずだと思っていた解脱も得られなかった。このどうしようもない救われようのなさとその徹底的な自覚が釈迦の凄いところだ。

しかしながら同時にまた、この無明感情の深さとその自覚なしに釈迦の悟り＝明も、つき抜け＝解脱も得られなかったであろう。無明が明になる大転換は得られなかったであろう。コミュニケーション革命は起こらなかっただろう。

三十五歳、菩提樹下で瞑想ののちに大悟成道したと伝えられる釈迦が、なぜその悟りの内実を人々に伝えることをためらい、断念していたか。それは人々が容易にこの無明感情の深さとその自覚に到達できないことを直覚していたからではないか。人は容易に中途半端な善人にも信仰者にもなりうるが、大悪人や大懐疑家になることはいたって困難である。

ここまで突きつめてくると、初転法輪までの釈迦の断念の深さと親鸞の「善人なをもて往生をとぐ。

いはんや悪人をや」は意外なほど近い場所にあることがわかる。無明感情や愚や凡夫の自覚の深さとどうしようもなさにおいて、彼らは共通の闇＝無明長夜に直面しぬいていたからだ。加藤がすぐれた精神科医（とは何だろうか？）となりえたと思えるのは、このような、彼の抱く、また彼の類推しうる無明感情の深さの故である。

『癒しの森』のなかにも、先の、壁に頭をぶつける自傷行為をやめない分裂病者の事例が出てくる。そこでは加藤はこう述べている。

頭を何回も壁に打ちつけていたある緊張病性の分裂病男子ですが、この人はすべての医者から回復の見込みがないと言われていたんです。僕が受け持ったときもそうした行動があったんだけれど、その自罰的衝動行為の中に深い無明感情や罪業感を感じて、僕は患者に向かって思わず土下座してしまったんです。でも、それがきっかけで治療が展開し、五年後には退院、五十歳で結婚して高校教師となりました。彼は、自分のことを阿修羅だ――人間でない――と感じていましたが、そういって自分の無明感情を表現していたんでしょうね。

加藤はこの患者のなかに「深い無明感情や罪業感」を感じとった。そして一瞬のうちに、ゴミ箱に入ってその人に向かって土下座した。私はここに「天啓」とでも呼ぶしかない身の投じ方を感じてしまう。加藤が超越的であるのは、そうしたそのつどそのつどの「天啓」に対する身の開かれ方と投企性にあると私は思っている。

無明―護美箱―土下座。ここには明確につらぬかれた、瞬時に成立する垂直的論理とそれを生み出す超越性がある。無明感情が意識と身体にどのような閉じ方と開かれ方をつくり出すか。いいかえると、どのように自傷・自罰的な苦悩が生じ、どのように超越する開かれと開悟が生じるか。そのいずれも、深い無明感情から立ち起こる。加藤が一筋縄ではいかない深さと鋭さを保ちながら、そこにユーモアをすらたたえながら立つことができるのは、このおのれの無明の長物たることをよく知っているがゆえであろう。無明の長物たるゆえんをよく知る者こそが微妙《みみよう》の長物になれるのだ。

業熟寂体果つるところ

病いには器官（機関）の病いと関係の病いがある。しかしひとたび仔細にみれば、器官の病いも器官と器官との関係や交流のあり方に由来することが多い。現代における器官の病いの代表的なものは癌である。関係の病いの代表的なものは精神病とエイズである。関係の病いはコミュニケーションの病いでもあるが、釈迦はそのコミュニケーションの病いの全体を生老病死（四苦）ととらえた。生まれてくること、成長変化し老いていくこと、病いを得ること、死にいたること、これらはみな不可逆的かつ不可抗力的にコミュニケーションのあり方が変わることである。

人は望ましく心地よく快美なコミュニケーションを求める。そしてそれにこだわりおぼれる。快美が苦悩と共にあり、苦悩を養分として立ち現われることの全容を見ることなしに。いかんともしがたい今ここにある苦悩を現実として受け入れること、一つの現実としてありのままに受け入れることは容易にできることではない。

ところで、一部の子供たちや若者の間でマニアックな人気を博したテレビ番組『新世紀エヴァンゲリオン』は実に心理療法的なドラマであった。人間関係（とりわけ親子や家族関係）に深く傷つき、ねじれたコミュニケーションのあり方しか持てない登場人物たちが、自分で直面し直視するのを避けつづけてきた根源的な傷に向き合い、最後にはそれを受け入れる。

それだけを書けば、何のことはない、それは世によくある自己実現ドラマと同じじゃないかという声が必ずあがってくるだろう。しかしおそらくこのテレビ・アニメーション・ドラマにはまっていった子供たちが読みとったのは、主人公たちの無明感情の深さとそれから由来するもがきであったと思う。

象徴的だったのは、主人公の碇《いかり》シンジと綾波レイが生物兵器エヴァンゲリオンに搭乗するために地下基地に降りていく場面であった。彼らは一切の言葉を発せず、ただひたすら地下に降りていく。画面はおそらく一分間ほどまったく変化しない。これを見た人の多くは、テレビが故障か停止状態になって画面が静止してしまったと思い込んだにちがいない。だが、エレベーターに乗り込む場面と降りる場面が長い長い沈黙静止像の前後に置かれていることによって、はじめてその沈黙の深さに思い到る。アニメ史上、これほど長く続く沈黙と静止を描いた場面はなかった。子供たちはその沈黙のなかに、一緒に降りていったのだと思う。自分自身のエヴァンゲリオンの待つ無明感情の地下基地へと。その果てしない無明の奈落への下降。

このような果てしない下降感覚が今、多くの現代人の生の根本感覚のなかにひそんでいるのではないか。どこまでもどこまでも降りていくことによって初めて開かれるもの。それは、堕天使の無明と哀しみの感情といえるかもしれない。しかもそのどうしようもない無明感情の底の底で、土下座して自他に立ち向かうことでしか身の開かれにリアルで透明な超越が生まれてこないことを知ってしまったのではないか。

中途半端な宗教によっても心理療法によっても、癒しも救いも開悟もないのだ。

加藤清の論文は「真の癒しへの黄金の糸」と題されている。加藤は言う。「心理療法が真の癒しの内へと参入するためには、心の本質を知ることが重要である。一般に心理と言っても、それは心と心の相互作用、すなわち対人関係および心と自然との関係を通じてのみ、心のはたらきの一側面である心の属性を知るにすぎない。それゆえに、心の属性でなく、心の本質は無心であると銘記しておくことが必要である。端的に言って、心の本質を知ることが、宗教の根底であるので、宗教を背景にしてこそ心理療法は成り立つと言える」と。そして加藤は、「宗教と心理療法との切り結ぶ場所」の中心を根源的自律性としての「寂体《じゃくたい》」と表現する。「宗教の核心は無心、寂体であり、また大円鏡智としての般若の知恵であり、エロスとアガペーを超えて両者をつつむ愛であり、また慈悲でもある」と。

加藤によれば、寂体とは、カルマを一つのスポットに収斂させてそのなかに立つときに現われる無心の究極的現実である。それは仏教学者・玉城康四郎のいう「業熟体《ごうじゅくたい》」と同じ事態を指している。

苦悩と癒しの果つるところ、それを寂体と呼ぶも業熟体と呼ぶも、そのような業熟寂体果つるところとの交信なくして、もはや宗教も心理療法も有効な力とリアリティを持ちえなくなっているというところから、私たちは歩きはじめなければならないのだ。苦悩と癒しをあきらめ、深く断念するところから真の癒しと救いが始まるのだ。

重層／転位／分裂、そしてエロティシズム

1　風の又三郎と水の女

野に立って風に吹かれているとき、ふと思うことがある。風はどこからやってくるのか。そしてどこへ行くのかと。

風の由来を私は知らない。風が立ち起こる場所も風が立ち消える場所も私は知らない。しかし、今ここで私は風に出会っている。立ち向かい、風におのれをさらし何ごとかを発信している。

このようなとき、いつもきまって「風の又三郎」という言葉が口をついて出る。得体の知れぬ、正体不明の、しかし今ここに確実に存在している何者か、それは高田三郎でもありうるが、もとよりそれを超えている。それが高田三郎に漂着することもありうるが、それにとらえられ、固定されているわけではない。根源的な無名性のなかにありながら、固有名のなかにも立ち現われ通過する。それは鎌田東二のなかにも立ち現われ通過する。高田三郎ばかりではなく。

水辺に立って何げなしに水を見ていてふと思うことがある。この水はどこから流れてくるのか、そしてどこへ行くのかと。

その水の由来を私は知らない。水が始まる場所も終わる場所も私は知らない。しかし今ここで私は水と出会っている。掌にすくって飲むこともできる。水の流れを私のなかに流し込むこともできる。そのとき、私は水の一部となったのか、水が私の一部となったのか。

川沿いを歩きながら、川の流れを見ているときなどに、時折口をついて出てくる言葉がある。「水の女」。天と地の間にあって、天から降りそそぎ、大地に、地底にしみわたっていく水のように、天地と神人との間を媒介する「女」。天にも属さず、地にも属さず、神にも属さず、人にも属さず、それでいてそのいずれとも通じてしまう「水の女」。その「水の女」が私のなかに立ち現われ通過する。

さて、「風の又三郎」はその名が示すとおり、男である。年齢不詳とはいえ、それは高田三郎に憑着することもありうるように、少年の面影を宿している。「風の又三郎」は風の神であるとかと勿体つけて言うよりも、「風の又三郎」は「風小僧」であると言った方が風流で、感じが出ている。

どこから来てどこへ行くのか、杳として知られぬ永遠の幼童としての「風小僧」。その「風小僧」に私は魅かれる。風のエージェント。それは「風」が気息や呼吸に通じているように、霊界や魂の気配を伝える使者なのだ。

一方、「水の女」はその名が示すとおり、女である。それも、神に仕え、魂の司祭としてワザオギを行なう処女であり、聖少女であった。天と地を、神と人とをつなぐ水のエージェント。それは「水」が天から地にしみ入り、山から海に流れ込むように、見えない高みからの魂の気配と通信を伝える使者である。

宮沢賢治の童話「風の又三郎」のなかで、北海道からの転校生である高田三郎は、丘の上から川の様子を見わたして、「春日明神さんの帯のやうだな」と言う。すると、同級生の一郎や嘉助たちは大そう驚いて、「うな神さんの帯見だごとあるが」と問いかえす。三郎は何ごとでもないように、「ぼく北海道で見たよ」と言うと、「みんなは何のことだかわからずだまつてしま」ったのである。

そうした未知の世界の情報をもたらし、見たことも聞いたこともないモノの気配を伝えてくれる高田三郎は、同級生の一郎たちにとって、「どつどど　どどうど　どどうど　どどう」と「青いくるみ」も「すつぱいくゎりん」も吹き飛ばしてゆく得体の知れぬ力を持った風の又三郎そのものだったのだ。

蛇行する風の様態を「春日明神さんの帯のやう」と見てとる三郎の視線と視力を一郎たちは不思議な、神秘的な呪力を持つものと感じてしまう。なぜならそれは、「風の又三郎」だけが見てとることのできる模様であり構図であるように思えたからである。一郎たちは「神さんの帯」ってどんなものか想像だにつかない。それなのに三郎はいともやすやすと「ぼく北海道で見たよ」と言ってのける。その三郎は神の帯を北の国で見たことのある、未知の体験と情報を持つ者なのだ。一郎たちはその三郎の視力と情報に魔法のような呪力と神秘を感じてしまうのである。それはまるで異界を告知する神の使徒のようだ。

折口信夫は「水の女」のなかで、「みぬは・みつは」などの水にかかわる古語を解析し、「汶売《ミヌメ》・宗像・水沼の神は実は神ではなかつた。神に近い女、神として生きてゐる神女なる巫女であつた」と述べている。折口によれば、中臣・藤原氏の女も「水の神女」としての性格を持ち、それと関連して、「古代皇妃の出自が、水界に在つて、水神の女である事、並びに、其聖職が、天子即位甦生を意味する禊ぎの奉仕にあつた事」を主張する。折口によれば、古代における水の神の表象や言葉は、神そのものを表わすのではなく、むしろ神に仕える神女の性格を伝えているという。

折口信夫がするどく洞察しそれを匂わしながらも十分に表現しえなかったところを切り裂いて露わにしてみせたのが、中上健次の「水の女」である。中上は「水の女」が神と人との媒体《ミーディアム》（霊媒）であるがゆえに本質的にあぶりださずにはいない性の境域を描いた。「水の女」は神と交わる神女である。とすれば、その神との交わりはどのような身体と精神のせめぎあいのなかから立ち上がるのか。神との交わりの根底にひそむ魂のエロティシズムを、即物的な性の局面からその秘部を切り開いてみせたのが中上健次であった。

風のエロスと水のエロス。風が身体と意識をより遠心的な方向に溶融し気体化する媒体であるとすれば、水は身体と意識をより求心的な方向に溶融し液体化し物質化する媒体ではないだろうか。風が運ぶエロスと水が運ぶエロス。その二つのエロスが意識と身体を往還する。

私はその二つのエロスの狭間に、重層的にではなく、分裂的に、あるいは転位的に存在している。「風の又三郎」が「水の女」と出会う場所に。

2　小泉八雲のエロス――鬼のオトヅレ

小泉八雲ことラフカディオ・ハーンの文章を読んでいて、しばしば深く納得し、身につまされることがある。たとえば、ある他者と深く共振しているときなどに、自分とその他者との間の境界が限りなく曖昧になり、ある一つの磁場とでもいうべき高密度の共同体ないし集合のなかにいて、私が考えているのか、その人が考えているのか、それとも二人が同時に同起的に考えているのか、不分明になることがある。

最近、小泉八雲のエッセイを読んでいてそのような感覚に襲われることがよくある。「私の守護天使――幼年時代の思い出」と題されたエッセイを読んだときには思わず身ぶるいがしたほどだ。それはこのような文章で始まる。

私がこれから物語ることは、私が六つのころに起ったのだと思う――あのころの私はお化けや物の怪のことはたくさん知っていた。しかし神々のことはほとんどなにも知らなかった。

およそ有り得る限りの理由の中でも最上の理由で、あのころの私はお化けや鬼や魔性のものの存在を信じていた――というのは私はお化けや鬼を、昼も夜もこの眼で見ていたからである。眠る前に私は自分の頭を掛布団の下に隠した。それはお化けや鬼が私を覗きこむのを防ぐためだった。それだから お化けや鬼がベッドの寝具を引張りに来た時、私は大声をあげて叫んだ。私にはなぜ私がこうした目にあったことをほかの人に話すのを禁じられていたのか理解できなかった。(『明治日本の面影』平川祐弘訳)

ラフカディオ・ハーンは子供のころ、昼も夜も「お化けや鬼」をこの眼で見ていたと記す。私は「お化け」は見たことがないが、物ごころついてから十歳になるまで、しばしば「鬼」を見ていた。昼でも夜でも見えることがあったが、そのとき私はハーンと同様「大声をあげて叫んだ」。しかし誰も私の見たモノを信じなかった。それが子供のころの私にとって最大の哀しみであり孤独であった。なぜなら、私の言うことが受け入れられないということは、私が嘘つきの子供であることの証であったから。

十歳のときにふとした偶然から『古事記』を読んで、神話の世界のなかに私が見ていた「鬼」たちが生き生きと活動しているのを知った。そしてその「鬼」たちは、時には「神」とも呼ばれ、時には「鬼」とも呼ばれる存在であった。

子供のハーンが最初に発した宗教上の質問は「聖霊 Holy Ghost」に関するものだったという。その「ゴースト」という言葉が彼の好奇心を刺戟したのだ。ハーンは「Ghost」という文字の「G」の大文字に「なんともいえぬ畏怖の念と神秘の感をおぼえた」という。そして、大人となり、五十歳に近い「今日でさえもあの恐ろしい字を一目見ると、あの漠とした恐れにみちた幼年時代の空想が、時として生き生きと私の心中によみがえる」と述べている。

ここで興味深いことが二つある。一つは、子供のハーンが「お化けや物の怪や鬼」のことをよく知っていたにもかかわらず、「神々」のことをほとんど知らなかったという点。とりわけ「神々」と複数形で述べている点に注意したい。ハーンにとって、「神」はユダヤ - キリスト教的な「唯一絶対の神」ではなく、あくまでギリシャやケルトの多神教の「神々」であったのだ。

もう一つは、ハーンが初めて「神様」のことをたずねたとき、従姉のジェーンは「神様」を知らないハーンに驚き、こう聞き返した。「おまえは神様がおまえや私を作ったことを知らないの？ 神様がおまえのお父さんやお母さんや皆を作ったということを知らないの？……おまえは天国や地獄のことを知らないの？」 そして、恐怖と苦悩の色を浮かべてこう叫んだ。「そしておまえを地獄に突き落として、生き身のまま火の中でいつまでもいつまでも永久に焼くのよ！……考えても御覧、永久に燃えて、燃えて、燃えるのよ！ 叫び声をあげて燃えさかるのよ！ 永久に炎の責苦から救われはしないのよ！（中略）指をランプで火傷した時のことをおまえ憶えている？ それなら体ごとおまえが丸焼けになることを考えても御覧、いつまでも、いつまでも、いつまでも燃えるのよ！ 永久に、永久に！」と。

ハーンはしかし、このときから従姉のジェーンが大嫌いになったという。というのも「その人のお蔭で私はその時はじめて、もう取返しのつかないほど不幸になってしまったからだ」と述べている。ハーンはこのエキセントリックなカトリック教徒のジェーンによって幼年時代の「美しき世界」をこわされたと慨嘆している。ハーンのキリスト教嫌いは、自分の眼に映じた、いくらか親しみと怖ろしさのないまぜになった「お化けや物の怪や鬼」の世界を狂信的なカトリックの教義によって汚され粉砕された経験から来ている。それは彼の根源的な「神々」の感覚を全否定するものであったからだ。

ハーンのこのような「不幸」を私はよくわかる。しかしハーンに較べて、まだしも多神教の世界に育った私は「不幸」をまぬがれたといえる。一つは、「鬼」を日本神話や、その後つづけて読み耽ったギリシャ神話によって肯定でき、それを神話の世界との連続性のなかに位置づけられたことによって大きな安心を得たこと。もう一つは、「鬼」を絶対的に否定し、悪魔視する信仰体系に出会わなかったこと。それればかりか、日本の民俗事象において「鬼」が神や祖霊として信仰されている例があることがわかったことによって、「鬼」と「神々」と人間との間の転位と連続性が見えてきたことも、「不幸」に陥らなかった一因であった。

私は自分につらなり共振してくる国学者として平田篤胤や折口信夫を数えているが、彼らもまた「鬼」や妖怪変化に強い関心を持ち、それらのモノとカミとの関係や連続性を読みとろうとした人物であった。その意味では、平田や折口の感覚はハーンのそれと根本的に一致している。そのことは、ハーンの著述のなかに「勝五郎の再生」のあること、また世に知られた『怪談』のあることによってもうかがえる。

「勝五郎の再生」の末尾で、ハーンは「前世を思い出す可能性の問題」について問うている。そしてこう述べる。

もし思い出す主体が我々各自の中に存する「無限の全我」Infinite All-Self であるならば、私は「佛本生譚」Jataka の全部を、なんらの抵抗も覚えずに、信ずることができる。それに反して、思い出す主体が単に感覚と欲望が織りなすに過ぎない「虚妄の自我」False Self であるなら、私は私の考えを、私がかつて夢みた一場の夢を物語ることによってもっともよく表現することができる。

ハーンは「前世」を思い出す主体が「無限の全我」であるか「虚妄の自我」であるかによって、その内実が真であるか偽であるかを判別できると考えている。ということは、「各自の中に存する『無限の全我』」がはたらく時、「前世」の想起は可能となり、その「譚」は真実の表現であるということだ。

このように、ハーンが輪廻転生や前世譚を単にエキゾチックな東洋の幻想的なお話にすぎないと考えていなかった点は重要である。そこにケルト的な霊魂不滅思想や輪廻転生思想の痕跡を見てとることは早計かもしれないが、ハーンにとっての日本や東洋は確かに彼の深層的自己や重層的心意伝承に届き、共振・共鳴したといえよう。そればかりか、それは「無限の全我」に到る回路だったのかもしれない。

ところで、折口信夫の『古代研究』第三巻（民俗学篇2）は「鬼の話」と題する論考から始まる。折口は、「日本の古代の信仰の方面では、かみ（神）と、おに（鬼）と、たま（霊）と、ものとの四つが、代表的なものであつた」と述べ、さらに「鬼は怖いもの、神も現今の様に抽象的なものではなくて、もつと畏しいものであつた」と主張する。「神」も「鬼」も元はともに怖れ畏こむべきものであった。それが「神」の地位が向上したために、「神」と「鬼」が対極にある存在のように考えられることになったという。その事例として折口は春の祭りに登場してくる「鬼」について考証する。そしてこの「鬼」が「歳神《としがみ》」と似た性質を持っていることをつきとめる。歳神とは、「祖先の霊が一个年間の農業を祝福しに来る」ものとされるが、「鬼」もまたこのように時を定めて「オトヅレ」て来るモノであった。

折口は、沖縄の石垣島の宮良村で、「なびんづうの鬼屋《オニヤ》に十三年目毎に這入つて行つて、若衆入りの儀式を挙げる」ことのある事例を報告し、「恐るべき鬼は、時には、親しい懐しい心持ちの鬼でもある」と性格づける。そしてこの「鬼の話」をこうしめくくる。

> まれびとなる鬼が来た時には、出来る限りの款待をして、悦んで帰つて行つてもらふ。此場合、神或は鬼の去るに対しては、なごり惜しい様子をして送り出す。即、村々に取つては、よい神ではあるが、長く滞在されては困るからである。だから、次回に来るまで、再、戻つて来ない様にするのだ。かうした神の観念、鬼の考へが、天狗にも同様に変化して行つたのは、田楽に見える処である。

折口は「鬼」が「まれびと」であることを主張する。そしてマレビトを歓待するのは、長く滞在されては困るので次回に来るまでふたたび戻ってこないように送り出すためだという。このマレビトは幸いや福をもたらすが、同時に危険な存在でもある。

折口が「鬼」と「神」との転位と重層あるいは分裂をこのように描き出していることに私は大変興味を持つ。それは折口が「鬼」や「神」の性格の根底に大いなる力の発現を見ていて、それが折口にとってのエロティシズムの感覚と深く結びついていると思えるからだ。つまり、折口にとってのエロスとは、このような力の発現とそれによる存在様態の転位すなわち変容のプロセスにあったのである。だからこそ彼は芸能、「もどき」や「うつし」や「やつし」や「かぶく」芸能の力と意味を身体的な次元で読み解くことができたのだ。

このようなエロスの感受において、ハーンと折口には深く一致する点があると私は思う。そしてそのことと彼らの身体的なコンプレックスとは深く関係していると思える。ハーンは身体短軀で、少年時に右目を失明し、折口は少年時に陰部を裂傷し、眉間に青い痣があった。その身体的欠損を彼らは深く身にため込んだがために、そこから解放される回路として、力の発現と変容・変身の方法論を必要としたのではないだろうか。

意識と身体が変容することによって世界が変容する。その変容する瞬間を彼らはともに徹頭徹尾受動的に待ち受ける。彼らがともに視覚的なイメージよりも聴覚的なイメージに深く感応したのは、そうした彼らの受動的エロティシズムがなせる業《わざ》である。

折口信夫がマレビトである神の到来を「オトヅレ」と言っていることは、その点で意味深長である。まさに神は音に乗って、音とともに音連れてくる。それは異界の消息を伝える回路であり、目に見えない世界の気配を感知させる風の振動である。それゆえ『死者の書』の冒頭が、「した　した　した」という死者の歩く足音で始まっているのは象徴的な事態である。また宮沢賢治の「風の又三郎」の冒頭も「どつどど　どどうど　どどうど　どどう」で始まるのは、同様の霊の音連れを暗示している。ハーンもまた『神々の国の首都』のなかで誰よりも微細に松江の町の音の風景を聴きとり、描き出している。

耳の人折口信夫。耳の人ラフカディオ・ハーン。彼らの言葉が時に意味不明だが限りなく繊細な音律を奏でるのは、そうした彼らの耳のエロティシズムが微細にしかし鮮烈にはたらいているからであろう。

私は彼らのきわめて音楽的かつ詩的な叙述を読むとき、何ものかのオトヅレの気配を感ぜずにはいられない。ハーンは「生神様」と題するエッセイのなかで次のように述べている。

五官の証拠などというものはあまり当にならない。読者も御承知のように世の中には見えもせず、聞こえもせず、感ぜられもせぬ実体が沢山ある。そうしたものは力として存在する。それは恐るべき力として存在する。(『日本の心』平川祐弘訳)

この「力」、「恐るべき力」に対するひたすら受動的な感受。ハーンや折口はこの「力」の発現のなかに神＝マレビトのオトヅレを感得する。ハーンはさらに言う。

私は自分一人で神社の社頭に立つ時、自分がなにかにつかれているような感じを受ける。それだけそこに目に見えず現れたものの知覚作用という可能性を考えずにはいられない。

ハーンは一人で神社の社頭に立ったりするとき、何ものかがオトヅレ自分に憑着してくる気配を感じる。その目には見えないが確かに現われ出ているものの知覚作用は「振動」の探知であろう。なぜならハーンは、もし自分が「神」になったらどのような知覚作用を持つだろうかと述べたあと、「私は単なる振動のようなもの——エーテルとか磁気の動きのような目に見えぬ運動のようなものになるだろう」と類推しているからである。神や霊が何よりも「振動」として発現してくることを彼の意識と身体は微妙に探知し、そのふるえに同調するのだ。ふるえとして現われる「振動」はそのまま「力」のバロメーターともなる。

このようなハーンの叙述は、そのまま私に「振動」をもたらさずにはいない。私もしばしば同じような「振動」を知覚し追体験することがあるからだ。ハーンの霊的な知覚作用は、このような微細で精妙な物質的知覚作用とリアルに連関、転位し合っている。これがオトヅレを探知する耳の、いや「振動」のエロティシズムなのだ。

3　八百万神（心）のエロス

折口信夫は『古代研究』第三巻の「追ひ書き」のなかで、学問論を展開し、「日本民俗学の開基」である柳田國男の学問に触れたとき、「初めは疑ひ、漸くにして会得し、遂には、我が生くべき道に出たと感じた歓びを、今も忘れない」と述べ、自分の学問的使命を「新しい国学を興す事である。合理化・近世化せられた古代信仰の、元の姿を見る事である」と位置づける。そして『古代研究』全三巻は、「新しい国学の筋立てを摸索した痕である」と宣言する。

この折口の気概と道統意識に私はふるえる。そして、「古代信仰の、元の姿」を見ようとした折口が大王ガ崎の尽端に立ったとき、「魂のふるさと」が海上はるか彼方に確かに存在しているような気がしてならず、それはかつて「祖々の胸を煽り立てた懐郷心（のすたるぢい）の、間歇遺伝（あたゐずむ）として、現れたもの」だと確信するにいたる知覚作用に私はふるえる。

折口は「父祖の口から吹き込まれた本つ国に関する恋慕の心」の起こるさまをこう記述し始める。『古代研究』第二巻「民俗学篇1」の劈頭に置かれた論考「妣が国へ・常世へ——異郷意識の起伏」の冒頭にこうある。

われ〳〵の祖《オヤ》たちが、まだ、青雲のふる郷を夢みて居た昔から、此話ははじまる。而も、とんぼう髫を頂に据ゑた祖父《ヂヾ》・曾祖父《ヒヂヾ》の代まで、萌えては朽ち、絶えては蘖えして、思へば、長い年月を、民族の心の波の畦《ウネ》りに連れて、起伏して来た感情である。開化の光りは、わたつみの胸を、一挙にあさましい干潟とした。併し見よ。そこりに揺るゝなごりには、既に業《スデ》に、波の穂うつ明日《アス》の兆しを浮べて居るではないか。われ〳〵の考へは、竟《ツヒ》に我々の考へである。誠に、人やりならぬ我が心である。けれども、見ぬ世の祖々《オヤ〳〵》の考へを、今の見方に引き入れて調節すると言ふことは、其が譬ひ、よい事であるにしても、尠くとも真実ではない。

折口は遠い父祖たちの心の中に波のようにうねり、打ち寄せてきては還る「感情」の「起伏」を喚起しようとする。「古代信仰の、「元の姿を見る」ために。しかしそのために折口が語り始める口調は、あたかも何者かが乗り移ったような諧調を帯びてくる。折口はつづけて言う。

われ〳〵の祖々が持って居た二元様の世界観は、あまり飽気なく、吾々の代に霧散した。夢多く見た人々の魂をあくがらした国々の記録を作つて、見はてぬ夢の跡を遂ふのも、一つは末の世のわれ〳〵が、亡き祖々への心づくしである。心身共に、あらゆる制約で縛られて居る人間の、せめて一歩でも寛ぎたい、一あがきのゆとりでも開きたい、と言ふ解脱に対する憧悦が、芸術の動機の一つだとすれば、異国・異郷に焦るゝ心持ちと似すぎる程に似て居る。

折口は「祖々」が持っていた世界観があまりに呆気なくこの文明開化の時代を経て雲散霧消してしま

ったことを慨嘆しながらも、そういう時代だから祖先たちの魂をあくがらせた「魂のふる郷」や「本つ国に関する恋慕の心」を明らかにし正しく伝えることが、後の世のわれわれにできる「亡き祖々への心づくし」であるという。そしてその「心づくし」を全うしようとする。そのときに立ち起こる折口の知覚作用が先に引いた「懐郷心の、間歇遺伝」なのだ。

十年前、熊野に旅して、光り充つ真昼の海に突き出た大王个崎の尽端に立つた時、遙かな波路の果に、わが魂のふるさとのある様な気がしてならなかつた。此をはかない詩人気どりの感傷と卑下する気には、今以てなれない。此は是、曾ては祖々の胸を煽り立てた懐郷心（のすたるぢい）の、間歇遺伝（あたゐずむ）として、現れたものではなからうか。すさのをのみことが、青山を枯山《カラヤマ》なすまで慕ひ歎き、いなひのみことが、波の穂を蹈んで渡られた「妣《はゝ》が国」は、われ〳〵の祖たちの恋慕した魂のふる郷であつたのであらう。いざなみのみこと・たまよりひめの還りいます国なるからの名と言ふのは、世々の語部の解釈で、誠は、かの本つ国に関する万人共通の憧れ心をこめた語なのであつた。

この「間歇遺伝」は、神話時代のイザナミノミコトやスサノヲノミコト、タマヨリヒメやイナヒノミコトたちの還っていった「魂のふるさと」についての記憶から、文明開化後を生きる折口信夫の心の中に「起伏」し、時機を得て蘇ってくる一つらなりの感情だというのである。折口は「千年・二千年前の祖々を動して居た力は、今も尚、われ〳〵の心に生きて居ると信じる」と断言する。この「懐郷心の、間歇遺伝」が単なる物語や幻想《ファンタジー》ではなく、一つの確かな「力」であることを折口は力強く断定するのだ。

この「力」の知覚と認識において、折口とハーンは一致している。

ところで、折口はみずからの学問に必要な「比較研究」について次のように述べている。

比較研究は、事象・物品を一つ位置に据ゑて、見比べる事だけではない。其幾種の事物の間の関係を、正しく通観する心の活動がなければならぬ。此比較能力の程度が、人々の、学究的価値を定めるものである。だから、まづ正しい実感を、鋭敏に、痛切に起す素地を――天稟以上に――作らねばならぬ。而も、機会ある毎に、此能力を馴らして置く事が肝腎である。

比較能力にも、類化性能と、別化性能とがある。類似点を直観する傾向と、突嗟に差異点を感ずるものとである。この二性能が、完全に融合してゐる事が理想だが、さうはゆくものではない。私には、この別化性能に、不足がある様である。類似は、すばやく認めるが、差異は、かつきり胸に来ない。事象を同視し易い傾きがある。これが、私の推論の上に、誤謬を交へて居ないかと時々気になる。(『古代研究』第三巻「追ひ書き」)

折口はここでみずからの学問的感性のありどころを語っている。ハーンの言葉を使っていえば、見えないものの知覚作用のありさまのことである。見えるものから見えないものへの糸口をたぐって「古代信仰の、元の姿を見る」こと、これが折口の学問的方位だ。

そのためには、「比較研究」が正しく行なわれなければならない。折口はこの「比較能力」の程度が学者の「学究的価値を定める」とまでいう。それゆえ、高い「学究的価値」を志すならば、まず「正しい実感を、鋭敏に、痛切に起す素地」を耕さなければならないのだ。これは単なる素質や「天稟」に依拠してすませることはできない。常にことあるごとにこの能力を錬磨し、鋭敏に養なっておかなければならないというのである。

折口の学問はある種の「密教」であると私は思う。その「密教」は直観と技術と密儀によって成り立つ。折口はその直観と技術をたえざる修練によって磨きをかけておかなければ用を足さないという。そして、その上に何ものかの「オトヅレ」という密儀がかぶさる。

さて、この「比較能力」に二種ある。「類似点を直観する」類化性能と「差異点を感ずる」別化性能の二種である。理想はこの二種の比較能力が「完全に融合してゐる事」であるが、なかなかそうはいかない。偏りがある。折口はこの自分の偏りを別化性能の不足に見ている。ということは、折口は類化性能に特に秀でているという自覚を持っていたということだ。

二つ以上の異なる事実や事象から類似の構造をすばやく見てとることができる。いわば、この類化性能の発現が折口の密儀であり、それは彼独自のエロティシズムに支えられている。それは先に引いた「懐郷心の、間歇遺伝」とも深く連動している。類化性能とは千年二千年以前にさかのぼる祖先たちの「恋慕」と共振・同通する能力でもある。その能力をいくらか当時の生物学用語に引きつけて「間歇遺伝」と定位したのだ。そういう折口にはよほどの確信と強い「実感」があったのだろう。

興味深いのは、かのラフカディオ・ハーンもまた類似の現象をすばやく認める特異な能力を持っていて、そうした事象を認識するときにこのうえない歓びを感じると述べている点である。

ハーンは美的感動の成り立ちを「果てしない過去の、想像もつかないほど数限りない経験から受け継がれてきたもの」ととらえ、「美に対するいかなる感情の中にも、脳という不思議な土壌に埋もれた微かな記憶のざわめきが無数に存在する」と主張する。

それではこの「感情の中」の無数の「埋もれた微かな記憶のざわめき」はどのようにして収斂し、目覚め、蘇えるのだろうか。それについてハーンは次のように述べる。

人は誰でも、美の理想を――それはかつて心を打った形・色・雅趣などについての、既に消え去った記憶が限りなく集まってできた合成物にすぎないのだが――それぞれの心の中に抱いている。この思想は本質的に、眠ったように潜在する性格を持ち、自由に心に呼びさますことはできないが、一旦何か漠然とした類似を認めたとなると電撃的に輝きわたるであろう。生命と時の流れが突然逆流し、人はもの悲しくも喜ばしい奇妙な感動でぞくぞくするのを感じる。百万年にもわたる無数の世代の経験が、この一瞬の感激に凝縮されるのである。(「旅の日記から」『日本の心』河島弘美訳)

ある事象や事物のなかに人が持つ「美の理想」の類似が見出されたとき、生命と時間の流れが逆流して「もの悲しくも喜ばしい奇妙な感動でぞくぞくするのを感じる」とハーンは言う。そしてその「電撃的に輝きわたる」美的瞬間とは、「百万年にもわたる無数の世代の経験が、この一瞬の感激に凝縮される」瞬間だというのである。

これは折口信夫のいう「懐郷心の、間歇遺伝」とほとんど同様の知覚作用について述べているのではなかろうか。

ハーンは「身体が細胞の集まりであるように精神も多くの魂の集まりである」と主張する。このようなラフカディオ・ハーンの霊魂観や神観を私は〝一人一人が、また一つ一つが八百万《やおよろず》の神である〟という思想であると考えて、まったく同意する。たくさんの神々が寄り集まって全体として多神の世界を形成しているのではない。そうした通俗的な多神教理解ではなく、一つ一つの事物や事象のなかに、また一人一人、一個一個の人間存在や生命体のなかに、すべての神々が、八百万神がおわすのである。〃一つ一つが八百万の神、一人一人が八百万神〃とはそのような意味である。

私はこのような〃一人八百万神観〃こそ神道本来の生命観であり、霊魂観であり、人間観であり、神観であると主張する。ハーンや折口はそうした魂の感覚をはっきりと伝えている。

「祖先崇拝の思想」のなかで、ハーンは「神は幽霊《ゴースト》ではあるが、しかし、その格式と力においては大いに異なった幽霊である」(『東の国から・心』平井呈一訳)、と述べている。そしてさらに、端的に次のように言う。

> 人間の心は幽霊のすみかである。神道がみとめる八百万の神神よりも、もっと数の多い幽霊のすみかである。(同前)

人間の心=精神は、無限の霊魂の集合体であり、それ自体、超八百万神的な集合体だというのである。このことをハーンは一言で「霊魂複合説」と言っている。いいかえると、「人間は、本質的には複合的人物」であるということだ。天才の「直観力」もこのような複合性に依拠しているとハーンは主張する。直観とは一どきに大量の情報をキャッチしかつ迅速に処理することをいう。こういう直観力が成立するのも、その心が無数の複合性の上に成立しているからだというのがハーンの考えである。

こういう考えは、ハーンにのみ特有のものではない。南方熊楠は人間の心は「複心」であると言っているし、宮沢賢治は、「わたくしといふ現象は／……あらゆる透明な幽霊の複合体」だと言っている。

南方熊楠や宮沢賢治の自我説はハーンのそれと根本的に軌を一にしているといってよいだろう。

わたくしといふ現象は
仮定された有機交流電燈の
ひとつの青い照明です
(あらゆる透明な幽霊の複合体)

「わたくしといふ現象」が「あらゆる透明な幽霊の複合体」であるという認識は、別の言い方をするならば、一人八百万神観である。自己が多種多様に、重層的にも並列的にも分裂的にも織り込まれ、織り合わされているという直観が、ハーンや賢治や南方や折口にはあった。

いわく、人間の心は無数の幽霊のすみかである。いわく、あらゆる透明な幽霊の複合体である。いわく、複心。いわく、間歇遺伝。これらはみな同じ自己の複数性・複雑多様性を語っている。

私はこのような自己認識を根本的に了解し支持する。〝私は私であって私ではない〟というのは、〝私は私の乗り物であるばかりではなく、他者の容れ物でもある〟ということなのだ。どれほどたくさんの他者もしくは幽霊をすまわせることができるか。いってみれば、私の哀しさも私の器量も力量もそこにあるといえるのではないか。

そのような「私」がある特定の他者に魅力を感じ、好きになるとはどのような事態か。ハーンはこう言う。

婦人の神神しい魅力とは、いったい、何であろう？　それはほかでもない、死して土に埋められた、幾百万の心臓のもっていた愛情であり、信義であり、無私無慾であり、直覚である。そういうものが、みんなもういちど蘇ってくるのだ。そして、彼女自身の心臓の新しい温かい鼓動のなかで、もういちど新しく脈搏を打ちだすのである。（「祖先崇拝の思想」『東の国から・心』平井呈一訳）

一個の恋愛は幾百万の恋愛によって支えられている。ある特定の人に魅力を感じ愛情を感じるのは、そこに「幾百万の心臓のもっていた愛情であり、信義であり、無私無慾であり、直覚」が一どきに蘇り、一点に凝縮・収斂し、その恋する相手の心臓の中で新たな鼓動と脈搏を打ち出すからだという。とすれば、折口的な言い方をすれば、恋愛もまた間歇遺伝の賜物なのである。宮沢賢治的な言い方をすれば、幽霊複合の産物だということになる。

4　私の中の重層性あるいは分裂性あるいは習合性

以上、主として、私自身が共振する四人の複合的人物——ラフカディオ・ハーン、南方熊楠、折口信夫、宮沢賢治——の思想に検討を加えながら、その実、自分自身の実感を表わしてきた。

「私の中の重層性」という問いを考えるとき、私はいつもそれが「重層」なのか「分裂」なのか「並列」なのか「習合」なのか判然としない不分明さにさらされる。

そこで最後に、そうした私の中の重層性あるいは分裂性あるいは習合性について簡単にふれておきたい。

まず、その要点を列挙する。

①神話性と歴史性
②神主《かんぬし》性と審神者《さにわ》性
③男性性と女性性
④幼童性と老翁性
⑤霊能性と零能《れいのう》性
⑥神性性と仏性性、あるいは神道性と仏教性

「カミ」とは何かという問いに対して、「火水《かみ》」と答えた国学者がいる。江戸時代後期の国学者で安房国出身の山口志道である。「カミ」は「神」であるが、それは火と水という根本対立するものの結合だと道破したのである。すべてを焼きつくし溶融し解体せずにはおかない「火《か》」とすべてを潤ししみとおり育くまずにはいない「水《み》」とのダイナミックな結合と運動こそが「カミ」であると彼は考えたのだ。

大本教の出口王仁三郎はその神観（神＝火水）を承けて、出口ナオを「厳《いず》の御魂《みたま》（火の霊性＝変性男子）」、自分を「瑞《みず》の御魂《みたま》（水の霊性＝変性女子）」と自己規定した。

「神」が「火水《かみ》」であるという説は、語源説としては国語学的にいって間違いである。しかしそこに洞察された神観には考えるべき内実が含まれている。中世キリスト教の神秘神学者ニコラウス・クザヌスは神を「対立物の一致」(coincidentia oppositorum) と規定した。神が「対立物の一致」であるとすれば、神は「火＝水」であり「光＝闇」であり「生＝死」であり「男＝女」であり「翁＝童」であり「善＝悪」であり「戦争＝平和」である。

神＝火水とするこの神観がいかに語源説としてまちがっていようと、私はこの直観を否定することが

できない。自分の中に「火水《かみ》」性が宿り、運動していることを実感せずにはいられない。「ちはやぶる（道速振）神」とは、私にとって、火でもあり水でもあり、またそれ以外の何者でもあるのだが、火と水という対極をいともすばやく転位し飛躍し変容することの位格を持った存在なのだ。

私が出口王仁三郎に魅かれたのは、他でもない、彼の名前が本来「鬼《オニ》三郎」であったからだ。小さな頃からしばしば「鬼」を見ていた自分に、この「鬼三郎」は子供の頃にぶつかった形とは異なるかたちで謎と問いを突きつけてきた。「鬼」とは何か、「神」とは何かと。そしてこの問いに対して、私は「神」は「鬼」であり、「鬼」は「神」であるという答えを返した。しからば、何ゆえに「神」は「カミ」と呼ばれ、「鬼」は「オニ」と呼ばれるのか。その違いはどこから来たのか。

ここに私は神話と歴史の切断面と連続面を見ないわけにはいかない。「神」は「鬼」であり「鬼」は「神」であるという思考は、いってみれば神話的思考である。神話的起源においてその両者は一致する。しかし、現実にはその両者は分裂し、キリスト教神学における神と悪魔にもいくらか似て、善と悪に振り分けられ、対極にあるもののごとく考えられるようになった。つまり、歴史的思考において両者は全く異なるものとされるのである。

このような神話的思考と歴史的思考との対立、神話と現実、あるいは神話と歴史との対立を私はしかし単に対立とは考えられないのである。その両者が自分の中ではっきりと結合しているのを実感せずにはいられないのだ。神話は現実であり歴史である。それが私の小さい頃からの生の感覚である。それを「重層」というべきか、「分裂ないし対立」というべきか、はたまた「習合もしくは融合」というべきか、いつも私はここで行き悩む。

私の中の「神主《かんぬし》性」と「審神者《さにわ》性」の対立と結合もまったく同じ構造と問題を含んでいる。神主と審神者、この二つは明確に位相も性格も異なる。しかしこの二つの対極的位相と性格が同時に自分の中に同居しているのをいつも私は実感する。神主は神霊と交信し、託宣を物語り、神意を受託し表出し媒介する者である。それに対して、審神者はそれを判定し、時には懐疑し、時には批判し、時には拒否し、社会的文脈に置き直す者である。極端化していえば、聖なる言葉と俗なる言葉の両極を神主と審神者は担うのである。宗教的言語と政治的言語の両極といっていいかもしれない。

しかしながら、私の中でどこから神主が始まり、どこから審神者が始まるのかは明白ではない。不定の溶暗の領域からその双貌が時に応じて顔を出す。時には同時に、時には片方ずつ。

とはいえ、一九九五年十月にアイルランドから帰国して以来、私の中の神主性が徐々に強くなってきているのを感じている。どちらかといえば、三十代、四十代前半までは審神者性の方が強かった。しかし、阪神大震災とオウム真理教事件後、私の中の神主性が次第に強まっていると感じる。

ユングの深層心理学を持ち出すまでもなく、私の中には眠れる女性性がある。いやそれはとうに目覚めているかもしれないが、その女性性は神主性とも密接に結びついている。直観と論理という二分法からすれば、まことにステレオタイプであるが、直観は、私の中の神主性‐女性性と結びつき、論理は審神者性‐男性性と結びつく。

だが、そうした性的二元論を超えたリアリティが存在する。その超性的あるいは前性的‐後性的‐無性的境域の位相を私の中の幼童性と老翁性と言いたいのである。こうした幼童‐老翁の同起性と時系列的循環性を私は「翁童存在」という呼び方で言い表わしてきた。

上田閑照の言い方を借りれば、私の中には二人の子供がいる。「表の子供」は年とともに変化し姿を変える。大人になり老人になる。しかし、「裏の子供」、隠れた子供はいつまでも子供のままである。変化し成長しているかにみえる子供と、まったく変化せずに成長することのない子供、その二人の子供が私の中にいる。

私は自分の中に子供と老人が同居しているということを感じつづけてきた。それはおそらく、魂の生まれ変わり、輪廻転生や前世という問題と結びついている。この問題について確かなことはいえないが、私は生まれ変わりがあることを実感している。

第五の霊能性と零能性は、神主性と審神者性とも関係し、また第六の神道性と仏教性とも関係する。霊能とは霊的世界と交信する能力のことであり、神道においては神主と呼ばれる者は本質的にそうした能力の持ち主であった。それに対して、零能者とは、そうした霊的能力が幻想にとらわれ、判断を誤まり、道を踏み誤まるのを正しく矯正する、「正見」する能力を持つ者で、私はこの零能者の原型《プロトタイプ》をゴータマ・ブッダに置いている。そして、ブッダの宗教あるいは道は、審神者《さにわ》の宗教であり道であると思っている。ブッダは呪術にも霊能にもとらわれることのない道を示した偉大な先達である。

これに礼能力を加えて、「レイ能力の三位一体」という。図示すれば次頁のようになる。

私は、自分の中の神主性や霊能性を正しく定位するために、ブッダ的な零能性が不可欠だと考える。その「正見」する力がなければ、つねに判断に迷い、とらわれのなかに埋没するからだ。それではその「正見」にどのようにすれば到達できるか。

第六の神性性と仏性性、あるいは神道性と仏教性は、神主と審神者の問題と密接につながっている。私にとっては、「神仏」は原理的かつ位相的にまったく異なるものであるが、にもかかわらず「神仏分離」や「神仏対立」はまちがった事態であると思える。むしろ、「神仏習合」ないし「神仏併存」あるいは「神仏相補」が正しき道であると考える。

なぜ日本に「神仏習合」が広がり定着してきたか。その原由は旧石器時代からつづく長い長い期間にわたる「神神習合」があったからだというのが私の答えである。その「神神習合」の一ヴァージョン、また一ブランチとして「神仏習合」が日本史上に登場してきたのである（この点について詳しくは、拙著『神と仏の精神史』春秋社、を参照されたい）。

こうした「神仏習合」の拠点を私は奈良県吉野郡天川村坪ノ内に鎮座する天河大弁財天社に見出した。宮司の柿坂氏は酒が飲めないのに名前を柿坂神酒之祐《みきのすけ》という。そして、役行者小角《えんのぎょうじゃおづぬ》につき従った前鬼の子孫だという。

毎年二月二日、節分祭の前の日に、この天河大弁財天社および宮司家では「鬼の宿」という神事が執り行なわれる。宮司家の表の間に祭壇が設けられ、その前に二つの寝具がのべられる。枕元にはオニギリが置かれている。神事ののち、その部屋は閉め切られ、神主たちがその前で誰も中に入らぬように寝ずの番をする。そこには聖水を張ったタライが置かれている。

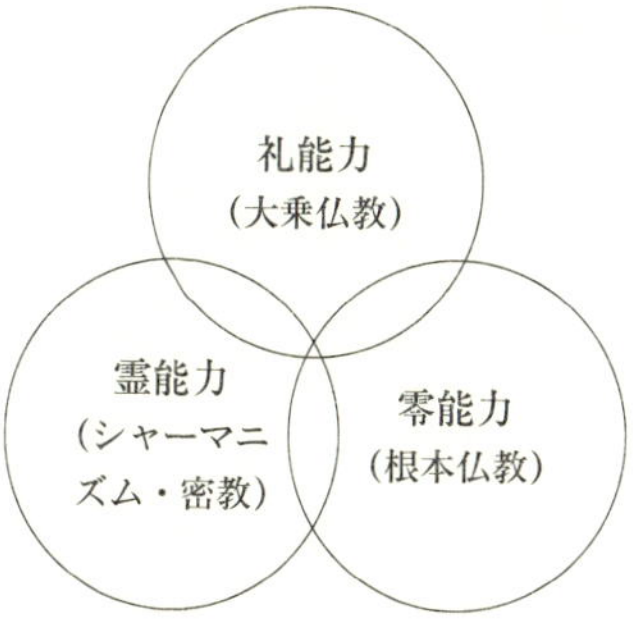

レイ能力の三位一体

そして、暁方、神主たちはタライの水をこす。そのなかに色とりどりの石や砂が混じっていたら「鬼」が来訪したあかしであるという。マレビトたる「鬼」は来訪のあかしに裸足の足についた石や砂利や砂を残していくとされるのである。

翌節分祭において、天河大弁財天社では「鬼は内、福は内」と唱えながら年男が福豆を拝殿からまく。吉川祐子『オニの信仰』によれば、「鬼の子孫といわれている名家や村々があり、吉野や熊野に多く見られ、紀州の九鬼《くき》家（熊野本宮大社宮司家——引用者注）などがそれである。これらの家々では節分に鬼を迎え入れて丁重に接待する。鬼の子孫は山岳宗教に関係があることが多く、これは山の神の化神《けしん》としての鬼を祭るものと考えられている。山の神はいうまでもなく祖霊である」とされる。八重山諸島のアカマタ、クロマタ、秋田のナマハゲも、こうした祖霊でありマレビトとしての「鬼」と同等のものであるという。

私はこの天河大弁財天社の社殿建て替えによって生じた借財問題の解決を支援するために一九九二年に「天河曼陀羅実行委員会」を関西気功協会代表の津村喬らと共に組織し、いくつかのシンポジウム、パフォーマンス、展覧会、ワークショップ、セミナーを開いてきた（これについて詳細は、津村喬・鎌田東二編『天河曼陀羅——超宗教への回路』春秋社、一九九四年、を参照されたい）。

そして、一九九七年二月三日の節分祭から「天河太々神楽《たたかぐら》護摩野焼き講」を組織して、密教や修験道の採燈護摩の中に祈りを込めた器（陶器・土器）を奉じて、護摩野焼きによって焼き上げる儀式を始めた。縄文時代以降の野焼きと、仏教とりわけ密教ないし修験道の護摩と、民俗事象におけるサイト焼きや左義長やどんど焼きなどの火祭とを結びつけた神仏習合の火の儀礼を執り行ない始めたのだ。これがどのような方向と広がりを持っていくか未知数ではあるが、私は神仏習合様式の現代における新たな展開だと確信している。私の中の神主性と審神者性が共にそのように告げるからである。

私の中の重層性を考えるとき、さらに四つのチ縁、すなわち霊縁《ち》・血縁《ち》・地縁・知縁を明らかにしなければならないが、これについてはこれ以上ふれない。ただ、「重層」か「分裂」か「習合」かという問題は、今なお私の中でそれこそ「重層」的かつ「分裂」的に問われながらも同時に「習合」しているということを確認して擱筆する。

第四部　翁童のコスモス

新・神仏習合の実験場
——天河大弁財天社

1　「精神世界の六本木」天河

十二月（一九九〇年）の末に吉野の旅から帰ってきて、しばらくして次のような新聞記事が目にとまった。

拝殿に向かい合う能舞台に女性が一人座って、めい想にふけっていた。空気は冷たい。おはらいを受けに入って来る人が一瞬、けげんな表情を見せる。神殿にシンセサイザーのBGMが響き、ヒノキの香りがほのかに漂う。神官の祝詞に合わせて、体を四五度に曲げたり、ひれ伏したり。

吉野行きの近鉄特急を、下市口で降り、タクシーに乗って一時間弱。大きな峠を二つ越えた。奈良県天川村。メーターは七千八十円になっていた。背後の大峯の山並みはうっすらと白い。

天河大弁財天社はそんな場所にあった。朱塗りの鳥居をくぐると、石段の上にそびえ立つ本殿が見えた。厳島、竹生島とともに日本三弁天の一つに数えられ、芸能の神様として知られる。一昨年、吉野産のヒノキだけを使い、三十数億円かけて再建されたばかり。

往復のタクシー代を払っても、ここを訪れる若い女性が増えているという。めい想していたのは、大手商社に勤めるOL（二九）。大阪近郊に住む。初めて来たのは去年の二月。雑誌を見てひかれ、三年前から訪ねたいと思っていた。親から反対されたり、友人も誘いにのらなかったり。なかなか実現できなかった。最初、拝殿で腰を下ろした時、「なんて気持ち良く座れるんだろう」と思った。不思議な感じだった。ハワイやオーストラリアにも行ったことのあるごく普通の女性だ。

「土の道があって、緑が多くて。そんな場所はもともと好きだったんですが、ここは気持ちがすーっとする。CMにあるでしょ。酵素パワーで繊維の奥の汚れまで取るっていうのが。浄化されていく感じで、いるだけで、イライラしていた気分が晴れていく」。川べりに座り、吉野杉の林を見ながら話した。

素直でなかったり、やさしくできなかった自分を発見する。何となく「パワー切れ」と感じるとき、ふと訪ねたくなった。以降、毎月来た。

朝、東京から来た八人のグループが、本殿の中でめい想を試みていた。「自然に体が動く」と両手を広げ、体をくねらせる人がいれば、じっと下を向き、目をつむったままの人も。精神世界に興味を持ち、自己の内面開発などのトレーニングを続けているという人たちだった。

このあと記事は、芸能人や音楽家の参拝、十一月末のベルリン・フィル・オーケストラのメンバー五人による能舞台での五重奏の奉納演奏、柿坂《かきさか》神酒《みき》之祐《のすけ》宮司の話、神職の資格をもつレストランのオーナーでイベント・プロデューサーの香取淳のコメントなどを紹介して、天河への関心が「エコロジーとも結びついている。精神世界が、科学、実証で埋めつくされた世界の侵食を始めている。というのは言い過ぎだろうか」という文章でしめくくられている。平成三年（一九九一）一月三日、朝日新聞朝刊の記事である。

「アナザワールド――心のどこかで」と題するシリーズ記事の第二回目が、「神あそび――『気』を感じられる場所」と銘うったこの記事であった。

おそらく、この記事の筆者が取材のために天河大弁財天社を訪れたであろうちょうどその頃に私も天河をたずね、雪の降る夜、参拝をすませたあと明け方まで柿坂神酒之祐宮司と話をしていた。そこで帰京してまもなくこの記事を読んで、タイミングのよさに少しばかり驚いたというわけである。

確かにここ数年、天河は注目をあびている。雑誌やテレビや新聞や映画で取りあげられる機会が急激に増えている。それにつれて、天河を訪ねる人々も急増し、とりわけ若者の参拝が増えてきた。私自身、ここ八年ほどの間におよそ百回近く天河を訪ね、いくつかの文章も発表してきた。(1)

私の考えでは、天河大弁財天社が今日のように注目をあびるようになったプロセスを大きく三つの段階に分けることができると思う。

(1)霊能者たちの天河「発見」の時代
(2)アーチストたちの天河「感応」の時代
(3)若者たちの天河「探遊」の時代

この三つの段階を経て、先の新聞記事に紹介されるような時代になったと思われる。第一段階の「霊能者たちの天河『発見』の時代」は、「霊媒」(medium)による天河発掘の時代であったが、第二段階以降の「アーチストたちの天河『感応』の時代」以降、彼らがかかわっている各種「媒体」(media)に天河の情報が乗って多様な方向へ伝わっていった。情報のフローという観点から眺めると、天河大弁財天社は「霊媒《ミーディアム》」から「媒体《メディア》」へと情報回路をシフトしてきたといえるかもしれない。

もちろん、「若者たちの天河『探遊』の時代」になったからといって、霊能者たちやアーチストたちが天河を訪れなくなったというわけではない。彼らの来訪・参拝は今なおつづいている。むしろ、参拝者層の増加に伴って、徐々に来訪者が重層化し並存化してきたといえよう。先に引いた記事にも、「『テンカワ行ったか』。アーチストの間で、よく交わされる言葉という」と紹介されている。とすれば、「テンカワ行ったか」という合言葉が霊能者からアーチストへ、そして若者へと広まっていったというのが実態であろう。

いったい、ここ十年あまり、霊能者やアーチストや若者たちを魅きつけてきた「テンカワ」とはいったい何だったのだろうか。何が人をして天河大弁財天社へと誘ったのか。

新聞記事は次のような天河大弁財天社宮司の言葉を紹介している。


宮司の柿坂神酒之祐さん（五二）は「ここは宇宙と大地をつなぐ場所」と説明する。強い磁場であり、「気」を感じることのできる土地なのだそうだ。UFOがよく出るともいう。

「教祖がいて、それに従うというのではない。宗教やイデオロギーを超えたもの。無病とか繁盛、学問などの御利益は願わない。魂と魂が対話するんです。大地と自然が呼び、動物や木や草が叫んでいる。精神や肉体がそれに感応する。山の中では、自然と触れ合うことで『気』が通じて来る」

ブームとして取り上げられるのは嫌う。六年から十年、時代を先取りしているとの自負がある。

宇宙、大地、磁場、気、UFO、魂。「精神世界」のキー・ワードともいえる言葉が天河と結びつけられて語られている。いったい、「宇宙と大地をつなぐ場所」天河とはいかなるところなのか。なぜ、「わずか十年前までは訪れる者も少なかった山村の神社が、いまや精神世界の旅人のメッカとなっている」[2]（『天河大弁財天女社小史』）のか。音楽家の細野晴臣によって「精神世界六本木」とか「神霊界の六本木」[3]とかとまで呼ばれるようになったのはどうしてか。

私の考えでは、天河大弁財天社の魅力とは、明治元年に制定された神仏分離令以来忘れられてきた「神仏習合」の世界をきわめてラディカルに現代によみがえらせた点にある。「神仏習合」のみならず、宇宙論、UFO、オカルティズム、気、霊学、神秘主義、エコロジー、フェミニズムなど、「精神世界」や科学とも貪欲に結びつく創造的シンクレティズムを果敢に押し進めた点にあると思う。それには柿坂神酒之祐宮司のキャラクターやパーソナリティにあずかる点が多いであろう。しかしながら、それととともに、天河という場所が日本の習合文化の一拠点であった歴史も忘れてはなるまい。むしろこの歴史と地場があってこそ宮司のパーソナリティも存分に発揮できたのであろう。歴史と場所と人の三位一体が天河の面白さを引き出した源泉である。

以下、順を追って考察してみよう。

2　天河大弁財天社の歴史

天河大弁財天社の歴史には不明の箇所が多い。というのも、歴史書には断片的にしかその名を知ることができないからだ。たとえば、『天河大弁財天女社小史』は社伝に基づいて次のように記す。

まず、神武天皇がこの天河神社で、ヒノモトという言霊《ことだま》をたまわったという伝説があり、日本という国名はこの地で天から与えられたことになる。社殿の下に古代の神事の要として磐座《いわくら》があり、神武天皇が祈られたとされるその磐座は、いつまでも人踏禁制である。

壮麗な社殿の建立については、壬申の乱での戦勝祈願の功により、天武天皇によって造営されたと伝えられている。

御本尊の弁才天については、七世紀始め、役小角《えんのおづぬ》が大峯山に七十五靡の修験道場を開いた折、山上ヶ岳で国家鎮護を祈念した。そのとき、まず弁才天が出現した。

弁才天は女神であったため弥山《みせん》に祀り、第二に出現した蔵王権現を山上ヶ岳の本尊として祀った。天河神社の奥院として、弥山山頂に今も弁才天は祀られている。

平安時代には、僧空海が天河神社を拠点として大峯修行をしている。高野山金剛峯寺直前、三年前のことであった。(中略)

正平三年、(足利)尊氏の執事高師直により吉野山は焼掠された。後醍醐天皇の後を受けていた後村上天皇は奥地に逃れ、賀名生に行在するまでの間、天河を行宮とし、天河郷民の忠勤を仰いだ。南朝の悲史の行宮として天河神社は郷民と共に秘境の栄華を極めた。

明治の排仏毀釈によって弁才天を祀ることができなくなり、凋落の途を辿るまで、信仰と芸能の里として天河神社の栄華の歴史は続いていた。(4)(後略)

ここで『天河大弁財天女社小史』は、神社の創建と信仰をめぐる五つの事蹟を提示している。すなわ

ち、

(1)神武天皇による国号「日本《ひのもと》」啓示
(2)天武天皇による社殿建立
(3)役小角による弁才天勧請（弥山奥宮開山）
(4)弘法大師空海の天河・大峰修行
(5)南朝行宮の地

の五事蹟である。

第一の神武天皇による国号「日本《ひのもと》」啓示の事蹟から見てみよう。社伝ないし信仰的事実としてはともかく、歴史的事実として神武天皇が実在したという確証はない。もちろん、わが国最古の文献である『古事記』や『日本書紀』には「初代天皇」あるいは「ハツクニシラススメラミコト」（御肇国天皇）として神武天皇の事蹟が詳しく記載されている。しかしその事蹟は神話と歴史の境界が不分明であり、謎が多い。

とはいえ、神武天皇が大和の豪族長髄彦《ながすねひこ》軍と戦ったとき、わざわざ熊野を廻って山中を抜けて大和に出たことがきわめて重要な意味をもつ事蹟として記されている点は注目されねばならない。熊野での臨死体験、夢告と神剣降下、八咫烏《やたがらす》による山中案内、丹生川上の地での「顕斎《うつしいわい》」の神事など、死と再生、苦難の旅、祭儀という宗教的な事蹟が熊野から吉野を経て大和に入る過程の出来事として記載されているからだ。神武天皇が実在するかしないかの議論はさておいて、神武伝承を仔細にみると、熊野・吉野での宗教体験ないし行事が大和の平定と建国にとってきわめて重要な意味をもっていることがわかる。とりわけ、八咫烏の先導によって「吉野河の河尻」に到ったこと（『古事記』）、そして吉野の地の「丹生河上に陟《のぼ》りて、用《もち》て天神地祇を祭りたまふ」(『日本書紀』)という記事は、大和王権の霊的背景としての熊野・吉野の意義を強調している点で重要である。

もちろん、記紀のどこにも神武天皇が天河社で国号「日本《ひのもと》」の名を賜わったなどという記載はない。そもそも、歴史的には「日本」という国号は「天皇」の称号と同様に天武・持統朝の頃に用いられはじめたと考えられるから、天河社で「ヒノモト」の国号を啓示されたというのは信仰的伝承というほかない。しかしながら、神武天皇が熊野から吉野を経て大和へ抜ける道を辿ったとすれば、その過程で天河を通った可能性も否定できない。いずれにせよ、この第一の伝承は建国神話にからむ熊野・吉野、そしてそのほぼ真ん中に位置する天河の霊威を語る信仰的伝承として理解できる。

それでは、第二の天武天皇による社殿建立の伝承はどうであろうか。皇位継承をめぐる政争で天武天皇が出家して吉野の地に隠棲したことはよく知られている。また壬申の乱に際して、天照大神を拝しその神助を得、のちに皇女大来皇女《おおくのひめみこ》(大津皇子の同母姉)を伊勢神宮の斎宮に遣したことは『日本書紀』に記されている。しかし、「壬申の乱での戦勝祈願の功」によって天河社の造営があったことは『日本書記』にもその他の文献にもみえない。

大山源吾は『天河への招待』のなかで、天河草創物語として「天河羽衣伝説」があることを紹介し、大海人《おおあま》皇子(天武天皇)が天智十年(六七一)十一月三日に吉野日雄離宮の神前で詠んだ次の歌を挙げている。(5)

おとめごが　おとめさびしも　唐玉緒《からたまお》　たもとにまきて　おとめさびしも

そして、『日雄寺継統記』の次の一節を引いている。

在居御中、拾年拾一月三日於二神前一為二神楽一帝手取レ琴弾、天感二霊曲一、天女降翻二舞楽袖一、帝直御詠歌依レ之此宮山号二袖振山一。

右の記事によると、大海人皇子は日雄離宮で天神地祇に勝利を祈願し、神楽の奉納に合わせて琴を弾くと、その「霊曲」に感応した天女が羽衣の袖を振りながら五色の雲に乗って山高く舞いのぼっていったという。それを見て神威を感得した大海人皇子は先に引いた歌を詠み、それゆえにこの山は「袖振山」と名づけられたという。天河社の伝承では、この琴の音とともに示現した「天女」を天河弁財天女とし、天女は霊峰・弥山に帰っていったという。

吉野の地にまつわる神武天皇の伝承と天武天皇の伝承には共通点がある。それは吉野の宗教的威力と天照大神の霊威を伝えているという共通項である。しかしこと天河社にまつわる両天皇の事蹟に関しては、それが吉野の地を媒介として天河社の社僧や郷民によってふくらみ伝えられていった信仰的伝承であると考えた方が妥当であろう。おそらくこうした伝承は、天河社の隆盛につれてふくらみ広く伝播されていったものではなかろうか。

第三の役行者小角による弁才天勧請について検討してみよう。

役小角については、『続日本紀』をはじめ多くの記録が残されているが、正確な実態はつかめない。修験道の開祖とされる役小角が大峰修行の折、最初に弁才天女を感得したことは『渓嵐拾葉集』や『沙石集』や謡曲『天川』などの中世以降につくられた文献に記されている。

鎌倉末から南北朝期に成立したとされる『渓嵐拾葉集』は、日本三大弁天として、「吉野天川の地蔵弁財天、厳島の妙音弁財天、竹生島の観音弁財天」をあげ、天川弁財天を「日本第一の弁財天」と記している。

『大乗院寺社雑事記』寛正二年（一四六一）五月二十六日の条りには、「夜前蒙ニ夢相一了、今レ参ニ詣天河弁才天一者、可レ為レ如ニ所存一云々[6]」とあり、興福寺大乗院門主の尋尊が天河弁才天に参詣すれば所願成就するだろうとの「夢想」を得、すぐさま準備して、六月六日に奈良を発ち、七日に天河社に参詣したと記されている。天河では河垢離をとり、護摩堂で衣服を改めて社参するという念の入れようであった。

さらに、永正三年（一五〇六）興福寺の学僧多聞院英俊は天河に詣でたことを次のように書きとめている[7]。

天川開山ハ役ノ行者、山号ハ琵琶山、寺号ハ白飯寺、マヱ立ノ天女ハ高野大清僧都令作之、仏士ハ弘法入定以後、仮ニ化シテ作之給、十五童子ハ彼所ノ竜王ノ作ト申伝ト云々、七種利生、一ニハ舎利感得、二ニハ御殿ノ内ノ鈴ノ音、三ニハビハノ音、四ニハ異香ヲキク、五ニハ御塩指、六ニハ白狐ヲ見、七ニハ白蛇ヲ見、以上（『英俊御聞書』）

天河のことが文献に書きとめられるようになるのは多く南北朝以降のことである。英俊は「天川開山」を役行者に置き、琵琶山白飯寺と称する寺院があったと記す。そして本尊の弁才天女像は空海がつくらせたものと伝えている。とりわけ興味深いのは、「十五童子」についての言及と「七種利生」中に琵琶の音と白狐・白蛇の存在があげられている点である。おそらくこの頃につくられたと思われる天河曼荼羅には、頭上に白蛇をいただいた宇賀神像が描かれている。とぐろを巻き、鎌首をもちあげた白蛇は頭頂の朱塗りの鳥居の中に収められている。さらにその両脇には神使とおぼしき二匹の白狐が白蛇の方に駆け寄ろうとして跳びはねている姿が描かれている。別の天河曼荼羅には、蛇頭人身（三面蛇頭十臂）の宇賀神像が描かれているから、水の神としての天河弁才天女は龍蛇神として表象されていたことがわかる。

役行者と空海の天河社とのかかわりは謡曲『天川』でも述べられる。室町時代に猿楽能では『竹生島』『江島』『厳島』などの弁才天信仰を伝える曲が創作されたが、金春・金剛・喜多流節附の『天川』もそうした弁才天信仰の流れを汲むものである。長くなるが貴重な資料なので全文を次に掲げておこう。

わき「是は和州白飯寺の住僧にて候。我今宵不思議の霊夢を蒙りて候程に。参詣の人をまたばやと存候。

女さしこゑ〳〵是は天の川のかたはらに。さる人の娘にて候。我いとけなかりし此母におくれ。父御にばかりそひ参らせしが。いつしかかはる人の心。二度いもせの妻衣。我にはうとき色香にて。すでに三十の春秋をも。過る月日のいたづらに。たれこめたりし思ひの行ゑ。さびしき窓に触りねの。涙ぞねやのつまなりける。「伝え聞天の川には。業平の霊跡ましますよし承りて候へば。忍びて爰に詣つゝ。いもせ夫婦の其契をも。〳〵祈らばやと思い候

わき「なふ〳〵それなる女性に申すべき事の候　女「こなたの事にて候か何事にて候ぞ　わき「御いのりの事ははやかなひて候。急で礼拝を参らせられ候へ　女「是は思ひもよらぬ仰かな。そも何事の

願有て参詣の者とはしろしめし候ぞ　わき「いや〳〵つゝませ給ふとも。今宵不思議の御告有。在原の業平より。此短尺を御身に渡し申せと。あらたに霊夢ありし物を。上〽伝へ申ぞ女性とて　同〽彼一筆をたへつゝ。僧院に帰り行ば。恥かしながら嬉しさの。とる手もまがふばかりにて。有難やありがたや。是ぞあふせの誓ひなる。わがかたに。よる《ママ》となくなる三吉野の。田のものかりを　いつかわすれんと　かくこそ頼みあれ。猶憐みをたれ給へと。其　霊窟にかりねして。重ねて夢をまち居たりして上〽うらわかみねよげに見ゆるわか草を。人にむすばん事おしぞ思ふ。「いはんや年月ふりゆくまで。いたづらにすむ寝屋の内。〽などか哀と思はざらん。頼みをかけよ玉すだれ。いもせの縁を。まもるなり。昔恋しき夜遊をなし　同上〽色ある袖を。かへすなり

（してさしこゑ）〽抑此天の川に琵琶山白飯寺とて旧跡あり　同〽昔役の行者大嶺をひらかんとて。まづ此所にして霊験を祈り給ひしに。則冷泉わき流れ。神霊円光をかゝやかし　山には琵琶の音をなす。行者の御前に神霊白飯をそなふゆへに。山をびはといひ寺を白飯と号す　して上〽其後弘法大師此所にて　同〽千日の行をなし給へば。弁才天現じ給ふ。大師其像をうつし給ひて。則当寺の御本尊たり　下〽又此山に。一つの岩窟あり。是在原の業平の。入定の所なり。抑業平は。哥舞の菩薩の化現にて。其粧ひあてはかにたをやかなり。一たびえめるかほばせに。百の　こびありたとへば。梅が香を　桜の花ににほはせて。しだり柳にさかせても。かゝる姿は　又たぐひあらじとのみぞおぼゆるして上〽さればそめどのや　二条の后に通ひて　同〽さま〴〵のみやびをかはしつゝ。人しれぬ我かよひぢの関守は。よひ〳〵ごとに。うちも　ねなゝんとうちながめ。有時は月やあらぬ。春やむかしの春ならぬ我身ひとつは。もとの身にしてと。其言の葉の姿さへ。しぼめる　花の色なふて匂い残るにことにならず。

女「実有難き御事かな。扨は業平にてましますか　して「我業平の精霊にて。本地愛染の化身なるぞかし　同〽今より後も好色の。なかだちの神となり。人の思ひをはらさんと、言捨てそのすがた。岩屋のうちに入給ふ〳〵[8]。

中村保雄の考証によれば、この『天川』能は江戸時代中頃に作詞されたものだという。江戸時代初期の元和年間には天河社家能楽座が成立し、その社家座が当時の文化人に作詞を依頼しそれに喜多流の節附を施したものという[9]。

注目すべきは、ここで語られる天河社縁起と在原業平入定譚である。縁起は「琵琶山白飯寺」が役行者の神霊感応から始まったことを伝える。役行者が祈りをこらすと、冷泉が湧き、神霊が円光を輝かし、琵琶の音が山に響いたという。あまつさえ神霊がみずから役行者の前に白飯を供えたという。かくしてここを「琵琶山白飯寺」と呼ぶというのである。

右の条りでは未だ「弁才天」の名はなくただ「神霊」とのみある。つづく弘法大師空海の千日行中の神霊感応に移ってはじめて「弁才天」示現の故事が語られる。このとき示現の姿を写してつくった像が白飯寺の本尊だというのだ。

今一つの業平入定譚では、業平の霊が現われてみずからを「哥舞の菩薩の化現」と称して『古今和歌集』収録の

月やあらぬ春やむかしの春ならぬ我身ひとつはもとの身にして

の歌を歌う。江戸時代の作と思われる天河社古図にも在原業平入定の岩窟が描かれている。またいちはやく、南北朝時代の『源氏物語』の注釈書『河海抄』巻第十五のなかに、「好色の道の先達業平朝臣も吉野川河上の石窟てんの川々上と云々入定しけるよし彼所の縁起に見ゆと云々」と記されているから、すでに南北朝頃には広く天河社縁起中に業平入定のことが語られていたことがわかる。

謡曲『天川』は、業平と天川に住む女性との恋を語るが、注目すべきは白飯寺の住僧が不思議な「霊夢」を見たと参詣の女性に告げ、その女性が「霊窟」に籠ってさらなる「霊夢」を待ち受け、ついに夢中に「菩薩の化現」の業平が出現した点である。この謡曲で語られる霊験譚は、現在の天河大弁財天社でさまざまに語られる霊験譚と基調を一にする。ここに出る霊感の強い白飯寺の住僧は、現在の天河大弁財天社・柿坂神酒之祐宮司を彷彿とさせる。のちに詳しく見るように、現代の天河社は霊験の伝統を復活させたといってよいからだ。

以上の諸伝承からして、役行者と天河社および弁才天との関係の深さがうかがいしれよう。もとより、両者の関係が歴史的事実であるかどうかを確かめる手だてはない。しかし天河社の縁起がつねに役行者の神童(弁才天)感応の話からはじまることは事実である。修験者や参詣者はそのことを深く信じて疑わなかったにちがいない。

さて第四の空海の大峰・天河修行についてはどうだろうか。先に引いた謡曲『天川』で、空海が天河に籠って「千日の行」を行ない、「弁才天」の示現をみたことが語られている。これまた重要な天河伝承として伝えられたこともまちがいない。

空海の大峰・天河修行には確たる証拠はないが、大山源吾は次の『性霊集』の一文から天河修行があったことを考証する。すなわち、弘仁七年(八一六)六月十九日、高野山に真言宗の道場を建立することを請うた嵯峨天皇への上表文中に次の一節がある。

空海少年の日、好むで山水を渉覧せしに、吉野より南に行くこと一日にして、更に西に向つて去ること両日程、平原の幽地有り、名づけて高野と曰ふ。[10]

大山はこの「吉野より南に行くこと一日にして、更に西に向つて去ること両日程」のコースが、「吉野町吉野山から、金ノ御獄（金峯山）へのコースを経て天川郷に入り、更に野迫川の今井、野川、天ぐきを経て高野に通じる、後世大峯高野街道と呼ばれて賑わった大峯登拝のメーン道路にぴったりと一致する」[11]と述べている。地理、地形、道路の状態から察して、空海が吉野から天河を抜けて高野山に入った可能性は高いといえる。そのためか、この周辺には弘法大師伝承が多く、天川村だけでも、洞川の三十八宮、大師びえ、中谷の火打石、坪ノ内のあゆみ不動尊、あ字観碑、大師手植の大銀杏、栃尾の法衣洗いの井戸、不渇ノ泉、和田の仏岩、弘法杉、魔住光流寺、紫流滝、広瀬の不動滝、鏡岩、滝尾の覗き岩など数多い。

空海と天河社とのかかわりについては、興福寺の『大乗院寺社雑事記』『渓嵐拾葉集』『大和名所図会』などに記載がある。先に引いたように、『大乗院寺社雑事記』には、大乗院院主尋尊大僧正が寛正二年（一四六二）六月七日に天河社に参詣して本尊である空海奉納の「マヌ立の天女」像を拝し、さらに「弘法大師御物、大師御筆小法花経、大師御袈裟、大師独鈷、大師信王経」を拝観したことを書きとめている。『渓嵐拾葉集』には、空海が役行者の生まれ変わりであるとの記事がみえる。役小角が大峰・天河で秘法を修めたように空海もまた大峰・天河で秘法を成就したという。また『大和名所図会』

の「窪《くぼ》弁財天祠」の項には、「弘仁年中、弘法大師天川の弁財天に参籠して、南円堂造立をいのり給いしかば、生身の宇賀弁才天現じ給うを、ここに勧請しけり」とその由来を記している。興福寺南円堂近くの窪弁財天は空海の前に示現した天川の「宇賀弁才天」を勧請したものだと説くのである。

このように、興福寺を媒介として、弘法大師伝承と天河伝承は密接にクロスしている。それには天河社＝白飯寺の御師《おし》の活動が深く関与しているであろう。『大乗院寺社雑事記』や『多聞院日記』には、「天川御師」が毎年歳末に福桶、正月に牛王札を持参した記事がくりかえし記録されている。大乗院院主の尋尊や多聞院英俊も天河社に参詣しているから興福寺と天河社・白飯寺の交渉が密接だったことはまちがいなく、その交流の過程で弘法大師の天河修行のこともくりかえし語り伝えられたと思われる。

第五の南朝行宮の地であるという伝承はどうであろうか。後醍醐天皇の綸旨にこう記されている。

大和国天河郷課役免除事
　任両宮令旨不可有相違
者天気如此悉之
　延元二年正月廿四日
　　勘解由使　華押

これによると、護良《もりなが》・懐良《かねなが》両親王が下した令旨のとおり、大和国天河郷民に対して課役は免除していたわけである。この頃、天河郷は興福寺の荘園で、同寺一乗院の配下にあった。一乗院は南朝大覚寺統を擁立したので天河郷もまた南朝方を支持した。天河社には懐良親王の令旨が保存され、また南朝方のスパイであったともいわれる世阿弥の子・観世十郎元雅《もとまさ》の寄進した阿古の父尉の能面が保存されている。中村保雄によれば、天河社に付属する能楽座の成立は、元和四年（一六一八）であるという。[12] 社家能楽座の活動ぶりを裏づけるシテ方型付秘伝書中に、

此二冊之内、六十九番之仕舞付者吉野山西之坊真重伝也、秘密大事相伝之通悉書印所如此仍他見不可有者也

柿坂左近勝好　花押

正徳六丙申二月吉日

とあり、社家の柿坂左近家に吉野山西之坊の真重より秘伝の舞が相伝されていたことがわかる。天河弁才天が芸能の神として信仰されてくる端初は南北朝期以降の能楽の隆盛にあったのだ。

注目すべき資料は『金峰山秘密伝』である。南北朝初期には成立していたこの修験道の秘伝書には、天河弁才天社は熊野と吉野の中間に位置することから「吉野熊野宮」と呼ばれ、「両部冥会」の地と位置づけられている。後醍醐天皇に真言立川流を伝えたといわれる醍醐三宝院の僧文観《もんかん》の作になるその『金峰山秘密伝』「金峰山大峰習事」にはこうある。

亦大峰中建二立両部一。安二定慧諸尊一顕二不二ノ妙行一。即成二両部冥会一。所謂大峰中ノ神山也。北ハ此レ金剛界也。神山已南ハ即胎蔵界也。神仙峰有二五神仙一。此両部ノ五智五仏ノ精神故云二神仙一也。南北端ハ此胎蔵権現金剛蔵王此レ其両部也。両山ノ中間神仙ノ下釈迦岳ノ麓ニ有二一社壇一。此名二天河ノ神一号二弁才

天一。此則南北不二ノ深行蘇悉地曼荼羅也。大弁功徳天ハ此レ宝部ノ大将護国利生ノ首領。具見二最勝王経一也。此レ女形而持二弓箭一。此レ男女冥会ノ相胎金不二ノ像也。依レ之此社名二吉野熊野宮一。甚深秘密在レ之。亦号二天河一。天ハ即円。天河ハ此レ円水。天摂二万相一。水生二万物一。此レ宝部ノ所管自然ノ名也。今天ノ河ノ水ハ是自二金峰山蔵王所居ノ岳一流致二熊野山ノ社前一。終入二南海一食二万類魚一。亦峰ハ此レ頂ノ義也。即金剛頂峰　(ママ)字ノ円水流レテ灑二熊野胎蔵　(ママ)字ノ身地一。洗二無始ノ業塵一能生二無辺ノ宝芽一。終入二四生ノ妄海一済二度四生ノ群類一。水ハ此レ平等ノ智体即弁才宝部ノ内証故云二天河一也。大峰ハ即両部大日ノ所居不二甚深ノ宝土故此土即名二大日本国一也。此州亦云二大和国一。此レ宝部平等不二甚密号也。故日本一州ノ大小諸神多クハ従二此山一涌出シ給。亦両部瑜伽ノ秘教ハ号シテ名二真言宗一。此レ声字宝相ノ秘教此レ声字言詞此レ大弁才天四弁八音ノ真言也。実ニ不二秘尊究竟円極ノ天女也。是故為二胎金不二妙体一号二吉野熊野宮一也。(13)

また、同書「天河弁才天習事」にはこう記されている。

今此大弁才功徳天女者此両部冥会ノ秘尊蘇悉地ノ妙体也。是故両部合二一身一定慧摂二一心一也。内証ハ此レ第八地薩埵不動地ノ菩薩也。外用即乾達婆女作二楽歌舞ノ天女一也。現為二災魔大夫ノ大姉一。即寿命進止ノ尊故。信スル者ハ寿命持二万歳一亦成二堅牢地神ノ妻女一ト。大黒天也。是福報摂持ノ天。故帰スル者ハ七福持二百世一也。是宝部三昧ヲ為二内証一。故此レ与福与一作レ為。官ノ大将也。即不二秘仏妙成就尊故。此レ吉野熊野中為二不二ノ神体一也。故置二熊野吉野両宮中間一此号二吉野熊野宮一也。甚秘思レ之。是故高祖大師聖筆ニテ当社額ヲ題二吉野宮熊野宮一。誠甚秘神也。是以両山信敬ノ輩悉地若及ハハ遅遅一必参ヘシ二当宮一。即祈誓願望速

天河弁財天女像

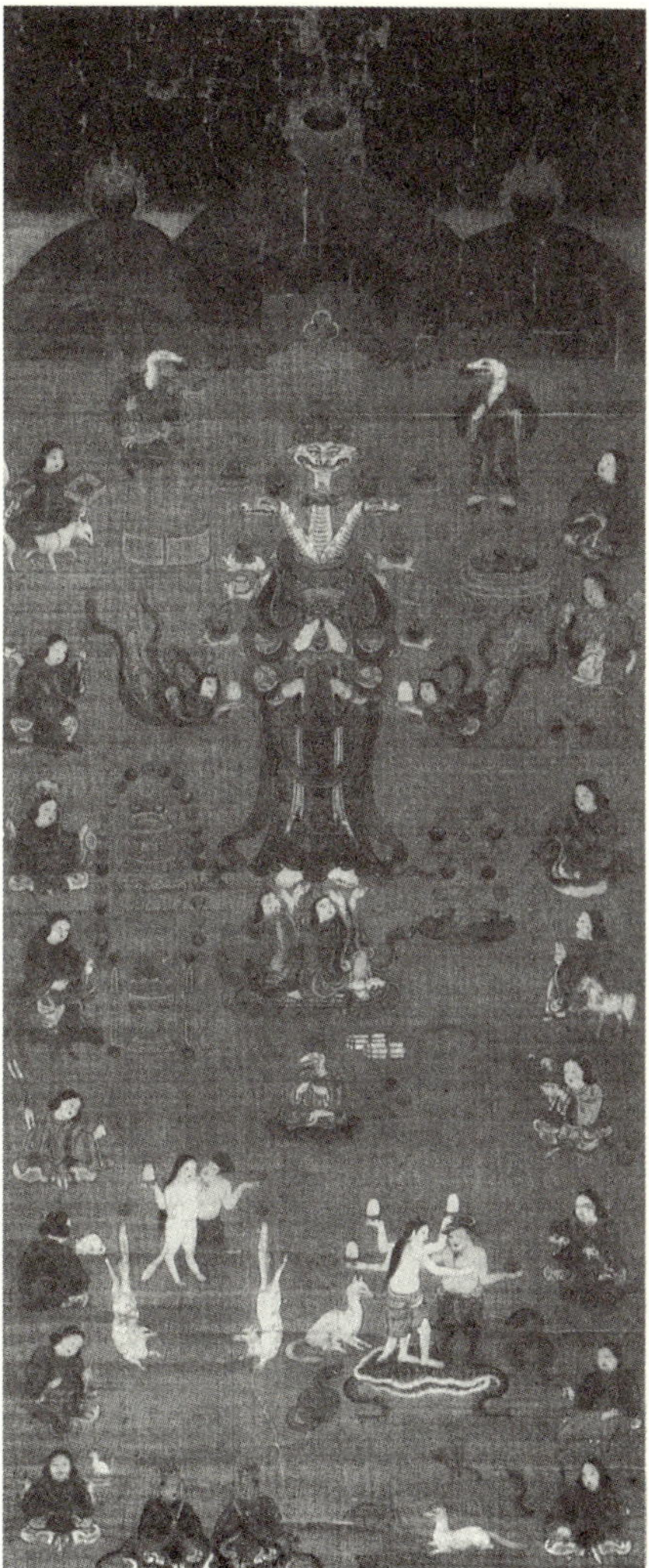

天河秘曼荼羅（琳賢法眼筆）

成。此レ不二ノ神故求願忽満也。今尊以二四弁一為二本誓一。故我朝日本ト二四処一以表二四弁ノ徳一也。即一此天河弁才天ハ法弁才ヲ為レ宗。二竹生島弁才天是レ義弁才ヲ為レ本。三江ノ島ノ弁才天即訶《ママ》弁才ヲ為レ宗。四厳島弁才天此レ弁弁才ヲ為レ本。此レ我国無双ノ勝地速成悉地ノ霊所也。此中今天河弁才即最初本源ニシテ金峰熊野不二ノ妙体。此レ難思ノ勝地也矣。(14)

さらに、同「天河事」には次のようにある。

即自二金峰蔵王ノ居嶽一三ノ宝河流出。即西流名二吉野河一。廻到二日前宮一。東流号二宮河一。此廻至二太神宮一。南流即名二天河一。今ノ社壇ノ河也。廻致二熊野社壇一ニ。此レ金剛頂ノ峰字ノ円水具二三ノ音韻一。即本有金剛故具二三重ノ秘壇一也。即胎金不二ノ重是也。即一字具二三音一。此金胎不二三字是也。今三ノ宝河ハ是金東胎西不二南三河也。甚深秘密。明師ニ尋レヨ之。尋レ之一作二面授一可口訣云云今天女ハ此レ諸仏説法ノ四弁音韻言詞了明ノ天衆也。故諸仏説法皆借二此天ノ音弁也。亦身心ニ集二両部ノ万徳一而成二言音弁才一。故名云二大弁功徳天一也。是故亦云二妙音天一。四弁ト者即法義詞弁ノ四是也。開二四弁為八弁一。即以三四弁八論音韻能転二四諦八正ノ法輪一。即転邪転正此天女ノ本誓也。具ニハ最勝王経説レ之。甚深ノ秘仏也矣。(15)

この秘伝によると、金剛曼荼羅の地とされる吉野金峰山と胎蔵曼荼羅の地とされる熊野との中間の「神仏」の麓に天河弁才天を祀る社壇があり、その神大弁才功徳天女は、蘇悉地の妙体にして男女冥会の相すなわち胎金不二の像を現わし、信ずる者は寿命を万歳に保ち、帰する者は七福を百世にもって祈誓願望ことごとくすみやかに成就するという。しかも、この「吉野熊野宮」の呼称は弘法大師が社壇の額に筆で記したことに始まるといい、竹生島、江ノ島、厳島と並ぶ日本四弁天中天河弁才天こそ「最初本源」の弁才天とする。また、「金峰蔵王ノ居嶽」からは、三宝の河が流れ出、それぞれ西の吉野河、東の宮河、南の天河と名づけるという。さらには、弁才天を供養する「大弁才功徳天法」という修法があり、これを「吉野熊野宮法」と称したという(16)。その法は次のようなものである。

種子。三字
口伝云。今以二三字一為二種子一者為二三弁宝珠ノ種子一也。字ハ此レ胎蔵理珠ノ字。大悲胎蔵ノ諸尊皆在二此字中一。次字ハ即金剛界智珠。大智金剛ノ諸尊皆在二此字中一。字ハ此レ妙成就ノ字。不二万徳ノ諸尊有二此字中一。今尊ハ三部合体ノ秘仏故以二三字一為二種子一。為二至極ノ甚秘一也。此則不二ノ宝珠也矣。
三昧耶形。三弁宝珠。或琵琶為二三形一。

道場観。如来學印
観想セヨ。前有二金峰ノ大山一。其中有二一ノ宝山一。山頂上有二七宝荘厳宮殿一。中有二大壇一。壇上有二宝蓮華一。其上有二三字一変成二三弁宝珠一。宝珠即舎利。放二無量光明一遍照二法界一能息二一切災厄一。光中雨二一切珍宝一。百味飲食名衣上服一切ノ所須随二衆生願楽一悉令二充足一。亦光中雨二釼輪弓箭一摧二破国家怨敵一降二伏衆生作障一。光中雨二宝蓮華一。華中出レ声説二微妙法一。四弁八音遍二法界一。聞者悉発二大心一。即海中ノ諸ノ山河ノ白竜青竜等佐二助宝珠一増二威光一雲ヲ発シ。天雨二善風雨一生二長天下ノ万物一。此即海中竜宮ノ宝珠並精進。峰ノ宝珠ト冥会不二故此宝珠変成二大弁才天女一。身白肉色シテ頂上戴二白蛇一。其頭二老翁アリ。八臂具足セリ。右ノ第一ノ手ニハ執レ剣。第二ノ手ニハ執二宝棒一。第三ノ手ニハ持レ箭。第四ノ手ニハ持レ輪。左ノ第一手持二宝珠一。第二手持二三戟鉾一。第三手執レ弓。第四手持レ鎰。

放二光明一照二国土一。雨二無量ノ珍宝一令レ充二足行者所願一。即十五童子檀毗利須達大黒天神四大天王并
熊野権現吉野蔵王部類諸神前後囲遶。七処加持。
本尊加持。先大日印言。胎蔵界 次釈迦印言。
次本尊印明。多種。且用レ之。
最極悉地成就印。塔印開レ之中観二宝珠一。真言。

先八葉印。上ニ在二宝珠一。甚秘宝珠印。真言。

依二此印言一故七珍万宝速疾円満。
次琵琶印。定ノ掌少窪メテ配レ臍。慧ノ掌申二空風一。捻シテ運動シテ作下弾二琵琶一之勢上。真言如レ上。
次宇賀神王印。宝珠印在レ口。真言曰。

依二此印言一自然福智成就。

（中略）

口伝云。今ノ法ハ宝菩薩ノ印言。如意輪ノ印言。八字文殊ノ印言。多聞天吉祥天女ノ印言用レ之加也。口伝云。今ノ大弁功徳天ハ此レ不二ノ秘尊悉地頓成ノ宝珠也。此レ諸仏説法弁才ノ徳也。諸仏菩薩ノ説法必以二四弁八音一宣二説之一。其四弁ノ徳即名二弁才天一。八音方即号二妙音天一也。(17)

この「大弁才功徳天法」すなわち「吉野熊野宮法」を修めれば、「四弁八音」の功徳が得られると説くのである。

こうした秘伝から、中世の両部神道や修験道によって天河社が吉野・熊野両界・両宮の陰陽和合の宮であり、聖地と信仰されていたことが理解できる。山伏修験者の参籠修行の霊験所として栄え、南北朝期には、社領を加増され、境内には本社および社堂八ヶ所、境外の末社が十二ヶ所あり、社家十八家、社僧四ヶ寺、供僧九ヶ寺にも及んだという。『和州寺社記』（一六六六年）には、「本堂弁才天、役行者、護摩堂、地蔵堂、鐘楼、舞台、千手堂、陀天堂、三重塔、十王堂、聖天宮、求文字堂、薬師堂、御影堂、大将軍社、毘沙門堂、阿弥陀堂、牛頭天皇社、傍拝殿在」と立ち並ぶ社堂伽藍の偉容が記されている。南朝や立川流との関係も見すごすわけにはいかない。稀代の色好みとされる在原業平の入定窟が喧伝されるようになるのも、南朝文化や立川流とのかかわりと無関係ではないだろう。

天河社は古く近畿一帯の水源地としての信仰から始まった。天河社の奥宮の鎮座する山が宇宙軸《アクシス・ムンディ》の中心をなす須弥山にちなんで「弥山《みせん》」と表記されるようになる前は、「神山《みせん》」「深山《みせん》」もしくは「水《み》山《せん》」と呼ばれたであろう。すなわち、「遠つ河」（十津川・熊野川）の源流である奥深い水源の地に水神を祀り、神仏習合の進展につれて水神は弁才天と重ね合わされるようになったのだ。

弁才天は『金光明最勝王経』に「常に八臂をもつて自らを荘厳し、各手に弓、箭、刀、矟、斧、長杵、鉄輪、羂索を持つた端正にして見んと楽ふこと満月のごとし」と記されているように、八臂の各手に持物をもった美女の姿で描かれる。元来は、古代インドの水の神サラスヴァティ（Sarasvatī）で、河川のせせらぎの音から音楽の神とも信仰され、妙音天とも妙音楽天とも呼ばれ、琵琶を抱いた像がつくられるようになる。弁舌才智を意味する「弁才天」から福神・財宝の神にも転じて「弁財天」と表記されるようになった。また、弁才天は山巌深険の所、河辺に住すといわれ、山中や水辺に祀られた。

興味深いのは、天野信景の『塩尻』や『塵塚物語』に「吉野天の川の弁才天祠」には静御前の長さ八尺にもおよぶ髪の毛が宝物として収められていると記されている点である。さらに奇怪なのは、源義経との悲恋で知られる白拍子の静御前の髪の毛と並んで、「七難」という名の女性の長さ五丈にも達する陰毛が所蔵されていると記されている点である。二メートル半ほどの毛髪や十五メートルにも及ぶ陰毛が宝物として陳列されていたとはいささか怪奇じみているではないか。高取正男はこれについて、「神や仏に自らを捧げきった女性が住み、神妻としての巫女をめぐる信仰の存在したことが、まわりくどい形ではあるが暗示されている(18)」と述べ、女人結界を厳守する修験道の霊場の膝元で、霊的な資質をもった女性が神の妻となって霊能を発揮するという古代信仰の形跡が残存していることに注目している。

先に、『金峰山秘密伝』に天河社が男女冥会の悉地を表わす和合の場所であると記されていたが、ここには思いのほか根深い性力崇拝の伝統が存すると私は思う。『和州寺社記』の天河社伽藍の記事中に「陀天堂、聖天宮」とあったことに注目したい。おそらくここで荼枳尼天法《だきにてんほう》や聖天歓喜法《しょうてんかんきほう》が修された時期があったであろう。謡曲『天川』が在原業平入定窟を伝え、天川在住の娘との恋物語を語り、霊夢のなかに出現するのも、性とシャーマニズムとの深い関係を物語るものではなかろうか。

このことは、現在の天河社復興にも見うけられる現象である。天河を再発見し次々と訪れはじめた「霊能者」のなかには古代の「神妻」の面影を示す人々も少なくない。むしろ、神仏習合思想によって重層的に織り込まれた「神妻」や陰陽和合思想が新たな衣装をまといつつ蘇ってきているのではないだろうか。若い女性参拝者の急増や内田康夫原作・市川崑監督による『天河伝説殺人事件』(角川書店)もそうした両部冥合への底深い衝動や希求と無縁ではないだろう。

3 神仏習合の再生

霊能者による天河発見の時代

明治元年（一八六八）に施行された神仏分離令は、豊饒な神仏習合の歴史をもつ吉野・熊野の修験道に破滅的な打撃を与えた。なかでも、天河社はもっとも深刻な荒廃にみまわれた。

明治元年三月十七日に神仏分離令が発せられて一ヶ月も経たないうちに、天河社の多宝塔は破壊され、その用材は天川村の鉱山事務所の資材として売られたという。社家の柿坂位太郎はそのときのことを「生涯で、ハラワタが、ちぎれる程くやしかった」と述懐し、「この事は、子々孫々まで、家訓として受け継げ」と遺訓したという。[19] 明治五年九月十五日に修験道が廃止され社家衆・社僧も離散のうき目を見、以来、天河社復興は社家筋の悲願となった。その間、弁天講という氏子組織がつくられ、毎月一日に十二、三人の氏子が集まって祭りを執り行なったという。神主はおらず、当屋の者が神饌を供え、祝詞や般若心経をあげ、神社を守り維持してきた。しかし、明治、大正、昭和と復興の兆しなく、ようやくその兆候が現われたのが敗戦後しばらく経った昭和二十三年（一九四八）のことであった。[20] 社家の柿坂秀元（現宮司の父）らが相談し能面・能装束をそろえて、戦後初めての奉納演能が行なわれた。同年十月十一日、「世阿弥偲」と題して観世流師範森本宏充、井戸良造、村田榮治郎、上田照也や塩谷武治、小林義明らを招いて、能楽『羽衣』『熊坂』、狂言『末広がり』『宝ノ槌』などが奉納された。

その後、昭和二十八年に一人の女性霊能者・神業者が天河社に詣でた。真澄会主宰の新海史須江《しんかいしづえ》である。新海はある日、夫や子供の縫物をしている最中に突然弘法大師から次のような啓示を受けたという。

それは、「これからこの世の中を救うのは天の河というところに祀られている弁才天である。この神しか世を救うことはできない」といった内容であった。

しかし、新海が苦労して「天の河」を探し求めて一人で天河社を訪れたとき、神社は荒れ放題で参拝者もまったくなかった。五年後の昭和三十三年に今度は四十五人の団体を引き連れてふたたび天河社に参詣するが、神社は旧態依然たる状況で復興の兆しは未だ明らかではなかった。

とはいえ、その間に昭和二十八年頃より奈良県の文化財の査察がはじまり、社家所蔵の能面・能衣装などの品々が神社に寄付されることになった。それは、「神社があってはじめて社家があるのだから、所蔵品は社家個人のものとはいえない。それゆえそれを全部神社にお返しするのが筋である」という考えに基づくものであった。こうして、昭和三十三年に神社所蔵の二百点余りの品々が奈良県の重要文化財の指定を受けることになった。

昭和三十八年に社家の柿坂将近（現宮司の長兄）が発起し、同じく社家の今西勝美や宮司の井頭利栄らと議り、神明奉仕によって荒れはてた神社を復興させようと心をくだき、弁才天を何とか世に出していこうと努めた。材木業を手広く営み、村の中心的実力者であった柿坂将近と二十四歳違いの弟の柿坂神酒之祐は、この頃、神社奉仕をめぐる一件で大喧嘩したという。柿坂神酒之祐は「生きている人の方が神さまより大事だ」と主張し、神社復興に全力を傾注する兄の柿坂将近に反対した。それに対して、将近は「私は村の中で排斥された人で満足じゃ。好かれた人ではできない」と静かに語り、復興への意志を変えなかったという。

そのようなことがあった昭和三十九年春、東京に住むある人物が天河社を訪ねてきた。解脱会の重鎮の高畑与三次であった。高畑は、「『天の河の弁才天』という言霊が出たので参拝した。調べてみると、十五代前の先祖が天河弁才天を参拝して、以後、不継のままになっている。それを復活して供養しなければならない」と語った。高畑は、解脱会修行の過程のなかで出てくるあちこちの弁才天を参拝したが、あるとき、神戸の図書館で「天の河」について調べてもらったところ、奈良県吉野郡に天河があることがわかったという。高畑は五条からバスで天河に入り、河合の地の前平《まえひら》旅館に泊り、今西勝美の案内で念願の天河弁才天参拝を果たした。以来、頻繁に参拝を重ね、のちに龍池や駐車場を寄進する。

この頃からぽつぽつと霊能者たちが天河を訪れるようになり、二十代後半の柿坂神酒之祐は彼らからしばしば「あなたはここの神さまに仕えなければならない人だ」と言われたが、反撥していたという。

ここで、社家の柿坂家について簡単にふれておこう。柿坂家は役行者に仕えた鬼童の一人・前鬼の子孫だと伝えられる。そのため、毎年二月の節分祭では「鬼は外、福は内」とはけっして唱えず、「福は内、鬼は内」と唱えるという。また、宮司家ではその夜、「鬼」を迎えるための神事を行なう。座敷に「鬼」の寝所を設け、枕元に握り飯と箸とお茶を置き入口には水を張った手桶を置いておき、神主は一晩中寝ずの番をする。明け方、寝所をあらためると、「鬼」が来訪した証拠に盥《たらい》の中に土や砂が混じっているという。もしその痕跡がなかったならば、「鬼」は訪れなかったということであり、そのとき宮司は神を祀る資格を失い、宮司職を降りるという。

この民俗行事がいつごろからつづいているか、定かではない。しかし奥吉野の山中でこのような「鬼」を迎える儀式が今なお行なわれているのはたいへん興味深い。折口信夫ならばこの行事を見て、「マレビト」の「オトヅレ」だと自説を唱えるであろう。あるいは他の民俗学者は、能登に伝わる「アエの事」の神事との共通性を指摘するかもしれない。いずれにしても、この「鬼」迎えの行事は、春の訪れを告げる神霊をお迎えする儀式としての特徴をそなえていることは確かである。

昭和四十一年、三十歳のときに柿坂神酒之祐はいやがっていた神社にかかわるようになった。祝詞も般若心経も何も覚えていない状態で、橿原神宮で行なわれた神職講習会に通ったが、三日目に丹生川上神社下社のある長谷で交通事故を起こし、それきり通わなかった。

またこの頃に、愛知県岡崎から訪れた不思議な一行に出会った。リュックサックを背負った七人ほどの一行が坂本から歩いてきて、鳥居のところでバッタリ出会った。蜂須賀弘澄と名乗る人が突然、「龍宮城はここですか?」とたずねた。変なことを聞く人がいるものだと思いつつも、柿坂神酒之祐は考えあぐねて、どういうわけか天川中学校の下の川岸まで連れていった。そこに着くと、一行はリュックサックからさまざまな供物を取り出して川の縁《ふち》で祈りはじめ、いつしか服を着たまま川の中に入って踊り出した。不思議な儀式が終わったあとで、蜂須賀は柿坂に「酒一本はあんたに渡せと神さまが言った」と話して、神酒を一本差し出したという。

またこの頃訪れた神業者や霊能者の念写した写真の中に鈴が写っていたため、鈴があるかどうか調べるよう頼まれたという。そこで天ノ川に入って生まれてはじめて禊を行ない、当時大阪に在住の井頭《いがしら》利栄《えい》天河大弁財天社宮司に電話をして許可を得、深夜、内陣に入って調べようとしたところ、鈴の音が鳴り響き、御神宝の五十鈴《いすず》と不動明王の剣が見つかったという。

このように、霊能者や神業者の来訪にともない、次々に起こる不可思議な現象を目のあたりにし、柿坂はありとあらゆる関係の書籍を読みあさってノイローゼ状態に陥ったこともあったという。

一睡もできずにプラント事業を経営し、川砂利をあげたり、山をくずしたりしていた昭和四十四年のある夜、睡られぬまま神社に出たり入ったりしていたが、夜明けを待ちかねて神社の掃除をはじめた。そのとき、「こんな気持のいいものはない」と感じ、決定的な気持の変化が起こった。以来、仕事を打ちゃって三ヶ月ほどひたすらくる日もくる日も掃除に明けくれた。何もいらないという心境のなかで、いったい今まで何をやってきたのか反省したことが「神の声を聴く第一歩」であったという。

しかしこのあとも、すぐには神職とはならず、林業や製紙業の仕事につき、高知県中村の飯場にも入った。そこで、「人の心のわかる大きな勉強をした」という。

昭和四十五年五月、柿坂神酒之祐は神社奉仕に専念するようになった。その頃にはぽつぽつと見知らぬ人の参拝も増え、お茶を出して参拝者の話を素直に聞くようになった。この頃、『古事記』研究家で神業者の浜本末造（橘香道）が訪れ、熊野の奥の院ともいわれる玉置神社と天河大弁財天社を世に出す動きを行なった。昭和四十六年には前田将博が参拝し、この年に天河社が決定的に開いた。

昭和四十六年三月末、三百名ほどの霊能者が天河を訪れた。そこから南朝慰霊祭の話が持ち上がった。このとき以前は、六月十六日、十七日に例大祭が行なわれていたが、この年から現行の七月十六日、十七日に祭日が変更された。こうして天川村初のポスターがつくられ、南朝の侍従の末裔松平直茂をはじめ千人余の参拝者を迎え、井頭利栄宮司を斎主として南朝慰霊祭および例大祭が執り行なわれた。

以来、霊能者の「神集い」（参拝・集会）が行なわれるようになり、その中心者の一人、新海史須江は月参りするようになった。その過程で、浜本末造に本を書けという「言霊」（啓示）が新海より出、昭和四十八年三月に浜本は、『万世一系の原理と般若心経の謎』を出版し、つづいて同年十一月に、その続篇『終末世界の様相と明日への宣言』、さらには翌昭和四十九年七月に『人類《あなた》は生き残れるか』を上梓している。[21] 浜本の第一作『万世一系の原理と般若心経の謎』は産経新聞の文化欄で取り上げられ、天河社が世に知られはじめるきっかけとなった。

「世界一家天皇論三部作」と銘打たれたこれらの著作は、その当時、天河を訪れていた霊能者や神業者の受けた「啓示」や思想を知る上で興味深い資料である。というのも、そこには新しい壮大な神仏習合思想が語られているからだ。『万世一系の原理と般若心経の謎』では、『古事記』の世界とユダヤ教とムー大陸伝承と『般若心経』の世界との奇妙なアマルガムが語られている。たとえば、

般若心経は、何万年も前に、ムウ大陸の王が、月読命に託して、末法の時に全人類を初めあらゆる生きとし生けるものが、次の世界に渡る時に一切空になって、生れ変わる為に用意された秘文なのであります。月読命は、アフガニスタンにその原文を残して、代々その子孫に伝えて来たのですが、年を経るに従って、その真意が失われ、ただ言葉だけが伝えられて、秘義は忘れ勝になっていました。（中略）それを今から三千年前に、玄奘三蔵法師が霊覚して、アフガニスタンにその原文を探しに行ったのですが、これが今日西遊記の物語として伝えられているのです。印度に渡った玄奘三蔵は釈迦族に、これを伝えたのであります。シッタ太子（釈迦）は、この経文の真理に打たれ妻子も王位も城も捨てて、般若心経の秘義を極めたのです。そして万巻の教説として、衆生を救いの道に導いたのであります。(22)

学問的な常識とされ、歴史的事実とされている観点からすれば、驚くべき奇想天外なことがらが記されている。いったい、どこで『古事記』の月読命とムー大陸王と『般若心経』が結びつくのか。筆者は『般若心経』を「何万回も唱えて、何千枚も書写している間に、自然に経文の秘義が理解出来て来る」(23)という。この「秘義」の「密教」的解釈を説き明かしたものが右の書物だというわけである。

思想史的な観点からみると、ここには中世以来の神仏習合思想、本地垂迹説や反本地垂迹説の現代版

が見てとれる。学問的な根拠には乏しいが、終末論的な危機感にあおられて人類史の統合と救済の原理が表出されている。その統合＝救済のヴィジョンは「岩戸開き」と呼ばれて、次のように示される。

1　イスラエルから西紀前六〇七年前《ママ》に行方不明になったモーゼが作った契約のヒツギが日本に神功皇后の手に依って、朝鮮から渡って来ているのを探し出すこと。

これは石室の中に隠してある筈だから、真人達が協力して開くこと。

2　今日までに日本民族はコトタマを文字に変えてしまって来たので、真人達はコトタマを開くこと。今までは音秘め、音無しであったが、音霊芽音成しにすること、即ち五〇音（イワオト）開きである。

3　母体のホトから天津日継命が生まれること、母体の神名はイザナミの命で黄泉国で穢れたナミ神が、清まって現れ給う神名を天川弁財天と申し上げ、別名白衣観音と申し上げる。別名を木花咲也比売、乙姫、神功皇后、弟橘比売、石長比売、カグヤ姫、西王母、マリヤ等々様々な名を挙げる事が出来るが、これらは霊感者の魂の因縁に依って、その人が教えられた名称であって、何れも誤りではないが、名称に捉われる必要はないので、世界の王である天津日継命を生み給うお方であると考える方が良いでしょう。[24]

ここには日ユ同祖論をベースにしたオカルト的歴史解釈、言霊日本民族史観、メシア天皇主義の思想がみられる。しかもこうした史観全体がムー大陸伝承の上に位置づけられている。

浜本末造によると、人類が初めて地上に現われたのはムー大陸北部においてであり、その当時は、太平洋にムー大陸、インド洋にレムリヤ大陸、大西洋にアトランチス大陸があったという[25]。あるとき、ムー大陸の王は、自分の分身の一人に人類の悟りの道として『般若心経』をもたせてレムリヤ大陸に派遣し、また、別の一人にムー大陸の文化をもたせてアトランチス大陸に派遣、さらにもう一人には神宝を与えて日本の出雲地方に派遣し、一人を後継者としてムー大陸にとどまらせたという。そして大陸の陥没にともない、レムリヤ大陸からはアフガニスタンに、アトランチス大陸からはアフリカ・エジプトに渡ったというのだ。

浜本はこのようなムー大陸文化一元論とでもいうべき思想を主張し、UFOや霊能力についても、「ムウ大陸の王の血が入っている人で、魂の汚れを融かしている人が円盤を呼べば必ずと言っていい程現れます」、「正しい霊能の人は皆ムウ大陸の王の息吹の霊波を受けた方々であります[26]」と述べている。そして、「ケモノの魂の者」による三大大陸の衰滅にともない、アトランチスからはアフリカ・エジプト・ヨーロッパへ、レムリヤからは中央アジア・インド・アフガニスタン・パキスタン・東南アジアへ、ムーからは日本列島・ジャワ・スマトラ・メキシコ・南米へと住民が逃れていった。滅亡に際してムー大陸王は、三人の王子を日本と中央アジアとインドへ旅立たせた。日本に渡航した王子をニギハヤヒの命《みこと》、三種の神器をもって日本経由で中央アジアに渡った王子をニニギの命、薬と病人の治療の法をもって日本経由でインドに渡った王子をラムウという。

まるでSF小説に描かれるようなムー大陸の滅亡と世界文明の展開の歴史を浜本は、真実の歴史として強調する。このような至上の楽園文化の衰滅・脱出・分裂のプロセスを経て、いよいよそれらが再統合されるのが現代であり、今回の「岩戸開き」だと主張するのだ。したがって、その「岩戸開き」とは千々に分かれたムー文化の再統合となり、必然的に神・仏・基習合思想の主張となる。浜本によれば、

(1)日本―神道―天照大御神（太陽）―フトマニ・言霊の波動
(2)インド―仏教―月読命（月）―慈悲・謙虚の波動
(3)イスラエル―ユダヤ・キリスト教―須佐之男命（地球）―繁栄・生命躍動の波動―戒律

となり、この三者の系統の再統合がはかられねばならないということになる。

『終末世界の様相と明日への宣言』にはこうある。

因に神道は天照坐皇大御神の生命の現身が垂示したものであり、旧約聖書は須佐之男命の生命を持った現身が垂示したものであり、仏教は月読命の生命を持った現身が垂示したものであり、易経は少名彦名命の生命を持った現身が垂示したものであって、いずれもムウ大陸、アトランチス大陸、レムリヤ大陸が存在していた時に現れたものである。

従って万物は天の太陽と地の地球と天の月の波動の接触によって生れたもので、いずれ一つ無くても人類も万物も出現しなかったし、生存出来なかったものであるから、地上万有にとって天を父とし地を母とし月を親として三位一体に尊崇すべきものなのである。

即ち天を天照大御神とし、地を須佐之男命とし、月を月読命として後世に伝えた神話は、神道・仏道・キリスト者を一体とした観点から生れたものであり、それが真実である以上、神道者も仏道者もキリスト者も直に三者一体になる事が世界和平の根本原理である事を速やかに悟らなければならない。(27)

このような神・仏・基習合思想の背景には大本教の影響がみうけられる。橘香道の筆名をもって著した自伝的著作『大転換期』のなかで浜本は、「昭和二十三年新宮で一人の霊能者に縁が出来た。その人は大本教の幹部で予言を巧みにした。その人に連れられて熊野の玉置神社に前後四回登った[28]」と告白している。浜本末造が「霊能」や宗教の世界に最初にふれたのが予言をよくするという大本教の幹部であったことは、その後の浜本の考え方や行動様式に大きな影響を残したと思われる。数年後、その大本幹部が「精神統一するのに麻薬を使っていたことを知[29]」り、縁を切って和歌山に移ったという。浜本にとっては大本教的な宗教世界と熊野の玉置神社が彼の宗教的感性と思考の原点だったのであろう。

昭和四十八年から四十九年にかけて浜本は次のような「霊示」を受けた。

「玉置山はこれで一応終った。天河弁財天を開け。玉置には年に一度は来いよ」
「玉石（玉置神社の玉石社のこと――引用者注）はエホバじゃ、ニギハヤヒじゃ、モーゼも来ている、世界の王のみたまはニギハヤヒじゃ[30]」

「天地の本の宮を建てる時は来るぞ　その仕組は真人らにも苦労をかけて成就いたしてあるから　世界の中心が日の本の中に現われるぞ　されどその所は最後まで明かさぬぞ　ここが中心ここが中心と騒いでいるが　皆型じゃ　この理わからねば世の人よ　鳴戸の渦は渡れぬと知れ　今が鳴戸の渡りじゃ

世界の諸宗教は一切壊す　しかし天地根本の宮には　何宗にも公平なるように謀りてあるから心配はいらぬ　されど今は渡りの世故早まってはならぬぞ　渡りの大渦にすがる者がなければ困ることもあるから　今少し残してあるのぞ　その意わかるか　宗教の中にも真人の種は撒いてあるぞ　人類を

導く種であるからそれをも眼醒ましておけよ　とどめの時に役立つぞ　それが大事　真に結構な花が咲くぞ
国の政事も神人合一の者ばかりにさせるのであるから　次の世はまことに結構な花が咲くのじゃ
神祭りではない　まつろい合いじゃ」
昭和四十八年十一月十七日(31)

天の川　渡すこの日の一輪の　えにしも深き　魂の大鳥
菊の香を　供えもゆかし　玉石の　この一輪に　ことたまを詔《の》る
紀の国と　大和の国の　国ふせて　掛け合う魂の　道相の上
いざないし　固めも深き魂寄せて　示してここに　築くもとなり
無になりて　うける言葉の　のりてこよ汲み出す泉　湧き出でむかも
ひの本の　国に常世の　春の庭　今日一輪の　花咲かせませ
昭和四十八年十一月五日　天川弁財天社にて(32)

「弁財天は日の若宮とも丹生津比者《にうつひめ》とも弁財天とも申す。弁天は宗象《むなかた》三女神じゃがこれは神霊だけじゃ、この神霊を持って現身したのが大弁財天じゃ、これが地球を治める王じゃが性は女神で体は男神じゃ、大黒天とも申す。日の本が世界の中心じゃ。世界の財宝を集めるヒナ型として日本各地の特産物を旧七月七日に供えるがよい」

「弥山が本地じゃ、ここが高天原じゃ、ノアの箱舟と申すのはここにヒナ型がおいてある。ここがアマテルススメオオカミじゃ」
「弥山の働きは水分《みくまり》じゃ、八大竜王じゃ、八ピの弁天とも申す(33)」

このような「霊示」を次々と受け、浜本らはそれを「言霊《ことたま》」ととらえた。右に引いた「霊示」には、のちの天河社建て替えへのヴィジョンも暗示されている。すなわち、「世界の中心」としての「天地の本の宮を建てる時」が来ると告げている「霊示」がそれである。おそらく、浜本ら天河に集まってくる霊能者の多くは、大本教の出口王仁三郎たちがし残した「世の立替え立直し」がふたたび天河を中心に起こると考えていたのであろう。そしてその象徴が「天地の本の宮」「天地根本の宮」と考えられたのであろう。

浜本の受けた「霊示」によれば、「大弁財天」が「地球を治める王」であり、それは「性は女神で体は男神」であり、「大黒天」とも呼ばれるという。女神の「大弁財天」が男神の「大黒天」と同体であるというこうした思想は、中世の本地垂迹説やそこから派生した中世神道の異名同神説と同根の思想である。また、本性が女神で身体が男神という考えは、たとえば大本教で、開祖出口ナオを「男霊女体」(魂は男性であるが体は女性)とし、教主補出口王仁三郎を「女霊男体」(魂は女性であるが体は男性)とする考えと軌を一にする。

昭和五十八年九月に出版した『今が終わりの初め』のなかでは、天河社について浜本は次のように述べている。

天河大弁財天社は父をエサウの子孫とし、母をニギハヤヒの子孫として生れた偉人で、世界(大和）の中心を大峯山系と達観し、玉置山をエホバ・ニギハヤヒの霊地と見極め、地球の種と見なし、弥山をアマテル大神、即ち太陽及び宇宙の種と見なし、この二つの種を協合する力が大峯山（三上ヶ岳）の二所権現と達観して、玉置山・弥山・三上ヶ岳を地球・太陽・媒体の月と達観してこの三つを一つにして世界の王の王、即ち観世音と達観して世界の中軸、最も重要な一点と定めてこの三つを一つにした種を植えつける所を坪《ツボ》（急所）の内と定め、ここに天河大弁財天として太古から底なしの井戸といわれたこの井戸の底には金の鯉が住んでいるという伝説を残して、この井戸を御神体として斎場を作ったのが役の小角であります(34)。

「天河を世に出す」という動きは、このような霊能者や神業者の活動によって徐々に強くなっていったのである。

ところが、天河社の幕開けとなった昭和四十六年に宮司の井頭利栄が没した。しかし、社家の柿坂神酒之祐は神主となるのを辞退し、寺尾という霊能神主が後を継ぐことになった。

昭和四十八年、柿坂神酒之祐は大阪の大鳥大社で行なわれた神職講習会に出席し、大阪神社庁で直階の神職階位を受け、天河社の神主となった。

昭和四十九年には御神宝の神代鈴《じんだいすず》をモデルに三千体の銀の神代鈴をつくり宮中に献上するとともに原価頒布を行なった。このとき柿坂は、日本大学の今泉忠義元教授の門弟岩熊百州とともに、神代鈴の模型をつくる製作所をさがすために東京中を歩き回ったという。

この年、天川村の見直しがはじまり、御手洗《みてらい》渓谷が知られるようになる。この頃、柿坂は吉田神道に紹介される機会があったが、違和感が残り、天河に集う「霊能軍団に育てられながら、神ながらに天の安河文化を復興していった」という。この年には、弥山山頂の奥宮の社殿の建て替えを発起した。

こうして、次々と訪れてくる霊能者の一群とともに天河社復興にあたったが、昭和五十三年には、行方不明となった友人を探すために、インドのプーナにあるバグワン・ラジニーシの本部道場《アシュラム》を訪ねたこともあったという。しかしこのとき、柿坂はバグワンとはまったく意見が折り合わず、面会は喧嘩別れに終わったが、のちにバグワンの弟子でサニヤーシンのシャンタン（宮居陸朗）を通して和解した。

昭和四十九年から、新海史須江主宰の三河真澄会による例大祭の御神灯花火の奉納が恒例化し、昭和五十四年からは京都観世会による能楽奉納、聖護院門跡一行の山伏修験集団による採灯護摩厳修も恒例化するようになった。

能楽関係では、昭和四十年八月八日、世子忌（観世十郎元雅五三〇年祭）が行なわれ、京都観世会より能楽が奉納され、翌昭和四十一年三月二十六日、天河社所蔵の能面、能装束などが文化財の指定を受けた。昭和四十七年七月十六日には境内に文化財収蔵庫が完成し、昭和五十一年一月八日には天河狂言保存会が結成された。

昭和五十五年五月一日には、天河社境外域の南朝御所跡に南北朝供養の宝篋印塔が建立され、ここに南北朝対立の「霊的和解」が成立したという。さらに同年六月十六日・十七日には、弥山山上の天河弁財天社奥宮御造営（奉賛会長平岡英信）の儀が行なわれ、いよいよ天河社も一大飛躍の時を迎える。

昭和五十六年は辛酉《かのととり》の年で、古来、天河社では、六十年に一度のこの年は、天龍の姿の天河弁才天が大鳳《おおとり》に変身して天空高く舞い上がり、世の転換を促す祥瑞《しょうずい》の年だと信じられてきた。さかのぼること、寛保元年（一七四一）、享和元年（一八〇一）、文久元年（一八六一）の辛酉の年には、その年の三月二十日から三十日間、京都の聖護院の境内で天河弁才天の秘神出開帳が行なわれ、国家安泰を祈ったという。(35)

天河社にとっては、この昭和五十六年七月十六日・十七日に行なわれた一二〇年ぶりの「秘神御開帳」は「岩戸開き」ととらえられた。この例大祭の期間にはじめて宮下富実夫作曲・演奏の曲『天川のひびき』がテープで流された。

こうして、霊能者による天河「発見」の時代から、アーチストによる天河「感応」の時代に移行していったのである。霊能者の「テンカワはどこだ。テンカワを探せ」の時代からアーチストの「テンカワ行ったか？」の時代に移行拡大していくのである。

アーチストによる天河「感応」の時代

昭和二十四年（一九四九）生まれの宮下富実夫は、昭和四十五年に上演されたミュージカルの日本版『ヘアー』の主人公の一人を演じたあと、昭和四十八年に喜多郎たちとともにファーイースト・ファミリー・バンドというロック・グループをつくり、昭和五十二年、アメリカ・ツアーを行ない、その後四年間、アメリカで音楽活動を行なった。昭和五十二年から五十七年にかけて宮下はそれまでの曲風とはまったく異なった『天川のひびき』という曲をアメリカで作曲し、音楽療法《ミュージック・セラピー》の領域に入ってゆく。しかしこのときの宮下は天河大弁財天社のことはまったく知らず、天空の中心にあるミルキーウェイとしての「天の川」のイメージを『天川のひびき』に結晶させたのであった。

ところが、密教の修行を積んだ僧侶でカメラマンの池利文が昭和五十五年天河社を訪れた際、友人の宮下のつくった『天川のひびき』をもっており、それが柿坂宮司の耳にとまってそのテープが神前に奉納され、以後、この曲が天河社の境内域に流れるようになった。

昭和五十六年十一月に帰国した宮下は天河社を参拝し、深夜、宮司と巫女による盟神探湯《くがたち》の神事が行なわれ、そのあと神前に額づき瞑想しているときに弁才天の啓示を受けたという。[36]ほどなくして『風光の舞』を作曲し、昭和五十七年七月の例大祭にみずから奉納演奏をした。ちなみに、この曲中には柿坂宮司の祝詞も取り入れられている。以後、昭和五十八年に『天河の満月』、五十九年に『天河物語』、六十年に『大和《やまと》』、六十一年に『五十鈴』、六十二年に『天宇受売命《あめのうずめのみこと》の舞』、六十三年に『琴の音』『御遷宮』、平成元年に『誕生』、平成二年に『舞』、平成三年に『せせらぎ』をつくり、奉納演奏をつづけている。

宮下はアメリカ時代、サンフランシスコの「蓮《ロータス・》寺《テンプル》」で坐禅をしていたことがあるが、このロータス・テンプルをつくったのが曹洞宗の僧侶山田龍宝である。山田も帰国後、伊勢神宮、天河と参拝し、古神道の神髄に深く感応し感得するものがあったという。その後山田龍宝は昭和六十年に「サラスヴァティの集い」を企画し、禅僧にしては珍しい独自の宗教活動を行ない、平成三年からは天河に住みついて活動を始めている。

宮下富実夫の奉納活動や音楽療法の展開、さらには映画『火の鳥』(八六年)、『風の又三郎』(八八年)、『大霊界』(八八年)、『キムの十字架』(九〇年)、『天と地』(九〇年)、『天河伝説殺人事件』(九一年)の音楽監督の活動などを通して、芸能の神としての天河弁才天信仰は幅広い拡がりを見せていった。

たとえば、はっぴいえんどやYMOで活躍し、日本のミュージック・シーンの牽引役の一人といえる細野晴臣は、「感応して、行動するときなんです」と題するインタビューのなかで天河社について次のように語っている。

初めて天河に行った時、僕は独得な感覚をうけたんです。

真夜中、真暗闇の中を車で行ったんですが、とにかく天河へ行くまでの道というのが山の中を曲がりくねっていて、どこをどう通ってきたのかわからない。それに車が揺れるもんだから、ずーっと吐気で大変だった。その上、ひどい頭痛にも襲われて、幻想か現実か、さだかではないんですが、いろんなものを見たり、感じたりしながら、ようやく天河にたどり着けたんです。

海の底――、まずそんな感じがしましたね。もう違う次元の場所だと思った。単に地理的に移動してきたにすぎないのに、なんか壁を乗り越えてやって来たみたいなところがあるんですよね。竜宮城みたいな。海の底、水の底みたいな印象を受けた。

最初の頃は、天河に行っても、寝てばかりで何もしなかったですね。寝に行くというか、寝ちゃう。起きられない。ぐっすり死んだように眠る。ほんとうに静かな所で、自然と仲良くしている。自然は自分を浄化する力を持っていますね。天河はその自然の一部で、自然の中にある村です。風が吹く、星がきれい、気持ちのよい森、日本全国にそういう場所はいくらでもあるけれど、なぜ特に天河なのかというと、すごく深い意味があるような気がする。簡単にこうだ、と言えないところがあって、行った人がそれぞれ考えることになってしまう。個人的に、「なんなんだろう」、「なんでここに来るんだろう」ってね。

僕にとっては、縁のある場所ってかんじがするんですよね。天河に行くのは宗教心のためでもない、お参りに行くのでもない、説明が難しいんだけど、縁が自分を誘ってる、縁に誘われて天河に足を運ぶ、という感覚です。

でも、天河っていうのは、その場所に意味があると思っちゃいけないんです。天河が表わしているなにかがある。それは何か、っていうのが重要なんです。

（中略）天河では、一つの考え方というか、原始的な感じ方、日本人だけじゃなく人間の本来の感覚をよびさまされてるという気がしますね。つまり、僕たちが忘れていたことがあるんですよ。(37)

細野晴臣はミュージシャンらしい感覚的表現で、天河が自分のイマジネーションを深く刺激し、「原始的な感じ方」や「人間の本来の感覚」を呼びさます力をもっていることを語っている。

昭和五十八年にはじめて天河を訪れた細野は、その地に滞在して、『マーキュリー・ダンス』と題するミュージック・ヴィデオをコンピュータ・グラフィックの荒井唯義と共作している。また、宗教学者の中沢新一と天河で対談し、『観光』と題する対談集を出版した。これもまた天河を大きく世に出し、クローズアップさせる動きとなった。その対談のなかで細野はその当時の天河のことをいみじくも「精神世界六本木(38)」と表現したのだ。

興味深いのは、細野が天河へ至る道行において次元の違う「海の底」を感じたと話している点である。宮下の『天川のひびき』が天空にまたたく〝天の天川〟だとすれば、細野の感応した天川は海底を流れる〝地の天川〟〝海の天川〟だった点である。〝天の天川〟も〝地の天川〟もいずれも自然との感応から生じてきたイメージであるが、これらのアーチストたちによって「感応」された天河は、細野が強調するように、「宗教心」や「お参り」とは異なったそれぞれの「縁」によって啓《ひら》け感得されてくるものである。

もう一つ、細野がこのインタビューで強調している点で興味深いのは、日本に伝わってきた「言霊」感覚を呼びさます必要があると主張している点である。自己の内にまどろむ深層的で原初的な感覚をとりもどすことが重要だと感じ、そうした「感覚」を想起させる磁場として天河が重視されているのだ。

女優の志穂美悦子は、

天河で宮司さんの言葉を聞いているうちに、死ぬってことは大いなる宇宙に魂が帰ることだから、少しも恐くないいんだと思うようになったからでしょうね。再び輪廻転生して、魂は違う生命《もの》として甦ってこれる気がしてるんです。そう思うと、物事へのこだわり方が無くなってきますね。自由になる。（中略）単純なことなんだけど、天河に行く、宮司さんとお話しする、お祈りする、それだけで帰ってくると、元気が出るんですよ。元気が出るってことは何なのかな？ やっぱりエネルギーをもらえるんですね！ それはなぜ、って言われても答えられないんですが、自分にとっては、〝気〟だと思う。やっぱり熱いエネルギーをもらってるんですよね。(39)

と述べている。

志穂美は天河で宮司の話を聞いているうちに、死ぬことは魂が大いなる宇宙に帰っていくことだと思うようになったという。そして「輪廻転生」して別の生命としてよみがえってくる気がするようになったという。志穂美にとって天河は「気」や「エネルギー」をもらうことのできる場所であり、魂の深層的な感覚を呼びもどす「サイキック・スポット」なのである。

『ガラスの仮面』や『アマテラス』で人気のある少女漫画家の美内すずえは、「ムー大陸と古事記をドッキングさせた話を書きたくて、資料を集めているうちに、人づてに天河のことを聞」き、天河社を訪れてみると、「都会的な洗練された、雅《みやび》な感じさえ受けて、すぐ気に入ってしま」ったという。(40) そして、柿坂宮司と話しているうちに創作とかかわりのあることが次々と起こってすっかり天河に魅せられたという。その後、美内は次々と神秘的な体験をもち、「チャネラー」としての自分の潜在能力を自覚するようになり、平成三年四月には『宇宙神霊記——霊界からのメッセージ』[41]と題する著作を出版し、自身のチャネリング体験を公表して反響を呼んだ。

『宇宙神霊記』には幼少期からの数々の神秘体験が記されているが、そうした体験にさらに深く目覚めたのが天河での体験であったという。

私は一段一段、階段を上がるようにして、霊的目覚めに近づいていったのでした。
そしていよいよ天河神社。
奥深い山々に囲まれた秘境の地、天河での偉大な霊的洗礼!
私の歩く先に用意されていた霊的洗礼。
きたるべき時期が訪れ、宇宙神霊からもたらされた洗礼。
天河には、いわば、私の第二の人生の出発が準備されていたのでした。[42]

「それは、天河神社で始まった! サイキックスポット『天河神社』で私たちの魂の祖先『宇宙神霊』からメッセージがおりた!」という帯の文句が印象的な『宇宙神霊記』には、美内すずえの神霊体験が詳しく表現されている。美内ほど劇的ではなくとも、天河で神霊体験をもったり、UFOを見たりしたという人は少なくない。

興味深く思うのは、ここで述べられている「宇宙神霊」からのメッセージの内容が先に引いた浜本末造の受けた「霊界」と共通するところが少なくない点だ。たとえば、「覚えておきなさい。聖母マリアの本質とは、創造神の化身であり、観音と同体のものであるのです。また、キリストを救ったものです」とのメッセージに対して、美内が「私が感じるには、聖母マリアと天照と観音は同体であり、働きは違っても、弁財天、白山きくりなども同様に思えます[43]」と付記している点などは、「天川弁財天＝白衣観音＝木花咲也比売＝乙姫＝神功皇后＝弟橘比売＝石長比売＝カグヤ姫＝西王母＝マリア」と異名同体説を主張する浜本の直感と符合するし、浜本が「世界の王である天津日継命」の出現を唱えるのに対して、美内が「七人の救世主が降りる」というメッセージを語っている点は、世界の危機を救うメシア王の出現のヴィジョンを示している点で共通しているといえよう。また美内がムー大陸伝承と『古事記』を「ドッキング」した漫画『アマテラス』を描いていることも一致する。

このような幻視的シンクレティズムと呼べるような傾向は、『神道集』をはじめとする中世の神仏習合思想に顕著な傾向であった。精神史的に見るならば、こうした中世的特徴が今日ふたたび社会の前面に浮上しつつあるといえるであろう[44]。このとき、南北朝期の舞台となり、「胎金不二」の地とされた天河がふたたび、新しい「胎金不二」の物語の中心地として浮上してきたのである。

美内すずえは、重度の危機に瀕している地球を高次元へ移動させる「七人の救世主」と「ニュータイプ（真人類）」の出現を物語る。そのチャネリングの内容には、「ヤハエ」「黄金の十字」「球状のピラミッド」など、ユダヤ・キリスト教や古代エジプト文明を連想させる言葉が頻出する。昭和六十二年二月二十三日に美内が「宇宙神霊」とのチャネリングから受けたメッセージは次のようなものである。

天と地の結びし日、この年より始まる。
天と地とは神と人。

神のプランを人が実行に移すとき。
神の世を表に出さんがため、光の世界がこの地上に

球状のピラミッド、黄金の十字を探せ
神々の交代、挨拶してまわれ。
すでに神の世では準備整いたり。
一大変化あり、厳しいことになる。
人間を救うとは思うな。
門より出《いで》て門より帰る。眠らんがため

宇宙神（人）、千年後に降りる

光の十字、神の十字
ピラミッドに十字。
光の十字。よみがえり。もとにかえる。(45)

ここでは、くりかえし再結合のヴィジョンが語られている。「天と地」「神と人」の「光の十字」「神の十字」とは、分裂離反していた世界が再統合されて「よみがえり、もとにかえる」ことの表徴である。
「宇宙神霊」はさらに具体的に「よみがえり」についてこう語る。

私たちは今から3億6000年（万年？）の昔、かなた、宇宙の星雲の王国よりやってまいりました。

この星（地球）を地と定め、移り住んだのですが、争いが起こり、ふたたび破壊がありました。

そのとき、私たちはいったんよその星へと移動したのですが、またもどり、再興をはかることになりました。

都市が築かれ、生まれ変わった者たちでふたたび繁栄と成長を遂げたのですが、同じことが起こり、また星へと逃げかえらねばなりませんでした。

緑なす大地。この星の美しさ。

また移りきて、再興をはかったものの、何度も同じことを繰りかえしました。もうこの星へもどる者もなくなりました。

今とは違います。

もっと美しい星です。

今、あなたがたが見ているものではありません。これは真実の姿ではありません。違います。本当の地球はもっと光り輝き、美しいのですが、今は違います。

真実はあるのに、見えないだけです。

この世界に、みな気づかないだけです。

今、私たちは、もう一度よみがえりをはかっています。私たちの力を貸して、あのときのものがもどろうとしているのです。すべてがもどろうとしているのですが、大きな岐路に立たされています。

ここが分け目です。

再生なるかどうかに、かかっています。

もはや、できているものがあるのですが、今の地球に移せるかどうかが問題なのです。

私たちは守ります。

かつて生きていたこの星のこと、すべてわかっています。みな、気づかないだけなのです。あのときと同じ状況にあるということに気づかないだけです。

敵と味方とに分かれて、今ふたたびいっしょにいるのです。これから争い起こります。

起こったあとに残るもの、真実求めて苦しみますが、救います。[46]

このメッセージによれば、地球上の文化や文明は美内のいう「宇宙神霊」の介入と活動によって展開され、何度も「再興」されてきた。しかしつねにそれは「破壊」に到り、今ふたたび「よみがえり」「再生」するための「岐路」に立たされている。とすれば、「七人の救世主」と「ニュータイプ」とは、地球を破滅から救い「再生」せしめる者である。

「宇宙神霊」は、弥山についても不思議なことを語っている。それによると、「弥山の頂上は、かつて私たちの都市でした。すっかり様変りしていますが、たしかにものすごく巨大な都市があったのです。科学者も学者も大勢集まって、外宇宙と交信を取っていました[47]」という。現在の弥山山頂の規模を考えればそこに「巨大な都市」があったとはおよそ考えにくいことであるが、「宇宙神霊」はそう語る。さらに、神社についても、それは「神の家」などではなく、「意識の集合体」、「エネルギー磁場のコントロール調整所」、「地のエネルギーを、すべての生命体、生物系にとって、よく働くための調節をするところ」、「宇宙からのエネルギーを動かす働きと、空間内物質、内空間の移動を自由にコントロールする場所[48]」であるという。神社や聖地は、「エネルギーポイント」であり、その「調整所」といい、それを開くことが地球の高次元移動へつながると説く。

『宇宙神霊記』は、「宇宙全体のバランスと調和」の重要性を主張し、「日本の分担・使命」を説く。そして、「救世主」や「ニュータイプ[49]」が「現在の物質文明から未来の精神文明への橋渡し役を努めること」の意義と急を要することを説く。それは、幕末以降の新宗教が説きつづけてきた「世の立替え・立直し」の現代版とも宇宙版とも「ニュータイプ」ともいえよう。それだけ危機認識が深まり、危機的事態が進行しているともいえるだろう。

宮下富実夫、細野晴臣、美内すずえをはじめ、多くのアーチストや芸能人が天河を訪れているが、そこでは現代の不思議物語が拡大生産され、幻視的シンクレティズムが拡大深化していっている。そこにはいうまでもなく柿坂宮司のパーソナリティが関与しているが、そればかりでなくやはり天河という場の歴史的伝統と特性が強くはたらいているといえるであろう。音楽評論家の湯川れい子は天河のことを「強い磁場を持つ霊場[50]」と評しているが、天河は現代日本の聖地・霊場としてはきわめて特異な性格をもっている。

私は昭和六十三年三月に行なわれた「玉鎮め神事」に際して、柿坂宮司が「神社は宇宙船である」と語るのを聞いて驚くと同時に妙に納得するものを感じたが、巨大な磐座《いわくら》の上に建立された天河社には「宇宙船」と称しても不思議ではない感じがたしかにある。天の磐船に乗って天の川を飛翔し、あるいは下る。そういうイメージも奇異には映らない。

いずれにせよ、天河社はこのようなアーチストによる「感応」の時代を経て、日本の埋もれた「サイキック・スポット」としていよいよポップに、いよいよマッスになっていったのである。

若者たちの天河「探遊」の時代

平成三年（一九九一）三月に、内田康夫原作・市川崑監督の映画『天河伝説殺人事件』が封切りになった。その頃、関西気功協会や日蓮宗修法研究会の面々を案内して天河に参拝する機会が何度かあったが、天河社のある坪の内に入る弁天橋の脇のバス停に「天河伝説殺人事件行臨時バス」と大書してあるのには思わず笑ってしまった。天川村に入る交通路となる近鉄下市口や周辺の駅々には映画のポスターがデカデカと張られ、吉野・天川へと誘う近鉄のキャンペーンが大々的に行なわれていた。

それにつられてか、年若い女性訪問者が目立った。天河もアンノン族の聖地になってしまったかという一縷の感懐もなくはなかったが、聞けば、女子高生や若いOLなど真剣な参拝者がほとんどだという。もちろん若い男性も少なくはない。村人に聞いても、タクシーの運転手に聞いても、この十年間に天河を訪れる参拝者層は激変したと口をそろえる。

霊能者による「テンカワ探し」の時代から、アーチストによる「テンカワ感じ」の時代を経て、今、若者による「テンカワ遊び」の時代へと時の流れは移行したかにみえる。むろん現在もなお霊能者やアーチストの参拝はつづいている。むしろそうした人々の上に重層的に多数の若者の訪問者が増えてきたというべきなのだろう。彼らの多くは、何らかのメディアを通して天河についての情報を仕入れている。それはテレビ東京で放映された「神々の里・吉野・天河」や「芸能の里・天河」であったかもしれないし、また宮下富実夫や細野晴臣らの雑誌インタビューであったかもしれない。また美内すずえの『宇宙神霊記』を読んで天河に来たという人も少なくないであろう。現に、この五月三日、関西気功協会のメンバーとともに天河を参拝したとき、若い男性に声をかけられたが、彼はちょうどその日、本屋で目にした『宇宙神霊記』を読んで、かねがね訪れてみたいと思っていた天河にとるものもとりあえずやってきたという。かつて天河について私が書いた文章も読んでいるという。

いったい、何が多くの若者をして天河に誘うのか。若者の「テンカワ遊び」は危機と混迷を深めるこの時代のなかでの自分探しといえるであろうか。自分と自分との共生、自分と他者との共生、自分と社会との共生、そして何よりも自分と自然・宇宙との共生を求め、その調整の場として天河をめざしてやってくるのであろうか。そのさまは、中世の「蟻の熊野詣で」を彷彿とさせる。その中世が戦乱のうちつづく危機の時代であったことを忘れてはならないだろう。

ところで、ここでごく簡単に自分自身のことをふりかえっておきたい。私が初めて天河を訪れたのは昭和五十八年の四月三日のことだった。発売されたばかりの『ペントハウス』五月号を手にして天河を訪れたと記憶する。この天河訪問のいきさつは別のところで少し書いたことがある[51]が、それは霊界から通信を送ってくる三島由紀夫のメッセージを審神《さにわ》するためであった。というのも、天河社の宮司が三島由紀夫の霊界通信を審神したという話を聞きつけたからである。ある機会に私もその霊界通信を目にし、それをどう受けとめていいか判断に迷っていたので、天河の宮司の審神をぜひとも直接聞いてみたいと思ったのが天河社訪問の動機であった。細野晴臣が天河社をはじめて訪問した二ヶ月後のことだ。

このとき、柿坂宮司とはさまざまな話をしたが、印象に残っているのは、その頃に彼がもった霊界体験の話である。昭和五十八年二月十六日の午前十一時五十五分から翌二月十七日にかけて、柿坂宮司は「霊界入り」の体験をし、それによって自分が決定的に変化したという。それまでのすべてを懺悔し、神に不敬を行なってきたことを心の底から詫びたあと、ストンと「向こうの世界」に入ったという。そのあとの体験はおおよそ次のとおりである。

> 黄金の階段を下っていくとステーションがあって、ここから宇宙へ飛び立っていくのだということがわかった。駅の後側はダークグレイで暗い。先祖や皆はどこへ行ったのか？ 探そうとするが誰もいない。しかたなくそこから飛び立って地球を何周もした。ふと気づくと午前十時で自分の家にいた。それからいろいろなものが見えるようになり、九州の湯布院に渡った。そこで三島由紀夫との交信に入った。三島は「富士神界を治めてくれ！」と叫んだ。「佐藤がおる」と答えたが、あちらへ行きそうになるので怖くてしょうがなく、眠ることもできない。その後、天河に戻ると『ペントハウス』の記者が太田千寿さんを連れてきて天河に入っている。彼女の自動書記の中に私が霊界で見てきたのと同じ内容のことが書かれていた。

柿坂宮司の話では、このとき自分は死んでおり、葬式を出そうかという話まであったという。そのとおりならば、柿坂は臨死《ニア・デス》体験をもったということである。柿坂の体験のどの部分が三島由紀夫の霊界通信と共通するのか定かではないが、おそらく三島が日の本の中心的磁場である富士神界を守り「真《ま》秀《ほ》呂《ろ》場《ば》」をつくるように伝えたことが共通しているのであろう。

「霊界を見てきた」と語る柿坂宮司の話で興味深いのは、まるで宮沢賢治の『銀河鉄道の夜』のなかに出てくる「銀河ステーション」を連想させる点である。河合隼雄は、ジョバンニの「銀河鉄道」の旅の体験が臨死体験だと指摘したが[52]、私もそのとおりだと思う。柿坂宮司の「宇宙ステーション」は、「銀河鉄道」とは異なり、地球軌道であるが、それにしても霊界参入が宇宙体験であったという点が興味深い。

柿坂宮司はその後、昭和六十一年の元旦に社殿の建て替えを発起し、平成元年七月十六日に遷座祭を執り行なっている。「正遷宮大祭」と銘打たれたその祭礼行事は以下のごとく麗々しく賑やかでバラエティに富んでおり、テレビ・雑誌などでも大きく取り上げられた。

正遷宮大祭　神事・奉納次第

七月十六日

正遷宮神事

岩戸太々神楽

神曲　宮下富実夫

七月十七日

奉祝神事

天宇受売命　吾妻流家元　吾妻徳穂

採灯護摩厳修　聖護院門跡

能楽『翁』　観世流宗家　観世左近

七月十八日

神事

献茶　表千家家元　千宗左

能楽『高砂』　観世流　片山九郎右衛門

狂言『棒縛』　和泉流　野村万之丞

七月十九日

弁天太鼓　弁天会

行者神楽　天川村

理源太鼓　天川村

神曲　細野晴臣

七月二十日

神事

古代舞楽　大阪楽所

神曲　長淵剛

七月二十一日

神事

能楽『羽衣』　喜多流　和島富太郎

狂言『附子《ぶす》』　大蔵流　茂山千之丞

神曲　ブライアン・イーノ

七月二十二日

神事

能楽『葛城』（大和舞）　金春流宗家　金春俊高

狂言『二人袴』　和泉流宗家　和泉元秀

神曲　喜多嶋修

七月二十三日

神事

能楽『小鍛冶』　金剛流宗家　金剛巌

狂言『蝸牛』　大蔵流　茂山千五郎

神曲　喜多嶋修

御神灯大花火　真澄会

この大祭は、さながら古代と中世と近世と現代が混淆し融合するような創造的シンクレティズムに満ちていた。弁才天に奉納する芸能だけでも、神楽、舞踊、能、狂言、茶、シンセサイザー・ミュージックとまことにバラエティに富んでいる。参列した人々もまた内外に及びバラエティに富んでいた。沖縄から喜納昌吉もかけつけて、境内で演奏を行なった。それは天河ならではの光景であった。

このように、古代・中世と現代、そして日本と海外が幽玄の雰囲気のなかで融合する習合文化を築き上げた点が現代の若者を魅するのであろうか。

最後に、以上のことをふまえて天河社再興の背景と特質を考察しておこう。

4　習合文化としての天河文化

第一に、昭和四十年代から顕在化した霊能者による「テンカワ探し」の背景には、高度経済成長をひた走る日本社会の深層に潜む埋蔵文化を発掘し、見直そうとするアンダーグラウンド運動があった。たとえばそれは、澁澤龍彦、種村季弘、高橋巖らによるオカルティズムや神秘学の紹介と研究、暗黒舞踏の土方巽や天井桟敷の寺山修司や状況劇場の唐十郎や劇画家のつげ義春らによる土俗文化の掘りおこしとなって現われていた。そのとき、恐山のイタコ、沖縄のノロやユタ、出羽三山中の湯殿山のミイラ仏などに対する関心が高まった。

折しも、国鉄の「ディスカバー・ジャパン」や「エキゾチック・ジャパン」のコマーシャルが登場する前夜で、日本の秘境、日本の隠れたる文化に注目が集められはじめていた時期である。たとえば、昭和四十七年三月には、奈良県明日香村平田の高松塚古墳で極彩色の壁画が発見され、古代史ブームを引き起こすきっかけとなった。国鉄の「ディスカバー・ジャパン」の大キャンペーンが張られ旅行ブームが盛り上がったのはその翌年、昭和四十八年のことだった。昭和四十九年には、スプーン曲げなどの超能力・オカルト・ブームが起こっている。UFO・心霊・占いに対する関心も高まっていった。こうした時期に、霊能者の「テンカワ探し」が行なわれていたのである。こうして、隠されていた日本の秘境「テンカワ」が世に出てきたのだ。

第二に、天河社復興の源泉となっているのは、神仏習合文化の再発見であったと思われる。天河社では『般若心経』の神前読経や弁才天の「オン・サラスバティ・エイ・ソワカ」の真言、役行者に対する「南無《ナーム》神変《ジンペン》大菩薩《ダイボサーツ》」の真言が祭儀のときにくりかえし唱えられ、参拝者の唱和にも熱がこもる。また、例大祭には神道式の神事のほかに高野山の僧侶たちによる読経、宮司以下参列者一同による『般若心経』および真言の読誦唱和、山伏姿の聖護院門跡一行による採灯護摩厳修が行なわれ、神道、仏教、修験道の儀式が融合した、今となっては他に類例をみない不思議な儀礼空間が現出する。本殿の内陣に弁才天や十五童子の仏像が祀られているのを拝することができるのもいっそう不可思議感覚を刺激する。女神の社である天河社は、同時に十五童子の社でもあった。その仏像の配置は、埋もれていた「神仏」が一挙に地中から湧き出してき、立ち上がってくるかのような奇妙な立体曼荼羅的感覚を呼びさます。

かくして天河は現代においてもっともラディカルに神仏習合文化を再創造した場所であるといえる。歴史的伝統の上に立脚しつつも、それを現代に拡大再生産して再生せしめている。神道の祭儀にバグワン・ラジニーシのアシュラムで長らく修行をつづけたサニヤーシンが奉仕したり参列したりする例は稀れであろう。こうして天河社は、現代の習合文化の実験場といえる側面をもつことになるのである。

第三に、それに関連して、奉納芸能の豊富な拡がりが天河社の習合文化の底辺を支えていることが特質としてあげられよう。とりわけ、山深い村の神社にしては珍しいほど立派な能舞台をもっていることが、そこでの奉納や瞑想やその他さまざまな儀式・パフォーマンスの遂行を可能にしている。芸能の神でもある本殿の弁才天と真正面から向き合うかたちで上演される奉納芸能や瞑想・パフォーマンスは、その特殊な空間的配置に助けられてきわめて集中しやすく、そこで「啓示」や「霊示」や神秘体験を得たという人が多いのも納得できる。

昭和六十年三月二十三日の『日本経済新聞』朝刊には、「聖地で宇宙と交信」、「奈良・天川に芸術〝巡礼〟する若者たち」という見出しの記事が掲載されている。その冒頭は「『テンカワへ行ったか』〜そんな言葉が今、若いアーチストの間で頻繁に交わされている」という書き出しではじまっている。芸能の里として注目を集めはじめた頃の記事である。この記事のなかで柿坂神酒之祐宮司は次のように語っている。「東京と関東あるいは海外のアーチスト同士がここで初対面することが何度もあります。常連は今四、五百人。いわゆる、ご利益を求めに参拝にくる人はごくわずかになりました。私は何か新しいことをしようとしている若者が好きで何度も彼らと夜遅くまで語り合った。今、山に私だけの力で芸術村をつくろうと構想を練っているところです」。

平成二年十二月には、（財団法人）天河文化財団の主催で、ベルリン・フィル・オーケストラの五人のメンバーによるバッハの五重奏が奉納され、天川中学校の生徒ら数百人がその妙なる調べに聴き入った。奥吉野の山中の神社でベルリン・フィルの奏者がバッハを演奏するとは、いかにも不思議な取り合わせである。しかし、じっさいにその場に居合わすと、観念の上ではミスマッチか奇妙な取り合わせに思えるものもごく自然に受け入れられ、感応できる。それは境内域につねに流れている宮下富実夫やブライアン・イーノの音楽の土壌があるからそう思えるのかもしれない。奉納演奏が終わったあと、ベルリン・フィルのメンバーは、口々に「この能舞台は最高の交響効果だ」と言い合ったという。それを聴いた関係者一同は改めて弁才天の神徳功徳を有難く感じたという。

天河社ではこのように参拝訪問者の奉納演奏や儀礼が絶えることはない。おそらく、深夜の十二時を過ぎてなおさまざまな神事や奉納演奏や瞑想が宮司以下一般参拝者によって執り行なわれている神社仏閣は、この天河大弁財天社をおいて他にないであろう。

第四に、天河社の特質でもあり魅力は、歴史的伝統もさることながら、多くは柿坂神酒之祐宮司のキャラクターやパーソナリティに由っている。その人縁・地縁のユニークさは驚くほかはない(53)。柿坂宮司は、訪れてくる人々の話に耳を傾け、その人がおぼろげに心中に抱いている思いやイメージやヴィジョンを引き出して形を与える霊的カウンセラーの役割を果たしているといえるだろう。細野晴臣がいみじくも語っていたように、天河は「縁」結び・「縁」直しの地である。そこを訪れる人は一度ならず地縁・人縁の神秘不可思議を感得させられるであろう。出会いが秘儀であり神秘であることをいやおうなく思い知らされるのだ。

第五に、天河社の地縁・地統のユニークさ、面白さがあげられる。先に引いた『金峰山秘密伝』には天河社は、「金剛・胎蔵の中間」、「男女冥会の相、胎金不二の像」をもつ社とされ、「吉野熊野宮」とも呼ばれていた。「ディスカバー・ジャパン」や中上健次の『岬』『枯木灘』や梅原猛の熊野縄文文化論などによって、熊野にスポットライトが当たったことも、奥熊野・奥吉野としての天河社の存在を世に知らしめる結果につながった。また同時に、森の文化の見直しやエコロジー志向も、森の中の社たる天河社の豊饒さを印象づけた。弁才天＝サラスヴァティが水の神であり自然神であることが、水の惑星たるガイアの地球意識に同調しようとするディープ・エコロジカルな志向や希求と共振したのである。

天河社には本殿下に巨大な磐座があり、その磐座の中心には穴があいていて地下水脈に深く通じているとか、そこには八大龍王が住んでいるとかの伝承があったが、本殿の建て替えに際してこの磐座と龍穴が露わになったときは一同大いに驚いたものである。これほど立派な磐座が本殿下に隠れているとはほとんどの者が知らなかったから。天河社の地形・風水を見ると、まさに金胎両部、男女冥会・陰陽和合の地であることが誰の目にも明らかである。これほど意味深長な地名・地縁・地統をもつところも少ないのではないか。「坪の内」という地名も壺中天の話を連想させるが、河合い、谷合いの地にある天河坪の内はまさに壺中天の小宇宙と呼びうる場所である。それを柿坂宮司のように、「宇宙と大地をつなぐ場所」とも「宇宙船」とも言ってけっして過言ではないであろう。

森、川、山、風、星……、自然の調和協働という事態をこれほど素直に実感させる場所は今はそれほど多くはない。そのことが、霊能者の「テンカワ探し」やアーチストの「テンカワ感じ」や若者たちの「テンカワ遊び」を引き出し誘導してきた原由ではないか。そしてそこが弁才天に仕える「十五童子」

の磁場であることを私は興味深く思うのだ。確かに、天河は「童心」に還ることのできる場である。

こうして、今日注目を集めている天河大弁財天社は、アニミズムとシャーマニズム、自然信仰もしくはディープ・エコロジーとハイテクノロジー、神道と仏教と諸宗教、ニューエイジ・サイエンスと芸能と宗教が渾然一体となって融合した、きわめてファジーでカオスモス（カオス＋コスモス）な習合文化の一大拠点であり、実験場といえるのである。

註

（1）鎌田東二『神界のフィールドワーク』（青弓社、一九八五年）、同『聖トポロジー』（河出書房新社、一九九〇年）、同『場所の記憶』（岩波書店、一九九〇年）。その他、『トワイライトゾーン』（ワールドフォトプレス）、『AZ』（新人物往来社）、『仏教』（法蔵館）、『現代詩手帖』（思潮社）、『スタジオ・ボイス』（インファス）、『別冊Q&A』（平凡社）などの雑誌に天河関連の文章を書いた。
（2）柿坂神酒之祐監修『天河』扶桑社、一九八六年、五〇頁。
（3）細野晴臣・中沢新一『観光』（対談）角川書店、一九八五年。ちくま文庫版、筑摩書房、一九九〇年、二五、二七頁。
（4）前掲『天河』五〇―五二頁。
（5）大山源吾『天河への招待』駸々堂、一九八八年、一三五―一三七頁。
（6）辻善之助編『大乗院寺社雑事記』第二巻、潮書房、一九三一年、四八九頁。
（7）辻善之助編『多聞院日記』第一巻（三教書院、一九三五年）の永正三年五月朔日の条り（一八五頁）には、「天川参詣、御湯開帳一貫六百文遣了、下部一人召具畢、同道衆持宝院・竹林院・忍堯房・観乗房得業・良順房上下十二人」とある。またこれ以後英俊はたびたび天河に参詣している。
（8）中村保雄『天河と能楽』駸々堂、一九八九年、一〇五頁。

(9) 同右、一〇六頁。
(10) 『三教指帰　性霊集』日本古典文学大系71、岩波書店、一九六五年、三九八頁。
(11) 前掲『天河への招待』一七五頁。
(12) 中村保雄「天川の能」(『天川』駸々堂、一九七六年) 四六頁。
(13) 「金峰山秘密伝」(『日本大蔵経　宗典部　修験道章疏一』日本大蔵経編纂会、一九一六年) 八四―八五頁。
(14) 同右、八八―八九頁。
(15) 同右、八九頁。
(16) 同右、一一一頁。
(17) 同右、一一一―一一四頁。天川村史編集委員会編『天川村史』天川村役場刊、一九八六年、九六〇頁。
(18) 高取正男「信仰の風土」『天川』一二九頁。
(19) 前掲『天河への招待』三三七頁。
(20) 以下の記述は、柿坂神酒之祐宮司からの聞書を中心に、各種資料を参照してまとめた。
(21) 浜本末造『万世一系の原理と般若心経の謎』(霞ヶ関書房、一九七三年)、同『人類は生き残れるか』(霞ヶ関書房、一九七三年)、同『終末世界の様相と明日への宣言』(霞ヶ関書房、一九七四年)。なお、これらの著作には新海史須江の名は出ていない。浜本末造の略歴は、明治四十年三月一日、鳥取県気高郡浜村生まれ、高等小学校卒業、二十歳から興行界に入り映画解説者となり、三十四歳から映画館を経営、大本教の幹部と出会い、四十七歳から『古事記』の研究に入り、五十九歳から『般若心経』の写経に没頭、六十八歳から橘香道を名のり、昭和五十九年、七十七歳で没。
(22) 前掲『万世一系の原理と般若心経の謎』二〇五―二〇六頁。
(23) 同右、二〇六頁。
(24) 同右、三〇三―三〇四頁。つづけて、「天津日継命が生れ給うのを石戸開きと言う場合、天之宇受売は産婆の役であります」とある。

(25) 同右、二三三頁。
(26) 同右、三二頁。
(27) 前掲『終末世界の様相と明日への宣言』二三五―二三六頁。
(28) 橘香道(浜本末造)『大転換期』文園社、一九八〇年、一一頁。
(29) 同右、一二頁。
(30) 同右、四一―四二頁。
(31) 前掲『人類は生き残れるか』二五八頁。
(32) 同右、二五九―二六〇頁。
(33) 前掲『大転換期』四二―四三頁。
(34) 橘香道(浜本末造)『今が終わりの初め』(私家版)一九八三年、二六八頁。
(35) 前掲『天河への招待』三三三頁。
(36) 前掲『天河』五八―七二頁、『天河と能楽』九二頁。
(37) 同右『天河』七二―七三頁。
(38) 細野晴臣・中沢新一『観光』角川書店、二七頁。
(39) 前掲『天河』一〇八―一〇九頁。
(40) 同右、一一二頁。
(41) 美内すずえ『宇宙神霊記』学習研究社、一九九一年。
(42) 同右、一一五頁。
(43) 同右、二〇二―二〇三頁。
(44) この点について詳しくは、鎌田東二『異界のフォノロジー』(河出書房新社、一九九〇年)を参照されたい。
(45) 前掲『宇宙神霊記』一七一―一七二頁。
(46) 同右、一八三―一八四頁。

(47) 同右、一八五頁。
(48) 同右、一九五頁。
(49) 同右、二四二頁。
(50) 湯川れい子『幸福へのパラダイム』海竜社、一九八九年、二二二頁。
(51) 鎌田東二『神界のフィールドワーク』五—九頁。
(52) 河合隼雄『宗教と科学の接点』岩波書店、一九八六年、七三—一〇〇頁。
(53) 昭和六十一年には、角川春樹の「能の地の血脈昏き天の川」の句碑が建立され、同年七月の大祭時に除幕式が行なわれた。

出産・異界・血

1　ヘソの緒と誕生日

私の友人は、生まれてくるとき、ヘソの緒を袈裟掛けにして生まれてきた。首から肩にかけてXの字になるようにヘソの緒を巻いて生まれてきた。それを見た両親と家人は、一様に不思議な気分を味わったという。なぜならば、この赤子がまるで僧侶になることを運命づけられているかのように思ったからだ。両親は彼に「人基《ひとき》」という名前を授けた。「人の基」となるような人間に育ってほしいという願いからである。

長じて彼は音楽に興味を持ち、エジプト語で「地平線」を意味する「アケト」という名のロック・バンドをつくり、自作の歌を演奏するようになった。その歌は、聴く者をして精神の、いや魂の深みへと誘っていくような響きを奏でた。その音楽には彼のインド体験が、インドでの神秘体験が刻印されていた。同時に、彼が深く共鳴した日本山妙法寺の藤井日達師の精神が刻印されていた。

その彼が、私と誕生日が同じなのである。三月二十日、春の彼岸の中日の前日である。彼の方が私より一歳年長であるが、つきあいはじめてしばらくして気づいたこの事実は、私を不思議な気分にさせた。

というのも、じつは私も生まれてくるときに、首にヘソの緒を巻きつけていたからだ。

二十歳を過ぎて、いつのことか、母親から出産時の話を聞く機会があった。話によると、私は本当は三月二十一日、彼岸の中日に、すなわち春分の日に生まれる予定であったという。それを陣痛促進剤で一日早めたというのである。当時の医学でそのようなことができたのかどうかよく確かめてはいないのであるが、ともあれ、本当は三月二十一日に生まれるはずだったのが、実際は一日早まって三月二十日に生まれたという事実に私は運命的な何かを感じている。

それというのも、三月二十日ならば魚座の最後の日、三月二十一日ならば牡羊座の最初の日となり、占星学的にいえば、まったく異なる星の影響を受けることになるからだ。前者は占星学的には一年の最後の日、後者は一年の最初の日で、この一日違いで一年の最後か最初かという大きな断絶があるのだ。魚座は水の球、牡羊座は火の球で、まったく正反対の性格と機能と役割を持つことになる。一年の最後の日の三月二十日生まれの人間は、一般的にいって、まっすぐな、安定した人生を歩めないという。正反対の力と一年の切り替りの影響で、反対の極から反対の極へとジグザグ状の歩みをすることが多いという。それゆえ、この日のことを「涙の二十九度」というらしい（二十九度とは、一カ月を三十度に分割した最後の日を指す）。

この火と水の拮抗、コンフリクトを私はいつも感じつづけて今日に至っている。ジキルとハイドの対立あるいは古いものと新しいものとの対立を。この世に出産された日、すなわち誕生日は、その人の人生を大きく規定する。少なくとも、星の運行と宇宙的諸力の影響を強く受けると私は思う。私はいつか自分自身の性癖ないし行動パターンが誕生日の星の諸力、天体運動のパターンに作用されていることに気づくようになった。

その作用力や作用関係の総体が「宿命」や「運命」や「使命」と呼ばれているものと密接なつながりがあることだけはまちがいなかろう。「宿命」も「運命」も「使命」も「命」という語を含んでいる。「命」を「宿」し、「命」を「運」び、「命」を「使」うこと。この「命」とは、「天」から授けられた「いのち」として、また「めぐりあわせ」として考えられてきたからこそ、これらの語ができあがったのであろう。

「命」は日本語では、「いのち」ないし「みこと」と呼ばれる。したがって、それは「生命」と「言葉」とかかわる語と考えられていたのである。人間の場合、その「命《いのち》」は「言《みこと》」を宿している。生命は言葉の宿と考えられてきたのだ。それゆえに、『古事記』や「大祓祝詞」にも、「言《こと》問《と》ひし磐《いわ》根《ね》・樹《き》立《たち》・草《くさ》の片葉《かきは》」と述べられているのである。草木や鉱物もまた「いのち」であり「言葉」を発するものというアニミスティックな世界観がここにはある。

「いのち」がこの世に誕生するということは、さまざまなモノとチカラの出会いと結合の関係の総体の結果であり、それ自体宇宙的な運動の全体と不可分につながっている。しかし私たちは通常、そのことに深く思いをいたすこともなく日常生活を送っている。極論すれば、私たちの世界に「神秘」などはなく、すべては当然の、いや必然のプロセスを経て生起しているのであるが、私たちの限定された認知能力は、それらのある特定のモノや関係のありようや模様を「神秘」とか「不思議」と言っているにすぎない。ヴィトゲンシュタインがいうように、世界がいかにあるかが「神秘」なのではなく、世界があるということ、それ自体が「神秘」なのである。あたりまえこそが「神秘」なのだ。

人は、誕生日を通して、さらには、受精、懐胎、出産という誕生の全プロセスを通して、存在世界のさまざまな局相と交通している。この世に、またかかりにあの世があるとして、あの世にも無関係なモノなど何ひとつとして存在しないのだ。

私が勤務している大学の理事長をしている一歳年上の誕生日が同じ友人との出会いは、自分自身の人生を反射＝反省する鏡面をそれぞれのうちに育てたような気がしている。彼は母親のヘソの緒を聖者風に袈裟掛けにして生まれてきた。私はといえば、母親のヘソの緒を首に三巻き巻いて、息もできず顔を紫色に膨れあがらせて生まれてきた。助産婦の処置が少しでも遅れていたら私は窒息死していただろう。産婆は手早くヘソの緒を切り、首に巻きついたそれをはずし、私が泣き出すようにお尻か背中をぶったのであろう。それに反応してか、私は勢いよく泣き出した。

人は最初にこの世に誕生したとき、まず第一に泣く。ということは、この世の空気を吸うのではなく、母親の胎内で羊水につかっていた状態の「いき」を吐き出すことで、この世との交通をはじめるのだ。そして、死ぬとき、すなわち「いきをひきとる」とき、人は「いき」を吸い込むようにして死ぬ。「いのち」は「いき」の呼吸によって維持されている。それゆえ、「息《いき》」が「生《いき》」であり、「生命《いのち》」なのである。

おそらく、私が昔から死に対して強い関心を抱いてきたのも、この出産時の体験と無関係ではないだろう。

2　誕生時の光景

三島由紀夫は『仮面の告白』のなかで、この世に誕生してきたときに見た光景を描き、自身、誕生時の記憶を持っていると述べていた。その事柄の真偽は私にはしかとはわからない。しかし、三島が自分の出生時の事態にひどくこだわっていたことは疑いようのない事実であろう。そして、この出生時への異常なこだわり、すなわち自己管理化が、彼の自決時の奇妙な自己管理化と密接に結びついていることは強調していいだろう。生と死、生命の誕生と終結へのいささか異常な自己管理は、三島の生涯と思想をある特異な色合いに染め上げている。

といういことは、いいかえると、三島由紀夫はかなり強く自分の誕生日と死ぬ日にこだわったということだ。

『仮面の告白』は次のような文章ではじまっている。

永いあひだ、私は自分が生まれたときの光景を見たことがあると言ひ張つてゐた。それを言ひ出すたびに大人たちは笑ひ、しまひには自分がからかはれてゐるのかと思つて、この蒼ざめた子供らしくない子供の顔を、軽い憎しみの色さした目つきで眺めた。それがたまたま馴染《なじみ》の浅い客の前で言ひ出されたりすると、白痴と思はれかねないことを心配した祖母は険のある声でさへぎつて、むかうへ行つて遊んでおいでと言つた。

笑ふ大人は、たいてい何か科学的な説明で説き伏せようとしだすのが常だつた。そのとき赤ん坊はまだ目が明いてゐないのだとか、たとひ万一明いてゐたにしても記憶に残るやうなはつきりした観念が得られた筈はないのだとか、子供の心に呑み込めるやうに砕いて説明してやらうと息込むときの多少芝居がかつた熱心さで喋りだすのが定石だつた。ねえさうだらう、とまだ疑ぐり深さうにしてゐる私のちひさな肩をゆすぶつてゐるうちに、彼らは私の企《たく》らみに危ふく掛るところだつたと気がつくらしかつた。子供だと思つてゐると油断ができない。こいつ俺を罠《わな》にかけて「あのこと」をきき出さうとしてゐるにちがひない、それなら何だつてもつと子供らしく無邪気に訊けないものだらう、「僕どこから生まれたの？　僕どうして生まれたの？」と。——彼らは、あらためて、黙つたまま、何のせゐかしらずひどく心を傷つけられたしるしの薄ら笑ひをじつとりとうかべたまま、私を見やるのが落ちだつた。

三島はここで誕生時の光景を記憶していると言い張る「私」が、周囲の大人たちとどう対立していくかを実にねちっこい文体で描き出している。そしてつづいてさらに、次のようなおのれの記憶を語りはじめるのである。

どう説き聞かされても、また、どう笑ひ去られても、私には自分の生まれた光景を見たという体験が信じられるばかりだつた。おそらくはその場に居合はせた人が私に話してきかせた記憶からか、私の勝手な空想からか、どちらかだつた。が、私には一箇所だけありありと自分の目で見たとしか思はれないところがあつた。産湯を使はされた盥《たらい》のふちのところである。下したての爽やかな木肌の盥で、内がはから見てゐると、ふちのところにほんのりと光りがさしてゐた。そこのところだけ木肌がまばゆく、黄金《きん》でできてゐるやうにみえた。ゆらゆらとそこまで水の舌先が舐める水は、反射のためか、それともそこへも光りがさし入つてゐたのか、なごやかに照り映えて、小さな光る波同士がたえず鉢合はせをしてゐるやうにみえた。

——この記憶にとつて、いちばん有力だと思はれた反駁は、私の生れたのが昼間ではないといふことだつた。午後九時に私は生れたのであつた。射してくる日光のあらう筈はなかつた。では電燈の光りだつたのか、さうからかはれても、私はいかに夜中だらうとその盥の一箇所にだけは日光が射してゐなかつたでもあるまいと考へる背理のうちへ、さしたる難儀もなく歩み入ることができた。そして盥のゆらめく光りの綾は、何度となく、たしかに私の見た私自身の産湯の時のものとして、記憶の中に揺曳した。

震災の翌々年に私は生れた。

この出生時の「光景」への固執は尋常ではない。普通なら人は、大人になっていく過程でそうした記憶を空想的な光景として捨象していくのであるが、しかしこの主人公の少年も、そしておそらく三島由紀夫自身も、この世での最初の光景＝記憶に強くこだわりつづけていくのである。

三島由紀夫こと平岡公威《きみたけ》は、大正十四（一九二五）年一月十四日に東京市四谷区永住町に生まれている。そして、昭和四十五（一九七〇）年十一月二十五日に東京都新宿区市ヶ谷の自衛隊駐屯地で自決した。三島由紀夫は大正十四年一月十四日と昭和四十五年十一月二十五日にこだわりつづけたのだ。

それはいいかえると、出生時の光景と、『豊饒の海』第四巻『天人五衰』の月修寺の光景と、刀を腹に突き立てて楯の会の会員に首を切られたときに見た最後の光景にこだわり、自己管理化したかったということにほかならないであろう。

『天人五衰』の最後の文章は次のように閉じられる。

これと云つて技巧のない、閑雅な、明るくひらいた御庭である。数珠を繰るやうな蟬の声がここを領してゐる。

そのほかには何一つ音とてなく、寂寞を極めてゐる。この庭には何もない。記憶もなければ何もないところへ、自分は来てしまつたと本多は思つた。

庭は夏の日ざかりの日を浴びてしんとしてゐる。……


この本多繁幸が最後に見た光景が、夏の日ざかりの寺の庭で、それが「記憶もなければ何もないところ」と記されている点は、いうまでもなく、『仮面の告白』の出生時の「記憶」と明確に逆対応するものである。出生時の鮮明な「記憶」と、最後の「記憶も何もない」空無な庭という、彼の戦後の文学活動の始めと終わりのパラドクシカルな対応は、三島由紀夫という特異な人物の絶対的分裂を示していて無関心ではいられない。

なぜ三島由紀夫は、それほどまでに出生時の光景と最後の光景にこだわったのか。

おそらくそれは、彼が徹底的に「肉体」を強調しながらも、「霊魂」の世界との交通を問題視せざるをえなかった性癖によっているのであろう。三島自身は、霊界の存在をはっきり肯定していたとはいえないし、『豊饒の海』で描いたような輪廻転生を本気で信じていたかどうか、はなはだ疑わしい。

にもかかわらず、彼が最初と最後の「光景」および「記憶」のありかたをこれほどまでに強調せざるをえなかったのは、「たましひ」の世界との交通を逆説的に暗示したかったがためではないか。しかし、三島が最後に見ようと企図したのは彼自身の「たましひ」ではなく、「日本の魂」すなわち「大和魂」の行方であったけれど。

3 出産

私の友人にラマーズ法で分娩した夫婦がいる。私自身も機会があれば出産を共に体験してみたかったが、叶えられないまま今日まできた。

「胎教」という言葉があるけれども、それを含めて受精から出産までの全プロセスは、生まれてきた当人の人生をかなりな程度左右しているのではないかと思う。スタニスラフ・グロフが指摘しているように、出生時の体験はその人の無意識のなかの根深い隠された傷痕となっている。

グロフは『魂の航海術』(山折哲雄訳、平凡社)のなかで、「死と再生の戦い」について次のように述べている。

(ドラッグによる幻覚経験の)第三の型が死と再生の戦いである。この局面のさまざまな段階は出生の第二段階に関連づけると理解しやすい。すなわち、そこでは子宮の収縮はつづいているが、子宮頸部は口を開けている。分娩道に蠕動がはじまり、強い圧力が自動的に加えられ、生へのあらがいと同時に、しばしば窒息の危険がたかまる。この出産の最後の段階で、胎児は、血液や粘液、羊水、そして尿や糞など、さまざまな生体分泌物と直接ふれあうことになる。経験的な観点からいって、この型はなかなか複雑で、そこにはいくつかの重要な要因がみられる。荒々しい闘争の雰囲気、サド・マゾ的な展開、強い性的興奮の逸脱した諸形式、糞尿体験、浄火の要素(火によるカタルシス)などがそれである。

LSDの被験者がこの段階で経験するのは、身体からほとばしるエネルギーの強力な流出であり、爆発物とふれあうような巨大な緊張の集積である。

ここでグロフは、幻覚経験を「生物学的誕生の開始」に対応させせて分析している。

①宇宙への陥没
②出口なし
③死と再生

という三段階に「生物学的誕生」が対応していると説くのである。

「子宮内部の原初的な均衡状態」が「化学的信号」や「子宮の収縮」によって乱され、「強度の不安感ときびしい脅威の自覚」が持たれる。これが第一段階の「宇宙への陥没」である。これはたとえば、象徴的には、「竜や鯨、毒蜘蛛や蛸や鰐などの怖るべき怪物に呑みこまれるとか、あるいは冥界に下って妖怪変化に出会うといったような形で表現されている」という。

第二段階の「出口なし」の経験は、子宮頸部がいまだ閉じられていて、「世界は暗く、脅威に満ちている「閉所恐怖症的な悪夢」として現われ、「心身ともに激しい苦しみをうける」段階である。しかし「この状況では、苦悶が終結するのかどうかは予測することができ」ず、「希望が失われ、空間的にも時間的にも出口なしの状況」で、この状況や経験は「地獄にたいする宗教的観念を心理的にあらわしたもののようにみえる」という。

そしてつづく第三の段階ないし型が「死と再生の戦い」だ。

グロフの着眼で興味深いのは、シャーマンのイニシエーションや通過儀礼やさまざまな密儀にみられる宗教的観念の類型や段階と、ＬＳＤの被験者における心理的変化や出生時の心理的変容の再構築とを互いに結びつけて考察しようとした点である。私はこの着眼は非常にすぐれたものと思うし、また十分に検討に値するさまざまな問題点を孕んでいると思う。とりわけ、私たちにとってもっとも深く隠されている出生時の分娩体験の心理学的意味を再構成している点は重要だ。絶対的な安らぎ、すなわち母子一体の状態から、①「宇宙への没落」、②「出口なし」、③「死と再生」の段階を経て、この世に出現するというのだ。この出生時の心理学的変化と、イニシエーションや宗教観念また宗教体験が深く対応しているというのである。

グロフは言う。

死と再生の型は、出産の第三の臨床段階と関連している。分娩道の蠕動が終わり、つづいて爆発的な救済と安らぎがおとずれる。へその緒が切られ、母との肉体的な分離が完了し、子どもは解剖学的に独立した存在として新しい人生にむけてスタートする。「死と再生」の局面は「死と再生の戦い」の終結と解決をあらわしている。受苦と苦悶は、肉体的、情緒的、知的、道徳的、超越的なすべての水準における徹底した絶滅体験において絶頂に達するのである。

かつて私は『翁童論』や『老いと死のフォークロア』（ともに新曜社）や『聖トポロジー』（河出書房新社）のなかで、誕生とは霊界の側からみれば死であり、死とは誕生である、それゆえ、子供は霊界における老人であり、老人は霊界での子供であるという逆対応的関係性をくりかえし指摘した。その考えは今でも変わっていないが、「出生（誕生）」というもう一つの「死」の過程は、もっと深く吟味され、追体験されてしかるべきであると思う。それによっておのれの「運命」を広く深く見つめることができるからだ。

「出産」という「死」の過程に出会うことから、もう一つの「異界」と「霊《チ》＝血《チ》＝乳《チ》」の世界がひらけてくる。誕生日が同じ友人や私自身の「チの道すじ」を反芻しながらそう思うこのごろしきりである。

日本人の深層的な生死観

——「いのち」と「たましひ」をめぐって

1　「いのち」の周辺

日本語の「いのち」が「息《いき》・生《いき》——の——霊《ち》・風《ち》・血《ち》・乳《ち》・道《ち》」という語源的含意をもっているとすれば、そしてその含意が今日なお日本人の生存感覚の深層に息づいているとすれば、たとえ脳死状態にあったとしてもその人の「いのち」は死んではいないと思うにちがいない。「息《い》-生《き》・血・霊《ち》」が通った人体を死体とみなすことは、素朴な生存感覚をむりやり圧殺することだからだ。

古来、日本人は「生命《セイメイ》」という漢語よりも「いのち」という和語に特別の含意を読みとってきた。「生命」は明治時代に「life《ライフ》」の訳語としてつくられた新造語である。たとえば、今でもティーンエイジャーのなかには自分の好きなアイドル・スターや異性の名前を腕や身体の一部に「〇〇命」と書き込んだりする。いうまでもなくそのときの「命」は「いのち」と訓む。「いのち」と書き込むことで、おのれの愛する者の「魂《たましい》」を自分の一部とし、交感しようと欲しているのであろう。「いのち」という言葉には、たんなる「生命《セイメイ》」の次元を超えた「魂《たましい》」の領野が含意されている。

西行の歌のなかに次のような一首がある。

年たけてまた越ゆべしと思いきや
命なりけり小夜の中山

平安時代以降の短歌において、「いのちなりけり」という句は一種の定型表現にまでなっている。「いのちなりけり」という西行の詠嘆は、生きていることの、いのちがあるということのしみじみとした実感的表現である。これこそ「ザ・いのち」と言いうるほどの。それはまた、「いのち」が他の事物や事象とのつながりのなかで、またそのつながりにおいて、それとして生きてあることの表現でもある。
村上鬼城の俳句に次の一句がある。

生きかはり死にかはりして打つ田かな

この句は、一般に、貧農に対する嘆きが表出された句だと註釈されている。しかしそうした農民の生活の困難さに対する嘆き以上に、ここには「生きかはり死にかはりして」先祖代々から受け継いだ田畑を打ちつづけ、耕しつづけて農業を営んでいる人々の「いのち」に対する骨太い共感と存在肯定の感情が表出されている。

「生きかはり死にかはり」し、生まれかわり死にかわって「いのち」を受けつぎ次代に渡してゆく。そこでは「いのち」は自分のものであって自分のものではない。先祖代々打ちつづけてきた田畑が自分のものであって自分のものではないように。「いのち」も田畑もみな、先祖のものであり、また産土《うぶすな》の神によってむすびなされたものであり、たんに個人の所有物などではないのだという存在感覚がここにはある。

もしそうだとすれば、私たちは「いのち」という言葉で、一個の個体的な「私の生命《セイメイ》」という以上の存在感覚を表現し、暗黙裡にその含意を了解していることになろう。「いのち」という言葉に「息」や「霊」や「血」や「風」の意味が内包されているということは、それがつねにリズミックな運動のなかで生起し現象していることを示している。しかも「チ」が「血」や「乳」ばかりでなく、「風」や「道」も含意しているということは、「いのち」が人間や動物や植物だけでなく、鉱物や気象などの自然現象を成り立たしめている何ものかをも指示していることを意味している。「いのち」はこのように生命と非生命とをともに含む概念なのだ。存在をして存在たらしめているもの、生命を生命たらしめている根源的な力や働きを「いのち」と呼んできたのである。「ちから」（力）という言葉の「チ」は「いのち」の「チ」と同じ含意をもっている。それは「ちはやぶる」また「たまちはふ」神のはたらきと通じるものなのだ。

「いのちの次に大事なもの」という言い方がある。それが恋人であるか妻子であるか財産であるか各自まちまちであろうが、このような言い方は「いのち」以上に大切なものはないという前提に立脚している。そしてその「いのち」は単なる個我以上のものであった。

宮沢賢治の詩集『春と修羅』冒頭の「序」詩は次のような詞章ではじまる。

わたくしといふ現象は
仮定された有機交流電燈の

ひとつの青い照明です
（あらゆる透明な幽霊の複合体）
風景やみんなといっしょに
せはしくせはしく明滅しながら
いかにもたしかにともりつづける
因果交流電燈の
ひとつの青い照明です

ここで宮沢賢治は「いのち」という言葉を使ってはいない。しかしそこで語られている「わたくしといふ現象」の在り方や消息はまさに「いのち」の現象とでもいうべき事態である。それは生きてつながり合っている「有機交流電燈」といういのちの青き明滅なのである。

「有機交流電燈」という賢治独得の用語は、(1)有機、(2)交流、(3)電燈という三つの異なった概念の複合語である。それぞれ含意しているものは、

(1)　有機――生命的で
(2)　交流――交わりつながり合って
(3)　電燈――輝き点滅するもの

という意味であろう。だとすれば、これを端的に「いのち」と言いかえても不自然ではない。具体的には明滅する「電燈」が生命に該当するが、それは当然のことながら、「有機」的でしかも「交流」的な在り方をしている存在である。「電燈」は電線という回路や電気というエネルギーなしには点滅しえな

いが、この電線回路を縁といい、電気エネルギーを魂とメタフォリカルに言うこともできよう。しかもそれが「あらゆる透明な幽霊の複合体」と記されているように、霊的な重重帝網すなわちスピリチュアル・インドラ・ネットワークとして存在しているというのだ。あらゆる次元と方位に向かって霊的な重層複合を構成している存在が「わたくし」なのだが、それこそ「いのち」の態様ではなかろうか。霊魂から物質までの層的な多元多様のつながりと関係性のなかに「わたくし」という「いのち」が立ち現われてくるのだ。宮沢賢治はその事態と消息を端的に「あらゆる透明な幽霊の複合体」と語ったのではないか。

このような「いのち」の感覚からすれば、先にも述べたように、私は私であってしかも私ではない、ということになる。とすれば、私の生体は私というモノ（霊・者・物）であって単なる私というモノでなく、私のものであって私のものではない、ということになろう。それは近代的な意味での私の所有物以上の何ものかなのである。先祖伝来の田畑が私の物ではなく、神々‐自然や先祖からの借り物であるように、私の身体もまた神々や先祖からの借り物なのだ。

こうした「いのち」の感覚が生の深層に根づいているとすれば、人は脳死や臓器移植には異和感をおぼえ、慎重にならざるをえないであろう。

古代の律令体制下の日本は隋唐という大国の律令をモデルに古代国家を組織化した。そのとき、唐の律令制度から排除した思想と制度がある。それが革命の思想と宦官の制度である。革命ではなく、良くも悪しくも「チ」によって継承される原理を律令体制の理念とし、その「チ」の発現である「いのち」の一部たる陽物を切り取る行為を制度的に受け容れなかったのだ。それが「いのち」を阻害するきわめて不自然な行為と映ったからである。

古来、日本人はおのれの身体の一部を切り取ることに怖れと嫌悪を抱いてきた。その証拠に、律令制下の律すなわち刑法は、笞《ち》・杖《じょう》・徒《ず》・流《る》・死《し》の五段階に分かれているが、もっとも罪の重い死刑にあっては「絞」と「斬」に分かれ、「斬」すなわち斬首をもって最重罪の処刑法と定めたが、平安時代末、武士の世の到来まではこの刑が適用され執行されることはほとんどなかった。それは首を斬り捨てては、死後の霊魂の平安がないと信じていたからであろう。

ちなみに、斬首の刑が京の市中ではじめて大々的に執行されたのが保元の乱（一一五六年）後の処刑であった。そのとき、乱に勝利を収めた側の源義朝は、敗者すなわち崇徳上皇側についた父源為義や自分の兄弟たちの首を斬った。天台座主慈円は『愚管抄』のなかで、この保元の乱をもって「武者《ムサ》の世」「乱世」のはじまりと位置づけている。そのとき末法思想の流行と相俟って、人々はいよいよ地獄が現実のものとなったことを実感したにちがいない。実の子が血を分けた親兄弟を殺し、首を斬る時代の異形・異様を地獄と見たにちがいない。

しかし、時代が下り、戦乱がつづき、武士政権が定着するにつれて、斬首や切腹が次第に執行されるようになり、身体を故意に傷つけ犠牲にすることが忠誠や無私を表わすようになった。ヤクザがオトシマエとして指をつめるのも、こうした武士の身体破損の慣習と無縁ではない。

ということは、身体の一部をみずから破損することは、その行為が単なる生命価値以上の精神的価値を表示していたということである。市ヶ谷駐屯地に侵入した三島由紀夫が、「生命尊重のみで魂は死んでもよいのか。生命以上の価値なくして何の軍隊だ。今こそわれわれは生命尊重以上の価値の存在を諸君の目に見せてやる」と檄文に記し、みずから切腹し、楯の会の会員に斬首させたのもまた、こうした身体破損への畏怖の伝統を逆手にとった自己顕示＝自己破壊ではなかったか。三島の文脈では、「生命」

と「魂」が対置され、前者が近・現代的ないし戦後的価値を体現している言葉であるとすれば、後者は前近代的にして脱近代的価値を表わす言葉とされている。三島由紀夫はみずからこの「生命」を犠牲に供することによって「魂」の所在とその価値を示そうと企図したのだ。三島は、

散るをいとふ世にも人にもさきがけて散るこそ花と咲く小夜嵐

と辞世の歌を残して割腹自決した。そこには三島独得の天皇主義＋武士道というイデオロギーと美学がぬぐいがたく表明されているが、「生命」に「魂」を対置し、「魂」の大事を強調した三島には、かえって近代主義の残滓がうかがえる。

2　魂の行方

先に、「生命《セイメイ》」と「いのち」は異なった含意と象徴性もしくは価値性をになっていることを指摘し、さらに「いのち」は「魂《たましい》」とも密接につながっていることを主張した。この点を整理して示せば、次頁の図のようになる。

「いのち」は「魂」と「生命」とをともに含みもつ多義的概念として使われてきた。そのことは、『万葉集』の「いのち」にかかる枕詞をみれば歴然とする。中臣女郎《なかとみのいらつめ》が大伴家持に贈った歌のなかにせつせつたる恋歌がある。

直《ただ》に逢ひて見てばのみこそたまきはる命《いのち》に向ふわが恋止まめ（巻四・六七八）
（お便りだけでなく、じかにお逢いして共寝をすればこそ、この魂のきわまる命を限りの恋心も、安らぐでしょうに——中西進『萬葉集』）

また大伴家持にも次の歌がある。

たまきはる命は知らず松が枝を結ぶ情《こころ》は長くとそ思ふ
（霊魂の極みの命はわが手の中にない。ともあれ松の枝を結ぶ私の気持ちは、命長かれと思うことだ——同）

大野晋ほか編の『岩波古語辞典』によれば、「たまきはる（玉きはる・霊きはる）」は、「タマは魂、キハルは刻む、または極まる意で『命』『内《うち》』『幾代』『昔』にかかる」という。とすれば、「いのち」とは「魂が刻まれたもの」「魂の極まれるもの」ということができるであろう。

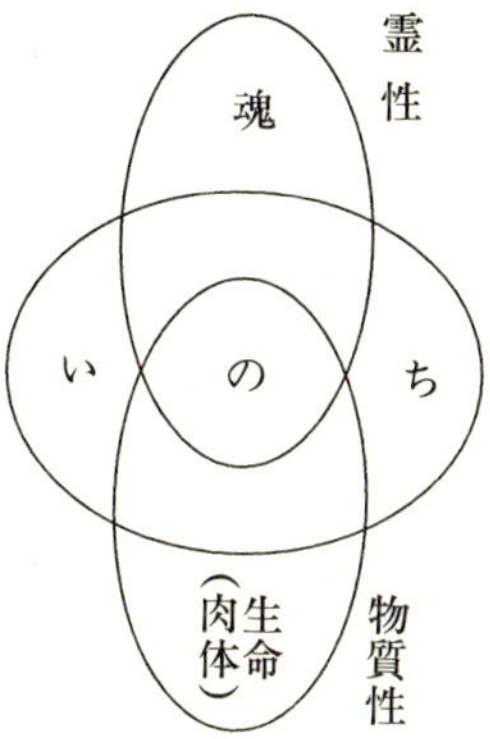

いのちの構造図

ところで、江戸時代の国学者のなかでこの「魂」の問題にもっとも切実な関心を抱いたのが秋田藩出身の平田篤胤であった。篤胤の主著『霊能真柱《たまのみはしら》』はまさにこの「魂」の発生と展開とその帰趨について述べた書物である。

この書のなかで平田篤胤はその師・本居宣長の死後観を痛

烈に批判する。宣長は『玉勝間』や『鈴屋答問録』のなかで、生まれてくる前や死んだ後がいかなるものであるかは誰もが気にかかることであり、知りたく思うのが世の常であるが、死後の世界のことは定かではなく、記紀神話などの古典に記されているとおり、神も人も善人も悪人も死ねばみな「黄泉国《よみのくに》」へ往くと『古事記伝』で説いた。そして、『鈴屋答問録』に「古書をよく見候へば、人々、小手前の安心ともうすことはなきこととももうすことも、其安心は無益の空論にて、皆外国人の造りごと也ともうすことも、おのづからよく知られ候。これ真実の神道の安心也」と述べ、あの世における「安心《あんじん》」などということもみな仏教など外来思想のつくりあげた幻想であり、わが神道においては安心なきが安心なのだと主張した。

こうした宣長の不可知論的な態度に対して、徹底して「魂」の行方とそれを知ることから来る「安心」の必要を強調したのが平田篤胤であった。

篤胤は『霊能真柱』の冒頭で、古学を学ぶ者はまず第一に大和心を固めなければならないが、そのためには何よりも「霊の行方の安定《しづまり》」を知ることが先決であると説き、さらに、この「霊の行方の安定」を知るには、(1)天《あめ》・地《つち》・泉《よみ》の三つの世界の成立と形象を考察し、(2)それをつくりなした神の功徳をよくさとり、(3)日本が万国の本《もと》の国であり、天皇が万国の大君であるという真理を知って、はじめて「魂の行方は知るべきものになむ有りける」と強調した。こうした篤胤の観点からすれば、霊魂論はそのまま宇宙論と連結し、それはまた同時に神統論もしくは神徳論となるのであった。

興味深いのは、篤胤が、死後の魂は黄泉の国へ往くという古伝や宣長の解釈は完全な誤りで、死後それは永久にこの国土にいると力説している点だ。生きている間は天皇の統治する「顕露事=現世《うつしよ》」に属し、死ねば大国主神が主宰する「幽事《かみごと》=幽冥・冥府」に入るというのだ。そして、死んで幽冥に帰するとその「霊魂《たま》やがて神にて、その霊異《くしび》なること」はその貴賤・善悪・剛柔などの程度によって決まり、霊の世界から「君親妻子」の幸福を守ると述べ、その霊魂は神々が神社や祠《ほこら》に鎮まるように、墓所のほとりに鎮まるという。たとえば、『万葉集』の高市皇子を葬った歌のなかに、「言さへぐ百済《くだら》の原ゆ、神葬《かむはふり》葬《はふり》いまして、あさもよし木上宮《きのへのみや》を常宮《とこみや》と定めまつりて、神ながら安定坐《しづまりまし》ぬ」という箇所を引用して、墓に葬ることを「安定《しづむ》る」と表現した古例を掲げている。

篤胤の死後観は、『霊能真柱』の次の二つの文章に端的に現われている。

上つ代より墓処《はかどころ》は、その骸《なきがら》を隠しはた、その魂を鎮めむためにかまふるもの故、吾も人も、死れば其の魂は骸《なきがら》を離れつゝも、其上《そのほとり》に鎮坐《しづまりを》るなり。

さて、此の身死《まか》りたらむ後に、わが魂の往方《ゆくへ》は疾《と》く定めおけり。そは何処にといふに、「なきがらは何処の土になりぬとも、魂は翁のもとに往《ゆ》かなむ」。

今年先たてる妻《いも》をも供《いざな》ひ、直に翔《かけ》りものして、翁の御前《みまえ》に侍居《さもらひを》り。世に居るほどはおこたらむ歌のをしへを承賜はり、春は翁の植おかし花をとも〴〵見たのしみ、夏は青山、秋は黄葉《もみぢ》も月も見む。冬は雪見て徐然《のどやか》に、いや常磐《とことは》に侍《はべ》らなむ。

前半の引用文中で篤胤は日本人の死の一般論をのべ、後半においてみずからの死後の魂の行方を記している。このとき、労苦を共にした妻織瀬を喪った篤胤は未だ三十八歳の男盛りである。妻の死を一つの機縁として、従来より関心を抱いてきた死後の問題を国学者としての立場から集中的に論じたのがこの『霊能真柱』であった。

そこで篤胤は、「魂」が「骸《なきがら》」を離れつつもその「上《ほとり》」に鎮まっていると主張する。この「魂」と「骸」すなわち屍体との相関関係に注目したい。おそらくここでの篤胤は土葬を念頭に置いて発想しているのであろうが、死後の魂が屍体や遺骨を一種の索引《インデックス》として幽冥世界に鎮座していることが示されている。しかも死後の魂の生活は、生前敬慕してやまなかった師匠の本居宣長や妻とともに、四季おりおりの美しい風景を愛《め》でながら生きつつ子孫を見守るという、安らかで楽しげなものである。

ここにはむろん現実生活ではあまり報われることのなかった篤胤の願望が隠されていようが、しかしながら生者が死者と、また死者が生者と共生しうる空間と時間こそ民俗社会の基底をなすフォークロリックな死生観ではなかったか。死をたんに怖ろしいものとしてではなく、また穢れたものとしてでもなく、生者と死者との相互交通的な共生の時空間として見るのが篤胤の生死観の基本的な視座であり、おそらくそれは秋田の民俗社会に保持されてきた生死観と根本的に異なるものではなかったであろう。この点においては、むしろ本居宣長の方が古典にとらわれていたというべきである。

しかし今日、こうした民俗社会に共有されてきた死後観も生死観もない。戦後の農地改革以降、日本人の土地感覚も霊魂感覚も大きく変化してきた。そこでは土地も身体も資源ないし資本とみられ、私的所有と考えられた。「いのちあってのものだね」という言い方から、「身体が一番の資本」とか「健康が一番の大事」という言い方への変化のなかに、日本人の身体感覚や生命感覚、ひいては生死観の変化を見てとることができる。

森岡正博が『脳死の人』(東京書籍)のなかで指摘しているように、「脳死の人や、健康な家族の臓器を、資源として利用することで移植医療は成り立つ」。そしてこの「移植医療の哲学は、人間が地球の化石燃料を資源として採掘して利用し、動物や木々を産業のための資源として利用し尽くしてきたわれわれの文明の根本原理に深く根差している」。まったく森岡のいうとおりである。韓国内で今金芝河たちが中核となって進めている「ハンサルリム運動」も産業文明のイデオロギー的・制度的欠陥を根本的に変革しようとする新しい全一的生命運動であるが、そこでは生命観の変革と深化が文明の変革の第一歩であるという認識がある。

生命、いのち、霊魂を問いかえす生命観や存在観の変革なしに文明の変革はありえない。それは同時に、今ここの「私」とは何かを問う作業である。そしてこの「私」の生死が何であるかを問うことである。生と死の両極から「私」と文明のありかを問う視座が必要であろう。すなわち、いのちといのちを生み出す世界の全体をとらえるまなざしこそが必要なのである。

三島由紀夫と仮面の自我

三島由紀夫の実質的な文壇デビュー作といえる『仮面の告白』は、「自分が生れたときの光景を見たことがある」という主人公のセンセーショナルな告白からはじまっている。これはいくら「仮面の告白」とはいえ、奇怪な光景である。このタイトルと語り出しは、三島文学の特性とその特異な作家自身のパーソナリティをあますところなく伝えている。「目の人」三島の本性を。いったい誰が「自分が生れたときの光景を見たことがある」と確信をもって言えるであろうか。

「仮面」とは素面の隠蔽であり、虚構である。その「仮面の告白」であるからには、当然この「光景」は意図された隠蔽であり、虚構であることを物語るものにほかならないであろう。「目の人」三島は同時に「語りの人」でもあったが、それはつねにその「仮面」の奥の真面を明かすことのない語りであった。というよりも、「私には無意識はない」と断定し、「奥底にあるものをつかみ出す。さういふ思考方法に、われわれ二十世紀の人間は馴れすぎてゐる」として、「何か形のあるものの、形の表面を剝ぎ取つてみなければ納まらぬ」（『日本文学小史』）二十世紀的思考方法にあからさまな嫌悪を表明した三島由紀夫には、「仮面」以外のいかなる「面」も存在しなかったのではなかろうか。とすれば、彼のボディビルによって加工された肉体もまた一個の「仮面」であり、仮装であるほかなかったといえよう。

このようにみてくると、「目の人」でありかつ「語りの人」であった三島が遺作『豊饒の海』第四巻『天人五衰』の最後に次のように書きとめたことは、いささか感慨を誘うものがある。

そのほかには何一つ音とてなく、寂寞を極めてゐる。この庭には何もない。記憶もなければ何もないところへ、自分は来てしまつたと本多は思つた。

庭は夏の日ざかりの日を浴びてしんとしてゐる。……

作者の半身ともいえる本多繁邦は、『豊饒の海』全巻を通して「目の人」であり「語りの人」であった。その本多が目と語りの極北へ、すなわち「記憶もなければ何もないところへ」往ってしまうのである。それはつまるところ、見ることもなければ語ることもない光景である。「生れたときの光景」の記憶からはじまった三島の「仮面の告白」の旅は、「心々《こころごころ》」の相対無の世界からついにすべての認識も記憶も消滅する絶対無の世界へ行きついたのだ。

三島由紀夫の肖像写真を見ていて印象に残るのはその眼光である。凛と見開いた眼は、「奥底にあるものをつかみ出」さずにはいられないような衝迫に駆られているように見える。もしかすると、三島がもっとも嫌った「奥底にあるものをつかみ出す」思考方法とは、実は三島自身の思考の本性であり、彼の眼の特性だったのではあるまいか。

今一つ、肖像写真で印象に残るのは、自衛隊市ヶ谷駐屯地のバルコニーで演説している写真である。そこでの三島は、日の丸を染めた鉢巻をきつく頭に締め、呼びかけるように心持ち右手を前方にさし出し、眉間に皺を寄せて口をいっぱいに開いて語りかけている。おそらくそれが三島の最後の語りであった。

「目の人」と「語りの人」を端的に示す二種類の肖像写真。この写真を前にして私は三島が最後に語ろうとした「輪廻転生」と「日本」のことを思わずにはいられない。いったい三島のいう「輪廻転生」とは、「日本」とは何だったのだろう。

『豊饒の海』第一巻『春の雪』の末尾に三島由紀夫は次のような註を付している。「『豊饒の海』は『浜松中納言物語』を典拠とした夢と転生の物語であり、因みにその題名は、月の海の一つのラテン名なる Mare Foecunditatis の邦訳である」と。三島が「典拠」にしたという、『浜松中納言物語』は、日本と唐を舞台にして夢と転生の奇想を物語った作品である。菅原孝標《たかすえ》の女《むすめ》の手になるこの物語について三島は、「もし夢が現実に先行するものならば、われわれが現実と呼ぶもののはうが不確定であり、恒久不変の現実といふものが存在しないならば、転生のはうが自然である、と云つた考へ方で貫ぬかれてゐる。(中略)われわれが一見荒唐無稽なこの物語に共感を抱くとすれば、正に、われわれも亦、確乎不動の現実に自足することのできない時代に生きてゐることを、自ら発見してゐるのである」と三島は述べている。

もちろん、怜悧な三島が夢と現実を混同しているわけではない。そうではなく、現実を支えている素材や仕組みがそれほど堅固でも恒常なものでもないという事実を述べているにすぎない。しかしただそれだけならば、一言、無常といえば事足りる。そこにあるがままの事象の運動と転変があるだけであって、物語の生まれる余地はない。物語が生まれるのは、事象相互の間に、たとえば業《ごう》やら転生やら因縁やらの特別の関係を見出(そうと)したときである。そのときにはじめて、「転生のはうが自然である」という観念の地平が現われ出るのだ。「確乎不動の現実に自足することのできない時代に生きてゐる」

という感覚から「転生のはうが自然である」という感覚までには、相当の飛躍と思想が必要だ。しかしながら実際に三島由紀夫が本気で「輪廻転生」を信じていたかどうかは疑わしい。たしかに三島は「七生報国」と染めぬいた日の丸の鉢巻を締め、「生命」以上の「魂」を強調して自決した。明らかにそこには、七たび生まれ変わって国のために尽くすという楠木正成親子の故事が意識され、いわば本歌取りされている。楠木正成親子の場合、報国の対象とは具体的には南朝であった。それに対して、三島の報国の対象とは何であったのか。

三島は、「檄」文のなかで、「経済的繁栄にうつつを抜かし、国の大本を忘れ、国民精神を失ひ、本を正さずして末に走り、その場しのぎと偽善に陥り、自ら魂の空白状態へ落ち込んで」いった戦後日本を激烈に告発し、「日本を日本の真姿に戻して、そこで死ぬのだ。生命尊重のみで魂は死んでもよいのか。生命以上の価値なくして何の軍隊だ。今こそわれわれは生命尊重以上の価値の所在を諸君の目に見せてやる。それは自由でも民主主義でもない。日本だ。われわれの愛する歴史と伝統の国、日本だ。これを骨抜きにしてしまつた憲法に体をぶつつけて死ぬ奴はゐないのか。もしゐれば、今からでも、共に起ち、共に死なう」と訴えた。それはみずからの死を賭けて「日本」の「魂」の再生を企てんとした鎮魂《タマフリ》の行為だったといえよう。だがその鎮魂《タマフリ》の行為は、鎮魂《タマフリ》というよりはむしろ「魂」を失った「日本」に対する挽歌にほかならなかった。

当時の多くの日本人は三島のいう「日本の真姿」に共感も同調もできなかった。三島のいう「日本の真姿」とは、「自由でも民主主義でもない」、天皇を中心とする「歴史と伝統の国、日本」である。三島は「われわれの愛する歴史と伝統」をつらぬいてきたはずの「魂」の不在を嘆く。それは容易に戦前の「大和魂」や「日本精神」と結びつく。そうした三島の言動に時代錯誤を見た人も少なくないであろう。

にもかかわらず、三島の戦後批判は正鵠を射ていた。

私はかつて『老いと死のフォークロア』（新曜社）、『場所の記憶』（岩波書店）その他において、三島由紀夫について述べたことがある。私にとって最大の三島問題は、三島の文学でも自決でもなく、死後の霊界における三島由紀夫であった。『神界のフィールドワーク』（青弓社）などで書いたように、私は何人かの「霊能者」を通じて三島由紀夫の「霊界通信」と称するものを目撃し、また受け取った。それがいったい何であり、何を物語るものであるのかを探っていくプロセスそのものが私にとっての三島問題であり、その意味では三島由紀夫は好むと好まざるにかかわらず私の人生に大きく、深く関与し、今なお私自身を揺さぶりつづけている。

こうした奇妙な、死後の三島由紀夫の「霊」とのつきあいを通して、あらためて三島の作品を読みかえし、その言動に思いをこらしてきたとき、この世での三島の言動がじつに首尾一貫したものであることに気づくようになった。

「仮面」「輪廻転生」「文化天皇」「武士道」「日本の真姿」。ここに共通している思想の核は何であろうか。一言でいうなら、それは〝非自我の思想〟である。それに対して、三島がもっとも嫌悪し、憎悪と挑発を隠そうとしなかった対象とは、〝自我の思想〟であり、〝自我の文明〟ではなかったか。

こうしてみると、「仮面」とは〝真我＝自我〟を隠す装置であったことに気づく。同時にそれは、異界からこの世に訪れてくる神々や諸霊や魔物を表象する装置として民俗社会のなかで機能してきた。三島にとって「仮面」とは真実の私などというものはないという思想の形そのものではなかったか。三島によれば、二十世紀の思考方法とは「形の表面を剝ぎ取ってみなければ納まらぬ」思考方法であった。それは「仮面」という「形」を剝いで「奥底にあるもの」＝〝真我〟を「つかみ出す」思考方法であった。

三島由紀夫は『文化防衛論』（新潮社）のなかで、「文化」を定義してこう言う。「文化は、ものとしての帰結を持つにしても、その生きた態様においては、ものではなく、又、発現以前の無形の国民精神でもなく、一つの形（フォルム）であり、国民精神が透かし見られる一種透明な結晶体」であると。三島ほどこの「形（フォルム）」にこだわった思想家はいない。肉体という形、文体という形、武士道という形、天皇という形……。

「輪廻転生」について考えてみよう。

『春の雪』の主人公松枝清顕は夢日記を欠かさずつけている白皙の青年であるが、彼は死に臨んで本多に「今、夢を見てゐた。又、会ふぜ。きつと会ふ。滝の下で」と言って二日後にこと切れる。その清顕の転生する「形」を裁判官になった本多は次々と目撃し、確認していくことになる。飯沼勲、月光姫《ジンジャン》、安永透……。もしこのような転生が現実と化すなら、今ここの「私」にはすでに複数の〝私＝自我〟が内包されているということになるだろう。つまり、「輪廻転生」の下では、私も自我も仮象であり、ある一つの「仮面」をかぶってこの世に現われ出てきた存在にすぎない。そこにはいかなる意味でも、近代的自我は成り立ちえない。

この近代的自我とは、近代法によって支えられている。基本的人権も自由も民主主義も、近代法の制約＝契約のなかではじめて意味と効力を発揮する。この近代法の背景にはローマ法がそびえ立っているが、本多はこうした法世界とはまったく異質な古代インドのマヌの法典に関心を抱く。「西洋の法の定言命令は、あくまで人間の理性にもとづいてゐたが、マヌの法典は、そこに理性ではおしはかれない宇宙的法則、すなはち『輪廻』を、いかにも自然に、いかにも当然のことのやうに、いかにもやすやすと提示してゐた」からだ。そして、「人は身体的行為のあやまちによつて、来世は樹草になり、語のあやまちによつて鳥獣になり、心のあやまちによつて低い階級に生れる」という条文を示したあとで、「それは人間の理性に訴えるやり方ではなく、一種の応報の恫喝であつて、ローマ法の基本理念よりも、人間性に対してより少ない信頼を置く法理念と云へるかもしらなかつた」と註釈を付している「輪廻」の下では、「人間性」も相対化されざるをえない。

こうした〝非自我の思想〟は、日本の「歴史と伝統」の「形」のなかでは、天皇制と武士道という「文武両道」に体現されていると三島は考えた。三島は天皇をして「反エゴイズムの代表、自己犠牲の見本を示すべき〈存在〉」(「文武両道と死の哲学」)ととらえ、天皇制を「没我の王制」と説く。そしてこの「没我の王制」を支えるものこそ「武士道」であり、ゾルレンとしての軍隊＝自衛隊だった。

とすれば、「輪廻転生」思想を日本化した「七生報国」の思想とは「没我の王制」を支える恰好のイデオロギーであり、「仮面」だったといえるであろう。そして、『豊饒の海』で説かれた「輪廻転生」物語は、三島由紀夫という稀有なる「形」の「仮面の告白」だったといえるであろう。霊界の三島由紀夫が現今の「日本」にいかなる反撃と挑発をもって「仮面の告白」を発しつづけているか、その語り＝騙りにしばし耳を傾けてみたい。

「ヒ」の伝承と反権力的ユートピズム
――『産霊山秘録』の世界

この（一九九一年）一月の中旬に京都の本能寺をたずねた。日蓮宗の古刹で、訪れたときには法会がいとなまれていた。おそらくは法華経であろう僧侶の読経の声が朗々とひびき、時を忘れてしばし物思いにふけった。

よく知られているように、本能寺とは織田信長が家臣の明智光秀の軍勢に殺された寺である。天正十年（一五八二）六月二日のことであった。殺された織田信長は享年四十九歳、殺した明智光秀は五十五歳であった。

この本能寺の変で京を手中におさめたかにみえた光秀は、わずか十日ほどのちの六月十三日、山崎の合戦で豊臣秀吉の軍勢に敗れて逃走しようとしたが、その途中農民に刺し殺されたという。世にいう「三日天下」の悲運の武将が明智光秀なのである。

半村良の伝奇ロマン『産霊山秘録《むすびやまひろく》』にはこの本能寺の変がこう記されている。

敵は本能寺にあり。

光秀はごく自然にそう決断した。ヒとしてそれ以外の解答はあり得なかった。随風も全く同じだった。

光秀は男泣きに泣いた。

ヒには美しい理想があった。万人みな泰平に安んじられる世界の建設という理想であった。光秀も随風も、多くの犠牲を払い、ヒとしてはあるまじき修羅となって、そのために戦国の世を今日まで押し渡って来たのだ。その理想に今一歩というとき、彼らが基礎を作り、押しあげて来た肝心の織田信長という新しい平和の中心が、ネとなってすべてを否定し去ったのである。

信長をこの手で倒すことは今の情勢ではそうむずかしいことではない。一万三千の光秀軍対二千余の織田勢なのである。しかし、それはみずからの苦渋に満ちた歳月を葬ることであった。乱世がふたたび舞い戻るであろう。

光秀は信長の言うより一日早く、一万三千の兵を京へ向けた。老坂より沓掛に出、桂川を渡って六月二日の払暁本能寺へ殺到した。


本能寺の織田信長の墓前を詣でて、『産霊山秘録』のこの一節を思い起こした。

ここで半村良は不思議なことを言っている。それは「ヒ」と「ネ」ということである。『産霊山秘録』がおもしろいのは、日本史の闇の部分、影の部分に照明をあてながら、歴史的事件の真相を伝奇ロマンとして語った点にある。その際のキーワードとなる言葉が「ヒ」と「ネ」なのだ。

半村良は、日本の歴史を影から動かし操っている一族を「ヒ」の一族として語る。この「ヒ」の一族は「高皇産霊神《たかみむすひのかみ》」の直系であるという。『古事記』冒頭に、「天地《あめつち》の初めて発《ひら》けし時、高天《たかま》の原《はら》に成れる神の名は、天之御中主神《あめのみなかぬしのかみ》。次に高御産巣日神《たかみむすひのかみ》。次に神産巣日神《かむむすひのかみ》」といわゆる造化三神の出現が語られているが、この「高御産巣日神＝高皇産霊神（『日本書紀』の表記）」の直系の末裔が「ヒ」の一族というわけだ。

ヒは日とも、卑、非ともいう。禁中では異《こと》の者と呼ぶならわしであるとも聞いている。どのような人間か今では誰も見た者もなく、ただ漠とした言い伝えが残っているにすぎないが、ヒは遙か遠い御《み》代《よ》からあって、皇室の危難を幾たびも救ったことがあるらしい。

遠い昔、ヒは皇室の更にその上に位したという説がある。そのためにあらゆる氏姓を拒否し、ヒとのみとなえて世にかくれすんでいるのだ。しかし一朝皇統の命運がかかる時は、どこからともなくあらわれてその存続に力を尽すといわれている。

半村良は、「ヒ」の一族を天皇家よりも古く上位の一族であったと位置づけるが、同時に時代がくだるにつれて、その地位が落ちぶれ、「日」としての威力がやがて「卑」「非」とおとしめられていったと物語る。「ヒ」の一族とは、表に出ることを拒否した一族である。いかなる「氏姓」ももたず、ただ「ヒ」とのみみずからを語り継ぐ〈秘の一族〉なのである。

『産霊山秘録』がスリリングなのは、こうした日本民族の〈異人〉ともいうべき「ヒ」の一族の観点から日本史の歴史的大事件を読み解き、〈異説（異伝）日本史〉として語り出した点だ。その点で、この書は〈正史〉の裏をあばく〈偽書・偽史〉の系譜に属する書である。

この小説は、一九七二年四月から十二月にかけて『ＳＦマガジン』誌に発表されたものを翌一九七三年三月に一冊にまとめたものである。アングラ文化や全共闘運動が下火になり、文字どおり地下に潜行しはじめた時期に語り出された物語が『産霊山秘録』だったのだ。それは対抗文化運動や反体制運動にかかわった多くの者の心をとらえた。時の権力から二度の弾圧を受けた大本教の出口王仁三郎をモデルにした高橋和巳の『邪宗門』とならんで、『産霊山秘録』は当時の若者の反権力的ユートピズムを刺戟したのである。私もまたこれらの書物に魅了された者の一人だ。

ただ『邪宗門』と『産霊山秘録』の違いは、天皇家を表の中心とする中央権力に対するスタンスのとり方にある。『邪宗門』は中央権力と正面衝突し敵対する反権力的ユートピズムの物語であるが、それに対して、『産霊山秘録』は中央権力を影から支え操作し補完する非権力的ユートピズムの物語であるところに両者の違いがある。しかしどちらも、「万人みな泰平に安んじられる世界の建設」という「美しい理想」を奉じている点では同様であった。「ヒ」の一族も「邪宗」の徒もみな世界平和・万人和楽の理想境の建設を夢み、身を賭してその夢を実現せんと志したのだ。

さて『産霊山秘録』によれば、織田信長とは「ヒ」の一族の影の支援によって歴史の檜舞台に出た武将であるとされる。この時代の「ヒ」の一族の長が「随風」という名の天台宗の高僧であり、その実の兄がかの明智光秀とされているのだ。弟の随風は裏から、兄の光秀は表から織田信長を天下人に仕立てあげていったのであるが、しかし信長は自分が手にした権力を「ヒ」の一族が望んでいるのではない方向へ、いやもっとも怖れている方向へと行使していったために、逆に、「ヒ」の一族に逆襲され、殺害される羽目になったというわけである。そのもっとも怖れている方向が「ネ」であった。

明智光秀は織田信長をとおして現われる「ネ」の世界をこう表現する。「とうとうネが動いたのじゃ。信長は京を焼く気じゃ。帝《みかど》を殺し公家を殺し、新しい世をひらくつもりじゃ」と。信長は「ヒ」の一族が根拠とするいわば〈日本的霊性〉を破壊する者なのである。鉄甲戦艦、銃撃戦、統一通貨の構想、これら「ヨーロッパの思考」につながる動きは、「ヒ」のいう「ネ」なのであった。

こうして信長という「ネ」は「ヒ」の一族明智光秀によって断たれたが、同時にそのために光秀自身もその「ネ」の動きに巻き込まれて生命を喪うことになる。そして、天下は豊臣秀吉の手に移るが、しかし「ヒ」の一族の長・随風は秀吉には手をかさず、徳川家康を全面的にバックアップする。天台座主となり、山王一実神道をつくり、家康を東照大権現として日光東照宮にまつりあげた怪僧天海が随風のその後の姿とされる。とすれば、パックス・トクガワーナは随風こと天海ら「ヒ」の一族の力で基礎づけられたことになろう。それは「ヒ」の一族の求める「万人みな泰平」の世だったであろうか。

『産霊山秘録』は、近世すなわち徳川の世のはじまりと、近代すなわち明治維新のはじまりと、現代すなわち戦後社会のはじまりの裏に動いていた「ヒ」の一族のはたらきを語る。光秀・随風（天海）兄弟、坂本龍馬、そして随風の子で未来へテレポートした飛雅の活動を。

坂本龍馬は「新しいヒ」としての自分の夢をこう語る。「俺は天下を握っても天皇のように公家公達にかこまれて、何もせず御所の奥に坐っているような真似はしない。みずから百姓町人のためにいつも何かをしているつもりだ。権威があれば下じもを足繁く見舞い、搾取する小役人を抛《ほう》り出してやる。奢《おご》る大名はこらしめてやる。権威とはそのためのものだ。権威を守るためにことさら身を高きに置き、奥深くかくれすむのは本当の権威ではない。真に朝廷が日本万民の父であり宗家であるなら、徳川三百年の間、一度ぐらい幕政に注文をつけてもよさそうなものではないか。身を永らえるだけが能なら、泥亀もまた偉大であると言わねばなるまい。二千年の皇統を誇っても、万民の為に何もせぬのではただの無駄飯ぐらいだ。あれはひょっとすると二千年の無駄飯ぐらいかも知れんぞ」と。

さらにまた、戦国時代から太平洋戦争まっただ中の東京にテレポートした飛雅は敗戦後の焼跡で現代の「ヒ」をこう語る。「ヒに生れたからって、なぜ天皇を大事にしなけりゃならない。（中略）戦争は天皇がしろって言ったんだろ。みんな天皇のためだと思って死んでったんだろ。天皇は偉い。神様みたいなもんだ。そう思って天皇の戦争で死んでった人たちは、俺と同じヒみたいなもんさ。いや違うな。ヒっていうのはみんなと同じただの日本人さ。日本人はみんなヒなんだよ。そうさ、そうなんだ。だから天皇は、御所を守れ、皇統を守れとみんなに言いつけておいて、何人死のうと召使いが死んだように、ちょっと気の毒がってみせるだけで終りなのさ。天皇がこの子たちに飯をくれたかい。一度だって戦争で親をなくした子のことをかわいそうだと言ったかい。本当はね、切腹するべきだよ。命令したのは自分なんだからね」と。

　こうみてくると、『産霊山秘録』が反天皇の㊙物語であることが明らかになってくる。この書は、天皇制を批判し相対化する秘められた意図を孕んでいるのだ。戦争で犠牲となっていった者たちの悲しみと怨念を「ヒ」の一族の物語に仮託しつつ、日本天皇制の権力構造を撃っているのである。「ヒ」の一族の希求する「万人泰平」の世とは、日本の民衆の待ち望むユートピアなのである。

「ヒ」の一族は「万人泰平」を希求するとともに、全国の「産霊山」の秘密を探求する者である。この「ヒ」の一族は、エチオピアにもあり、「古《いにしえ》山山へめぐりて神に仕うる人」であったという。日本のみならず、世界各地の聖地・霊場とはじつは「ヒ」の一族が探求する「産霊山」だったというのである。そして、天皇家に伝わる天皇位の象徴である玉・鏡・剣の三種の神器とは、ほんとうはこうした「産霊山」にテレポートするための特殊な「精神力的な場」をつくる装置なのだという。

　この「産霊山」中の「産霊山」が「芯の山」と呼ばれる山である。現代のアメリカとソ連の宇宙開発競争とはじつは「地球全体の芯の山」を探し求めるためにくりひろげられた競争だったことが明かされる。つまり、「産霊山―芯の山」ネットワークを掌握した者が世界を支配することができるからだ。そして、月もまた「産霊山」で、飛雅はアポロ十一号の宇宙飛行士たちとともに月面に降り立ったという驚くべき秘話が明らかにされる。本来、「万人泰平」の中心をなす「精神的な力の場」が「産霊山」だったのだが、時の権力者はこの「産霊山」の秘密を政治権力の道具とするために狂奔したというのである。

『産霊山秘録』とは、してみると、もう一つの世界秘史であり、ユートピア探求の物語である。同時にまた、精神世界の深部に向かって垂鉛を降ろそうとする魂の旅の物語なのだ。

台風の黙示録
——中上健次の魂のために

一九七〇年代から大阪を中心に活動してきた演劇グループ・維新派の舞台で特徴的なのは、空間と言語のアクロバチックな展開とそのスピードである。空間は大道具の移動によってめまぐるしくもパノラマ的に次々とつくりかえられ、それに並行して、言語は意味や文よりも呪術的な音楽性を伴った詩として発射される。この空間と言語の曲芸的な転変は半端なものではない。その点については徹底的にラディカルであり、日本のどの演劇集団よりも過激にして過剰である。

視覚と聴覚の日常性を可能な限り廃棄し、祝祭的・呪術的異界性を現出させようとする欲求は、暗黒舞踏から引き継いだものかもしれないが、土方巽一派にみられた暗さが東北や関東の異界性の様相だとすれば、維新派のそれは猥雑にして明るい関西系の異界性を露顕する。

新作『南風』は中上健次の『奇蹟』ほか一連の作品を原作としている。冒頭から荒々しい紀州の熊野灘の潮風が暴風のように吹き荒れる。「台風、見に行こら」という新宮弁が、どこか異国の神秘的な呪文のように響きわたる。「タイフー、ミニイコラ」、「TAIFOON, MINIIKŌRA」。風が運んでくる異界。風が一瞬開示してみせる異界。

そうした異界に片足を突っ込みながら、もう一方の片足はどっぷりと一族の血と闘争のなかに踏み入れている。暴力が台風によって引き金される。台風がもたらす、「風《ち》のざわめき」が、みずからの内なる「血のざわめき」を呼び覚まし、それを「道《ち》＝地《ち》のざわめき」に変えていく。台風の恐ろしさと眩暈《げんうん》を中上健次も維新派の演出家・松本雄吉もよく知っている。南紀同様、「台風銀座」と呼ばれた南四国の海辺の町に育った私も、台風の怖ろしさと眩暈的な異界性をとことん味わった口である。

「台風、見に行こら!」この一行が『南風』をつらぬいて屹立している。台風を見ずにはいられない魂が辿る、まさに台風的な祝祭的人生が予告される。台風においては、自然は日常的なふるまいを保つことができない。海は獰猛な野獣のように牙を剥き、森は大猪《いのしし》のように身ぶるいして猛《たけ》り、田畑は風雨に蹂躙されてもみしだかれる。その野性の暴力は、どこからどこまでもエロティックだ。そのエロスに身も心もゆだねた魂がどこに到るか目に見えている。「台風、見に行こら!」台風に魅入《みい》られ、愛された者たちの運命。

かつて、中上健次が亡くなる一年前の夏、二泊三日の泊りがけで対談をした。箱根に住む画家の家を借りて、朝から晩まで酒を飲みながら語りつづけた。まさにそれは台風のような対話であった。どちらがより強力な台風に魅入《みい》られた言語と魂であるか。そのことは『言霊の天地』(主婦の友社)に明らかであるが、そのとき、中上台風は二つの置土産を残した。一つは、「猿田彦の謎を解け!」というものであった。「国つ神を問題とするなら、猿田彦の神のことを解かなければならない。そうしなければ日本の神のことも神話もわかったことにならない」。中上台風はそう告げた。

今年(一九九八年)の三月、新宮の神倉神社に詣でたとき、長い石の階段の入口附近に猿田彦神社があるのを知った。中上健次はこの事実に謎を見ていたのだなと思った。その問いに対する回答は『謎のサルタヒコ』(創元社)に結実したが、もう一つの置土産は放置されたままだ。「小説を書け!」、その一言は大型台風が去った後もなお私の中で鳴り響いている。いつか、中上台風を巻き込むほどの「台風の黙示録」を書いてみたい、そういう野望を植えつけられた。

日本維新派の舞台『南風』を見て、痛みとともにそのことを思い出した。

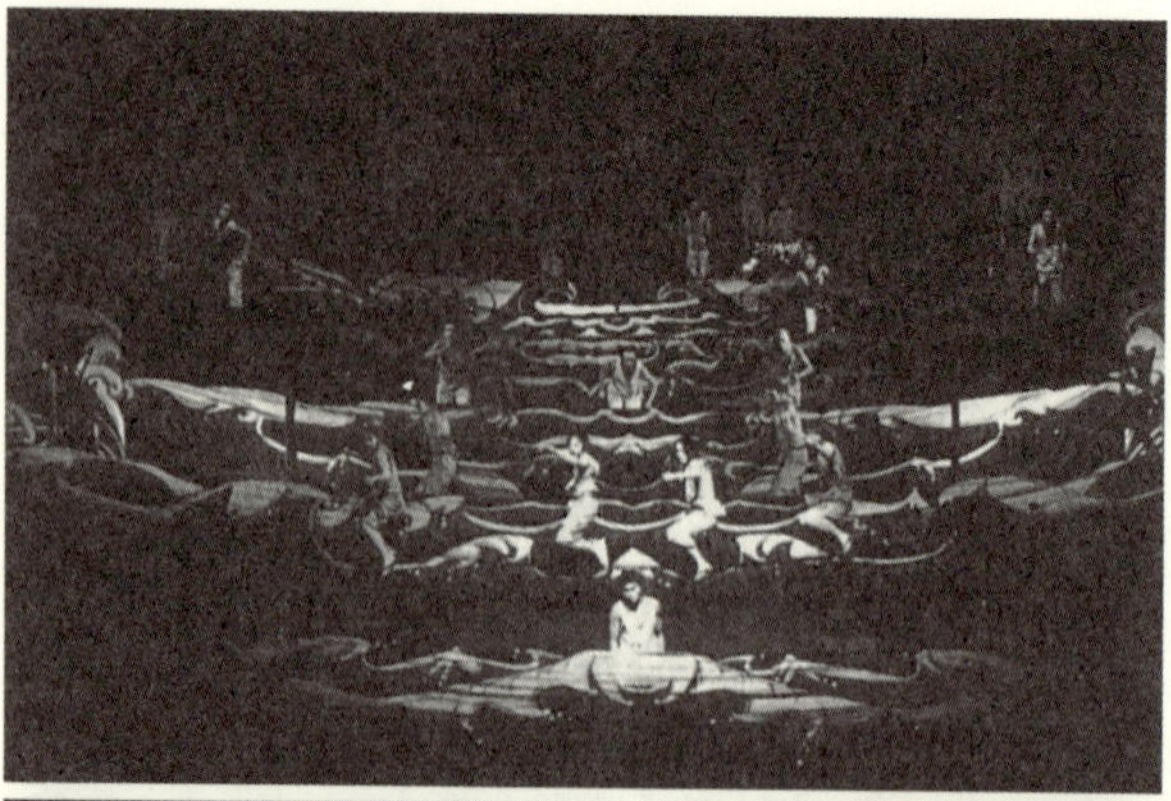

日本維新派『南風』の舞台

エロスとカルマ

――あるいは恋と物怪《もののけ》

1　エロスあるいは恋の物語として

　今、改めて『源氏物語』が話題になっているという。ここ数年の間に、田辺聖子の『新源氏物語』、瀬戸内寂聴の『女人源氏物語』が出て、『源氏物語』の現代語訳的再小説化が企てられていたところへ、橋本治が『枕草子』につづいて『窯変源氏物語』を出しはじめたから俄然勢いづいた。カルチャーセンターや大学や公民館で行なう古典講座の『源氏物語』も盛況だと聞く。いったい、『源氏物語』のどこがそれほど関心をそそるのか。数奇な運命を辿る主人公・光源氏の恋の遍歴に対する興味か、それともわが国最古の長篇小説に対するレトロ・ジャパネスクな関心か。それとも……。

　古い話になるが、『源氏物語』に「もののあはれ」を読みとったのは江戸時代の国学者・本居宣長である。『古事記伝』の膨大な注釈で知られる本居宣長が『源氏物語』への関心と研究から彼の古典学を出発させたことはいささか興味深いことである。というのも、国学の大成者と目される本居宣長が『古事記』の神話・神学からではなく、『源氏物語』の物語・文学から日本的心性《メンタリティ》――彼の言葉でいえば「大和心《やまとごころ》（倭心）」――の本質を探りあてようとし、それを「もののあはれをしる」ことととらえたことはもう一度考え直されていいことだと思うからである。

『紫文要領』において宣長は日本の「物語」の特異性を強調する。「我国には物語といふ一体の書有て、他の儒仏百家の書とは、又全体類のことなる物也」と記し、この「物語」というものは、世にある善いこと、悪いこと、珍らしいこと、面白いこと、あわれなことのさまざまを「しとけなく女もし（文字）に書いて、絵を交えたりして、つれづれのなぐさめに読み、または「心のむすほゝれて物思はしき」ときにまぎらわすために読むという。さらに、この「物語」には多く男女の恋が語られるが、それは歌集に恋の歌が多いのと同じで、「人の情の深くかゝること、恋にまさることなき故」であるという。

本居宣長のいう日本の「物語」の特異性とは、ただひたすら「人の情」のありのままを記してそれを知らせることにある。その点が、中国伝来の勧善懲悪思想や「修身斉家治国平天下」の道を示したり、仏法を説いたりする異朝の書物とはまったく異なる点だと説くのである。宣長は「物語」がいかなる教誡や教訓の書でもないことをくりかえし強調する。『源氏物語』中の「蛍」の巻で光源氏と玉鬘によって語られる物語談義をいちいち引用しながら、日本的「物語」の本質とその特異性を明らかにしようとするのである。

儒仏は人を教へ導く道なれば、人情に違《たが》ひて厳しく戒しむる事もまじりて、人の情のままに行なふ事をば悪とし、情を抑へて勤むる事を善とする事多し。物語はさやうの教誡の書にあらねば、儒仏にいふ善悪はあづからぬ事にて、ただ善し悪しとする所は、人情に叶ふと叶はぬとの分かちなり。その人情の中には、かの儒仏の道に叶はぬ事有故に、儒仏の道にいふ善し悪しと変はる也。かやうに言はば、ただ善悪にかかはらず、人情に従ふを善しとして、人にもさやうに教ゆるかと思ふ人あるべけれど、さにはあらず。右にいふごとく、教誡の道にあらざる故に、人にそれを教ゆるといふ事にはあらず。教誡の心を離れて見るべし。人情に従ふとて、己《おの》が思ふままに行なふとにはあらず。ただ人情の有《あり》のままを書記して、見る人に、人の情はかくのごとき物ぞといふ事を知らする也。是物の哀《あわれ》を知らする也。さてその人の情のやうを見て、それに従ふをよしとす。是物の哀を知るといふ物也。

このような「もののあはれ」論が本居宣長の『源氏』理解の中核にある。宣長によれば、「物語」も歌もみな「風雅ヲムネトシテ、物ノアハレヲ感スル処ガ第一」(「排蘆小船《あしわけおぶね》」)なのである。

宣長が指摘しているように、「人の情」の深さは恋に現われる。宣長が『源氏物語』をいかなる「教誡の書」でもないと執拗に強調するのは、逆にいえば「人の情」のもっともよく現われた恋への感応こそ生と文学の原基だと訴えるからである。宣長からすれば、恋こそが「人の情」であり、かつ自然の情《エロス》でもあったのだろう。宣長が『源氏物語』に見るものは、「もののあはれをしる」ことであるが、それはあえていえば、儒仏的解釈をカッコに入れた恋の現象学とでも呼ぶべき知性だった。それはしかし、プラトンとは異なって、現象の背後にある真実在としてのイデアに向かう恋=エロスではなく、むしろ現象こそが即実在であると観ずる恋の現象学であった。現象即実在としての日本的エロスの相を宣長は見てとったといえるかもしれない。

本居宣長という人は、若い頃に養子にやられたが出戻り、実家の商売を継がず、小津姓から本居姓へと復姓し、生涯小児科医を営みながら伊勢の近くの松坂で過ごした人であった。彼の「家」に対するこだわりが日本の「家」の神話的原像=幻像としての宮廷に向かい、それが一方では恋物語としての『源氏物語』に他方では、神々の物語としての『古事記』に範型を見る機縁になったのではあるまいか。

「家」の解体、「家族」の変容がくりかえし物語られる昨今、「家族」を形成する原動力としての恋《エロス》と、それによってひき起こされる「家族」の変容の業《カルマ》を、ともに善し悪しの教誡的観点を抜きにした現象学的まなざしで確認したいという欲求が『源氏物語』ブームの背景にあるのではないか。

かつての与謝野晶子や谷崎潤一郎や円地文子の現代語訳と今回の三者の現代語訳が異なっている点は、これら三者の訳がそれぞれに「異訳源氏物語案内」というおもむきをもっている点である。とりわけ、瀬戸内寂聴と橋本治の訳は、それぞれ女の立場と男の立場から一人称で物語っている点が注意を引く。その語りは、「もののあはれを知る」という宣長的恋の現象学から「もののあはれ」の業を知るという地点へと踏み出しているかのように見える。

2　カルマあるいは物怪《もののけ》の物語として

ところで、敗戦後の日本の文化変容を日本的恋の滅亡という観点から嘆いたのが折口信夫であった。昭和二十三年（一九四八）三月十五日の『毎日新聞』に発表された「日本の恋」と題する彼の詩の末尾はこう閉じられている。

日本の恋は　ほろびるのだ。
恋の亡びた日本なぞ　どつかへ行了《イッチマ》へ

折口信夫は、本居宣長とは異なった観点から日本の文学と宗教の核心が恋にあると考えていた。折口は「恋の座」と題した論文のなかで、「日本人の恋愛の表現法は、専《もつぱら》此『魂《タマ》ごひ』――迎魂《コヒ》――以外になかつたのである」と記している。この論文は、敗戦まもなくの昭和二十一年四月の『展望』第四号に発表された。

折口にしたがえば、恋とは魂迎え、すなわち「魂乞《たまご》ひ」以外の何ものでもない。恋することは、相手の魂を乞い受けようとすることだというのだ。したがって、「日本の恋」は必然的に日本人の魂の感覚に規定されている。折口が「色好み」を神々や天皇の霊威の発現と考えたのも、こうした「恋＝魂乞ひ」論に拠っている。

その折口が、じつは『源氏物語』について奇妙なエッセイを残しているのである。それは昭和二十六年九月、谷崎潤一郎訳の『源氏物語』の巻二の付録「紫花餘香」第二号に掲載された。「ものゝけ其他」と題されたそのエッセイは次のような書出しからはじまる。

怨霊《オンリヤウ》の話でも書いては、どうかと言ふことである。谷崎さんの本文とは違つて、すこぶる殺風景なものになるだらう、と思ふ。

源氏物語は固より、あの頃やその後の書き物類に、ものゝけと謂はれてゐるのが、怨霊である。この物語にも、叙述のおもてに、ものゝけが著しく出て来るのは、あたりまへである。併、それよりも、その当時の読者、其からその近い時代の人々が「これは怨霊関係の筋を書いてるのだ」と思ひながら読んでゐたらう、と感じられる所がなか〳〵多い。近代のわれ〳〵には、さうまで気のつかない点で……。作者も読者も同じ考へで暮してゐたのだから、これは当然さうあるべきことで、今日の研究家もやはり其立ち場から見てゆくのが本道《タウ》であらう。其上更に考へなければならぬのは、作者すら意識せないで触れてゐるもののけの問題である。此は物語の地に深く沈んでゐるのである。

ここで折口は、従来の源氏理解を引っくり返すようなことを言っている。折口によれば、『源氏物語』は「怨霊関係の筋を書いて」いるというのだから。

たとえば、かの有名な「六条ノ御息所《ミヤスドコロ》のくだり」について折口はこう記している。

此御息所なんかは、生きてゐる間は生《イ》き霊《リヤウ》、死んでは死霊《シリヤウ》、更に魔道の天狗界におちて後まで、源氏の身のまはりにあくがれ出て、その愛人をとつて行かうとする。それを知つてゐる源氏は、罪障消滅・怨念退散の為に、其人の生みの子の秋好《アキコノム》中宮を、女性の此上ない位にすゑるやうにしたのだが、それでをさまる様な執念でなかつた。娘に対する愛情や、死んでも中宮の母、と言はれる名誉くらゐでは、押へ切れないものを、源氏に持つてゐたのである。ずつと奥の話になるが、若菜の巻の作者は、いつか源氏が紫ノ上と唯二人ばかり居る所で、御息所の噂をしたのをあの世の耳に聴き知つて紫ノ上までも、とつて行かうとしたと言ふ風な解釈で書いてゐる。固よりさう言ふ筋立てなのだが源氏と自分、源氏と紫ノ上、この情愛に高下があつて、浅く思はれてゐる自身の方がそしられたのだと言ふ風に、怨霊自身は源氏の心の底を理会したものと見てよい。それに何よりも、此世に生きて、思ふまゝ源氏の愛を受けることの出来る紫ノ上の羨しさ。もののけになつても、その怨念を源氏の方へ向ける事の出来ぬ弱さ。怨霊自身尚「恋心」を持ち続けてゐるのである。

怨霊となってもなお光源氏に「恋心」を持ちつづけている六条御息所。折口のとらえる六条御息所の像とはそうしたものである。

これは、「もののあはれをしる」ことが源氏理解の核心だと考えた本居宣長流の源氏物語論と対極をなすものではなかろうか。『源氏物語』には、「作者すら意識せないで触れてゐるものゝけの問題」があるというのだから。「もののあはれをしる」ということは、折口流にいえば、「ものゝけのあはれをしる」ことにほかならない。「ものゝけのあはれをしる」とは、「霊なだめ」であり、「鎮魂」であるから、この観点からすれば、『源氏物語』とは鎮魂の文学ということになる。

「ものゝけ」とは、折口によれば「霊《モノ》の疾《ケ》」の意味である。「ものは霊《モノ》であり、神に似て階級低い、庶物の精霊を指した語である。さうした低級な精霊が、人の身に這入つた為におこるわづらひが、霊《モノ》之疾《ケ》」であり、やがてその霊疾の原因をなす霊魂そのものを「ものゝけ」と呼ぶようになり、それを人間の霊と考えるように変化していったという。

私は、「もののあはれ」の源氏論よりも「ものゝけ」の源氏論の方が『源氏物語』についての理解が数段深いのではないかと思う。じっさい、『源氏物語』を読んでみると、いたるところで物怪・怨霊が跋扈しているのである。「大殿には、御もののけめきて、いたう煩ひ給へば」（「葵」）、「月頃さらに現はれ出でこぬもののけ、小さき童にうつりて、呼ばひののしるほどに、やうやう生き出で給ふ」（「若菜」）、「猶いと心もとなげにもののけだちてなやみ」（「浮舟」）云々……。

この「もののけ」は『源氏物語』のなかでは密教的な修法や加持祈禱によって鎮撫され降伏されるが、しかし六条御息所の生霊や死霊のように容易にその霊は鎮撫されないのである。

折口信夫は『源氏物語』の恋愛劇に鎮魂呪術が隠されているのを見てとった。そのエッセイの末尾は、「源氏のなめらかな生活描写が、この様にぎこちないたましひ談義に落ちようとは、私さへ、書いてしまふまでは考へなかつたのである」という、考えようによってはじつに無責任な文章で閉じられている。まるで谷崎潤一郎の典雅な口語訳に毒気を吹き込むかのように、そしてまるで『源氏物語』のなかの「もの〻け」にとり憑かれたかのように、折口は「もの〻けのあはれをしる」源氏論を書きなぐるのである。その折口のエクリチュールはいかにもスリリングな道行であるが、それは折口が恋という現象＝実在の深さに身をゆだねていたからこそできた業《わざ》ではなかろうか。折口はみずからの恋の業《ごう》をよく知っていた人であった。男色という恋の業火のなかから『源氏物語』の恋の業を見すえたのである。

現在、田辺聖子、瀬戸内寂聴、橋本治という三人の特異な現代の小説家によって三者三様の異訳『源氏物語』が出た。そこに「もの〻け」が跳梁しているとは思えない。しかしながら、彼らの訳には『源氏物語』の人間世界の行為《カルマ》＝業《ごう》のあわれを知る心と人間洞察があるように思われる。業のあわれを知るということは、しかし、もののけのあわれを知ることと裏腹ではなかろうか。風雅な恋の物語である『源氏物語』が同時に恋の現象を怪奇に操るもののけの物語でもあるという背理。これこそ『源氏物語』の奥行であり、そこにはそうした恋やもののけの現象＝実在する業を見つめる作者の眼が光っている。瀬戸内寂聴が丸谷才一との対談でいみじくも語っているように、紫式部は出家したのかもしれない。そして宮廷文化のなかにあって出家者の眼から宮廷という日本の家の恋を描き、その業相をあぶり出したのかもしれない。

戦後何度目かの源氏ブームは、こうしたもののけのあわれを感知する感覚の熟成を促してきたのではないだろうか。そして、そのもののけ感覚の熟成と並行して起きてきているのではなかろうか。家族の変容がかまびすしく物語られるこの時代の家族のもののけのあわれを知るために。そのエロスとカルマのあわれを生きるために。

泉鏡花と翁童
——観音・子供・老人

1　観音と白山菊理姫と子供

泉鏡花が熱烈な観音信仰の実践者であったことにかねて関心を抱いていた。

知られているように、観音菩薩は観世音菩薩とも観自在菩薩とも呼ばれ、三十三身に化身して衆生を済度するといわれている。仏教中の諸仏・諸菩薩のなかでもっとも民衆に親しまれ、信仰されてきた存在である。『法華経』「観世音菩薩普門品第二十四」は、経王とも称された『般若心経』とならんで、もっともよく愛誦され、読経されてきた経典である。就中、「〜念彼《ねんぴ》観音力、〜念彼観音力」とくりかえされるリフレインは、じっさい観音菩薩の示現を呼び醒ますかのようなマジカル・パワーに満ちている。

泉鏡花がこの「観世音菩薩普門品」、すなわちいわゆる「観音経」の愛誦者であったことは興味深い事実である。人生のさまざまな場面で、くりかえし「念彼観音力」と唱えながら、彼はいったいいかなる「観音力」を呼び醒まし、済度されようとしたのだろうか。

もう一つ、泉鏡花が日本民俗学の揺籃期に独特の影響と支援を与えていたことも忘れてはなるまい。

泉鏡花は、明治三十三年（一九〇〇）、二十八歳のときに傑作『高野聖』を書き、日本の浪漫主義文学に独自の民俗学的世界とその文学的表現を持ち込んだが、この頃、日本民俗学の創始者柳田國男は『帝国文学』に浪漫主義的な抒情詩を発表していたのである。明治四十三年、鏡花は『歌行燈』を発表したが、同年、柳田國男は日本民俗学の産声ともいえる『遠野物語』を上梓したのも奇しき符合である。

「国内の山村にして遠野より更に物深き所には又無数の山神山人の伝説あるべし。願はくは之を語りて平地人を戦慄せしめよ」という激烈な序文を持つこの『遠野物語』を泉鏡花が絶讃したのも無理はない。というのも、かの『高野聖』こそ、「平地人を戦慄せしめ」る「山神山人の伝説」といえるものだったからだ。また鏡花は、日本の妖怪研究の先駆として特筆すべき平田篤胤の『稲生物怪録』を柳田國男に教示した点でも日本民俗学の深化を促した人物として記録されねばならない。

妖怪変化に対する偏愛を鏡花はこう語っている。

お化《ばけ》は私の感情の具体化だ。幼ない折時々聞いた鞠唄などには随分残酷なものがあつて、蛇だの蝮だのが来て、長者の娘をどうしたとか、言ふのを今でも猶鮮明に覚えて居る。殊に考へると、この調節の何とも言へぬ美しさが胸に沁みて、譬へ様が無い微妙な感情が起つて来る。恁麼時《いんもじ》の感情が『草迷宮』ともなり、又その他のお化に変るのだ。別に説明する程の理窟は無いのである。（「予の態度」）

「お化は私の感情の具体化だ」とは、いかにも鏡花らしい率直な表現だ。幼ない頃に折にふれて耳にした鞠唄や伝説や物語に感応した「譬へ様が無い微妙な感情」が、「調節の何とも言へぬ美しさ」に引き出され、変調して、『草迷宮』や『天守物語』や『夜叉ケ池』や『高野聖』などのお化けや物語に変化するというのだ。このような告白を聞くと、いかに鏡花が日本のミューズにインスパイヤーされ、愛でられた真正の語り部であったかよくわかる。

どうやら鏡花は、この日本のミューズを観音様と考えていたふしがある。「おばけずきのいはれ少々と処女作」と題したエッセイのなかで、鏡花は次のように述べている。

僕は明かに世に二つの大なる超自然力のあることを信ずる。これを強ひて一纏めに命名すると、一を観音力、他を鬼神力とでも呼ばうか、共に人間はこれに対して到底不可抗力のものである。鬼神力が具体的に吾人の前に現顕する時は、三つ目小僧ともなり、大入道ともなり、一本脚傘の化物ともなる。世に所謂妖怪変化の類は、すべてこれ鬼神力の具体的現前に外ならぬ。鬼神力が三つ目小僧となり、大入道となるやうに、亦観音力の微妙なる影向のあるを見ることを疑はぬ。

鏡花は人間の力能を越える「超自然力」に「鬼神力」と「観音力」の二つがあると指摘する。前者はいわゆる「妖怪変化」を引き起こす基体であるが、後者はそれをなだめ救済する基体である。鏡花は「観音経」を読誦するときにはかならず「念彼観音力」と音読法を用いて読誦したというが、そのとき彼は、「自ら敬虔の情を禁じ能はざるが如き、微妙なる音調を尚しとする」境地を味わっていたという。

いずれにせよ、鏡花が本気で「鬼神力」と「観音力」の存在を信じていたことは疑いをいれない。たとえば、『高野聖』の山の「婦人《をんな》」、『夜叉ケ池』の白雪姫、『天守物語』の富姫など、鏡花の描く女性像のほとんどすべてがこの「鬼神力」と「観音力」の両方をそなえている。みずから「お化け」となって男たちを異界へと誘ない、突き落とすかと思えば、その逆にみずから「観音力」を発揮して男たちの迷いを断ち切り、救いもする。もっとも、物語の結構としては、多く「鬼神力」の力能の方に重点が置かれているかにみえるが、おそらく鏡花はその「鬼神力」の果てに「観音力」に反転するニュートラル・ポイントのあることを確信していたにちがいない。

鏡花は白山大権現菊理姫《きくりひめ》を観音として信仰したというが、菊理姫の誕生には日本の異界ともいうべき黄泉国の伝承が介在し、はるかに大母・伊邪那美命《いざなみのみこと》の血と形象が流れ込んでいる。記紀神話にただの一度しか登場しない菊理姫は、荒ぶる豊饒神・伊邪那美命の「変化」とも私には思えるのだが、そこには蛇・龍・鯉・蛙など、縄文時代からうちつづく異形の神異形象が刻印されているのである。

ところで、こうした「鬼神力」や「観音力」にいちばん感応しやすい存在が子供と老人であろう。次に『高野聖』を検討しつつ、「鬼神力—観音力」と子供—老人の関係について考察してみよう。

2　水の女と水神童子と老翁

『高野聖』の語り手である旅僧は、蛇や蛭の棲む飛驒越えの難所を越えて、不思議な女の住む世界へと分け入ってゆくが、そもそもこの蛇や蛭が「鬼神力」の顕われであった。そしてそれは、山や森を守る主とも考えられてきた。旅僧はこの蛇や蛭を畏れ、それに苦しめられるのだが、「長虫」すなわち蛇に対して次のように思う。

　これはこの山の霊であらうと考へて、杖を棄てて膝を曲げ、じりじりとする地《つち》に両手をついて、

（誠に済みませぬがお通しなすつて下さりまし、なるたけお午睡《ひるね》の邪魔になりませぬやうに密《そつ》と通行いたしまする。

御覧の通り杖も棄てました）と我《が》折れ染々《しみじみ》と頼んで額を上げるとざツといふ凄じい音で。

心持《こころもち》余程の大蛇と思つた、（中略）

何しろ山霊感応あつたか、蛇は見えなくなり暑さも凌《しの》ぎよくなつたので、気も勇み足も捗取《はかど》つたが、程なく急に風が冷たくなつた理由を会得することが出来た。

といふのは目の前に大森林があらはれたので。

世の譬《たとへ》にも天生峠は蒼空に雨が降るといふ、人の話にも神代から杣《そま》が手を入れぬ森があると聞いたのに、今までは余り樹がなさ過ぎた。


蛇をして「山の霊」と感じ、大森林の主と考える心性はわが国ではおそらく縄文時代以前からつづいているものであろう。旅僧はそこに太古より連綿とつづく地主の神の霊威を感じ畏怖したのである。興味深いのは、この旅僧が人類の滅亡を蛭の繁殖によるとイメージする点だ。「凡そ人間が滅びるのは、地球の薄皮が破れて空から火が降るのでもなければ、大海が押被《おつかぶ》さるのでもない、飛騨国の樹林が蛭になるのが最初で、しまひには皆血と泥の中に筋の黒い虫が泳ぐ、それが代がはりの世界であらう」とある箇所である。ここには、太古の泥海のなかから神々や人類の祖先が出現してくる様子を説いた、天理教の開祖・中山みきの『泥海古記』の神話世界に通じる虫魚の世界のイメージがある。

　こうした虫魚が「鬼神力」や「観音力」と感応して顕現するのが、水の女や水神童子である。旅僧はかくして、ついに奥深い山中で鬼神の女やそれにつき従う童子に出会うのだ。

山中の一軒家を見つけた旅僧は、命からがら蛇・蛭の森を抜けてきて助けを乞うが、そこには、「首筋をぐつたりと、耳を肩で塞ぐほど顔を横にしたまま小児《こども》らしい、意味のない、然もぼつちりした目で、じろじろと門に立つたものを瞻《みつ》める、その瞳を動かすさへ、おつくふらしい、気の抜けた身の持方。(中略)南瓜《かぼちゃ》の蔕《へた》ほどな異形な者を、片手でいぢくりながら幽霊の手つきで、片手を宙にぶらり」とさせた、「唖か、白痴か、これから蛙にならうとするやうな少年」がいるばかりであった。おそらくそれは、蛇や蛭などの異類の者と親戚の「異形」の「小児」と旅僧の目に映ったことであろう。

しかしこの山家の一軒家の主は、じつは、「小造《こづくり》の美しい、声も清《すず》しい、ものやさしい」婦人だったのである。旅僧はこの婦人に案内されて谷川へ水浴に出かける。蛭に吸われて痛む身体を清流で洗い浄めようとしたわけだ。谷川に着くと、婦人は旅僧に「すつぱり裸体になつてお洗ひなさいまし、私が流して上げませう」と言って、旅僧の衣服をあれよあれよという間にすっぽりと剝ぎとった。そして柔かい蛭のような手で旅僧の肌を洗いさするのである。

(それではこんなものでこすりましては柔かいお肌が擦剝けませう)といふと手が綿のやうに障《さは》つた。

それから両方の肩から、背、横腹、臀《ゐしき》、さらさら水をかけてはさすつてくれる。

それがさ、骨に透つて冷たいかといふとさうではなかつた。暑い時分ぢやが、理窟をいふとかうではあるまい、私《わし》の血が沸いたせゐか、婦人の温気《ぬくみ》か、手で洗つてくれる水が可《い》い工合に身に染みる、尤も質《たち》の佳《い》い水は柔かぢやさうな。

その心地の得もいはれなさで、眠気がさしたでもあるまいが、うとうとする様子で、疵《きず》の痛みがなくなつて気が遠くなつて、ひたと附《くつ》ついてゐる婦人《をんな》の身体で、私《わし》は花びらの中へ包まれたやうな工合。

山家の者には肖合《にあ》はぬ、都にも希《まれ》な器量はいふに及ばぬが弱々しさうな風采ぢや、背中を流す中《うち》にもはツはツと内証で呼吸がはずむから、もう断らう断らうと思ひながら、例の恍惚《うつとり》で、気はつきながら洗はした。

旅僧はこの恍惚的な「鬼神力」をもつ水の女のとりこになってしまいそうになる。婦人の「鬼神力」とは、その魅力に屈した男たちを蟇や蝙蝠や猿や馬に変えて、つき従わせるという魔力であった。ここには先にものべた縄文時代からうちつづく地主の神や大地母神の面影が宿されている。たとえば、「婦人は目を据へ、口を結び、眉を開いて恍惚《うつとり》となつた有様、愛嬌も嬌態《しな》も、世話らしい打解けた風は頓《とみ》に失せて、神か、魔かと思はれる」とあるように、それは「神」とも「魔」とも見まごうばかりの霊威と威厳を秘めている。

不思議なことは、この婦人と小児がなぜこの山奥の人気ない一軒家に住むようになったのか、その由来をかつて僧であったとおぼしき老翁の「親仁《おやじ》」が語る場面である。医者の娘として生まれた女は、玉のような美女で、しかも病人を癒す神通力を発揮するようになったが、病気の小児を家まで送る途中で、「八日を八百年と雨の中に籠ると九日目の真夜中から大風が吹出してその風の勢ここが峠といふ処で忽ち泥海」という大洪水となり、その洪水のために村人たちはすべて死に絶え、生き残ったのはその娘と小児とそのとき村から供をした親仁だけだったという。以来、「嬢様は帰るに家なく、世に唯一人となって小児と一所に山に留まつた」というのである。

これでは、まるで娘と小児は水を司る水の女神とその子の水神童子のようではないか。これは古代の玉依姫伝説と共通する神話イメージをもっている。それに対していえば、老翁 - 親仁は、この母子神を見守り、養い育てる祖（父）神の位置に立っているといえるであろう。

柳田國男や石田英一郎は、スクナヒコナの神、カグヤ姫、瓜子姫、桃太郎、一寸法師、座敷ワラジ、スネコタンパコ、カブキレワラシ、ウントク、ヒョウトク、小泉小太郎、泉小次郎、五分次郎などの一連の伝承を「小サ子」物語として分析し、そこには「霊童もしくは童神が人界に出現して、おおむね何らかの福徳をもたらすという観念が、わが民間に広く分布して」おり、「これらの小童が何らかの形で水界に関係をもつ場合が甚だ多い」（石田英一郎『桃太郎の母』）ことを明らかにした。京都の上賀茂神社、下賀茂神社の鎮座の由来を伝える玉依姫伝説もまたこれとつながる伝承であることはいうまでもない。

思えば、「泉鏡花」という名前そのものが水の女神や水神童子の面影を秘めている。泉＝水、鏡＝月＝水＝霊魂、花＝女・子供、とくれば、その名前のなかにアナグラムのように水神女神や水神童子が秘匿されていることがうかがい知れる。おそらく泉鏡花にとって、「鬼神力」と「観音力」という二つに分化した「超自然力」はもともと一つの「泉」から湧き出る水の力であったのだろう。彼の小説のなかにくりかえし現われる水の女、水とかかわりの深い女は、男たちを破滅に導く大「鬼神力」や魔力をもっているが、同時に子供や老人を養い育て、彼らとの深い交流を保つ存在として描かれているのである。

であればこそ、子供と老人はその女の正体を知っても、いささかも怖れることなくかかわりつづけ、共生していけるのだ。

老翁の親仁はいう。「嬢様は如意自在、男はより取《ど》って、飽けば、息をかけて獣にするわ、殊にその洪水以来、山を穿つたこの流は天道様がお授けの、男を誘《いざな》ふ怪しの水、生命を取られぬものはないのぢや。……いややがて、この鯉を料理して、大胡坐《おほあぐら》で飲む時の魔神の姿が見せたいな」。

水の女は、こうして「男を誘ふ怪しの水」となり、「生命」を取るが、同時にその「生命」を子供や老人とともに森のなかで養い育て、蛇や蛭や蟇のような森の住人と変化せしめる鬼神＝観音となるのである。

日本史のなかのメンター的人物

「メンター」(mentor)とは、ホメロスの叙事詩『オデッセイ』のなかに登場してくる人物・メントルの名に由来する。オデッセウスは息子のテレマコスの教育をメントルにゆだねる。メントルはその信頼に応え、テレマコスの成長を導き、次代の指導者としての教育を授けた。

そして、今日、メンターの語は、職業教育のなかで、仕事上の要諦を教え、コーチをし、その模範となる指導的・教育的役割を果たす人物を意味する。いわゆる、学校教育の場での先生や恩師というよりも、職業にかかわるなかでの指導的役割を果たす人物という意味である。もちろん、職業上の問題ばかりではなく、人生上のさまざまな問題を含めて、後輩の人間的な成長を人生経験に即しつつ指導し支援してくれる人をメンターという。

さて、日本の歴史上でメンターに該当する人物をあげるとすると、まっ先に思い浮かぶのが聖徳太子である。浄土真宗の宗祖として敬慕されている親鸞は、浄土宗の開祖法然の直弟子であるが、生涯にわたり聖徳太子を「和国の教主」として深く讃仰《さんぎょう》した。『聖徳太子和讃』などの讃歌も多く残しているほどである。

聖徳太子は、日本人の「大師《グランド・マスター》」信仰の原点に位置する人物である。「聖徳」というおくり名に示されているように、人々の話を理解し、その心を汲み取り（耳の局面）、人々の悩みや問題の解決を示し表現し得た（口の局面）、すぐれた徳を体現した古代の指導者（王の局面）であった。耳と口の王（聖）とは、すべての悩みや問題を解決することのできる最高指導者という意味である。その意味では、聖徳太子とは、日本人のなかのメンターのなかのメンターと言えるであろう。仏教や儒教を深く学び、政治・経済・教育・文化のあらゆる局面を改革し、道徳と法に基づく秩序をもたらし（憲法十七条）、血統や家柄によらず能力に応じて人材を発掘配置した（冠位十二階）。親鸞ならずとも、多くの人が「和国の教主《グランド・マスター》」として崇めるゆえんである。

その聖徳太子にもメンター的な師となる人物がいた。恵慈と呼ばれた高麗僧である。恵慈は聖徳太子ののもって生まれた本性と本質を鋭く見抜き、適切なアドバイスとサゼスチョンを与え、聖徳太子の精神的支柱となった。メンターには、職業上の優れた指導者という意味が強いが、もう一つ、人生上の先導者とか人生上の精神的支柱という意味が含まれている。

もう一人、歴史上の著名な人物をあげておこう。弘法大師空海である。聖徳太子が日本人の「大師」信仰の原点であるとすれば、弘法大師空海はその中核である。「お大《だい》師っさん」とは、庶民信仰のなかでの弘法大師空海に対する親しみのこもった敬愛の表現である。

空海は、真言宗の宗祖として知られているが、それればかりではなく、満濃池《まんのういけ》を掘って農業用水に活用し、また各地に橋を渡し、井戸を掘った土木エンジニアであり、『性霊集《しょうりょうしゅう》』を著わした詩人・書家、綜芸種智院《しゅげいしゅちいん》という私立大学を創設した教育者としても知られている。多芸・多才のマルチ・タレントを絵に描いたような指導者であった。また空海は、嵯峨天皇の師僧的な役割を果たし、その精神的支柱となった。聖徳太子と並び、空海をグランド・メンターと呼びたいのは、こうした空海の事蹟を総合的に評価してのことである。
その空海にも一人、メンター的な役割を果たした肉親がいた。叔父の阿刀大足《あとのおおたり》である。漢学者であった阿刀大足は、佐伯真魚《さえきまお》と名乗った幼少の空海に漢学の素養を授け、地方官吏の子弟としては珍しく中央の大学に進学することを勧めた。諸般の事情で、空海は他の同級生よりも遅れて入学したが、大学教育の閉鎖性に飽き足らず、出家して私度僧という国家非公認の仏教修行者（求道者）になって諸国を遍歴し修行した。

空海の偉大さは、このメンター的な役割を果たした叔父をさらに大きく乗り越えて自己教育し自己成長した点であろう。大学を中退した十九歳から三十歳で中国に密教を学びに行くまでの十一年間、空海は野に埋もれ、野山を駆けて、仏教の真理を求め独り修行に励んだ。そのときの空海の師は、もちろん『大日経』などの密教経典もあったが、それ以上に「空海」という名が端的に示すとおり、空と海という大自然そのものが大日如来の示現となり偉大なる教師として空海を教え導いたと思われる。老子をあげるまでもなく、賢者はよく自然を師とするのだ。

空海にメンター的なオジがいたように、広い意味での「オジ」や「オバ」の役割を見直す必要があると私は思う。特に、現代のように核家族化が進行する時代にあっては、私たちの社会のなかに、メンター的な役割をを担う「オジ・オバ」を意識的に創出する必要がある。

アフリカなどの部族社会では、親子関係よりもオジ・オバとオイ・メイとの関係が重要視される場合がある。特に、子供から大人になるときの成人儀礼《イニシエーション》にあたり、指導的な役割を「オジ・オバ」が果たす。親子は強い血縁関係で結ばれているが、その強さが支配的過ぎて、時に支配・管理・隷属・反発などを生み出す。

その点、「オジ・オバ」はワンクッション置いた位置から親身にアドバイスやサゼスチョンを与え得る。成人する前の青年は、親から自立しなければならないゆえに、直接親から学び得ないのだ。この点、「オジ・オバ」は側面から有益かつ的確な示唆を与えることができる。

ここでいう、「オジ・オバ」は、血縁上の叔父(伯父)・叔母(伯母)ばかりでなく、地域社会のいわゆる「オジさん・オバさん」をも、また血統上かつ社会上の「オジいさん・オバあさん」をも含む総合概念としての「オジ・オバ」である。職業上の、また人生上の先輩・先達《せんだつ》として、親身に、気さくにユーモアまじりに示唆を与えてくれる存在としての「オジ・オバ」を社会的に創出しなければ、現代日本の社会は窒息状態に陥ってしまうだろう。子供も親も、そうしたメンター的な「オジ・オバ」を求めていると私には思える。

日本の民俗社会のなかで、こうした「オジ・オバ」のメンター的役割を果たした事例が、たとえば、若衆宿や娘宿である。肉親とは異なる地域共同体の「オジさん・オバさん」が親に代わって若者を教導し、その成長を支援した。時には、そうした仮親《かりおや》的な「オジさん・オバさん」の家に複数の若者が泊まり込んで、職業上や日常生活上の指導を受けた。こうした若衆宿におけるメンター的「オジ・オバ」の役割と位置は、今日的な示唆に富む。

伝統的な技芸を伝承する家元制度、密教の師子相承、禅の師家、講などのなかにも、日本の伝統社会のメンター教育が潜んでいる。また、江戸時代の薩摩藩の郷中教育なども、そうした日本的メンター制度の一事例として評価することができる。

いずれにせよ、広い意味でのメンター的「オジ・オバ」を創出できなければ、職業上でも人生上でも、適切な成長をたどることが困難になることは事実であろう。かくして日本的メンターの再編が望まれる。

「神の国」はどこにあるのか？

1　森首相の「神の国」発言を批判する

このところ、世の中どうなっとるんだと思うことが多い。警察の不祥事、青少年の凶悪犯罪、首相の「神の国」発言と、それをめぐる与野党の政治抗争、中山建設大臣の暴言……。

怒りや驚きを通り越して、呆れ果て、捨て鉢になっている人も少なくないのではないか。が、ここでヤケクソになるのをグッとこらえ、ビシバシと問題点を剔抉《てっけつ》し、問題解決と改革への道筋をつけるのが、必要とされる大人の態度であろう。

それにしても森喜朗首相の「神の国」「国体」発言をめぐる与野党の態度はまことに幼稚だった。

かつての宰相・大平正芳は敬虔なクリスチャンであったと聞く。また中曾根康弘は座禅の修養もする仏教徒であると聞く。

もとより、日本国憲法の信教の自由の保障により、日本国民がいかなる信仰を抱くのも、無信仰を貫き、マルクス主義者となるのも自由である。それはたとえ、首相といえども同様である。クリスチャンの首相や仏教家の首相や神道家の首相がいてもいい。個人の内面の精神的自由を何人も束縛できない。

だが、それは何をしてもいい自由でも、何を言ってもいい自由でもない。とりわけ、公務員などの公職にある者の発言と行為には大きな義務と責任が伴う。公共性・公益性・公正・公平を常に念頭に置いた発言や行為が求められる。

ところで何をもって公共性や公益性とするか、また、どのような優先順位や手順・方法でそれを達成するかについては、さまざまな解釈や方法論がありえる。党綱領や党内議論に基づいて、その解釈や方法をめぐる政治信条を開陳するのは自由であり、信教の自由や思想・信条・言論の自由は尊重されねばならない。それを選挙という方法で評価するのは国民一人ひとりの自由判断と自由意思である。

森首相の「日本は天皇を中心とした神の国」や「国体」発言が単なる一自民党員の個人的発言であればこれほど問題にはならなかった。そのような思想・信条を持つ自民党員なのだと判断し、有権者がそれを支持するも反対するも自由だからである。

しかし首相の発言となれば事情は異なる。これは信教の自由や国民主権を侵害する発言となる。行政府の長が特定の宗教団体や企業に有利になるような発言はしてはならないのだ。首相は日本国および日本国民全体の公益性と公共性、公正性を体現すべく務めねばならない立場にある。日本国憲法下の最高責任者なのだ。

それが首相として、神社本庁という一宗教法人の思想と立場に基づく政治活動に加担することは、キリスト教や仏教など他宗教に対する不公平を生む。私人としての信仰や信念と、公人としての思想と行動（発言を含む）を使い分け、バランスを取ることが求められているのだ。

森首相の発言は、保守思想や右翼思想を持つ人の多くには支持されたであろう。だが、それ以外の多くの国民に反発された。確かに報道では発言の本旨と全体が十分に伝えられなかった面もあったが、根本原因は何と言っても首相自身にある。

さて、神道や仏教を中心に日本の宗教思想や宗教文化を研究してきた私からすれば、今回の「神の国」騒動を機に、日本人にとって「神」とは何を意味しているのか考え、日本文化の根幹に根付いてきた「カミ感覚」を再認識してほしい。

日本人にはさまざまな威力を持つものを「神」ととらえる宗教文化や風土がある。例えば、三波春夫は「お客様は神様です！」と言って喝采を浴びた。歴史的にいえば、菅原道真が天神様として祀られ、NHK大河ドラマ『葵三代』の主人公・徳川家康が東照大権現として祀られ、明治天皇と昭憲皇太后が明治神宮に、軍人・乃木希典が乃木神社に祀られてきた。

水の神も雷の神も風の神も、日の神・月の神・山川森海の神も、地震の神さえもいた。日本人にとっては「となりのトトロ」も神の一人であるといえる。

そのような万物に神宿る、霊性のはたらきを見るアニミズム的かつ多神教的風土のなかに日本人の「カミ感覚」があり、そこに仏や菩薩が入ってきても、みな新たなカミの一員となった。その意味では、歴史的・文化的に日本は「八百万《やおよろず》の神々の住む国」であり「神仏の国」なのである。決して「天皇を中心とした神の国」ではない。

こうした日本文化の特色を今年になって私は『神と仏の精神史』（春秋社）、『神道とは何か』（PHP新書）にまとめた。「神の国」や「国体」発言から議論を深めてもらいたい一心で、自民党の森首相をはじめ共産党までの各党党首に『神道とは何か』を寄贈したが、さて選挙に忙しい皆さんが読んで議論を深めてくださるだろうか。期待して待っているところである。

2　岡本太郎と喜納昌吉の冒険

岡本太郎人気が再燃している。子供にも若者にも大人にも大人気だ。どうしてこれほど岡本太郎に現代人が引きつけられるのか。

そんなことを考えながら、つい先ごろ東京都渋谷区青山にある岡本太郎記念館に行ってみた。岡本太郎の〝没後の門人〟である國學院大学生、石井匠君の案内で。

石井君は十九歳の浪人のころ、人生の意味や価値に疑いを持ち、どのように生きていけばよいかわからず、一度ならず自殺することも考えたほど思いつめていた。だれもこの自分の焦燥感や絶望や孤独をわかってくれないと思い悩み、行き詰まっていたとき、上野の美術館に行って、そこで岡本太郎の本に出会った。そこには「生きる瞬間、瞬間に絶望がある。絶望は空しい。しかし絶望のない人生も空しいのだ。だれでも絶望をマイナスに考える。だが、逆に猛烈なプラスに転換しなければならない。絶望を彩ること、それが芸術だ」と書いてあった。

その言葉に彼はいのちの輝きと希望を見出した。そして、岡本太郎の作品を見、彼の言葉をむさぼるように読み進めながら、「俺も生きていっていいんだ。生きていけるんだ」と強く思った。これが石井君の転機となった。彼は岡本太郎の芸術と言葉に生命の爆発、いのちの創造性の炸裂を見たのであろう。その後、彼は考古学専攻の道に進み、絵を描きながら縄文文化の研究をしている。

その縄文文化の美と豊かさを発見し、世界に広く訴えたのは岡本太郎であった。岡本太郎は縄文土器に強靭で高度な芸術性、呪術性、精神性（霊性）が生き生きと息づいているのを見出した。おそらく、彼は自分の芸術創造の根源にある名状しがたい生命力の炸裂と同質の炸裂を瞬時に見て取ったのであろう。縄文の発見は、岡本太郎にとって、より深く自分自身を知る運命的かつ必然的出会いであったといえるのではないか。

岡本太郎記念館で彼が描いた「母」という書を見て、私は「ここに踊る母、ダンスする愛と豊饒力に満ちた宇宙的母がいる」と思った。岡本太郎にとって母とは踊るいのちの宇宙の力動なのだろうか。

岡本太郎人気の秘密は、案外、こんなところにあるのかもしれない。閉塞感が漂い、混迷の深まる先行き不透明の時代であればあるほど、生きていることの根底に、爆発する超新星のようないのちの再生力、破壊を伴う創造力があることを明示する岡本太郎の芸術と人生と言葉は、現代人の魂を激しく打ち続けるのかもしれない。恒星的な起爆力をもって。

子供たちは「芸術は爆発だ！」と叫ぶ岡本太郎の声が聞こえると、大声で笑いながら「あっ、タローさんだ！」と口々に叫んで音源のヴィデオのところまで駆け寄ってくる。子供は岡本太郎の純粋な創造力、自由な遊び心にいち早く反応するのだ。大人になっても老人になっても、このような創造的な遊び心は人生を豊かに生き抜くためには不可欠のものである。

その岡本太郎と喜納昌吉《きなしょうきち》にはとてもよく似ているところがある。預言者的な風貌と言動。的確で鋭い洞察力と諷刺に満ちた言葉。用い方によっては毒にも薬にもなるそれらの言葉は、彼らの魂と経験の純粋エネルギーの結晶である。

喜納昌吉は主張する。「すべての武器を楽器に！　すべての基地を花園に！　すべての人の心に花を！　戦争よりも祭りを！」

短いが、本質を突いた魂に届く言葉だ。彼は一貫して「花」を歌い続けてきた。彼にとって「花」とは、一人ひとりの霊性の実現を意味し、同時にそれは創造的平和の基台となる存在の祝祭を象徴する。私の何人かの友人は『すべての人の心に花を』を日本の国歌にするべきだと主張しているが、説得力のある意見の一つだと思う。

平和を実現することは難しい。人類の歴史と文明の発展は、戦争の歴史と戦争技術の発展でもあった。現在、沖縄には日本国内の七〇パーセントの米軍基地が集中している。沖縄は日本の圧政と世界史的矛盾と闘争の集約された土地である。

その沖縄で二〇〇〇年七月十七日から二十三日まで、喜納昌吉は世界中の先住民族や芸術家や芸能伝承者に呼びかけ、「ニライカナイ祭り」を行なおうとしている。ニライカナイとは沖縄の人々にとって、魂の故郷であり、「永遠の鳳凰に祝福される神々の邦《くに》」であった。あらゆる生命の根源にして、母なるふるさとである海のかなたに、その「神々の邦」はあると信仰されてきた。

いのちと文化の蘇生（ルネサンス）を願って、沖縄サミットの最中に、沖縄最高の聖地、斎場御嶽《せいふぁあうたき》や名護市辺野古湾の海辺で行なわれるこのニライカナイ祭りに、阿波踊りの文化と魂で育った私も駆けつけたい。吉野川第十堰住民投票の会世話人だった徳島市議会議員の村上稔も駆けつけるという。

「天と地が交わるところ　それは祭りである」と喜納昌吉は言う。破壊ではなく、創造を！　戦争ではなく、祭りを！　憎しみではなく、祈りを！

3　新しい現代の祭り

暑い夏だ。どうも去年あたりから、日本の夏が熱帯化しているように思えてならない。まるでバンコクかハワイかバリ島にいるような気分になってくる。異常にたくさんの虹を見るからかもしれない。

その暑い日本列島に夏祭りが渦巻いている。京都の祇園祭、那智の火祭り、大阪の天神祭、青森のねぶた祭り、仙台の七夕祭り、高知のよさこい祭り、そして徳島の阿波踊り……と、暑さを吹き飛ばすかのような雄壮な祭りが次々と日本列島に炸裂する。

そうしたなか、伝統的な祭りとは一味違った新しい現代の祭りの二つに参加したので、その報告をしたい。

一つは、七月十七日から二十三日まで沖縄で行なわれたニライカナイ祭り。沖縄の音楽家、喜納昌吉の提唱するこの祭りに、在日コリアンでシンガー・ソング・ライターの白竜や朴保《パクポ》バンド、石見《いわみ》神楽、韓国のサムルノリ、アイヌや朝鮮の民族舞踊、沖縄のエイサー、南越谷の阿波踊りなど、ロック、フォーク、伝統芸能が豊かにかつ多様に入り乱れて真夏の夜を熱く彩り染め上げた。とりわけ、韓国の民族音楽をロックのなかに取り込んだ朴保の歌と演奏は力強く、心にしみ通った。

「ニライカナイ」とは、海のかなたから訪れてくる神々が豊饒と幸いをもたらすという、沖縄における民俗的な海上他界信仰である。喜納昌吉は一九八四年からこれまでに三度、このニライカナイ祭りを行なっている。二〇〇〇年七月の今回で四度目だ。

喜納昌吉は言う。「ユートピア、フリーダム、仏国土、神の王国。あらゆる形容詞をもって表現されてきた人類の夢のとびらが花開く瞬間である。その大いなる人類史の直感で動いてきた魂のアーティストたちが、歌い、踊り、祈ることで、まさに新しい天と地がひらく」と。

この祭りで特筆すべきは、第一にアメリカ先住民族のイロコイ連邦とホピ族のクランマザー（族母）たち四人や、アメリカ人のデイブ・デリジャーをはじめ非暴力・平和運動家が一堂に会して、私たちとともに合同の祈りと「ピース8《エイト》危機監視会議」を持ったことである。宗教・宗派を超えた祈りによって平和を願う心情を共有し、それぞれが抱え、直面している問題や壁を率直に語り合うことによって現代の危機を認識し、ともに理解と連帯を深めつつ、それを乗り越えていこうと励まし合った。

沖縄サミットの期間中に、あえてもう一つの民間のサミットと祭りをぶつけることで、基地問題に揺れる沖縄から平和の祈りとメッセージを発信したのだ。

神戸元気村代表の山田和尚から届けられた広島に落ちた原爆の残り火「こころ」を献灯し、その前で浄土宗総本山知恩院式衆、浄土真宗西本願寺派大光寺衆徒、同大谷派准堂衆有志が海外からのゲストとともに祈り、声明と散華をささげた。

最終日、会場の辺野古湾沖の海上からダブル・レインボーが架かった。だれもが「ニライカナイ」からの応答と贈り物と感じ取った。虹に包まれて光る海上の小さな島は、黄金の島ジパングと言いたくなるほど美しく荘厳だった。「神の国」とは戦争のための基地のある国を言うのではなく、このように美しい平和な虹の島を言うのであろう。

もう一つの祭りは、新潟県で行なわれている「大地の芸術祭」の参加作品、画家の内海信彦のサマー・セッションである。七月二十八日から三十一日まで行なわれたこの催しに、ポーランドやペルーから五人の芸術家の参加があった。

今年八十歳になるポーランドの女流文学者、ダヌタ・ブジョスコ・メンドリックは、ナチス・ドイツに対するレジスタンス運動により十五カ月間、ポーランドのマイダネク強制収容所に収容された。そして、死への恐怖や絶望と闘いながら、収容所内で地下ラジオ局のアナウンサーとなり、人々に生きる勇気と励ましを与え続けた。

彼女は「私たちが生き残ることができたのは芸術の力、特に音楽、歌の力が大きかったと思います」と語った。極限状況のなかで、シューベルトの『アヴェ・マリア』や民謡を静かに合唱し、それによって生きる力を得たという。

ダヌタの話を聞きながら、つくづく、そこでは歌は祈りであり、魂を浄化せしめる力を持っていたのだと思わずにはいられなかった。収容所のなかで、ダヌタさんたちはひそかに四回のコンサートを持ったという。人はいかに歌を必要とし、それによって救われることがあるのか、彼女の話はそのことをつぶさに実証していた。

『鳥の飛ばない空』『命のゼンマイ』『マティルダ』などの作品で著名なダヌタは、ドイツのアーヘン市平和賞を受賞した平和運動家でもある。


七月の末に日本列島の北と南の新潟と沖縄で、ネイティヴ・アメリカンのクランマザーやポーランドの芸術家と親しく触れる機会を得て、平和を希求し創造していく女性の力強く、激しく、そして優しい生命力を強く感じ取った。喜納昌吉と内海信彦という稀代のアーティストが現代に問いかけた二つの祭りの試みは参加した私たちの魂と身体の奥底から、勇気と生命の起爆力をかきたてたいのちの叫びであり、祭りであったと思う。

4　舞踊する肉体と精神と帰依

建築家で舞踊評論家の古沢俊美と話し込んでいると、いきなり斜め前方から勢いよく突進してくるモノがあった。暗転もいかなる前触れもなく、突然、踊りが始まったのだ。

不意打ちをくらった状態で見ていると、全身を目いっぱい動かしながら、舞台上に張りつめた空間を創造してゆく。腕がしなり、湾曲する。腰はくねり、反り、屈曲する。そして次々と姿形を変えながら、時には四角に規則正しく歩いたりする。姿形が美的頂点に達しようとする瞬間に崩れ始め、次のフォルムに不定形に移行していく。

身体運動の限界点まで、全力をふりしぼり、時にはフッと力をぬいて、踊り切る。練りに練り、稽古に稽古を重ねた末に投げ出された存在を前にして戦慄が走った。

これは、観客に見せるためではなく（もちろんその意図があるがゆえの公演なのだが）、本質的に、自分自身のために、いやそれ以上に、自分自身を超えておのれを動かしている何ものかのために踊られているのではないか。踊りの〝見せ物〟ではなく、ただひたすらに「私は踊る」という踊りを踊っているのだ。

その踊りに対する純粋な帰依のようなものに深く心を動かされ、崇高な感情をさえ抱かされた。この舞踊家が向かい合っているのは、自分自身であり、自分を超えておのれを動かしているものであり、世界であり、大いなる聖なるものではないか。それと対峙し、一人で闘いきり、そしておのれを捧げつくす。みずからの踊りを通して。

その帰依の深さ、至純に悲しみの念をすら抱いた。痛いような、哀しいような運命的な時間。ひたむきで素直で、しかも訓練しきり、磨きぬいた身体運動をもっておのれをゆだね捧げきる。その徹底的に自己の身体性に没入していきながら、同時に自己投擲してゆく精神性。

そこでは、肉体はそのまま精神の姿を示している。肉体が限りなくその精神の姿形を明らかにし露わにしてゆく秘蹟のような瞬間。ふるえるような戦慄と痛みと深いカタルシスに襲われて震撼した。

踊りを見てこのような深い感動と戦慄をおぼえたのは初めてだ。観客がそこにいようといまいとひたすらに踊る。てらいもおもねりもこびも勿体ぶったところもなく、世界に向かい、自己に向かい、無のなかから立ち上がっていく運動の生成に成り切る。そのすがすがしい潔さ。勇気。

舞踊家の名は安藤洋子。一九六七年生まれ。ジャズ・ダンス、モダン・バレエを学び、木佐貫邦子や外国の振付け師に師事したとチラシの紹介記事にあった。

しかし私は、彼女が、いつ、だれから、どのような技法の踊りを学び、いかなるダンス思想にふれて、それをわが身に消化し、身ぶりやふるまいのヴォキャブラリーを増やしていったかの経緯について、さほどの関心はない。

それよりも、今ここに現前している肉体が、まぎれもなく舞踊する肉体でありながら彼女自身のむきだしの精神と化していることに衝撃を受けたのだ。肉体がこれほどまでに直接的に精神と化すことに奇跡のような思いを抱いたのだ。肉体の運動にすぎぬといえばいえる舞踊のなかに、とてつもなく深い精神性や宗教性を感じたのだ。一言でいえば、それは至純の帰依、である。

おそらく安藤洋子は何か特定の信仰を持っているというのではないだろう。にもかかわらず、踊りへの一心の帰入を通して、全身全霊を極限まで使い切り、肉体の限界に果敢に挑戦しながら、自己と格闘し、たった一人で世界と対峙し、無からの創造と表現を展開していく彼女の姿は、半端な宗教家よりも本質的に宗教的であったと思う。

いっさいの装飾や虚飾をはぎとり、唯物的におのれの肉体の運動に集中する姿勢は、その音・音楽や照明や舞台空間ともどもすぐれて現代的であったが、にもかかわらずそれは太古の踊りの源泉にまで深く通じ、はるかな踊る時間を生きていると思わせた。レトリカルで装飾的な意味や観念の産出ではなく、ひたすら即物的な肉体的運動をその遠い果てまで推進していきながら、それがそのまま精神の姿形を彫琢するというパラドクシカルなダイナミズム。

東京の天王洲アイルのスフィアメックス・フリンジ・ダンス・フェスティバルの最終日の一等最後に踊られたその踊りは、踊りという芸術形式が持つ至福と可能性と美と哀しみを全的に示しえた作品であった。踊りの苦痛が踊りの悦楽へ、踊りの悦楽が踊りの哀しみへ、そして踊りの哀しみが踊りという祈りへと転形し、静かに変容していくさまを目のあたりにして、私は深く浄められ、勇気づけられた。いかなる宗教家の言説よりも間近に宗教に触れたような思いにとらわれた静寂の一夜であった。

5　三宅島の噴火に思う

二〇〇〇年七月八日、三宅島の雄山が噴火し、同九月には全島民避難の緊急態勢に入った。今回の噴火で雄山山頂（八一三メートル）に陥没火口《カルデラ》ができ、その空洞部分の容積は八月二日時点で東京ドーム三四四杯分にあたる四億二六〇〇万立方メートルになったという。

またもや自然の猛威を見せつけられた思いがする。十四年前の伊豆大島の三原山の噴火の時もそうだったが、この世のものとは思えないほど凄まじい噴煙で、島の空気も日常生活も一変した。

これによって避難を余儀なくされた島民の生活はきわめて不安定で不安なものとならざるをえない。建物や田畑や家畜などの心配、家族や親類縁者の健康の心配、また避難先で生業を立てていくために仕事を見つけられるかどうかの心配、新しい環境で子供たちが元気よくいきいきと勉学に打ち込めるかどうかの心配、受験生ならば受験勉強に集中し実力を発揮できるかどうかの心配……、と心配の種はつきないだろう。

当事者でなければその苦しさや不安はほんとうにはわからない。何ごとも体験しなければその実態はわからないものだ。そしてそこから何を学び、何をつかみ、その後の人生にそれをどう生かしていくかも一人一人ちがう。たとえ当事者であってもその経験の内容はそれぞれちがっている。一人一人の顔かたちと個性とその人生がちがっているように。

折しも、九月となり、三宅島の子供たちは都内の避難先の学校で新学期をむかえた。子供たちは環境に適応するのが早いといわれる。そうかもしれない。いつのまにか新しい多くの友だちをつくって、楽しげに語らっている姿をよく見かける。危機をバネにして大きく成長していくのが子供たちの生の創造力なのだろう。

しかし同時にその奥で、子供たちの心には屈折した不定形な不安感情が何層にも隠されていっているのではないだろうか。阪神淡路大震災を体験した子供たちの多くがそうだったように。

「酒鬼薔薇聖斗《さかきばらせいと》」を名乗った少年Aは、小学六年生のときに地震によって神戸の都市が崩壊していくのを体験した。私立中学を受験したとか受験しようとしていたとかと報道されていたが、小学校から中学校へと切り替わる人生の重要な節目に大震災を体験したことの与えた衝撃はわれわれ大人が考えている以上に大きなものがあったと思う。後手後手に回った当時の村山首相の被災地への対応に対する強い怒りと批判の文章を卒業文集に寄せていた。その少年Aの世代が、昨今事件を多発させている問題の「十七歳」、高校三年生の世代であり、私の息子も同学年だ。

神戸被災地のあるお寺の住職さんは、震災後ボランティア活動に全力を投入してきたが、被災者の「心の復興」には時間がかかるし、特に子供や老人においてはなかなか難しいと話していた。その「心」の内がよく見通せないからだ。そして、震災当時小学三年生であった次男の将来にどういう影響が出てくるかが心配だ、と私に語った。

あの年（一九九五年）、「ボランティア元年」といわれたほど多くのボランティアが神戸に集まった。私の友人で、今は山形県鶴岡市市会議員をしている草島進一さんもとるものもとりあえず神戸に駆けつけ、そこで出会った同じボランティアの山田和尚さんに協力してボランティア・グループ「神戸元気村」をつくり、それまでの仕事も辞めて、一人のボランティアとして救援活動に専念した。

神戸元気村代表の山田和尚さんは横浜の真言宗のお寺で得度している人でもあるが、神戸元気村に至る活動のプロセスを今年の三月に『いのちの力をつかまえろ』（サンマーク出版）という本にまとめた。その第四章は「一人が動くことから世界は変わる」と題されている。そして、そのなかに『知る』ことと『気づく』ことはまったく違う」、「誰にでもその人にしかできない役割がある」、「自分の人生の扉を開けるのはあなた自身」、「奇跡を起こすのは神でなく、人間である」と書いている。山田さんの結論は、「人を助けることは自分を成長させる近道」というものである。

一九七二年七月、徳島県に集中豪雨が降り、県下で一軒が山津波に呑み込まれて家屋が全壊した。私の実家であった。それまで放浪生活をしてふらふらしていた大学生の私は、家を失って初めて、誰を頼りにもせず、自分自身で自分の人生を生きていかなければならないのだと覚悟した。大学をやめて働こうと思ったが、私を雇ってくれるところはどこにもなかった。どこにも行くところをなくして、私は本気で勉強しはじめた。

人生はどこからでもやり直せる。しかし、それまでの人生もその後の人生もみな自分自身が責任を負う。確かに、「一人が動くことから世界は変わる」。その「世界」をどう変えるかは自分の責任であり、そこに人間の自由があるのだ。

今、小中高の児童・生徒に二週間か一カ月の奉仕活動の義務化の法案提出が論議されている。いったい「奉仕」とは何か、それは「強制労働」とどうちがうのか、「奉仕」を「義務化」するとはどういうことなのか。子供の創造力と倫理意識の醸成に教育がどうかかわるのか。明確になるまで論議してほしい。論議するだけでなく、まずは論議する当の大人自身が「奉仕」を実践してほしい。

終章　翁童のゆくえ

生命観の変革と「翁童論」

少女漫画家・大島弓子の漫画作品『夏の夜の獏』に奇妙な家族像が描かれている。八歳の男の子の眼から見た、大学生の兄、両親、祖父の三世代家族が描かれているのだが、奇妙なのは、八十歳の祖父が一歳の乳幼児、両親や兄が十代の少年少女として描かれ、小学生の主人公が二十歳の青年の姿で描写されている点だ。作者はこの一家を子供から見た精神年齢の世界として描いているのである。そこでは、実年齢と精神年齢とは反比例し、一番の年長者が八歳の子供となる。

これは奇妙な家族像であるが、しかし変な現実感がある。子供が大人で、大人が子供っぽい。子供と大人の境界があいまいになってきている。生と死の境すらもうすぼんやりとして、生についても、死についても、確かな実感がわかない。二十世紀後半の文明社会は、いよいよはっきりとイニシエーションなき社会の相貌をあらわにしつつある。

それは現代社会が明確な人間像をもちえない社会であることを示している。そして同時に、だれしもがはっきりとした人生観をもちえなくなった不透明な時代であることを示すものであるだろう。

いったい、人間がこの世に生まれてきて、成長し、大人になり、そして老いを迎え、死んでゆくということは何なのだろうか。近・現代文明は、生と死を私たちの身のまわりから見事に隔離した。誕生と死は病室で管理され、処理される物体―商品―記号の流れであるかのようだ。人生というものが生きる主体から離れて、システムに管理され、流通させられて、他人事のように消費されてゆく。私たちは畏《おそ》れと敬愛と哀惜の思いをもって、誕生したばかりの赤児や遺体に触れる機会をどんどん奪われている。だれもが他者の身体に触ろうとしなくなった時代、いや、ごく自然に触るすべを見失った時代、それが現代なのかもしれない。人間と人間との距離、人間と物との距離、人間と自然との距離、その距離のとり方が見えなくなり、伝えられなくなった時代ともいえようか。

この（一九九〇年）三月に北京で行なわれた「神秘学と科学」をテーマとした日中シンポジウムの席上で、中国科学院の数学の終身教授、牛実為は、二十一世紀は「生命科学の時代」になるだろうと力説した。私も生命の秘密を解く作業がこれからの最大のテーマになると考えている。シンポジウムでは、自然科学者が道教や密教や気功のもつ自然観や生命観をとり上げ、さらには徳が重要な話題となった。神秘学と科学の接点を探る試みには、知性と徳性と力性（霊的体験、超能力、ＥＳＰなどを含む）の調和と統合が必要であることが確認されたことは興味深い。

というのも、ここで焦点となってきたのが、近代的な人間像ではとらえきれなかった全体的な人間観だったからだ。生命観ないし人間観の変革なしに二十一世紀が展望できないことがだれの目にも明らかになってきたからだ。

このところ、私は長らく関心を持ちつづけてきたテーマを数冊の著作にまとめた。そのテーマは大きく三つある。（1）人間論、（2）言語論、（3）場所論――の三つである。これらは相互に切り離すことのできない不可分の問題領域なのであるが、私はその領域を「翁童論」という統一的イメージでとらえなおしてみた。

それによって、近代文明社会で捨象され排除されてきた誕生と死、あるいは子供と老人の精神史的意味を掘り起こそうと試みたのである。そして、神話と民俗儀礼とライフ・サイクルや種々の物語を手がかりとしつつ、子供と老人の逆対応的共通性を明らかにし、この両者をつらぬく「翁童存在」とでも呼びうる存在論的イメージのあることを指摘した。

子供と老人は、死としての誕生（霊的死＝肉的誕生）、誕生としての死（霊的誕生＝肉的死）という逆対応する存在でありながらも、翁を内在化した童（＝霊翁）という霊的過去の影を宿した子供、童を内在化した翁（＝霊童）という霊的未来の影を宿した老人として、ともに霊性の軸を共有し、相補的に連続し合っているととらえたのだ。老少あるいは翁童の生命的連続性ないし霊的継承関係を指摘したのである。つまり、翁は童を内在化し、童は翁を内在化しているということだ。

こうして、私は「先祖」が単に過去に存在するばかりでなく、現在にも、未来にも存在することを論じた。いいかえると、それは、「先祖」とは「子孫」であるという生命連鎖の事態である。同時にそれは、叡智と慈愛と生命力の象徴としてあった。DNAに保持された遺伝情報という生物学的観点からいっても、「個体発生は系統発生をくりかえす」という胎児の成長過程からしても、また意識の深層にひろがる集合的無意識の観点からしても、「子孫」のなかに「先祖」が宿っているという存在直観は肯定されるだろう。

とすれば、「子孫」である今・ここの私たちこそがまことの「先祖」であり、子供とは「先祖」の変容した姿にほかならない。であれば、先祖崇拝や先祖供養は必然的に子孫崇拝や子孫供養にならざるをえない。端的にいえば、子供を育てることが先祖供養なのだ。したがって、先祖崇拝は墓参りよりも、もっと具体的には幼児教育のなかに現われるはずなのだ。

とすれば、今こそ再度、子供と老人のつながりが文明の未来を占う鍵として問い直されねばならないのではないか。生命観ないし人間観の変革なしに、社会の変革も、文明の変革もありえないと私は思う。地球環境問題の解決も生命観の変革なしにありえない。

現代翁童論

1　翁童折紙研究会

十二年ほど前のことである。ある日、見知らぬ男性から電話がかかってきた。長野某と名のったその人がいうには、自分は折紙の研究と普及に携わっている者だが、あなたの著作『翁童論』を読んでピンとくるものがあり、ぜひ自分たちの折紙研究会の名称を「翁童折紙研究会」とつけたいと思う、どうかそのことを了承していただきたい、とのことであった。

どうしてまた、「翁童」という名を研究会の名前としてつけようと思ったのか、もっと詳しく聞かせてほしいと頼むと、長野氏はいろいろと興味深いことを話してくれた。そのなかで特に印象に残っていることが二つある。

一つは、折紙そのものの発生についてである。彼がいうには、折紙は日本起源の技芸であり遊びである。おそらくは、古くは注連縄《しめなわ》や榊《さかき》などにつける紙垂《しで》の折り方や切り方など、神事や芸能で用いられた紙折りの方法がやがて洗練を加え、包装や折紙の技術を生んでいったものであろう。その折紙は、病気見舞いの千羽鶴や紙飛行機や兜《かぶと》などで親しまれているが、それが日本のオリジナルの技芸であることを知る人は少ない。かくいう私も、折紙が日本起源のものであることを知らなかったのだから、今の若い人で折紙が日本文化のなかでどのように形成され洗練されてきたかを知る人は少ないであろう。

長野氏は日本折紙協会の理事を務めている。この日本折紙協会は、折紙の研究と普及に努める財団法人であるが、内外の人々にもっと日本の折紙の良さを知ってもらいたいためにいつか折紙博物館をつくりたいのだという。その話を聞いて、私は一もなく二もなく、ぜひそのような機関を早く設けてほしいものだと伝えた。

というのも、長野氏の話を聞きながら次のようなことを考えていたからだった。折紙がもし日本起源のものであるとすれば、それは日本の神事や芸能と密接な関係にあったものだろう。『古事記』の天岩戸の段に、天太玉命《あめのふとだまのみこと》が榊に「青和幣《あおにぎて》・白和幣《しろにぎて》」をとりつけて捧げもったという記事がみえるが、それは紙を折ってつけたものにちがいない。その紙の折り方が折紙の神話的起源なのではないか。神前や仏前へのお供え物は、多く、白い半紙を折って三宝に載せ、その上に置くが、それもまた折紙の一種である。組み紐や折紙は日本で独自に発達したが、とりわけ一枚の紙を折ってさまざまなものをつくりあげるという発想は、神や仏がいろいろな人物や形に変身・変化《へんげ》して立ち現われる神仏観と無関係ではないだろう。一枚の紙から無数の変現態をつくりあげる発想と技術は、メタモルフォーゼする神仏のメタファーであり、折紙とは端的に「降り神」すなわち「神降ろし」の技術ではなかったか。

「折り紙は降り神である！」という命題は、長野氏との話のなかで突如ひらめいた語呂合わせ的な直観であったが、私はしばらくこの直観にこだわってみたいと思ったのだ。それが私にとって「折り紙＝降り神」との出会いであった。

もう一つ、印象に残っているのは、長野氏のもとに折紙を習いにきたある老人の話である。あるとき、一人の老人が訪ねてきて折紙を習いたいという。どうして折紙を習いたいのかと聞くと、孫に教えたいからだという。自分は孫に教えたり伝えたりするものを何ももっていないけれど、折紙ならば孫に教え伝えられるかもしれない、と真剣なまなざしで語ったというのである。

この話を聞いて、かつて『翁童論』や『老いと死のフォークロア――翁童論II』（ともに新曜社、一九八八年、一九九〇年刊）を書いたことのある私としては身につまされる思いであった。これらの著作において、私は、人間は子供から大人になり、やがて老人になって死んでゆくというライフ・サイクルの単線的《リニアー》モデルを批判し、むしろ子供のなかにすでに老人性が宿り、老人のなかにつねに子供性が巣食っているのではないかという論を展開した。すなわち、子供は霊界における老人＝霊翁としての面差しを宿し、老人は霊界における子供＝霊童としての面影を宿しているのだと。それゆえ、子供が単線的・直線的に大人になり老人になってゆくと考えるのは皮相な近代的人間観であって、むしろ子供にも老人にも翁童存在という重層し循環する情報・生命系がはたらいていると見るべきなのだと。霊性を軸に見たときに、子供と老人はメビウスの輪のように円環し、スパイラル状に循環するのであると。ここにおいては、子供こそが最先端の先祖であり、宇宙の果てなのであると。

いささか突飛な議論のように思えるかもしれないが、遺伝子と霊魂というファクターから見たとき、このような循環する情報と生命の容れ物としての翁童存在という存在様式は決して荒唐無稽のものとはいえなくなってくるであろう。ただここには、唯物論的な、あるいは近代科学的な人間像や人体像からは一見先祖返りともみえるような霊的世界観が介在しているために、このような観点を形而上学的であるとか観念論的であるとかと批判することはたやすい。「哲学史とは唯物論と観念論との果てしなき闘争である」と言った哲学者はフォイエルバッハであったと記憶するが、ここにいう「観念論」が霊的世界観を内含するものであるなら、私はまぎれもない観念論者だ。しかし同時に、私は霊性が肉体に憑依することによってのみ霊性的進化と完成をとげると考える点で、マテリアリズム（唯物論）の場所にもいる。

ともあれ、前記の著作で、私はこうした「翁童」論を主張し、「翁童文化」の重要性とその現代における再生を説いた。子供と老人との神話的、霊性的かつ生命的つながりの必要を説き、老人ホームと幼稚園や小学校との併設・交流の肉体的・精神的意義と意味を説いた。幼老の交流センターの必要と、その具体的・実際的機会の実現を説いたのである。

現在、老人施設と幼児・児童施設との併設・共有は、徐々にではあるがあちらこちらで試みられ、その試みは増加しつつある。しかしその具体的な成果やソフトウェアの確立・効果というものはまだ十分とはいいがたい。

そのようななかにあって、折紙を老人が孫に教え伝えるというのは、一つのティピカルな老幼交流の具体的かつ文化的形だと思えたのだ。そこにはまず第一に、折紙のなかには「降り神」が宿るという神話性がある。第二に、一枚の紙が次々に変身・変化していくさまを実際に自分の指を通して体験してみることは、存在の大いなる連鎖や重層性、多元性を観念のみならず肉体性をもって体験することになる。第三に、子供にとっても老人にとっても、指を用いて細かい作業を行なうことは、大脳の発達を促し、老化やボケを防ぐ手だてともなる。第四に、この共同の作業を楽しむことで老幼の「以心伝心」の通い合い、共振・協働関係が生じ、そのことが相互の世界の情報を伝え合うきっかけとも窓口ともなる。仲よく紙を折っている子供と老人の間に「神」が降りてくる！　これはまさに一石二鳥、いや一石三鳥、一石四鳥ではないか！

長野氏の話を聞きながら、いろいろな想いが駆けめぐり、いつか必ず自分も折紙を習ってみようと思ったのだった。ただ私の場合は、折紙の勉強の前にぜがひでも「降り神」を究めておく必要があった。そのことが、今日なお折紙の学習を遅らせている最大の障害になっているのだけれど。

2　三尺の童子を拝す老児童学者

『翁童論』を出版してみると、思いがけないところでいろいろと反響があった。「翁童折紙研究会」もその一つであったが、児童学の権威といわれている人物が『翁童論』に刺激されて、『子ども期と老年期――自伝的老人発達論』（太郎次郎社、一九八八年）を著わしたのにはいささか驚いた。一九一九年（大正八年）生まれの児童精神医学者・平井信義氏はその著書の「まえがき」でこう記している。

四十五年にわたって子ども研究（児童学）に熱中している間に、私自身、「還暦」をすぎ、あと半年で「古稀」を迎えようとしている。この十年間、私の頭から離れなかったし、ますます興味を引きおこした研究題目は、からだの「老化」のなかで、こころの発達がどのように行われるかということであった。年寄りしか持ち合わせていない、よいものはなにか。それがつぎの世代の若い人たちに与えるものであり、しかも老人の生きがいに通ずるものであってほしい――ということを考えつづけてきた。

自分としては、なによりも「意欲」が重要であり、他人に迷惑をかけないという意味で「思いやり」のある生活をおくるように努力してきたが、それが私の子ども時代の生活とどのようなかかわりをもっているかについて追求してみたいと考えた。
それはたまたま、NHKラジオで鎌田東二氏の『翁童論』についての話を聞く機会をえ、その後、氏の論説を読み、「おじいちゃん」のこころのなかに、「童心」がある――ということが、私の興味を誘ったからである。鎌田氏の論説は哲学的・弁証法的といってもよく、私には難解の部分が多かったが、私は長年にわたって子どもの研究をしてきたことから、それを実証してみたいという気持ちに駆られたのである。

平井信義氏は、かねて身体が老化していく過程にあって心はどのような発達をとげるのかに関心を抱いていた。それが私の話や著作に触発されて、老人の心の中にある「童心」の探究に向かったという。それも、哲学的、観念的にではなく、経験的、実証的に。しかし、実証的な研究をするには、綿密な計画とそれを実行に移す長い時間を必要とする。七十歳を前にした老人の自分にはそれを完成させるのはなかなか困難である。いつ自分自身が死に直面することになるともかぎらないからだ。そこで平井信義氏は、「自分史を中心に子ども期と老年期との関係について書き残しておきたいという気持ちに駆られ」て、この著作を書きあげたというのだ。とすれば、大げさな言い方になるが、これは自分自身を実験対象・観察対象とした、すべての老人と子供に向けた遺言である。
平井信義氏は子ども期と老年期とのつながりについて次のように記している。

私の子ども研究の結論は、乳幼児期に「意欲」と「思いやり」を育てておけば、りっぱな青年になる――ということである。「意欲」、すなわち生きいきと生きる力は、自発性の発達にともなってさかんとなる。自発性とは、自己課題の発見と選択、そして自己実現となって表現される。

それが子どもに表現される場合は、主としていたずら（探索欲求にもとづく行動）、反抗（主として第一反抗期・中間反抗期・第二反抗期）、けんか（自己主張の衝突）そしておどけ・ふざけ（ユーモアの起源のセンス）などであるが、これらは年寄りにも求められる要素といえる。老人になってもいたずらをして楽しんだり、ユーモアのある言動によって周囲のものを楽しませたり、おなじ仲間と議論したり、世の中の矛盾に対して反抗したりすることができれば、おじいちゃんのなかに童心があるということになる。その点で、さいわいにも、私のなかにはどれもが存在しており、研究室の若い人たちから、「先生は老年反抗期ですね」といわれている昨今であり、ジョークによって周囲のものとともに笑いの多い、楽しい生活をおくっている。

そうした生活体験のなかから、しあわせな人生とは、童心を失わずに持ちつづけることではないかと思うようになった。

ここで平井氏は自らと自らの研究を振り返りながらとても重要なことを語っている。それは、子供にも老人にも、「いたずら、反抗、けんか、おどけ、ふざけ」が必要だと主張している点である。そしてこの五つの要素が「童心」の核心にあると主張している点である。それゆえ平井氏は言う。「老年期にも発達がある。子ども期にいたずら・反抗・けんか・おどけ・ふざけの多かった子は、自発性が発達し、意欲が育ち、死ぬまで生きいきした生活をおくる。〝老〟のなかに〝幼〟があり、〝幼〟のなかに〝老〟がある」と。これは子供と老人の生活を考えるにあたってきわめて重要な指摘である。

とりわけ、私は平井氏がユーモアのセンスをあげている点に注目したい。

一九九三年春、京都の国際日本文化研究センターで行なわれたシンポジウムの昼休み時間に、久しぶりに社会学者の上野千鶴子氏と話す機会があった。そこで、上野氏はひとしきり、「東大の学生は何を考えているかわからない、自主性がない」と例のクールで皮肉まじりの鋭い舌鋒で語った。そして話題は日本の大学院教育がどうなっているのかに移った。彼女は、「大学院なんて、就職もできない学生を温室に飼育しているのは実に罪つくりなことである」という意味のことを言った。それに対して私は、「大学院教育なんてどうせそんなに大したことないのだから罪を感じることはない、むしろ積極的に無用の長物を育てることの社会的かつ反社会的価値を自覚し自負した方がいい、そしてそのなかから仮に一割でも自ら問題を発見する能力をもった人間と、ユーモアを解しユーモアを表現できる知性をもった人物が出てくるなら、それは大成功といえるのではないか」と言った。すると、すぐさま上野千鶴子氏は、「ユーモアは最高等の知性ですよ」と答えたのであった。

私はかねてより、人間には霊力や体力や知力や神力や法力や験力よりも人間力とでもいうべき能力が必要であると思ってきた。その際の人間力とは、まず第一に、ユーモアの能力、第二に、知恵と洞察力。しかしながら、これを大学教育や大学院教育で達成しようとするのはほとんど絶望的である。なぜなら、この人間力はまず幼児期に発現し、生涯を通じて不断に錬磨されつづけなければ生き生きとしたものとはならないからである。私は平井信義氏のいう「童心」のなかにこのユーモアと知恵が宿っていると思っている。

平井信義氏は、幼年期や青年期に発達があるように、老年期にも発達があると主張する。その発達が、では「どのような面での発達」であるかを明らかにしようとしたのがこの著作の第一目的であるという。そして、翁の心の中に童心があるという翁童論の主張を「自分史のなかで明らかにすることによって

〝生きる〟ことの意味を探ろうというのが、この本の第二の目的」であるという。平井氏の考えでは、自殺をするような老人は幼少年期に「生き生きとした生活」をしていなかった人である。

それでは「生き生きとした生活」とはどういう生活であるかというと、先に紹介したように、「いたずら・反抗・けんか・おどけ・ふざけ」の多い生活をしていた子供であるという。こういう特性をもっている子供は、「〝意欲（自発性）〟と〝思いやり（共感性）〟という二つの柱」が形成されているという。そして次のように述べる。

生きいきと生きている子どもは、第一に〝いたずらっ子〟である。〝いたずら〟は、わが国では、〝悪戯〟というあて字が使われ、〝悪〟の範疇で考えられることが多いが、欧米の児童心理学では「探索欲求にもとづく行動（探索行動）」と呼ばれ、その意義が認められている。探索欲求とは、大人でいえば〝研究心〟や〝探検心〟であり、それらは〝好奇心〟にささえられている。〝好奇心〟の強い子どもは、何にたいしても見てやろう、触れてみよう、味わってみようという気持ちがさかんである。その結果として、大人がたいせつにしているものを破いたり、壊したりすることがおきるのであるが、それは、何がたいせつで、何がそうでないかを認識する力が育っていないからである。その認識は、〝思いやり〟を育てる過程において、だんだんに自己統制の能力となって現われてくる。

意欲的な子供の第二の特徴は、大人にたいする〝反抗〟がたびたびみられることである。その意義を認めた欧米の児童心理学者は、二歳から三歳にかけての〝第一反抗期〟を発達期のなかにきちっと位置づけ、さらに思春期の疾風怒濤（Sturm und Drang）ともいわれるような〝反抗〟の現われる時期を〝第二反抗期〟としてその重要性を強調した。私は、さらに、七歳から九歳にかけて多くなる〝口答え〟の意味を発見して、〝中間反抗期〟と名づけた。

第三は、〝けんか〟をくり返すことであり、それは友人との間でもきょうだいとの間でも生じる。〝口答え〟とともに、自発性の発達にもとづく〝自己主張〟の現われであるから、その意義をじゅうぶんに認めなければならない。

第四に、〝おどけ・ふざけ〟が多いことである。私は〝おどけ・ふざけ〟の重要性を感じ、その研究をはじめて七年目になるが、これもわが国では大人たちから悪ふざけと言われることが多く〝悪〟の範疇であつかわれたりする。しかし、自発性の発達している子供にそれらが現われることがわかったし、ユーモアのセンスの発達に結びつくのではないか、という仮説を立てて研究をつづけている。わが国では最初の研究である。

以上を総括すれば、〝いたずら〟〝反抗〟〝けんか〟〝おどけ・ふざけ〟の多い子供が、自発性の順調に発達している〝よい子〟であり、死ぬまで意欲的な人生を送るのではないか――というのが、私の考え方である。

注目したいのは、平井信義氏が子供期のおどけやふざけがユーモアのセンスの発達を促すものだと考えている点である。私も上野千鶴子氏と同様に、ユーモアこそ最高級の知性の産物だと考えているが、この人生の華であるユーモアがどのように形成され錬磨されるのか。平井信義氏が主張するように、それは確かに幼少年期の「おどけ」や「ふざけ」や「いたずら」と関係があるだろうし、「反抗」とも関係があるだろう。

わがままで幼稚な「日本のお父さん」のイメージの一典型に、お膳や茶ぶ台を引っくり返す父親像というのがある。あれは、思うままにならない子供が母親に甘えて道路やデパートで引っくり返って大泣きするのと同じパターンであって、ここにはユーモアのセンスはない。しかし、わがままではなく、いたずら心をもってものごとを引っくり返したり、並べかえたり、とりかえたりして、ものの見方の転換をはかるところにはユーモアのセンスがありはしないか。ユーモアには、体内の体液が流れるという語源的な意味があるが、通風がよい、風通しがよいという含意があり、日本語の風流、風狂、風格、瘋癲とも通じるところがある。いいかえるとそれは、関節を脱臼させ、関係性を組み直して、悦楽的な気を瞬時に流し込むことである。

かつて、十五年以上も前に、宗教学者の山折哲雄氏から一流の学者の条件を聞いて得心したことがある。山折氏は言った、「一流の学者には三つの条件が必要だ。第一に、知性。これがなくては話にならないが、第二に必要なのは、ヤクザ性だ。常識や定説を疑い、勇猛果敢に、また大胆不敵かつラディカルに既成概念を引っくり返し、問題提起し、解答を与えていく力、それがヤクザ性である。そして、第三に、含羞。これが花を添える。知性とヤクザ性がある学者は相当な仕事ができるが、しかし、一流の学者となるには、そうした知性やヤクザ性に対する恥じらいの感覚もなくてはならない。いわば、これは高度に発達し屈折した上等の反省意識であり美意識である。この三拍子がそろったときに、一流の学者が生まれる」と。

これはなかなか含蓄と説得力のある話で、今でも強い印象を残している。考えてみれば、ユーモアも、(1)知性、(2)ヤクザ性、(3)含羞という三つの条件を必要とするのではないだろうか。一流の学者になる条件とユーモアのセンスの必要条件は共通しているのである。そしてそれが老後を生き生きと生きる知恵とも共通してくるのだ。

平井信義氏は述べている。

なかには大人になっても〝童心〟をもちつづけている人がいるが、そのような人は他人からの圧力が少なくなって、〝自由〟な状況が与えられる老年期において、〝童心〟が輝きでてくる。つまり、老いてもなお、〝いたずら〟が好きであり、それが〝ユーモア〟や〝冗談〟と結びつき、言動を通じて他人を楽しませるとともに、自分もまた楽しいという生活を展開する。とくに〝ユーモア〟のセンスの真髄は、意識的に他人を笑わせるようなものではなく、その人のそれとない言動が他人の心を楽しくするところにあり、〝愛〟に通ずるとさえいわれている。

「童心」の五つの要素、すなわち、(1)いたずら、(2)反抗、(3)けんか、(4)おどけ、(5)ふざけは、全体としてユーモアの形成に深くつながっている。そしてこのユーモアは「愛」や「慈悲」とすら通じ合っているのだ。

「三尺の童子を拝す」とき、「三尺の童子」のなかに人は神仏の化現や先祖や肉親や関係者の化肉を見てとることがある。そのとき、「三尺の童子」が、存在の大いなる連鎖と変容のなかで、単に一人の「三尺の童子」であるばかりでなく、無数の生命と存在の累積と関係性の産物であることをはっきりと悟る。童心とユーモアと愛と慈悲は、このような、存在に対する深い畏敬と洞察を内に宿しているものではないか。かくして、『子ども期と老年期』を著わした老学者が示唆してくれたものは甚大であった。

3　老いの光と影

このような平井信義氏の「自伝的老人発達論」は、いってみれば、老いの光明、老いの光の部分を取り上げ明らかにする試みであったといってよい。しかし、必ずものごとには事の半面というものがある。光が当たれば影ができる。闇なきところに光もない。

『論語』のなかに、「少年老い易く、学成り難し。一寸の光蔭軽んずべからず」という一節がある。けだし金言であるが、わかっていてもなかなかうまくいかないのがまた人生というやつである。

さて、「老後ガマスマス楽シクナル本」と鳴り物入りで宣伝された本が出たので早速買い求めて読んでみた。書名は『老《オ》イテマスマス耄碌《モウロク》』（新潮社）、著者は作家の吉行淳之介と山口瞳の両氏である。これは、六十代の半ばに達した二人が、一九九〇年（平成二）三月号の『小説新潮』に、「老イテ益々壮《サカン》」という言葉をもじった「老イテ益々耄碌」という題の対談を行なったのがきっかけとなって、その後、同誌上で合計五回の対談を行ない、それを一冊にまとめたものである。本の帯には、「近ごろ隠居願望いちじるしい山口瞳翁と、もっか四種の宿痾を抱えて疲労困憊の吉行淳之介旦那が交わす、世にも不思議な『コンニャク問答』五篇」とあって興趣をそそる。

漫才の役どころにボケとツッコミという二つの役がある。一方が舌鋒鋭く切り込めば、もう一方が逃げたり引いたり茶化したり、ひっくり返したりズラしたりうっちゃったりとまぜっかえす。この当意即妙の受け答えが漫才の醍醐味であるが、この対談集も、さしあたり、ボケ役の吉行淳之介とツッコミ役の山口瞳が役どころに応じて会話を交わしている。

ところが、ツッコミ役の山口翁も『還暦老人極楽蜻蛉』『還暦老人ボケ日記』『還暦老人憂愁日記』(『男性自身』シリーズ、ともに新潮社)などの著作があるように、相当に錬磨されたボケ役もみせ、タヌキとキツネの化かし合いのように、互いにボケ合い、また時に両者攻守を代えたりとヌラリクラリと「コンニャク問答」にもならぬ「コンニャク答答」がつづくのである。そして、近ごろ頻尿ぎみの山口翁がチョクチョクと厠に立っては話が立ち消え、そこで途切れるかと思えばまたまた継続続行と相なって、話は論理でなく奇妙な生理感覚でつづくのである。

そのなかに、いくつか印象に残る会話があったので引いておく。病気がちで外にあまり出ることなくテレビばかりを見て過ごしている吉行淳之介氏が、午後一時ごろに起きて、タモリを見たりしているうちに、周りが暗くなってきて、すぐ久米宏の「ニュースステーション」が始まってしまうと述懐したあと、次のように言う。

吉行　時間の配給が少ない。しかも、薄いんだな。昔はちゃんとした飯をくれてたのが、今では五分粥《がゆ》とか、重湯《おもゆ》みたいな時間をちょっとくれるんだね。それで、あっという間に夜中になる。このごろ、あまり、ものを読む気もしないし、いい深夜番組もなくてね。ちょっといいのを二つ発見したけど。一つは上岡龍太郎と鶴瓶《つるべ》の「パペポＴＶ」、月曜の。

山口　面白い？

吉行　間《ま》が今までと違っていて、面白いことは面白い。それから「イカ天」ね。

山口　ナウイじゃない。トレンディだ。

吉行　そんなのを見ているうちに寝そびれて、下手すると、塩田丸男さんの顔を見ちゃう。

山口　何、それ。

吉行　朝七時からの「やじうまワイド」。

興味深いのは、吉行淳之介氏が時間の感覚について述べている仕方である。彼はいう。「時間の配給が少ない。しかも、薄いんだな」と。老いて死期が近づき、時間が少ないと感じる人は多いであろう。しかし問題は、その時間の量だけでなく、質も今までとは変わってきていると指摘している点である。時間が薄いというその点だ。昔の時間は「ちゃんとした飯」であった。ところが今では「五分粥とか、重湯みたいな時間」であるというのである。時間が薄まってきているという感覚は、おそらく、忘れっぽくなっているとか、耄碌しているとか、ボケてきているという変化とつながっているのであろう。時間のメリハリがなくなってきているということは、断続的に眠る時間が長くなって、夢と現《うつ》つの境界がはっきりしなくなるということであろう。

この時間の感覚の変化と「老人になってみなきゃ、わからないことってあるんですよね」（山口瞳）という感覚は裏腹のものであるだろう。

もう一つ、非常に面白かったのは入れ歯をめぐるウンチク話である。なかでも、入れ歯をはずして憎たらしい子供に見せて驚かせるという話には思わず笑ってしまった。

山口　最近、覚えたんだけど、子供でね、憎ったらしいのがいるでしょう。そういう奴に、ちょっと来いと言ってね、おじさんは歯が取れるんだぞって、はずして見せる。子供を脅《おど》かすには実にいいな。たちまち尊敬される。

これはほとんど平井信義氏のいう「童心」であり、「いたずら・反抗・けんか・おどけ・ふざけ」の世界である。入れ歯をはずして子供を脅かすというのは、まさにいたずら、おどけ、ふざけ以外のなにものでもない。もちろん、こんなことばかりして子供を脅かしてみせたところで決して生き生きとした老後が過ごせるわけではない。問題は、そうしたことをしてみようと思いつく点、そしてそれを実行に移してみる点、そして第三にこれも大事な要素なのだがそれを語ってみせる点、この三点である。つまり、発想（想像力）と実行力（創造力）と表現力の三つである。この三つが相まって子供を脅かしてみせるとき、確かに「たちまち尊敬される」事態が生ずることであろう。

老いがもつ表現力と表現のユーモアについて、この対談集は示唆するところが多い。記憶力は老いとともに衰弱するが、しかしその衰弱をユーモアのなかにくるんでしまうことはできる。

山口　吉行さんの四十五歳を思い出してください。

吉行　僕は阪神ファンでね。今年は調子がいいので喜んでます。その阪神タイガースに……あ、また忘れた。ああそうだオマリーというのがいる。

山口　ああ、います。

吉行　彼、ロバート・レッドフォードに似てる。

山口　本当のアメリカ青年という感じがしますね。

吉行　ところが、このロバート・レッドフォードという名前が、ときどきフッと消える。一回思い出しても、また消える。やっと憶えたと思って、それを人に話そうとすると、今度はオマリーがどこかへ行っちゃう。そのうち両方忘れてしまう。そうなると、話がなくなっちゃう。

記憶力の衰退は由々しくも哀しき事態であるが、しかしそこをひとたび突き抜けたとき（といってもこれが簡単ではないのだが）、独得のユーモラスで自由自在な境地に到る。その典型が岡本太郎である。彼が朝日新聞社のインタビューに答えた「余白」という欄の記事には、思うさま笑え、そして泣け、さらに尊敬できた。とりわけ、ホテルで自分の名前を忘れ、フロントのホテル・マンに「名前なんかにこだわるな！」と叫ぶくだりには、抱腹絶倒のあまり、哀しくなって涙が出た。

このこだわりを捨てるということとユーモアのセンスには深い関係がある。なぜなら、そこには自己を離れて見ることができるという距離の感覚が存在するからだ。「自分であって自分ではない」という感覚を固有名と集合名と匿名のないまぜになった状態にわが身を置くときに、そこはかとない愛に通じるユーモアが醸成されてくるのである。

「耄碌」について語ろうとしながら、「耄碌」に対するこだわりを捨てていくおかしさと哀しみがこの対談集にはある。

吉行　ところで、今日はこの対談シリーズの最終回なんだね。そもそも、一九九〇年にこの対談を始めた時には、「老《オ》イテ益々耄碌《モウロク》」というのは、洒落として頭にあった。「老イテ益々壮《サカン》」のもじりとしてね。このごろ、本当に耄碌しちゃって、このタイトルを支える力が甚だしく衰えたな。

山口　僕は耄碌ってどういうものかを吉行さんと語り合おうと思ってた。でも、漠然とはわかっているんだけど、言葉にならないんですね、耄碌って……。

吉行　萬壽はひと舐《な》めだけにして、ビールをコップ一杯だけもらおう。

山口　長嶋茂雄が仲人をするというのね、嘘か本当か知りませんが。あの口調で「二人とも褌《ふんどし》で世に出て、いわゆるひとつの前途洋々……」って言ったらおかしいけどね。

吉行　そういえば、プリティ長嶋が、夜中のテレビに出てたね。

山口　プリティ。ギャルですね、それは。

とまあ、かくのごとく「耄碌」にこだわりつつも、そのこだわりから脱け出つつ「コンニャク問答」はつづき、そしてこの対談はついに山口瞳氏の次の言葉で閉じられる。

山口　耄碌について語りたかったんだけれど、耄碌しているもんだから、とうとう出来なかった。

この自己言及的でパラドクシカルな事態をさりげなくさらして、読者を見事にうっちゃり捨てる。『老イテマスマス耄碌』！　確かに書名をはずかしめることのない対談である。

もう一つ、印象に残ったのは山口瞳氏の「あとがき」である。そこで山口氏は、最近の吉行淳之介氏に対して「透き通った感じになったな」という印象をもつ。しかしあまり透き通りすぎると、「茶目っ気」や「ユーモア」を失ってしまうと山口氏は言う。そして最後の方で山口氏はこう言う。

私が一番聞きたかったのは、吉行さんの死生観である。嚙みくだいて言うならば、気持ちよく死んでゆくにはどうしたらいいか、ということだ。私はこれにも失敗した。吉行さんは、そういう野暮な詮索には一切乗ってこようとされなかった。

以上のようなこと、私の耄碌ゆえに、どうか許していただきたい。

ここで吉行さんにお願いがある。どうか透き通ってしまわないでいただきたい。心境が澄んでくるというのはどうも感心しない。茶目っ気があってブラック・ユーモアを愛する老人で通していただきたい。


「死生観」のような「野暮」な話には一切乗ってこようとしなかった吉行淳之介氏と、その吉行氏の「茶目っ気」と「ブラック・ユーモア」を愛する山口瞳氏の掛け合いは、現代の寒山拾得のようで、絶妙のユーモアとペーソスと「老人力」（赤瀬川原平）にあふれていた。

ほかにも、老いと性の関係など、興味深く重要な話題があったが、なにごとも深く突っ込まないところに味があった。「茶目っ気」は、「いたずら」や「おどけ」や「ふざけ」と通じるものである。

どうやら結論は、「老イテマスマス言霭《ユーモア》が必要」とのようである。

霊的進化論が問いかけるもの

1　二種の道具と意識の進化

人類という種族は実にやっかいな種族である。それは自然界のなかに生息しながら、自然界から大きく逸脱してしまったからである。

逸脱の原因は二つある。一つは道具を発明してしまったことである。最初に道具を発見もしくは発明して以来、道具なしで人類は生きてゆけない存在になった。人類は自然環境に依存して生活していると誰もが思っている。それはそうなのであるが、正しくは道具的環境に依存して生きているのだ。自然を自然そのものとしてダイレクトに感受しはたらきかける機構を人類は手離してしまったのだ。

『二〇〇一年宇宙の旅』という映画を覚えておられる方は少なくないであろう。「人類の夜明け」と題されたファースト・シーンで、一匹の猿が動物の骨を見つけて首をかしげ、それを手にして地面をコンコンとたたき、何を思ったか、おもむろに手をふりかざしてその骨の棒を大地に打ちおろす場面があった。それが道具の発見の場面であり、記念すべき「人類の夜明け」を告げるファースト・シーンであった。

問題はしかし、その骨を他の動物や同種の猿を殺害する道具として用いた点にある。スタンリー・キューブリック描くところの『二〇〇一年宇宙の旅』では、人類最初の道具は武器である。映画は武器から宇宙船まで、道具の発明・発展史を一挙に数百万年飛び超えて、二十一世紀にタイム・パンする。

人類の最初の道具を武器だとする説は、戦争の歴史としての人類史を考えればなかなか説得的である。だが私には旧約神話が語るもう一つの説も捨て難い。『旧約聖書』冒頭部はよく知られた天地創造神話が物語られている。神は七日間で天地を創造し、六日目に最初の人間アダムとエヴァを創造する。アダムとエヴァはエデンの園と呼ばれる楽園に住んでいるが、そこで一つだけ神より戒めを受ける。それはエデンの園の中央の樹の実を取って食べてはならないという戒めである。

しかし、エヴァは蛇の姿をしたサタンの誘惑を受け、その実を食べ、夫のアダムにも勧めた。アダムは神に「あなたは園のどの木からでも心のままに取って食べてよろしい。しかし善悪を知る木からは取って食べてはならない。それを取って食べると、きっと死ぬであろう」と言われていた。それに対して、蛇はエヴァに「あなたがたは決して死ぬことはないでしょう。それを食べると、あなたがたの目が開け、神のように善悪を知る者となることを、神は知っておられるのです」と誘いかけたのである。彼らは誘惑に負けてその実を食べた。すると、「ふたりの目が開け、自分たちの裸であることがわかったので、いちじくの葉をつづり合わせて、腰に巻いた」。

『旧約聖書』では、最初につくられた道具はいちじくの葉をつづり合わせたパンツである。栗本慎一郎ではないが、まことに人間は「パンツをはいたサル」なのである。

エデンの園の中央には、善悪を知る木と生命の木があった。その木の実を食べることを神が戒めたということは、人間にはない神の特性が善悪を知る知恵と永遠の生命の二つであったと考えられていたことを暗示する。『旧約聖書』の神話に従うならば、人間は本来的に破戒的存在である。それを原罪と呼ぼうが、何と呼ぼうが、ある屈折と挫折と渇望を抱え込んだ存在だと認識されていることはまちがいない。禁止された知恵の完成に向かわざるをえない存在。至高の知恵と永遠の生命を渇望しながら、つねに挫折と断念にみまわれる存在。その限りでは、『意識の進化と神秘主義』（紀伊國屋書店）の著者セオドア・ローザクがいうように、人間は「未完の動物」（Unfinished Animal）なのである。

人類最初の道具が武器であるかパンツであるかはともかく、この道具を媒介として人間は環境との間に、また自己との間にある切断と間接性と変形可能性を取り込んでしまったのである。道具の発見や発明は人間の想像力や創造力と不可分の関係にあり、その道具的意識を介在させることによって肉体をすら道具化してしまうことができるようになったのだ。宗教や武道や芸能におけるさまざまな修行は、こうした身体の道具視とそれによる究極的な身体に対するヴィジョンなしには成立しえない。

『二〇〇一年宇宙の旅』は、猿から人間へ、そして人間から超人への意識と身体の変容を黙示録的な映像を通して語りかけた。一九六九年に製作されたこの映画は、『意識の進化と神秘主義』（原著、一九七五年）の主題を先取りしている。いずれも、人間という自然界から逸脱した特異な存在の進化論的遠近法を問題としている。『二〇〇一年宇宙の旅』は、この人間の進化すなわち「超人」のヴィジョンを、リヒャルト・シュトラウスの『ツァラトゥストラかく語りき』の冒頭部分を使うことによって、またそれを太陽と地球と月という天体的関係と地球に向かって降臨してくる星童《スター・チャイルド》という映像を使うことによって、聴覚的にも視覚的にもつぶさに表現していた。そしてその進化を司るある神的・超越的・聖霊的はたらきを謎の飛行物体モノリスとして示したのだ。

ところで、人類が自然界から逸脱したもう一つの原因は、そこに反省（内省）的自己意識が芽生えたことにある。その反省的な自己意識は、言語や象徴《シンボル》という間接的な回路によって、自然と人間、また人間と人間の、また神々と人間との間を結びつけた。言語とは人類が発見し発明した、手に持つことのできないもう一つの道具なのだ。こうして人類は、言語と道具という二種類の道具を用いることによって自然界から切り離され、逸脱すると同時に、みずから進化へのヴィジョンと意志を自己内化したのである。

しかしながら、この言語と道具という二種類の道具は、単なる道具ではなく、人間を限りなくその先へと促しつづける秘儀的な道具でもあった。言語も道具もそれ自体呪術的でありかつ宗教的なコミュニケーション回路として成立したのであった。

2 霊的進化論の光と闇

さて、二十世紀後半の「精神世界」のメイン・テーマは、(1)意識の拡大、(2)霊性の開発、(3)霊的進化であったと私は思う。

一九七五年に原著が出版されたセオドア・ローザクの『意識の進化と神秘主義』（原題『未完の動物――水がめ座の境界地域と意識の進化』）は、そのことを豊富な題材と興味深いレトリックでつぶさに描き出している。この書の巻頭には、二つの言葉が掲げられているが、それは「精神世界」の動向が奈辺にあるかを告げている。

出発しよう――ひたすら深い海だけをめざして

危険をおそれず、おお、魂よ、探険して行こう、ぼくは君と、君はぼくと、
ぼくらは船乗りがかつて行く勇気のなかった世界をめざす、
船が、ぼくらが、何がどうなろうとかまわない。

（ウォールト・ホイットマン「インドへの道」）

爆弾はすでに落ちた、ぼくらは突然変異《ミュータント》だ。

（カリフォルニア州バークレー市の落書）

新世界への探険、魂の冒険と投企、突然変異の自覚。これらは相互に密接につながりあっている。そして二十世紀も五年を残すばかりとなった現在、その探険は何を生みだしたか。

一九九五年三月二十日、地下鉄サリン事件が起こり、同三月二十二日、山梨県上九一色村のオウム真理教教団が強制捜索された。その日から日本国民はオウム報道一色のマスメディアにオウム漬けになった。何度も同じ場面がリピートされる。捜索、記者会見、逮捕、殺人、修行、瞑想等々の場面が。そしてくりかえし、教義や憲法草案やイニシエーションが解説された。

この本のなかでローザクが評価と批判と皮肉を込めて取り扱ってきたテーマが、きわめて劇画的に、暴力的に、しかし実に軽薄に実現され、反復されたのである。ローザクは述べている。「じつに多くの人が病的ないし異常なものを超越的なものと同一視したがり、ほんものをマンガやニセモノとまちがえる。一度そういう誤りを犯してしまえば、次はエレクトロニック式悟り、だの、押しボタン式の神の顕現《エピファニー》なんかまで買うことになる。さらに遠からぬところに、よくある精神病や悪魔につかれたような激発

行為を見るたび、無差別に夢中になる事態がある――私たちが位置している転換期の最悪の危険の一つである」と。

ローザクは「現代の精神的冒険の不思議な風景であり、共同の土地」を「水がめ座の境界地域」と呼び、この地域が切り拓かれつつある時代の特性を「高度に精神的な理想主義であり、幻視的経験を招くように開かれた時代である」と輪廓づけ、さらに「この時代の至高の目標は天体的統一、『総合のシンポジウム』なのだ」と主張している。彼は、精神の深みへ、自己の深層的次元へと探針を降ろしていこうとする探究を、その危険性や陥し穴に注意をこらしつつも根本的に肯定する。この「創造的崩壊」の時代にあって、文化的再生への希求と実践に向かう探究に可能性を見出すのだ。

そして、「高次の正気」の表現となり、「文化再生」をもたらす力の三つの特色を次のように規定する。

私たちの世界を支配する、力と権力と利得の悪魔的な社会精神《エトス》からは健全に、集団的に離れているものであること。

社会生活の根本的リアリティとして、同志性と、共に参加するコミュニティが何よりも大事であるとすること。

そのメンバーの超越的エネルギーを目ざめさせるようこころがけること。

つまり、非利己性と同志的共同性と個的霊性の目覚めの三つが互いに手を取り合い、「一本の重要な力」とならなければ、「高次の正気」も「文化再生」も望めないと主張するのである。

私はローザクのいう「高次の正気」の概念はきわめて重要な問題を提起していると思う。というのは、霊的進化論が自己や自己の属する集団の特権化と結びつくとき、もっとも攻撃的で残虐な宗教的暴力が正当化され、実際に行使されることがあるからだ。オウム真理教然り、ナチス然り、宗教的非寛容と異教・異端撲滅に向かったキリスト教然り。オウム真理教はハルマゲドン（最終戦争）後に生き残って「シャンバラ」という理想世界を実現する者は、(1)別の者、(2)神仙民族、(3)霊的進化をとげた者であると主張している。

このような「霊的進化をとげた者」が特権化されるとき、修行や神秘体験やイニシエーションは肥大した自己肯定と絶対的権力機構をつくりあげ、「霊的進化」に遅れた者を抑圧し、支配し、服従させる力と資格と使命を持つという自己幻想と自己過信を生み出す。

第六章「オカルト進化論者」のなかでも取り上げられているルドルフ・シュタイナーは、霊的進化論がこのような排他的な特権意識と結びつかないよう再三再四注意を促している。『いかにして超感覚的世界の認識を獲得するか』のなかでシュタイナーは、「白いオカルティストにとっては、もっぱら一切の存在、人間とその仲間たちの進化と解脱とが問題なのである。それ故彼は、どうしたら進化と解脱を達成する力が育成できるのかについてのみ指導する。彼は没我的な帰依と献身を他のすべての能力以上に尊重する。彼はどんな人間をも直ちに退けたりはしない。なぜならもっとも利己的な人間といえども、浄化されることがあり得るからである」（高橋巖訳、イザラ書房）と述べている。これはいうならば、大乗仏教の菩薩道の精神である。あらゆる存在に仏性や如来蔵が宿され、仏となる種子が含まれている。それゆえ、その種子に水を注ぎ、光を当てて発芽させ、生育させることができれば、みずから仏性を完成成就し、霊性に目覚めると考えるのである。帰依と献身がエゴイスティックな欲望に仕えたり回収されたりすることのない関係性の持続的形成をシュタイナーは強調する。「オカルト進化」論や霊的進化論が特定の個人や民族や人種のカリスマ性の強化や権威づけに利用された歴史のあることに、われわれはどれほど注意深くあってもいい。

これが霊的進化論の闇の領域である。それがしかし闇の道に分け入っているのか、光の道に進んでいるのかはくりかえし問い直されなければならない。道なき道を進む時のきわどい微妙な一点に常に注意をこらしていなければならないのだ。

ローザクの言葉を借りれば、これは「奇形《フリーク》」の問題である。「意識における一つの進化的跳躍――この考えは水がめ座の境界地域の、現代版至福千年説の型となった。生物学的語彙で表現された、大昔から伝わる救済の望み――〈新しいエルサレム〉が進化的な突破によって勝ち取られ、選ばれた少数の灰色の物質の中で孵化した伝播力のある心的突然変異のおかげで世界が救われるという考え方だ。このごろではドロップ・アウトした反体制的少数のメンバーが容易に自分たちのことを『奇形《フリーク》』と言う。自分たちが突然変異の先がけになりたい、新しい時代の望みをささえる新しい人類になりたいという気持からではないだろうか。彼らは自分たちをスーパー民族だと思うのか。（中略）水がめ座の至福千年において、選ばれたもののしるしとは心の突然変異である」。

奇形《フリーク》や突然変異《ミュータント》や新しい人類やスーパー民族への志向は、予想以上に根の深い衝動である。だからこそこの衝動が利己的な自己聖化や特権化に結びつくと、神の如き位置からの絶対的権力と暴力が行使されることになる危険性があるのだ。

そうした暴力性から身をひきはがすことができるためには、第一に、正見（知恵）、第二に、慈悲（感謝・畏敬・愛）、第三に、寂静（聖なる静けさ）が育っていなければならないと私は思う（この点については、拙著『宗教と霊性』角川選書、を参照されたい）。

もう一つは、ローザクがある程度描き出すことができた歴史的まなざしである。歴史的に見るということは、観察すべき対象をより大きな枠組みのなかからとらえ返し、総体のなかから相対化するということにほかならない。ローザクによれば、「水がめ座の境界地域」につらなる運動は、まずルネッサンスに復興し、次に十八世紀後半から十九世紀初頭にかけてのロマン主義の運動に継承され、それが二十世紀後半の「水がめ座の境界地域」に流れ込んでいるという。この見方には私も基本的に賛成である。

ルネッサンスの時代とは、「魔術と神秘主義の地下鉱脈を再発見した時代」で、新プラトン主義、錬金術、キリスト教カバラ、数秘学《ゲマトリア》、占星学、タロットなど、異端思想視されてきた神秘主義諸流派が一挙に息を吹きかえした時代であった。この志向性は、啓蒙主義的理性主義への反抗としてロマン主義運動のなかで再燃する。夢、狂気、空想、恋愛、超自然的憑依現象、麻薬によるトランス、幻覚的インスピレーション、等々。この運動の合言葉は、ウィリアム・ブレイクにならっていえば、「知覚の門を開け」(Open the door of perception)であり、ノヴァーリスの言葉を借りれば、「自然と霊との高次の婚姻」である。またボードレールのいう「諸感性の錯乱」、ランボーのいう「あらゆる感覚器官の長期にわたる筋の通った乱用」もその延長線上にある。いうなれば、意識の変容(変性意識状態)をもたらすあらゆる方法と回路を用いて、意識と身体の変革を求めたのだ。

ローザクはこうした流れのなかに、「自由な宗教性」の発現を見てとっている。それはある未熟さを残しているとはいえ、新しい宗教意識の到来を告げるものである。

宗教学者のミルチア・エリアーデは、二十世紀後半のオカルティズムの流行のなかに、「宇宙的更新、宗教的普遍性、秘儀伝授を通しての霊的成長」という「人間的存在様式の楽観的評価」が潜在していると指摘している(『オカルティズム・魔術・文化流行』未來社)。宗教学者の島薗進は同様の志向性や現象を「新霊性運動」と名づけている。

このような宗教史的な観点から自己の位置を反省的にとらえ直してみることは、みずからの宗教意識を客観視する上で、有効な手だてであろう。その点では、宗教学や宗教史の仕事は一定の意義と役割を持っている。

とはいえ、宗教学や宗教史の研究が新しい宗教意識を切り拓くものでないこともまた自明の理である。それは新しい宗教意識や霊性のあり方を跡づけるだけである。いうまでもなく、宗教学と宗教とは違うのだ。宗教学は本来的に宗教現象の客観的理解をめざしている。問題は、はたしてこの宗教や芸術に客観的理解なるものが可能であるかどうかなのだが、教義や信条や神学（教学）が持つ信仰的前提や予断をぬきにして宗教を理解しようと試みること自体には一定の意義と役割があるだろう。

オウム真理教事件があって、宗教学や宗教学者の学問性とあり方が根底的に問いただされたことは確かである。私自身は宗教学を審神者《さにわ》的な方向に開いていく道がありうると思っており、その努力をしたい。霊的体験や神秘体験におぼれることなく、それを正しく認識し反省するためには霊学や宗教学が必要だと思っている。かつて高橋巌はカントをもじって、「神秘学なき神秘体験は盲目であり、神秘体験なき神秘学は空虚である」と語ったが、認識（理論）と体験（実践）は車の両輪であり、互いに必要不可欠のパートナーである。

ローザクが取り上げているブラヴァツキーやシュタイナーやグルジェフなどの「オカルト進化論者」は、もちろんそれぞれ完全無欠ではないが、認識と体験のさらなる進化（深化）に歩を進めた先達であった。わが国の宮沢賢治もまた「自我の意識は個人から集団社会宇宙と次第に進化する／この方向は古い聖者の踏みまた教へた道ではないか／新たな時代は世界が一の意識になり生物となる方向にある」

（『農民芸術論概要』）と宣言しているが、彼もまたその道の先達であり、ローザクのいう「水がめ座の境界地域」をいちはやく旅した旅人であり、霊的進化論者であった。

「正しく強く生きるとは銀河系を自らの手に意識してこれに応じて行くことである／われらは世界のまことの幸福を索ねよう　求道すでに道である」と訴えた宮沢賢治の霊的進化論は、大乗的な菩薩道の展開としてあった。

これらの貴重な先達の仕事を通して、私たちはみずから霊的進化論が問いかけるものを受けとめるべきであり、その光と闇の両方を厳しく認識すべきである。その点で、ローザクの研究と指摘は一定の指標もしくは指針として有用である。

捨て子幻想と超越衝動

「血統妄想」と「貰い子妄想」

精神医学者の木村敏は、『人と人との間』（弘文堂）のなかで、西欧と日本の子供が抱く妄想に基本的な違いがあるという実に興味深い指摘を行なっている。そしてそれを「血統妄想」と「貰い子妄想」と名づけて対比する。つまり、西欧の子供たちは、自分が王族や貴族など高貴な血を引いているという妄想を抱きがちなのに対して、日本の子供たちは、そうした「血統妄想」のかたちをとらず、どこかから貰われてきたとか拾われてきたという妄想を抱くというのである。前者の妄想においては出自が明確で、そのためある血統と自己とを同定しやすいのに対して、後者の妄想では自己の真の出自はついに曖昧なままで漠としており、自己をアイデンティファイする明確な血筋も対象も見出せないのである。

おそらく、この違いは西欧人と日本人の自我の構造もしくはその確立のしかたの違いと深い関係があるだろう。自我をある特定の統合点に向かって閉じる方向と、その反対に、自我をある不特定の解体点に向かって開いていく方向の違いであるといえようか。

たとえば、「血統妄想」の子供の夢見るヒーローはスーパーマン（高貴な異星人の王族の末裔）であるが、「貰い子妄想」の子供の夢見るヒーローは、古くは桃太郎や一寸法師、新しくは聖闘士《セイント》・星矢《セイヤ》や孔雀王であろう。後者のヒーローはいずれも拾われてきたり、みなし子であったりする少年たちなのである。どうやら、家族の影の薄いヒーロー、というよりも、家族を超越するヒーローが「貰い子妄想」圏の子供たちのヒーローのようなのだ。

考えてみると、人気漫画や人気アニメーションにはいわゆる欠損家庭の子供が主人公になっている場合が圧倒的に多い。そこにはいわば「捨て子感覚」が横溢しているのだ。もちろん、「桃太郎」や「一寸法師」をみるまでもなく、「捨て子＝拾われっ子＝貰い子」という設定は、昔話や民話などの物語の常套手段である。このことは、霊魂が来訪し肉体に宿ることによってこの世に一人の人間として誕生するという民俗的霊魂観と深いつながりがある。桃太郎や一寸法師はそうしたオトヅレてくる霊魂の象徴だともいえる。

現代に巣喰う宇宙的孤独感

私はかつて『老いと死のフォークロア』（新曜社）のなかで、現代日本の少年少女漫画のヒーローが「運命の子」として描かれ、宿命的な苦悩と特殊能力を生まれながらに背負わされていることを検討した。そして、この「運命の子」がいわゆる人間的な世界での親を持たず、神話的親というべき親によって運命づけられ、その神話的親の本性と由来を知る育ての親によって養われ、いつしかおのれの数奇な運命に気づいていく過程を辿ることの意味を分析した。つまり、生みの親と育ての親の二種の親によって、運命と能力と人間世界の仕組みに気づくようになる主人公の生の意味を考察したのである。そしてそこに、現代の物語作者や子供たちの心の奥底に現世的な親子関係、家族関係、社会関係からの脱出願望が隠されていることを指摘した。それは、いかなる家族のもとにあっても「家無き児」感覚にとらわれる、浮遊する現代文明に巣喰う宇宙的孤独感と無関係ではないだろう。

たとえば、驚異的な売行きをみせる吉本ばななの小説のほとんどが家族の欠損、欠如、変態を物語っていること、また、『うたかた』の主人公鳥海人魚は、「私はその〝捨て子〟というものすごい、わくわくする設定に心をひかれて、母のとなりへ寄っていった」というメンタリティの持ち主で、「捨て子」である異母兄の高田嵐に恋をする少女として描かれていること、デビュー作『キッチン』の冒頭に、「私、桜井みかげの両親は、そろって若死にしている。そこで祖父母が私を育ててくれた。中学校へあがる頃、祖父が死んだ。そして祖母と2人でずっとやってきたのだ。／先日、なんと祖母が死んでしまった。びっくりした。／家族という、確かにあったものが年月の中でひとりひとり減っていって、自分がひとりここにいるのだと、ふと思い出すと目の前にあるものがすべて、うそに見えてくる。生まれ育った部屋で、こんなにちゃんと時間が過ぎて、私だけがいるなんて、驚きだ。／まるでＳＦだ。宇宙の闇だ」と天涯孤独となった状況が表現されていることなどをみると、現代の家無き児感覚や捨て子感覚の心象風景が見えてくるかのようだ。

一人一人が内に「宇宙の闇」を抱えており、同時にまたその「宇宙の闇」のなかでそれを通してしか人間同士の出会いや恋愛を実現していくことができないという「宇宙」感覚があるのだ。

ヒーローは家無き児

人気アニメ作品から例を引いておこう。

『聖闘士《セイント》・星矢《セイヤ》』（車田正美原作）の主人公、ペガサス星矢、ドラゴン紫龍、キグナス氷河、フェニックス一輝、アンドロメダ瞬は、両親のいないみなし子として育ち、グラード財団の長・城戸《きど》光政によって、女神アテナの聖闘士《セイント》となるために世界各地に送られ、修行を積み、おのれの内なる「小宇宙《コスモ》」を燃やす技を身につけて、ついに念願の青銅の聖闘士となる。聖闘士には、黄金聖闘士《ゴールド・セイント》、白銀聖闘士《シルバー・セイント》、青銅聖闘士《ブロンズ・セイント》の位階があるが、彼らはみな自己の内なる「小宇宙《コスモ》」を爆発させることによって超人的な技と戦闘力を発揮する。

星矢の修行上の師・マリンは星矢《セイヤ》にこう教える。「星矢、聖闘士の闘技は宇宙の開びゃくにもとづいているといつかおしえたわね。そう、はじめはこの地上の生物もあの星も銀河も、そのもっと果てにあるなん十億という星雲も、すべてがひとつのかたまりだったのよ!! 宇宙は百五十億年前に、ひとつの塊から爆発《ビッグバン》によって誕生したのさ! いわば、おまえの肉体も爆発によって生まれた小宇宙《コスモ》のひとつなのよ!! 真の聖闘士《セイント》は、自己の体内にあるその小宇宙を爆発させることによって、超人的な力《パワー》を生みだすんだわ!! そして大地を割り、星を砕くのさ。星矢《セイヤ》おまえの小宇宙を爆発させてごらん! そして自分の拳《こぶし》を流星と化すのよ!!」と。この教えによって星矢は「天馬星座《ペガサス》流星拳」と名づけられた技を身につけ、アテナを殺そうとたくらむ悪の一団に戦いを挑むのである。

注意したいのは、星矢をはじめ青銅聖闘士たちがみなみなし子であり、時には捨て子であること、そして第二にこの捨て子でありみなし子である子供たちが厳しい修行の末に内なる「小宇宙《コスモ》」に気づき、それを爆発させる技を身につけ、力を発揮できるようになったこと、この二点である。つまり、捨て子感覚や家無き児感覚が宇宙感覚とダイレクトに結びついているということなのだ。吉本ばななの小説にもみうけられるのはこうした捨て子感覚と宇宙感覚の奇妙なアマルガムである。

また『翁童論』(新曜社)とのつながりで興味深いのは、ドラゴン紫龍の師・老師が「童虎」として十八歳の姿に変身する場面である(第二十巻)。二四三年間、五老峰の大瀧の前に坐しつづけた老師は、

「まるでさなぎが脱皮でもするかのように」若き「童虎」に再生するのだ。こうした再生感覚、生まれ変わり感覚もまた先にみた捨て子感覚や宇宙感覚と緊密に結びついている。

『ドラゴンボール』（鳥山明原作）の主人公・孫悟空は、実はサイヤ人という宇宙人の出自を持つのだが、孫悟飯という名の老翁に拾われて育てられるなかで超人的な強さを身につけていき、悟飯の死後、悟飯の師でもあった亀仙人こと武天老師のもとで修行を積み、地球征服をたくらむサイヤ人と戦うようになる。「ドラゴンボール」とは、七つそろうと「神龍《シェンロン》」を呼び出すことができ、一つだけ願いを叶えてもらうことができるという不思議な玉のことである。この宝玉ドラゴンボールをめぐっての善悪の闘争が物語となっているのだが、ここで注目したいのは、登場人物のほとんどすべてがおのれの帰る家を持たない家無き児であるという点である。

「貰い子妄想」は内なる小宇宙の目覚め

こうした人気アニメーションのなかにも、子供たちの抱く「貰い子妄想」と通じ合うイメージが物語られているということは、いいかえると、「貰い子妄想」は私たち自身の存在根拠を無意識的に問い直す存在感覚・生存感覚から現われてくるということであり、それは同時に民俗の深層的想像力や霊魂感覚や、また自分が自分自身を超え出、変身し成長していこうとする自己超出の衝動ともつながっているということだ。さらにいえば、それこそが一人一人の内なる「小宇宙《コスモ》」感覚を追求し、目覚めさせていく機縁となり、深層感覚であることを、これらの漫画やアニメーションに鋭く感応する子供自身が深く気づきはじめているということを表わしているのではないだろうか。「大宇宙」と「小宇宙」の乖離と融合、それが現代文明と現代の子供たちの直面している深層的かつ根源的な問題のように思われてならない。

霊　童

1　なぜ子供は天使を見ることができるのか？

いまはもうベルリンの壁に穴が開いてしまったけれど、あの壁ができてからおよそ四十五年、その間にあのものものしい壁を突き抜けることができたのは、ベルリンの守護天使ダミエルとカシエルの二人だけであろう。この二人の守護天使はいま、ぽっかりと開いた壁を見ながら何を考え、何をささやきつづけているだろうか。

もっとも、ダミエルのほうは、刑事コロンボのピーター・フォークと同じように、サーカスのブランコ乗りのマリオンに恋をして人間になる道を選んだから、いまとなってはモノクロームの霊界からこの壁を見ているのは、カシエルただ一人になってしまったことになる。いずれにせよ、ベルリンの街を気の遠くなるような大昔から見守りつづけてきた守護天使が、いま何をささやいているのか、心底知りたいと思う。耳を澄ませて、その声を、メッセージを聴いてみたいと思う。

ヴィム・ヴェンダース監督の『ベルリン・天使の詩』の冒頭に、次のようなペーター・ハントケの詩が語られていた。

子供は子供だった頃
腕をブラブラさせ
小川は川になれ　川は河になれ
水たまりは海になれ　と思った
子供は子供だった頃
自分が子供とは知らず
すべてに魂があり　魂はひとつと思った
子供は子供だった頃
なにも考えず　癖もなにもなく
あぐらをかいたり　とびはねたり
小さな頭に　大きなつむじ
カメラを向けても　知らぬ顔

子供は子供だった頃
いつも不思議だった
なぜ　僕は僕で　君でない？
なぜ　僕はここにいて　そこにいない？
時の始まりは　いつ？

宇宙の果ては　どこ？
この世で生きるのは　ただの夢？
見るもの　聞くもの　嗅ぐものは
この世の前の世の幻？
悪があるって　ほんと？
いったい　どんなだった
僕が僕になる前は？
僕が僕でなくなった後
いったい僕は　何になる？

子供は子供だった頃
ほうれん草や豆やライスが苦手だった
カリフラワーも
今は平気で食べる
子供は子供だった頃
一度は他所《よそ》の家で目覚めた
今は　いつもだ
昔は沢山の人が美しく見えた
今はそう見えたら僥倖

昔は　はっきりと
天国が見えた
今はぼんやりと予感するだけ
昔は虚無など考えなかった
今は虚無におびえる
子供は子供だった頃
遊びに熱中した
あの熱中は今は
自分の仕事に　追われる時だけ

子供は子供だった頃
リンゴとパンを　食べてればよかった
今だってそうだ
子供は子供だった頃
ブルーベリーが　いっぱい降ってきた
今だってそう
胡桃を食べて　舌を荒らした
それも今も同じ
山に登る度に　もっと高い山に憧れ

町に行く度に　もっと大きな町に憧れた
今だってそうだ
木に登り　サクランボを摘んで
得意になったのも　今も同じ
やたらと人見知りをした
今も人見知り
初雪が待ち遠しかった
今だってそう
子供は子供だった頃
樹をめがけて　槍投げをした
ささった槍は　今も揺れている

（池田信雄ほか訳）

映画のなかで、あたかも天使のささやきのように、くりかえしこの詩がやさしい口調で朗読されるそのたびに、胸がつまり涙があふれた。この詩は、子供が大人になっていくことの意味と哀しみを、するどく、せつなく、またノスタルジックに問いかける。そして、「子供が子供だった頃」の世界をあまりにもあざやかにいとおしさをこめて浮かびあがらせる。「子供が子供だった頃……小川は川になれ　川は河になれ　水たまりは海になれ　と思った」。すると、思いのとおり、世界は変貌し、実現した。まるで魔法の杖を振ったときのように世界は姿を変えた。たしかに、ノヴァーリスがいうように、子供は魔術師である。子供が行使するのは、不可能を可能にする結合の魔術である。ふだんはまったく無関係に見えるものごとを、いともたやすく、しかも本質をあらわにするような輝やかしいやさしさで結びつける。これこそ、ノヴァーリスがいう魔術的観念論である。子供は、イメージや観念が物質とそれほどかけ離れたものだとは思っていない。その意味では、魔術的観念論と魔術的唯物論とは別物ではないのだ。

ノヴァーリスは、「より高き哲学は、自然と霊との婚姻をつかさどる」と言ったが、この婚姻をつかさどる者こそ、エロスの使徒としての、結合の天才としての子供である。このことは、「子供は子供だった頃／自分が子供とは知らず／すべてに魂があり　魂がひとつと思った」という消息の別の表現なのだ。それをアニミズムとかシャーマニズムとかと言えば言えるであろう。しかし子供は、「自分が子供とは知ら」ないのだから、アニミズムやシャーマニズムや魔術のことを何一つ知らずとも、いや知らずにおのずとその事態を生きているのである。

「すべてに魂があり　魂はひとつ」という感覚こそ、あらゆる結合を可能にする哲学である。子供にとってこの結合は、魂の出会いなのであろう。この出会いの渦中にあっては、「沢山の人が美しく見えた」り、「はっきりと天国が見えた」りする。

しかし、そうした出会いの「天国」のなかで、子供は深い存在の謎にとりつかれ、いくたびも魂の記憶の糸をたどろうと試みる。「なぜ　僕は僕で　君でない？　なぜ　僕はここにいて　そこにいない？」と。「僕」が「僕」であって「君」でなく、いま「ここ」にいることの意味と必然を問いはじめるのだ。そのとき、子供の前の宇宙と世界の膨大な流れと拡がりが姿を現わしはじめる。「時の始まりは　いつ？　宇宙の果ては　どこ？」と、宇宙の始源と拡がりを問いかける。そして、そのいつか知れぬ未知のはじまりの時がいま「ここ」の「僕」につながっていることの「不思議」を感じはじめる。

この問いはいつしか、「僕が僕になる前は?/僕が僕でなくなった後/いったい僕は　何になる?」という問いに転じてゆく。いったい「この世で生きる」とはどういうことか? それは「ただの夢」であり、「この世の前の世の幻」なのか? 「僕」ってだれ? 「僕」って何? と問いはつづく。

この子供が初めて出会う存在論的な謎を通して、子供は自分が「子供」であり、「僕」であることの痛みと孤独と個体性を引き受けるようになる。このとき、子供は必死になって魂の記憶をまさぐろうとしている。しかし、その記憶の糸もまた不確かな薄闇のなかにもつれてその先がたどれない。この宇宙的な連続性との切断の意識が、「僕」をいま「ここ」のたった一人の「僕」に押し出してゆくのだ。母からの離乳とは、こうした宇宙的なネットワークからの孤立への第一歩なのである。

だが、「子供」は大人になってもみずからの内に隠れている「子供」をけっして忘れてしまっているわけではない。大人のなかの「子供」は、無意識のうちにいつも目覚めたがっており、声をあげたがっているのだ。そういう内なる「子供」の声に気づいた大人が、いま増えはじめている。「モラトリアム」とか「ピーターパン・シンドローム」とか「永遠の少年」とかと問題視された「若者」たちの生態は、自分たちが「子供」でしかないことの気づきに端を発している。おそらく、大人や家族が幻想であるがゆえに、その幻想であることの意味と未来を引き受けていこうとするときの決断と諦念が、「子供」の成熟を、この世に生きていくことの重さをになわせていくのである。

天使のような軽やかさに、「重さの霊」が加わるのはそのときなのだが、しかし「子供」であることに目覚めた者は、その重さをも軽みとともに引き受けることができるであろう。『ツァラトゥストラかく語りき』のなかで、ニーチェは、「悪魔とは重さの霊なのだ」と語った。とすれば、その逆に、天使とは軽さの霊なのだと語ることができよう。両肩から背にかけて両翼をつけて、この世に軽やかに舞い降り、そしてまた軽やかにあの世に舞い上る者、それが天使なのだと。ニーチェはこうした軽やかさの化身、「神々しい舞踏」を踊る者を「童神」と呼ぶ。そして「女は男にくらべて、よりよく子供を理解する。ところで男は女よりも子供めいたものである。真の男のなかには子供が隠れている。この隠れている子供が遊戯をしたがるのだ。さあ、女たちよ、男のなかにいる子供を見つけ出すがいい」と言う。

舞踏し、遊戯する軽さの身体。それこそが天使から子供をまでつらぬく身体性なのだ。この軽さはしかし、重さからそれてゆくランダムネス、いいかえると自由度をもっている。それが、霊と身体の二つの王国の間をたゆたい揺れる魂の空間なのであろう。この世とあの世との境界領域に、そのよじれの奇妙な空間のなかに天使は出現する。その意味では、天使は本質的に両義的であり、境界的であり、両性具有的である。というよりも、超《トランス・》性《セクシュアル》的な存在である。その天使の軽さ＝翼とは、重力から自由でいることのできる心魂《プシュケー》の徴表なのだ。

ヴィム・ヴェンダースの『ベルリン・天使の詩』のなかで、肉眼で天使の姿を認めることができたのは子供だけであった。いったい、子供はなぜ天使を見ることができたのか？　ひるがえっていえば、大人はなぜ天使を見ることができないのか？

大人のなかで天使とコンタクトできたのは、サーカスの女ブランコ乗りマリオンだけであった。それも、マリオンの心魂世界に深く魅かれた天使ダミエルが、彼女の夢のなかに出現することで達成されたコンタクトであり、彼女自身が肉眼で天使を目撃したわけではない。

同じものが同じものを知る、これが認識の黄金律である。類は友を呼ぶという諺《ことわざ》があるけれど、認識の極致は、認識するものと認識されるものとの神秘的合一（unio mystica）である。とすれば、子供のもつ「魂は一つ」という感覚が天使との同通を生み出すのだ。子供が天使を見ることができるのは、子供の内に天使性が宿っているからであろう。

ニーチェは、「小児は無垢であり、忘却である。新しい開始、遊戯、おのれの力で回る車輪、始原の運動、『然り』という聖なる発語である」と述べている。つねに始源の光と運動にすばやく参入することのできる聖なる肯定性につらぬかれているのが「小児」であり、それが同時に天使の特性であるということだ。忘却が創造であり、開始であり、遊戯であり、無垢であるような、おのれの力で回る光の車輪に包まれた意識と物質のプライマルな発生の原場に降り立っていって、そこからいつも運動を開始できるような、未発の光のまなざしをおのが心魂《プシュケー》の本質とするような存在、それがニーチェのいう「小児」であり、ヴェンダース－ハントケのいう「天使」なのであろう。

プラトンは『饗宴《シンポジオン》』のなかで、ソクラテスに女魔術師ディオティマから聞いた話として、エロスの本性について語らせている。それによると、エロスとは、神々と人間との仲介者であり、中間者であるような、ダイモーンの一人だという。それこそまさに、霊《プネウマ》と身体《ソーマ》という両極の間を往き来し揺れ動く心《プシュ》魂《ケー》の姿そのものにほかならない。興味深いのは、こうした心魂《プシュケー》の徴表としてのエロスが、キリスト教の天使図のなかでいつしか童子の姿で描かれるようになった点である。キューピーとしてよく知られている愛の天使・クピドが弓矢を手にしたいたずら好きの童子神として、人々の思いがけない魂の結合をはかることには、天使や子供や心魂《プシュケー》の本質についての深い洞察が秘められている。ソクラテスは、叡智《ソフィア》を愛求する哲学者《フィロソフォス》の肖像をこうしたエロスに見てとったのだ。プラトンの描くこのソクラテスが、シャーマン性のみならず、翁童的異貌とトリッキーな知恵とユーモアに満ちていたことを忘れることはできない。

ニーチェの「小児」は彼の「永劫回帰」の哲学の象徴であり、具現体でもあった。忘却しつつ創造し、あくことなく遊戯に明け暮れる「小児」にニーチェは、キリスト教的な線型的・終末論的進化論を無化し解体する永遠の生命の相を見てとったのである。それが彼の永劫回帰論＝小児論に結実したのだ。しかもこの小児＝永劫回帰は、おのれの尾を咬むウロボロスの蛇か、あるいはメビウスの輪のように、切れることなく不断に連続し連結するエロス的な生命の相なのである。

以上のような議論は、子供をあまりに観念論的に美化し、形而上学的な意匠《レトリック》を張りめぐらせたものに映るかもしれない。しかしある点では、人類史は子供に過剰な意味を見出そうとしてきた。おそらくそれは、子供が純粋に可能性そのものの未発の創造力に動かされ、生かされていると考えられたからであろう。

「七歳までは神の内」というわが国の民俗的俚諺《りげん》は、ニーチェのいう「小児」やヴェンダースのいう天使やソクラテスのいうエロスと通底する観念であろう。天使もまた本質的に七歳と七百歳の区別のつかない、老いという物質的速度と重力の網の目のなかにいない存在であってみれば、時間と空間の秩序《オーダー》を飛び越えていく純粋可能性と創造性の場こそ、彼らの魂の家である。

してみれば、中国の道教の古文献に数百歳の老翁が七歳ばかりの幼童の姿をしている様子が描かれているのは、右のような消息を表現したものにほかならないであろう。子供というものはその心身にとても複雑な情報を宿しているものなのだ。その情報の複雑多様さ、多元多層性は、たとえば老翁と幼童という「反対物の一致《コインキデンティア・オポジトールム》」の姿で描かれてきたことは、『翁童論』『老いと死のフォークロア』で論述したとおりである。子供を引き連れた仙人の図像は、そうした魂の成熟・完成・全体を、力・生命・叡智の象徴的対極として表現したものである。

2　不動明王はなぜ八大童子をつき従わせているのか？

じつは、不動明王の眷族《けんぞく》として知られている不動八大童子も右に述べてきたような心魂《プシュケー》の消息と無関係ではない。それどころか、まさに力と生命と叡智の象徴像として不動明王と八大童子の図像が描かれたと考えられるのだ。

八大童子とは、

①慧光《えこう》童子（Mati-jvala）種子 na
②慧喜《えき》童子（Mati-sadhu）種子 maḥ
③阿耨達《あのくた》童子（Anavatapta）種子 saṃ
④指徳《しとく》童子　種子 maṃ
⑤烏倶婆誐《うぐばが》童子（Ukubhaga）種子 ta
⑥清浄比丘《しょうじょうびく》　種子 va
⑦矜羯羅《こんがら》童子（Kinkara）種子 jra
⑧制吒迦《せいたか》童子（Ceṭaka）種子 naṃ

の八童子を指す。『聖無動尊一字出生八大童子秘密要法品』その他によれば、八大童子は不動明王の使者で、各尊の種子が hāṃ の一字に帰結するという。また、不動の主にして一切を降伏する力を持ち、菩提心を護るものと解されている。

いったいなぜ、不動明王は八大童子や三十六童子を眷族として従わせているのであろうか？　この童子の群像とは何を表わしているのだろうか？

端的にいえば、八大童子とは不動明王の力と清浄の象徴である。不動明王は、密教における最高の神格（仏格）である法身仏大日如来の教令輪身《きょうりょうりんじん》とされる。つまり、右手に降魔《ごうま》の刀剣を持ち、左手に羂索を垂らし持って、するどく怒りを含んだ眼でにらみつけ、右上唇を咬み、大火焔の光背を持つ忿怒形《ふんぬぎょう》の不動明王とは大日如来の流出し化現《けげん》した姿なのだ。法《ダルマ》そのものである純粋な意識と物質の原場所においては、力は力として現われえず、智慧も智慧として現われえない。光そのものとも空ともいえる至高の身体は、すべての身体と万物のマトリックスとしての身体以前の身体であり、超身体である。

その身体以前の身体であり、超身体である光の波動が、私たちの重力場のなかで、より人間的な身体の層に降り立ち、近づいてきて化現するとき、しかもそれが一切の悪魔や煩悩を降伏させるための力と智慧の先端として現われ出るとき、不動明王がつややかな童子身体を秘め持つ異形身《いぎょうしん》として化現していることに、私は注目したいと思う。不動明王が童子身体に彩られているということに。

不動明王の尊像をよく見ると、頬や肩や腕が、じつに柔らかな描線と量感を持って描かれ、また造られていることに気づく。山折哲雄が指摘していたことだが、不動明王は、その身のうちに柔和相と忿怒相という相反する相を持っている。その不動明王の両極性が八大童子のなかに、また八大童子を通してよく表われている。

たとえば、『聖無動尊一字出生八大童子秘要法品』によれば、①慧光童子は、その身体が白黄色で忿怒形をしており、天冠《てんかん》を着て、袈裟《けさ》や瓔珞《ようらく》をまとい、右手に五智杵《ごちしょ》、左手に月輪《がちりん》のついた蓮華を持っているが、②慧喜童子は、その身体が紅蓮《ぐれん》色で微笑する慈悲相を持ち、左手に摩尼珠《まにしゅ》、右手に三鈷鉤《さんここう》を持つ姿で描かれている。八大童子の最初にあげられる慧光童子と慧喜童子という智慧の化体が反対の相を帯びていることは、不動明王の両極性を分節化し具現化したものとして注目すべきだ。また、真金色で頭上に金翅鳥《こんじちょう》をいただき、右手に独鈷杵《とっこしょ》を持って龍に騎《の》る無垢清浄を表わす③阿耨達童子と、身色は虚空に似て三目を持ち、甲冑をまとい、左手に輪、右手に三叉戟《さんさげき》を持つ夜叉《やしゃ》形の④指徳童子も、両極的な姿を示しているといえる。さらには、身体が金色で超越住世の意味を表わし、五股冠《ごこかん》をいただき、暴悪相で右手に金剛杵《こんごうしょ》を持ち、左手に拳印《けんいん》を結ぶ⑤烏倶婆誐童子と、法宝を守護する意味を表わし、比丘形で袈裟をまとい、左手に梵篋《ぼんきょう》、右手に五鈷杵《ごこしょ》を持ち、右肩を露出し、腰に赤裳を着けた非若非老の面相の⑥清浄比丘もまた不動明王の両極的な位相を対比的に示している。

さらにまた、不動明王の脇侍《わきじ》の二童子としてよく知られている⑦矜羯羅童子と⑧制吒迦童子も不動明王の両極相を示す。慈悲の化現で小心随順する意味を表わす⑦矜羯羅童子は、その身は肉白色で、蓮華冠をいただき、天衣と袈裟をまとい、合掌した手の間に独鈷杵を横にはさみ、十五歳の童子の相を持っている。それに対して、方便心行の意味を表わす⑧制吒迦童子は、その身は紅蓮色で五髻を結い、左手に金剛杵、右手に金剛棒をもち、瞋心悪性のため袈裟をまとわず天衣をまとう姿で描かれる。

このように、不動明王の持つ柔和相と忿怒相、慈悲相と暴悪相は、両極に分節化されるかたちで表現されている。このことは、折口信夫が「倭成す神」の三徳、すなわち「智慧・仁慈・残虐」として指摘した点とも通ずる。つまり、「智慧・仁慈」と「残虐」とがパラドクシカルな結合をとげているのが神の原像であると折口は考えているのだ。この両義的でパラドクシカルな結合、ニコラウス・クザヌスのいう「反対物の一致《コインキデンティア・オポジトールム》」こそ、不動明王や「倭成す神」の本性であり、同時にそれが子供の本性にほかならない。その意味で、不動明王や「倭成す神」は子供の相を持ち、童子神としての性格を保持している。しかもそれは、天使とも通底する位相なのである。

ユングは、「幼児元型の心理学のために」と題する論文のなかで、意識と無意識との総合、また対立しあうものの結合者・調停者・救済者を幼児元型と考えている。したがって、幼児は最初にして最後、また前意識的存在と後意識的存在の双方をシンボライズする心的全体性だというのである。このような統合的全体性を幼児元型の特性と見ている点で、ユングの主張は折口信夫のそれと共振する。

天使にも、ベルリンのダミエルやミカエルやカシエル（もちろんこれはフィクションなのだけれど）ばかりでなく、ガブリエルやミカエルがおり、ディオニシウス・アレオパギダの『天使論』にみられるごとく、天使にもさまざまな位階《ヒエラルキア》がある。その点では明王部中の五大明王の一尊である不動明王と近い面がある。天使や明王を支えるコスモロジーが創造説で語られているか流出説で語られているかの違いがあるとはいえ、基本的に天使や明王の前身は、キリスト教や仏教以前から伝承され信仰されてきた異教の神々ないし土着の神々であろう。

こうした古代の古い神々の面影に童子神の映像が宿されている点が注目される。とりわけ、不動明王は、忿怒相と柔和相の両極相を体現し、さらには、その分節化された具体相ともいえる八大童子や三十六童子を眷族としてつき従えていることは、その童子神性を如実に示す好例であるといえよう。

『聖無動尊一字出生八大童子秘要法品』には、

有不動明王一字心密語。即以八字而厳一字。其八字者即帰命句也。唅字為本尊。若爾寧上八字無其形哉。所以者何。那莫等八字。一一皆帰敬於唅之一字。是故従其八字出生帰敬使者。囲繞於唅之本尊。所以有八大童子。

とある。とすれば、不動明王の一字が八字に分節化され、八大童子が「出生」するのである。不動明王の力と智慧の具現体である八大童子は、もっともこの世に近い明王の姿であり、その波動と粒子の先端であろう。かくして、八大童子とは、不動明王のダイナミズムそのものなのだ。

3　なぜ子供は神であるのか？

日本民俗学は、各地の民間伝承を採集していく過程で、日本の民俗的心性のなかに子供は神であるという思想が深く宿されていることを明らかにした。

たとえば、「七歳までは神の内」という諺《ことわざ》が全国に広く流布していることは、『翁童論』で見たとおりである。この「七歳までは神の内」という諺と対をなすのが、「七つから大人の葬式をするもの」という諺であろう。柳田國男の指摘するところでは、七歳以下の子供が死ぬと、「子墓」とか「児三昧」と呼ばれる特別の埋葬地を用意し、七歳以上の大人とは違う葬法によって葬ったという。人のよく通る庭先や家の床下や雨落ちの下に埋葬したというのだ。これは、死んだ子供の霊魂を刺戟し、早くこの世にふたたび戻ってきてほしいという願望の表われであった。つまり、早く再生しやすいように大人とは異なる墓と葬法を設けたのである。

青森県東部一帯では、子供の埋葬のとき魚を持たせたり、紫色の着物を着せて、口にごまめをくわえさせたりしたという。柳田國男によれば、こうした生臭物をあえて子供にもたせることによって、古来の民俗信仰の仏教化を防ごうとし、ひいては「七歳までは神の子」という幼児観、人間観を伝承しようとしたという。こうして、仏教の死者儀礼とは異なる葬法を残すことによって、古来の幼児観、人間観、霊魂観、世界観が受けつがれてきたのである。

七歳が人生儀礼において一つの重要な節目になることは、七五三の行事を見ても明らかであろう。幕末の国学者・佐藤信淵《のぶひろ》は、『垂統秘録』のなかで、現在の保育園や幼稚園にあたる「慈育館」と「遊児《ゆうじ》廠《しょう》」の設立を提唱している。いわく、

慈育館は、貧民の赤子を養育する官署なり。小児を此館にて養ふは、出生より四、五年の間なり。既に五歳に至るときは、此を遊児廠に遣はして遊戯せしむるを例とするなり。(中略)

遊児廠は、小児を遊楽せしむるの堂なり。此の堂に小児を遊ばしむる事は、四、五歳より七歳までを限りとし、八歳に及べる者は、皆其村の教育所に引き渡すべし。

ここで佐藤信淵は、経済的に困っている民衆の乳幼児をあずかり、五歳まで養育する施設として「慈育館」の設置を、七歳までの子供を遊ばせる施設として「遊児廠」の設置を主張している。この構想そのものは、当時としては画期的な社会福祉的観点に立った幼児教育施設の構想であり、とりわけ興味深いのは、この施設で老人たちが子供の面倒を見る介助者として働くことが考えられていた点だ。

佐藤信淵の教育論においても、七歳までの子供とそれ以上の子供が明確に区別されていることに注意したい。七五三の儀礼をはじめ、人生儀礼において七歳が大きな節目であったということだ。

たとえば、「七つ八つは憎まれ盛り」という諺は、生活範囲を広げ、小さな大人として大人社会の仲間入りの第一歩を歩みはじめた子供の姿をよく表わしている。子供組に入り、大人になるステップを歩んでいく子供は、もはやそれまでの「神の内」のような無垢と残虐という予測のつかない境位に位置し

ていた者とは異なり、口数も多くなり、小生意気な口ごたえもするような、達者な姿を示すようになる。また、「七つボウズ」といって、七歳になった男の子はいったん丸坊主にされる習俗が残っていたり、七歳になると海中で水垢離《みずごり》をとらせたりした。九州では八歳になった男子はフンドシ祝いを行ない、女子はユモジ祝いをした。さらに、鹿児島県大隅半島では、「七所雑炊《ななとこぞうすい》」といって、七歳になった子供が正月七日に七軒の家をまわって物貰いをする風習があった。種子島では、その夜、七軒の家の雑炊を食べるとき、いままで身につけていた付ひもを取って、帯を締めたという。

子供という概念が、「子」とその複数形を示す「供」という語の複合語であることは興味深い。子供は、空間的にも群れとして把握されていたが、それと同時に、時間的にも魂の複合態、つまり生まれ変わりと考えられていたということではないだろうか。

宮沢賢治が『春と修羅』の「序」で次のようにうたっているように。

わたくしといふ現象は
仮定された有機交流電燈の
ひとつの青い照明です
(あらゆる透明な幽霊の複合体)

「わたくしという現象」は、「あらゆる透明な幽霊の複合体」、つまり、霊的複合形態であると私も思う。その「あらゆる透明な幽霊の複合体」の姿を、子供はより純粋なかたちで示している。宮沢賢治が詩や童話（のような）形式で、野原や林からとってきた物語を表現したことは、それが結合の魔術を可能にする形式であったからだろう。「すべてに魂があり　魂はひとつ」と見る子供たちのまなざし自体が「あらゆる透明な幽霊の複合体」の顕現なのである。

『ベルリン・天使の詩』で先に引いた「わらべうた」を歌うようにささやくのは、天使ダミエルであった。そして、ベルリンの塔の突端に立って、道行く人々を見おろしている天使ダミエルの姿を最初に認めたのは子供であった。

子供たちは「あれを見て！」と、崩れたカイザー・ウィルヘルム記念教会の上に大きな翼をつけた天使が立っているのを見つけて叫んだ。そのとき、天使を発見したのも、塔を見上げたのも子供たちだけだった。

しかし、大人になっても、老人になっても人間は皆、自らのうちに子供を宿している。「ささった槍は　今も揺れて」いることに、深く気づき始めたのだから。私は『翁童論』や『老いと死のフォークロア』のなかで、子供は霊翁であり、老人は霊童であるという霊的逆対応をくりかえし指摘した。そして、子供こそが先祖であり、私たちは先祖の子孫であるばかりではなく、私たちこそが先祖の先祖なのだという考えを示した。この考えからすると、祖先崇拝とは、つまるところ子供の崇拝にいきつく。「七歳までは神の内」とは、こうした祖先崇拝が子孫崇拝へと連係していくことの端的な表現である。DNAのレベルから見ても、カルマの観点からしても、子供は霊的にも体的にも全宇宙の情報を宿し、全関係性（縁起）の突端《エッジ》にいるといえるであろう。

子供は神と同じように、宇宙の突端に、その生成と進化のエッジに立っている。子供は、あらゆる意味で、宇宙の涯《は》てなのである。

子供と宇宙の果て

宇宙の果てはどこにあるか。誰しも子供の頃、一度や二度はこのような疑問を抱いたことがあるだろう。ご多分にもれず、私もそうした疑問にとりつかれた一人だ。そして、いまだにその問いを反芻している。

昔、相対性理論を知ったとき、不思議な気持になった。というのも、それによると空間は質量による曲率を持っているので、まっすぐに投げたボールがそのままどこまでもまっすぐに飛んでいくとして、いつしかそれを投げた元の地点にまで戻ってくるという。自己回帰するボール！　ということは、宇宙の果てをめざして飛んでいっても、気の遠くなるような時間の果てには元の出発点に戻ってしまうということである。出発点と終着点が膨大な時間と空間を抱えて一致する。出発点に向かって飛行しつづける存在。

子供の頃、私は「とうちゃん」と呼ばれていた。名前が東二《とうじ》なので、その頭をとって「東《とう》ちゃん」と呼ばれたわけなのだ。しかし、言葉には文字と音声があるわけで、「東ちゃん」は音声的にはただの「トウチャン」であり、「父ちゃん」とも「塔ちゃん」とも「蕩ちゃん」とも同じなのであった。とはいっても、「トウチャン」から「塔ちゃん」や「蕩ちゃん」を連想するのは難しく、日常的な慣用表現のなかではそれはただ「父ちゃん」を指示するばかりであった。

名前とは怖ろしいものだ。なぜなら知らず知らずのうちに、名前が存在を支配してしまうからだ。私は子供であるただの私なのに、いつも「父ちゃん」と呼ばれてしまう。一人の子供にすぎない私がどうして「父ちゃん」でありえようか。私は「鎌田東二」ではあっても「父ちゃん」ではない。しかし、この「父ちゃん」は東二という名前から慣用表現として必然的に導かれてくる呼び名なのだ。

小学生にもならない子供が「父ちゃん」と呼ばれるのは滑稽である。人から見ればただ滑稽な現象にすぎなかろうが、当人にとってはこれはなかなか深刻な事態なのである。子供である自分が「父ちゃん」であることは存在の矛盾だからである。私は「鎌田東二」ではあっても「父ちゃん」ではない！からだ。

私はこの愛称がいやだった。私はただの子供でありたかった。「父ちゃん」ではなく、「東二ちゃん」と呼ばれたかった。しかし、世の中は思いのままにならぬものである。お釈迦さんではないが、人生は苦である。私はひたすら「父ちゃん」と呼ばれつづけたのだから。

だがこれも、私が中学、高校へと進むにつれて徐々に解消した。一つにはクラスも学校も変わり、友だちを愛称ではなく、その姓で呼ぶことが多くなったこと。もう一つは、私自身が少しずつ子供ではなくなりかけていたこと。大人ではなかったが、もはや子供と呼ぶには少しばかりトウが立ちすぎていたのである。

しかし、人生とは皮肉なものである。「父ちゃん」という呼び名から解放されたはずの私が、いつしかあの呼び名もまんざらではなかったなと思うようになったからだ。率直にいえば、なんだか懐しい気持がするほどになっていったからだ。

子供の頃、私は自分の父を「父ちゃん」と呼んでいた。その私がまわりの人や友だちから「父ちゃん」と呼ばれていた。私の実の「父ちゃん」はしかし、私が中学三年のとき、交通事故であっけなく死んだ。その朝、「父ちゃん」は元気で仕事に出かけていったのに。オートバイに乗っていた「父ちゃん」は車と接触して転倒して二時間後に死んだ。一夜にして私たちは母子家庭になった。「父ちゃん」は突然、死んでしまったのだ！

思い起こせば、父の死のあと私が「父ちゃん」と呼ばれたことはほとんどなかった。異なる高校に進学した友だちが時折家に遊びに来たとき、昔風に私のことを「父ちゃん」と呼ぶくらいだった。私は「父ちゃん」から解放された！　私の実の「父ちゃん」の重圧と支配から。そして私の呼び名としての「父ちゃん」の呪縛から。


若い頃の私は子供が嫌いだった。子供時代に子供である自分がいやだったせいか、子供を無垢ともかわいいとも天使のようだとも思わなかった。ただうるさく、やっかいな存在にすぎなかった。

それくらいの印象しか持っていなかった私が、子供とかかわるようになったのは金のためだった。就職もせず、大学院に進学した私は、生活費や学費を稼ぐためにアルバイトをする必要に迫られた。短時間で効率よく金を得る手だてはないものか。思案の果てに私が選んだのは塾の講師だった。横浜のとある進学塾に飛び入りで「僕をやとって下さい！」と駆け込んだのがその始まりだった。翌日私はいっぱしの風を装って小学校四年生の国語を教えていた。

ところがこれがなかなか難しかった。小学生の国語なんて、と馬鹿にしていたのが、いざ教える段になってみると、書き順は間違う、語句の意味を適切に説明できない、文意や論理を明確に解釈し伝えることはできない、とにかくさんざんだった。その上に、高校時代の私は担任の教師と毎日ケンカしていたこともあって、死んでも学校の教師になんぞなるまいと思っていたのに、学校の教師ではないものの、いくら金のためとはいえ塾の講師になって教える側に回ってしまった。自分の覚悟を簡単に裏切ってしまったうしろめたさもあった。毎日が戦争であり葛藤の連続であった。子供たちとの、教える者となった自分自身との。

忘れもしない。その日、私は漢字の書き順のまちがいを指摘された。その子供はクラスの他の誰よりも小さいくせに勉強はよくでき、生意気な生徒だった。彼はいつも一番後ろの席にすわって、新米塾講師の私をからかい気味に皮肉っぽいまなざしで見つめている（ように思えた）。逆上した私は、思わず彼のところに駆けより、まるめた教材で彼の頭を思いきり打ちすえ、「書き順なんかどうでもええんじゃ！」と叫んでいた。

その瞬間からひどい自己嫌悪に陥った。かりにも国語を教える者が漢字のまちがいを指摘されて、それを指摘した子供になぐりかかるなんて！　子供を裏切り、自分を裏切り、世界中を裏切ってしまったようなひどい自己嫌悪に陥った。俺はもう駄目だ。最低の人間だ。なんの能力も資格も人間性もない。ただただちっぽけな自分のプライドを守るために暴力で子供をねじふせた。許しがたい男だ。そんな奴が金をもらって教師風を吹かしているなんて。なんてイヤな卑怯なヤツなんだ、オマエは！　やめてしまえ！

しかし、私はやめなかった。翌日、私はその子供にあやまった。あとで聞くと、彼はその塾の塾長の末っ子で小学三年生だが、一年上の生徒たちと勉強していたという。

私が教育とか教師ということを真面目に考えはじめたのは、この子供をなぐったことがきっかけだった。大学院で専門の勉強をしながら、それまで見向きもしなかった教育学の勉強を学部の学生にまじってやりはじめた。五年かかって国語と社会の教員免許も取った。横須賀の池上中学校で教育実習もした。教育実習が終わって、担任をした中学三年の生徒たちから夏合宿の招待があったときは嬉しかった。私は喜んで夏合宿に参加した。そこで親しくなっていた髪を赤く染めた突っ張りの男子生徒からクールスの曲を教えられ、なかなかいいなと思い、レコードを買い求め、一人で舘ひろしとセクシー・ダイナマイトのコンサートに出かけたりもした。子供や生徒に教えられることが次第に多くなっていった。

大学院を修了する頃、ある出版社に就職が内定していた。そこへ先輩から、私立の高校で国語教師を募集しているから面接を受けてみないかという誘いがあった。迷った。一つは、教師には夏休みがある。その休みに自分がやりたい勉強ができる。夏休みにも給料がもらえる。そんな気持があったことは素直に認めたい。もう一つ、自分に「教える」ということがどこまでできるか、「教育」をどこまで究めることができるかを追究することこそ自分の責任を果たすことではないかという思いに揺すぶられたからである。

高校時代、絶対に高校教師にだけはなるまいと思っていた自分が、よりによって高校教師になった。六年間、私は男子校で高校生相手に国語を教えた。失敗の連続だった。生徒にひどいことをしたと夜独りで泣いたこともあった。おのれのイイカゲンさと無力感に、打ちひしがれたこともたびたびだった。しかし、楽しくもあった。ヘンな生徒が私のところに集まってきて話をしたがったからだ。パンクヘアに頭を立ち上げた教え子のギグ（演奏）を目黒や新宿に見に行った。

「絶対矛盾の自己同一」（西田幾多郎）。そんなカッコイイ言葉で括ることはとうていできないが、しかし、矛盾を引き受けざるをえない運命のなかに自分がいるような気がしてならない。一番嫌いだったものに自分が成りきることを通して。それが成功し成就するかどうかは別として。

宇宙の果てはどこにあるか。今の自分ならこう思う。宇宙の果ては子供の中にあると。そしてそれはどんな年になっても今なお子供を宿しつづける一人一人の「私」の中にあると。

「子供は宇宙の果て」、そういう答えがピンと返ってきたのは十五年ほど前のことだった。すでに二十年以上も前から私は「翁童論」という考えを主張し、子供の中の老人性と老人の中の子供性への気づきとその両極的統合がいかにして可能かを問題にしてきた。その過程で、もっとも新しい存在である子供こそがもっとも古い、膨大な情報と関係の全堆積を担った存在だとはっきり認識するようになった。もっとも新しい者こそがもっとも古い者であるというこの矛盾。宇宙の果ては時間的にも空間的にも一人一人の子供の中にある。かつて子供であり今なおお子供である一人一人の中に。

今の私は「父ちゃん」と呼ばれることを素直に受け容れる。そして、多くの子供たちや友だちから「父ちゃん」と呼ばれたいと思っている。死ぬときは、みんなに「生涯父ちゃんと呼ばれた変なヤツだった」と笑って言われたい。そしてさらに、宇宙の旅に旅していきたい。いたずらっぽく片目をつぶり、スキップでもしながら。

創作神楽台本　サルタヒコ・オデッセイ

序章　岬

突風が吹いている。岬の突端に、沖を見つめる一人の杖を持った老翁（サルタヒコ）がいる。ため息をつくようにつぶやく。

「遠くまで来たな」

十七歳の少年少女（サダヒコとウズメ）、行き暮れたような所在無い感じで岬の突端に立っている。投げやりな調子でつぶやく。

「どこにも行き場がないから」

「ここまで来てしまった」

「もうどこにも行く処はない」

二人、岬の突端から身投げする。

岬の突端に坐って、一心に祈りを凝らしている老婆と少女（ウズメとサルメ）の二人巫女。激しい波の音。海鳴りと突風。

「サダル　サダー　サルタ、我ハ懐シム」
「サダル　サダー　サルメ、我モ懐シム」

《語り部》
これはこの世のことならず
これはあの世のことならず
神代の昔の物語り
遙けき未来の物語り
この只今の物語り
サルタヒコの物語り
サダヒコ・ウズメの物語り
ウズメとサルメの物語り

東風《こち》吹けば東のはずれ
南風《はえ》吹けば南の果てで
行方知れずの魂が
行方不明の魂と

行方も知らず相結ぶ
行方も告げず相照らす

柿の木がいくつになっても街は見えない
柿の木がいくつになっても道は見えない
台風は世界の渦目八ちまたよ
台風は世界の渦目八おろちよ

風よ誘え　わたつみに
風よ誘え　やちまたに
風吹くままにさすらいて
風行くままに旅の空

我は流浪のサルタヒコ
流るる潮《しお》つ道《ち》サルタヒコ

天高くサダルは歌う
地低くサルメは踊る
サダル　サダ　サル　サルタヒコ

サダル　サダ　サル　サルタヒコ

第一章　洞　窟

洞窟の中でうずくまって、杖で地面に渦巻き紋様を描いている老翁。

「我が生まれし処」

海鳴り。洞窟の中に倒れ伏している少年少女。ゆっくりと顔を上げてつぶやく。

「身投げしても、死ぬこともできない」

「身投げしても、どうにもならない」

洞窟を出て、再び身投げする。

大いなる渦。激しい海鳴り。老婆と少女の二人巫女が一心に祈りを凝らしている。だんだんと目がすわり、半狂乱になっていく。

「ウズメ　ススメ　ウズメ、我ハ飛ビ魚！」

「ウズメ　ススメ　ウズメ、我モ飛ビ魚！」

《語り部》

これはこの世のことならず

これはあの世のことならず
サルタヒコの物語り
サダヒコ・ウズメの物語り
ウズメとサルメの物語り

日の神岩戸に隠りたも
日の神岩屋に隠れたも
天地暗く常夜往く
狭蝿《さばえ》なす声沸き起こり
万《よろず》の災い起こりたり

ここに一人のおのこあり
名はサダヒコと申したり
十七歳となりにけり
ここに一人のおみなあり
名はウズメと申したり
十七歳とぞなりにける
行き場を失い　道を失い

友を失い　信を失い
春を失い　夏を失い
秋を失い　いのちを失う

花も枯れたり世紀末
世も末なりとやさぐれて
すさぶる心をもてあまし
街から街をさすらいて
いさかい起こして追い追われ
戦い疲れて日も暮れぬ
遊び歩いて日も暮れぬ
生きがいなくして日も暮れぬ
万の災い起こしたり
荒ぶる災い起こしたり

いつしか岬の突端に立ちて身投げの身となれり
いつしか岬の突端に立ちて身投げの身となりぬ

渦の底まで引かれ行く

渦目の底まで引かれ行く
神懸かりして曳かれ往く

第二章　海　底

海の底に、巨大な磐座《いわくら》の神殿がある。その磐座の上に、杖を上空に捧げ持った老翁が屹立《きつりつ》している。

「老いたるわだつみよ、我は疲れた」


海の底の巨大な磐座の神殿の前に、少年少女が手をつないでやってくる。

「なんて静かな処」

「こんな静かな処、初めて」


海の底の巨大な磐座の神殿を前にして、老婆と少女の二人巫女が、二つの玉を手に一心に祈りを凝らしている。

「オボチ、マジチ、ススチ、ウルチ、我ハ苦シイ」

「オボチ、マジチ、ススチ、ウルチ、我モ苦シイ」

《語り部》
これはこの世のことならず

これはあの世のことならず
サルタヒコの物語り
サダヒコ・ウズメの物語り
ウズメとサルメの物語り

渦目の底のその底に
海の彼方のその彼方
常世の国のあると聞く
常夜の国のあるを聞く

かつては龍宮城の栄えたり
かつてはわたつみの宮の栄えたり

されど今は昔となりにけり
今は昔となりにけり
海の汚れも極まりて
豊玉毘売《とよたまびめ》も乙姫も玉依姫も失せにけり

わたつみの神の宮居は崩れ落ち

春高楼の宴なし
めぐる杯影ささず
月欠けて日も欠ける

寂滅為楽と日は欠ける
涅槃寂静《ねはんじゃくじょう》と月欠ける

潮満つ玉は今いずこ
潮干る玉は今いずこ
老いたるわたつみ波の果て

第三章　星　雲

宇宙空間に星雲が果てしなく広がっている。

星の中を旅しながら、杖を天にかざして星雲を眺めやりつつ老翁がつぶやく。

「どこまでも果てしがないのか」

星の中を旅しながら、少年少女が感嘆の声を上げる。

「なんておおきな、うみ」

「なんて巨きな、星の海」

星の流れの中で、老婆と少女の二人巫女が、二つの玉を胸に抱いて一心に祈りを凝らしている。二人巫女は、天の川を挟み、そのまわりをくるくるまわる。

「ウズメ　シズメ　ヒルメ、我ハ生マレル」

「ウズメ　サルメ　ヒルメ、我モ生マレル」

呪文のように祈りの言葉をくりかえしながら、胸に抱いた二つの玉を十七歳の少年少女に授ける。老翁がその様子を見守っている。

《語り部》

これはこの世のことならず
これはあの世のことならず
サルタヒコの物語り
サダヒコ・ウズメの物語り
ウズメとサルメの物語り

星は渦目か八ちまたか
星は渦目か八おろちか

天つみか星　天の渦
天つみつ星　天の渦

その昔　遙けき星の彼方より
天地《あめつち》のむたより分かれたる天の八ちまたに
いと大きなる神立ち居たり
いと巨きなる神立ち居たり

鼻は七咫《ななあた》　背は七尺《ななさか》
目は赤かがちの如く燃え盛り
八咫《やた》の鏡の如く光りたり
天と地の狭間に立ちて
輝く目にて虚空を睨み
左手に天を摑み
右手に地を摑む

宇受売《うずめ》に出会いて道開き
宇受売に出会いて相結ぶ

御威《みいず》輝く尊しや
御威輝く尊しや

御名《みな》を猿田彦大神と称えたり
その名を猿田彦大神と称えたり

潮満つ玉を左手に
潮干る玉を右手より
授けていのちの玉緒なる
授けていのちの玉緒なる

天地のむたより栄えしいのちの玉緒
天地のむたより栄えしいのちの鼻緒

サダル　サダ　サル　サルタヒコ
サダル　サダ　サル　サルタヒコ

終章　岬

岬の突端に、杖を手に一人の老翁が童子と共に沖を見つめながら突っ立っている。激しい突風が吹いている。突然、闇の中に、一条の光が射す。沖の方から日が昇ってくる。杖を海にかざし、老翁が感慨を込めてつぶやく。

「還って来たよ」

岬の突端に、少年少女がやってくる。二人はそれぞれ胸元に玉を抱いている。玉を海と天にさしだして歌うように告げる。老翁が見守っている。

「これが俺の魂」

「これが私の魂」

岬の突端に坐って、老婆と少女の二人巫女が一心に祈りを凝らしている。その前に老翁と童子が輝きながら立っている。

「サダル　サダー　サルタ、我ハ言寿《ことほ》グ」

「サダル　サダー　サルタ、我モ言寿グ」

岬が八方からの光に包まれて輝く。

《語り部》

これはこの世のことならず

これはあの世のことならず

サルタヒコの物語り
サダヒコ・ウズメの物語り
ウズメとサルメの物語り

天と地の交わるところ
火と水の相和すところ
道の生まれしところ
いのちの生まれしところ

梅の木がいくつ咲いても海は見えない
梅の木がいくつ咲いても海は見えない

見えない岬で巫女が見る
見えない岬で巫女が見る

天の八ちまた　いのちの泉
天の八ちまた　いのちの渚《みぎわ》

果てなき道が天につづけり

果てなき道が海につづけり
果てなき道が星につづけり
果てなき道がいのちにつづけり

これはこの世のことならず
これはあの世のことならず
神代《かみよ》の昔の物語り
遙けき未来の物語り
この只今の物語り

これはこの世のことならず
これはあの世のことならず

翁童の彼方へ――「あとがき」に代えて

1　「翁童学」の二十年

最近、よく考える。この宇宙はなぜこのように存在するのか。「存在する」ということはどういうことなのか。なぜ「存在する」ことが始まったのか。そして、私たち人間はその「存在する」ことの流れと位置のどこに立っているのか。人間が生まれ、成長し、老い、死んでいくことにどんな意味と価値があるのか、と。

「翁童論」四部作は、自分なりにそのような問いに答えようとしたものである。完成までに十二年の歳月がかかり、その間にいろいろな経験をしてきたが、明確にその問いに答えられたかどうか、心もとない。問題意識が明確になり、それに伴って思考が深まり、認識が透徹し、問題解決の道筋がつけられたかどうか、自信はない。というより、そのような問いに明確なただ一つの解答など与えられようはずがないというのが正直な思いである。

だが、たとえそうだとしても、容易に答えの見出しようのないその問いをこの十二年間問いつづけたことも私の人生の事実である。考えようによっては馬鹿げたことだ。その馬鹿げたことを十二年間やりつづけてきて、覚悟というか、「あきらめ」というか、その馬鹿さ加減を笑いながら、眺めたり愛することができるようになったとはいえるだろう。自分の人生にはこういう一途な馬鹿さが必要だったのだ、という「あきらめ」とでもいおうか。

『翁童論Ⅰ』（一九八八年）の「あとがき」に書いたことであるが、そもそも私が「翁童」という言葉で自分なりの存在論を表現し始めたのは、一九七九年九月に工作舎から刊行された、雑誌『遊』の別冊号『ホモ・エロス』においてであった。そこに私は「翁童学と彼岸感覚」と題する十枚ばかりの短文を寄稿した。それは「ホモ・エロスの原基態《アーキタイプ》は、『翁と幼童』の関係性のうちにある。『翁と幼童』、さらに拡延していえば『老人と子供』は、構造的同型性《ホモロジー》を具現した存在である」という文章から始まる。

硬い文章だ。こなれていない。自分勝手である。自分の言いたいことを言うに急ぐあまり、読み手のことをまったく考えていない。難しくいえば何ほどかを言ったような気分になって自己満足する。そんなひとりよがりな気分が濃厚だ。それはあまり今も変わらないかもしれないが、そのときから数えれば、二十一年間も「翁童学」とか「翁童論」とかと、それまでにない言葉を捏造して言いつづけたわけだから、その執着ぶりは年季が入っているとはいえるだろう。

とはいえ、そこには人間とはいかなる存在かという問いに対する私なりの哲学というか、存在論の主張があったことも確かである。私は子供と老人のなかに人間存在の不思議と面白さと秘密を見つづけてきた。それは今も変わらない。今なお人間存在の「原基態」は子供と老人、すなわち「翁童存在」だと思っている。そして、人間の未来もこの「翁童存在」の想像力と創造力によってしか切り開けないと思っている。

そんな私にとっては、「翁童論」は、私たちの、いや何よりも私自身の未来を切り開く哲学であり、存在論だったのだ。

2　プラトンからニーチェをぬけて

ところで、哲学史上、私がもっとも面白く感じ、興味をもつ哲学者は、プラトンとニーチェの二人である。それは二人とも実に思考が大胆で、自由で、しかも表現力に富んでいるからだ。これは余人に真似のできない偉業である。心の底から凄いと尊敬している。

『翁童論Ⅰ』においても、プラトンとニーチェを何度も引用し、論議した。就中、「反復論」では、「ニーチェは逆立したプラトンであった」などと、いささか奇言を弄した。また、「永遠＝イデアを前にしたプラトンにとって、現象界という現実世界は『一切皆苦』の世界にほかならない。ニーチェは、このプラトン的な『一切皆苦』を『一切皆楽』へと転倒した西洋哲学史における大乗思想家、あるいは密教思想家であるともいえる」と述べた。私は肉体を牢獄だと見るプラトンに対して、「身体はひとつの大きな理性だ」（『ツァラトゥストラはこう言った』氷上英廣訳、岩波文庫）と宣言したニーチェに、西洋哲学史における大乗思想ないし密教思想の登場を見て取ったのである。

ニーチェは『ツァラトゥストラはこう言った』第一部「身体の軽蔑者」のなかで次のように述べている。

身体を軽蔑する者に、わたしはわたしの言葉を言いたい。かれらが考えなおし、説をあらためることなどは、わたしは求めるところではない。かれらはさっさと自分の身体に別れをつげて、——口をきかなくなってもらいたいものだ。

「わたしは身体であり魂である」——これが幼な子の声だ。なぜ、ひとは幼な子のように語ってはいけないのか？

さらに目ざめた者、識者は言う。わたしはどこまでも身体であり、それ以外の何物でもない。そして魂とは、たんに身体における何物かをあらわす言葉にすぎない。

身体はひとつのおおきな理性だ。ひとつの意味をもった複雑である。戦争であり平和である。畜群であり牧者である。

ニーチェは「身体の軽蔑者」を徹底的に批判し、軽蔑する。その「身体の軽蔑者」とは、肉体を牢獄視したピュタゴラスやプラトンやストア学派、原罪観を説いたキリスト教教会やキリスト教神学者である。ニーチェはその「身体の軽蔑者」に対して宣告する。「あなたの最善の知恵のなかよりも、あなたの身体のなかに、より多くの理性があるのだ」と。

私はこのニーチェの身体観を支持する。それも「わたしは身体であり魂である」(Leib bin ich und Seele) と言う「幼な子の声」を。さらにそれに加えて、「わたしは身体であり魂であり霊である」(Leib bin ich und Seele und Geist) と私は「翁童論」四部作を通して主張してきた。私はこの大きな「身体理性」の発現のありさまを子供と老人、すなわち「翁童存在」のなかに見てとろうとしてきたのである。この作業自体は、ニーチェやハイデッガーが激しく批判した「形而上学」の霊学的かつ民俗学的再編と再検討の試みであったといえよう。

この私の試みが成功しているかどうか、その判断は読者にゆだねるしかない。

ニーチェは「かつては霊魂は肉体に軽蔑の眼をむけていた」と非難した。そして「神は死んだ！」と声高らかに宣言した。そのニーチェの勇気をたたえよう。だが、その死んだ「神」(Got) とはどのような「神」なのか。今になって死ぬようなひ弱な「神」とはいったいいかなる「神」なのか。

『翁童論Ⅰ』の最後で、私はニーチェの「よし。獅子は来た。わたしの子どもたちは近い。ツァラトゥストラは熟した。わたしの時は来た」という文章を引用し、論考を閉じた。

しかし、ニーチェの死後、ほんとうに「獅子」はやって来たか？ 第一次世界大戦が起きただけではなかったか。「わたしの子どもたち」はやって来たか？ ナチス・ドイツがゲルマン民族の世界支配を達成しようと「子どもたち」を戦争に駆り立てただけではなかったか。死んだ「神」の代わりに、「獅子」も「子どもたち」もやって来なかったのだ。むしろ、戦争の世紀であった二十世紀は「神」ばかりでなく、「獅子」も「子どもたち」も殺害したのだ。

ところで、この「獅子は来た。わたしの子どもたちは近い。ツァラトゥストラは熟した。わたしの時は来た」という言葉の調子は、「天国が近づいた！」と「神の国」の到来を説いた、テンションの高いイエスの口ぶりに驚くほど似ている。まるでツァラトゥストラはイエスの双子の兄弟であるかのようだ。「神の国」の到来を説いた表のイエス、兄のイエスと、「神の死」を説いた裏のイエス、弟のイエス＝ツァラトゥストラ。ニーチェは宗教の革命児イエスに激しいあこがれと近親憎悪にも似たにくしみを抱いていたと思う。

そのニーチェの「神の国＝キリスト教会」からの解放の福音は、皮肉なことに二十世紀の戦争地獄の開幕宣言だったともいえる。

本書『翁童のコスモロジー――翁童論Ⅳ』では、巻頭にニーチェの『ツァラトゥストラはこう言った』第三部「古い石の板と新しい石の板」の章から次の文章を引いた。

海は荒れている。一切が海のなかにある。さらば行くがいい！　わが親しき水夫《かこ》の魂よ！　父の国、祖国などがなんだろう！　われわれの舵のめざすのは、遠いかなただ！　われわれの子どもの国のあるところだ！　そのかなたをめざし、海よりもさらに荒れて、われわれのおおいなるあこがれはつき進む！

ニーチェは詩人であった。その激しく、過激で、イマジネールで、預言的で、ロゴスとパトスがウロボロスの蛇の頭と尻尾のように円環的につながり永劫回帰している言葉は、聖書の言葉のように超越的であり、高飛車であり、不思議な未来的な洞察力と愉悦と説得力に満ちている。

ニーチェは「一切が海のなかにある」と言う。しかし、その「海は荒れている」。だが、「遠いかなた」に「おおいなるあこがれ」をもつ「われわれ」は、「父の国、祖国」を捨ててその荒海に出ていかなければならない。めざすのは、「われわれの子どもの国のあるところ」であり、「かなた」だ。

この海の彼方にある「われわれの子どもの国」とはどのような「国」なのだろう。未来の子供たちの住む国か。それともツァラトゥストラ的な「超人」をめざす創造的生を生きようとする人間たちの住む国か。

そもそも「超人」とは、空を飛んだり、超能力を発揮したりするスーパーマンではない。たしかに「超人」(Ubermensh) の英語訳は「superman」であるが、それは何よりも「自分自身を超えて創造する」(「身体の軽蔑者」) 人間のことなのだ。自分自身を超えて自分自身を創造してゆく人間こそがニーチェ的かつツァラトゥストラ的な意味での「超人」なのである。

そして、人間が自分自身を超えて創造するとは、エロス的に生きるということである。プラトンは「エロスとは哲学的衝動である」と語ったが、プラトンにしてみれば、肉体をもった人間のエロスだけが、霊魂と肉体の中間域にあって、イデアに向かう自己超越をはたす原動力なのだ。そのイデアを認めるかどうかで大きなちがいがでてくるが、プラトンもニーチェもエロスのもつ創造性と高貴を認めていた。ニーチェはその純粋にエロス的な存在を子供のなかに見ていた。

「父の国」でも「祖国」でもなく、「子どもの国」。村上龍の書いた『希望の国のエクソダス』（文藝春秋）も「子どもの国」への創造と脱出の旅路であった。唐突だが、村上龍はニーチェ的である。「自分自身を超えて創造する」ことに身を賭けているからだ。その冒険ができなければ荒海を超えて「子どもの国」へは行き着けないのだ。

勇気と冒険心のない者が「子どもの国」に行き着くのは、イエスが説いたように、「らくだが針の穴を通るよりも難しい」。C・S・ルイスの『ナルニア国ものがたり』やノヴァーリスの『青い花』に描かれているように、純粋な「おおいなるあこがれ」が勇気と冒険心の源泉なのである。そして、それこそがエロスの本質であり、「エクソダス」（出エジプト）の行為なのだ。

エロスは、そしてあこがれはどこから生まれるのだろうか。

3　「愛してるランド」の彼方へ

最近、エロスとあこがれの美しさに満ちた哀切極まりない映画を観た。沖縄の島の生活の土俗とあこがれを淡々と描いた中江裕司監督の映画『ナビィの恋』である。

八十歳近くになる島の老翁サンラーと老女ナビィが六十年ぶりに再会する。六十年前の一九四〇年、若者であった二人は互いに魅かれ合い、恋に落ち、海のそばの男の祖先の墓で逢い引きを重ね、結婚を誓う。しかし、島のユタの占いと家と共同体の判断により、二人の仲は引き裂かれ、青年は島を追放されてしまう。縄に縛られた男を乗せてゆく船に向かって、女は「いつまでも待っています。いつかわたしを迎えに来てください」と叫ぶ。

だが、男は帰って来なかった。迎えに来なかった。女は島の心優しい年下の青年と結婚した。子供も孫も生まれ、六十年が経った。

ある日、東京から孫娘が帰ってくるのを迎えに港に行った帰りがけに、六十年ぶりに島に帰ってきた男を見かける。いつものように、ナビィが男の祖先の墓場に行って掃除をしていると、年老いたサンラーが墓参りにやってきた。彼はブラジルに渡り、独身を守り、六十年前に交わしたナビィとの約束を果たすために島に帰ってきたと言う。

ナビィの心は激しく揺れ動く。三線が好きな優しい老いたる夫を捨ててサンラーと島を出ることはできない。二人で築いてきた、穏やかだが心温まる六十年の生活がある。しかし、誰にも打ち明けることができなかったが、心の奥底では一日たりとサンラーとの約束を忘れたことがなかった。そのサンラーが自分を迎えに帰ってきたのだ。心は激しく揺れ動き、惑いに惑う。

サンラーの祖先の墓の前で会っていたのを孫娘たちに見つかり、ナビィは島のユタと親族に、「サンラーとは会っても、口を利いても目を合わせてもならない」と言い渡される。六十年前と同じように、「そうでないと、東金城の家が滅亡してしまう」とユタに脅されて。

しかし、ついにナビィはサンラーへの思慕の念を打ち消しがたく、北風が止む日に二人で島を出てゆく決心をする。たとえ東金城の家が滅亡しても。ナビィは島の伝統的な衣装を着て、美しく着飾り、サンラーの舵取りでどこまでも海の彼方に向かって船を漕いでゆく。そして、追いかけてきた孫娘に「愛するサンラーと愛してるランドに行く」と告げる。それを聞いて孫娘の奈々子はオバアのナビィを追うのをやめる。奈々子は声の限りに叫ぶ。「オバアー！　オバアー！」と。老人二人を乗せた船は青い海の彼方に向かっていく。まるで常世の国、ニライカナイの国に向かっていくかのように。

二人を見送った後、孫娘の奈々子も、ユタに言われたように、たとえ東金城の家が滅亡しても、自分が愛する男と一緒になりたいと決意し、好きな男のところに行く。そして、愛を打ち明け、やがて二人は結婚し、たくさんの子供をもうけ、東金城の家で幸せに暮らしたのである。

このように、粗筋は、老いたる男女が年若い頃からのエロスとあこがれの黙しがたい情動に突き動かされて、ついに海の彼方の「愛してるランド」(アイルランドのことをナビィは〝愛してるランド〟と思い込んでいる)に渡って往くという話である。映画は明るくハッピーエンドで終わる。しかし、観終わったあとに深い静かな哀切の感情が残る。なぜなのだろう。

生まれてきて、人が好きになって、愛し合って、人生の荒波を渡り、死の世界に赴く。生きるとはどういうことなのだろうか。人はどこから来てどこへ行くのだろうか。私はどこから来てどこへ行くのだろうか。人を、そして私を突き動かす愛やあこがれの感情はどこからやって来るのか、問わずにはいられない。

だが今となっては、その答えは今を生きる一人一人が見出さなければならないだろう。その答えを誰も教えてはくれない。いや、教えられないのだ。

かつては民俗社会の世界観やコスモロジーがあり、強い神話的な規制力をもっていた。そこではその伝承を疑うことなく受け入れるだけでよかった。それを疑う者はその共同体を出てゆくか、殺されるよりほかなかった。

また、宗教はそれにそれぞれの宗教独自の教義《ドグマ》で答える。しかしそれを疑う者はその門に入れない。信仰者の共同体のなかでのみ答えが共有され、自足する。

だが、私たちはそれもこれもみな疑ってもいいではないか。いや、一度ならず疑うべきである。徹底的に疑ってみるべきである。それでも残るものがある。それを疑うもよし、信ずるもよし。それはその人の決断であり、直観であり、覚悟であり、本能だ。

それがまちがっていると思ったらやり直せばよい。自由だ。けれど、誠実でなければならない。責任をとらなければならない。

出来合いのコスモロジーは、もはやどこにもないのだ。ニーチェが言うように、それを「自分自身を超えて創造」しなければならない。あらゆるドグマは終わったのだ。すべてを一度「ご破算に願いましては」にして、自分自身を超えて再創造しなければならないのだ。それが二十世紀と二十一世紀の境、エッジにいる私たちの役目であり、運命なのだ。

私は私のやり方でその役目を果たす。果たす努力をする。私のやり方でその運命を生きる。生きる努力をする。それ以外に道はない。それしか「愛してるランド」に往く道はないのだ。

最後に、『翁童論』四部作を世に出してくれた新曜社の渦岡謙一さん、堀江洪社長に心からのお礼を申し上げげます。十二年間のご厚情に感謝の言葉もありません。この四部作は、私にとっては私の存在証明でもありました。その作業に最後までおつきあいくださった読者の皆さんにこころよりありがとうと申し上げます。本当に長い間ありがとうございました。

二〇〇〇年九月六日

鎌田東二拝

海鳴りに身を投げ入れて星の旅

ソユーズ11号の打ち上げ

(1990年8月1日，旧ソ連バイコヌール宇宙基地)

稲垣足穂の宇宙論と異界論　1「瞬間」の形而上学（原題・タルホの宇宙論と異界論）『鳩よ！』特集・稲垣足穂，マガジンハウス，1992年7月
同2　AO宇宙船の飛翔（原題・宇宙論の周辺）『読売新聞』1991年5月24日夕刊
同3「逆流」の哲学（原題・逆流）『太陽』平凡社，1991年12月
風と球の人・横尾龍彦　『横尾龍彦　1980-1998』春秋社，1998年5月
哲学の冒険・梅原猛　『理想』理想社，1990年7月
苦悩と癒しの果つるところ　『仏教』39号，法蔵館，1997年5月
重層／転位／分裂，そしてエロティシズム　山折哲雄編『日本人の思想の重層性』筑摩書房，1998年4月

第四部

新・神仏習合の実験場　佐々木宏幹編『大系仏教と日本人12巻　現代と仏教』春秋社，1991年
出産・異界・血　『現代思想』青土社，1990年6月
日本人の深層的な生死観　多田富雄・河合隼雄編『生と死の様式』誠信書房，1991年8月
三島由紀夫と仮面の自我　（原題・「仮面」が告白する，輪廻と非自我の思想）出典不明
「ヒ」の伝承と反権力的ユートピズム　『Et Puis』23号，白地社，1991年9月
台風の黙示録　『維新派大全』松本工房，1998年4月
エロスとカルマ　『すばる』集英社，1991年1月
泉鏡花と翁童　（原題・翁／童）『國文學』學燈社，1991年8月
日本史のなかのメンター的人物　『人材教育1999.7』日本能率協会マネジメントセンター，1999年7月
「神の国」はどこにあるのか？　『徳島新聞』2000年6月8日～9月8日

終章

生命観の変革と「翁童論」『読売新聞』1990年4月18日夕刊
現代翁童論　樺山紘一・上野千鶴子編『21世紀の高齢者文化』第一法規出版，1993年
霊的進化論が問いかけるもの　T・ローザク『意識の進化と神秘主義』紀伊國屋書店，1995年9月，解説
捨て子幻想と超越衝動　『宗教情報』49号，すずき出版，1990年10月
霊童　『アーガマ』110号，阿含宗総本山出版局，1990年4月
子供と宇宙の果て　『子ども学』7号，ベネッセ，1995年4月
創作神楽台本　サルタヒコ・オデッセイ　書き下ろし

翁童の彼方へ――「あとがき」に代えて　書き下ろし

初出一覧

老いの図像学　中村雄二郎監修『老年発見』NTT 出版，1993年 4 月

第一部

南方熊楠と神社合祀反対運動　荒俣宏ほか編『南方熊楠の図譜』青弓社，1991年12月

霊魂と霊性の民俗学　『神奈川大学評論』23号，神奈川大学，1996年 3 月

柳田國男の生まれ変わりの思想をめぐって（原題・変容する生まれ変りの思想をめぐって）『アーガマ』阿含宗出版社，1992年 4 月

幸福の実現の学としての日本民俗学と柳田國男への再評価　『柳田國男全集』第 1 巻月報，筑摩書房，1999年 6 月

柳田國男『先祖の話』と鈴木大拙『日本的霊性』 1　柳田國男と鈴木大拙　『宗教研究』300号，日本宗教学会，1994年 3 月

同 2 『先祖の話』『産経新聞』1999年 7 月10日

同 3 『日本的霊性』『産経新聞』1999年 7 月17日

折口信夫と国学　『折口信夫全集』別巻 2 月報，中央公論社，1999年 5 月

第二部

異貌の国学　『講座東洋思想15　日本の思想』岩波書店，1989年

平田篤胤と霊学研究　（原題・大本を支え，批判した霊学家たちの言霊）『別冊歴史読本　古神道の秘術』新人物往来社，1995年 1 月

空海と四国　『愛媛新聞』1999年 9 月16日～ 9 月19日

空海一言霊と水の密教呪術　『別冊歴史読本　呪術』新人物往来社，1994年 7 月

声と文字　『武蔵野美術』1994年 7 月，武蔵野美術大学

延徳の密奏事件——吉田兼倶の奸計　『別冊歴史読本　日本史・疑惑の宗教事件』新人物往来社，1994年 7 月

大本霊学と内部生命論　『文藝』1992年秋号，河出書房新社

第三部

姥棄て物語と生命の循環（原題・「姥棄て」物語の背後に生命の循環）『すみとも』 3 号，住友グループ広報委員会，1998年 1 月

翁童の行方　『コミュニケーション』NTT 出版，1995年10月

別れと目覚め　『is』ポーラ文化研究所，1996年 8 月

著者紹介

鎌田東二（かまた　とうじ）

1951年，徳島県生まれ。

國學院大學文学部哲学科卒。同大学院神道学専攻博士課程修了。

現在，武蔵丘短期大学助教授。東京自由大学運営委員長。

宗教哲学，比較文明学，民俗学，日本思想史，人体科学など多様な学問を闊達に横断する気鋭の研究者。

主な著書：『翁童論』『老いと死のフォークロア』『エッジの思想』（新曜社），『宗教と霊性』『神道用語の基礎知識』『ケルトと日本』（角川選書），『神界のフィールドワーク』『記号と言霊』『霊性のネットワーク』『聖地への旅』（青弓社），『身体の宇宙誌』『聖なる場所の記憶』（講談社学術文庫），『人体科学事始め』（読売新聞社），『聖トポロジー』『異界のフォノロジー』（河出書房新社），『神と仏の精神史』（春秋社），『神道とは何か』（PHP 新書），『ウズメとサルタヒコの神話学』（大和書房）ほか。

新曜社

翁童のコスモロジー

〈翁童論Ⅳ〉

初版第1刷発行　2000年10月30日©

著　者　鎌田東二

発行者　堀江　洪

発行所　株式会社　新曜社

〒101-0051 東京都千代田区神田神保町 2-10

電話 (03) 3264-4973㈹・FAX (03) 3239-2958

URL http://www.shin-yo-sha.co.jp/

印刷　星野精版印刷　Printed in Japan

製本　イマヰ製本

ISBN4-7885-0741-2 C1039